资助项目

江苏省教育科学"十四五"规划专项课题"江苏省交流轮岗教师领导力发挥的制度优化路径研究"（课题项目号：C/2022/01/59）

2024年度镇江市社科应用研究教育专项立项课题"优质均衡背景下教师交流轮岗政策的优化策略研究"（课题项目号：2024jy067）

中小学骨干教师领导力的实证研究

秦鑫鑫 著

中国社会科学出版社

图书在版编目（CIP）数据

中小学骨干教师领导力的实证研究／秦鑫鑫著. —北京：中国社会科学出版社，2024.6
ISBN 978 - 7 - 5227 - 3647 - 1

Ⅰ.①中…　Ⅱ.①秦…　Ⅲ.①中小学—教师培训—研究　Ⅳ.①G635.12

中国国家版本馆 CIP 数据核字（2024）第 110712 号

出 版 人	赵剑英
责任编辑	高　歌
责任校对	李　琳
责任印制	戴　宽

出　　版	中国社会科学出版社
社　　址	北京鼓楼西大街甲 158 号
邮　　编	100720
网　　址	http://www.csspw.cn
发 行 部	010 - 84083685
门 市 部	010 - 84029450
经　　销	新华书店及其他书店

印　　刷	北京明恒达印务有限公司
装　　订	廊坊市广阳区广增装订厂
版　　次	2024 年 6 月第 1 版
印　　次	2024 年 6 月第 1 次印刷

开　　本	710×1000　1/16
印　　张	20.75
插　　页	2
字　　数	346 千字
定　　价	119.00 元

凡购买中国社会科学出版社图书，如有质量问题请与本社营销中心联系调换
电话：010 - 84083683
版权所有　侵权必究

前　言

骨干教师是教师中的相对优秀者，是高素质专业化创新型教师队伍建设中的关键一环。作为骨干教师队伍建设重要组成部分的领导力缺乏充分探讨，骨干教师领导力的结构不明确，骨干教师领导力影响因素的研究缺乏对本土教育情境的观照。此外，骨干教师领导力相关研究的研究方法应用存在不足，急需大样本的实证研究作为补充。

基于已有研究的不足，本书力图回答以下研究问题：第一，骨干教师领导力包括哪些方面？第二，影响骨干教师领导力的关键因素有哪些？第三，骨干教师领导力与影响因素之间的作用关系如何？基于研究问题，本书采取先质性研究后量化研究的混合研究设计。在质性研究部分，先后对12所学校的学校管理者和骨干教师进行了访谈，结合骨干教师政策分析和文献综述，形成适用于我国公办义务教育学校骨干教师领导力的六维结构及调查问卷。基于分布式领导理论和领导—成员交换理论，在学校管理者访谈、骨干教师访谈和文献综述的基础上，形成骨干教师领导力的本土解释框架。在量化研究部分，先后对上海、江苏、重庆、广东、河南、贵州、山东和海口等地的骨干教师进行问卷调查，共收集2718份骨干教师有效问卷。在质性研究和量化研究的基础上，得出以下结论：

第一，骨干教师领导力为二阶六维度模型，由24个题项构成，包括引领学生学习、促进校内同伴发展、引领课程实施、参与专业决策、引导家校共育和促进校外同伴发展。骨干教师领导力六维度均分为3.69，标准差为0.69。各维度均值从大到小依次为引领学生学习、引导家校共育、引领课程实施、促进校内同伴发展、参与专业决策和促进校外同伴发展。骨干教师领导力在性别、职称和教龄上存在显著性差异，不同学历骨干教师领导力总均分不存在显著性差异。此外，不同类型、不同职业认同和不同学校归属感的骨干教师的领导力存在显著性差异。骨干教师领导力在学段、办学水平和是否参与校外专业组织上的差异显著，城市、县城、乡镇和村屯学校骨干教师领导力不存在显著性差异。

第二，从骨干教师领导力的影响因素来看，本书从"个体—学校—区域"三个层面考察了影响骨干教师领导力的关键因素。基于已有问卷和自编问卷，形成了校长层面因素，包括校长分布式领导、校长制度供给和校长能力建设三个维度，经数据检验形成了二阶三维度模型，命名为校长支持性领导。同时，校长—骨干教师交换、骨干教师组织效用价值和同伴信任是影响骨干教师领导力的关键因素。此外，质性研究部分还发现政校关系与工作压力、教育评价观念、区域教学研究、骨干教师评选制度和骨干教师管理举措也会影响骨干教师专业实践及领导力水平。

第三，从骨干教师领导力与影响因素的作用关系来看。校长支持性领导正向显著作用于骨干教师领导力，校长支持性领导每增加一个单位，骨干教师领导力会增加 0.312 分。骨干教师组织效用价值和同伴信任在校长支持性领导对骨干教师领导力的影响中起到了中介作用，包括组织效用价值和同伴信任分别起到的中介效应和两个变量共同起到的链式中介效应。校长—骨干教师交换关系的中介效应不显著，但校长支持性领导正向显著作用于校长—骨干教师交换关系，校长—骨干教师交换关系正向显著作用于骨干教师领导力。大多数荣誉型骨干教师面临多项区域层面的管理举措，不同骨干教师的完成程度存在差异，指导青年教师和课题研究对骨干教师领导力存在正向显著影响。

基于以上研究发现，本书从以下四个方面提出了促进骨干教师领导力提升的策略：第一，加强宏观制度建设，完善骨干教师管理体系，包括骨干教师评选、骨干教师发展、骨干教师评价、骨干教师激励和骨干教师稳定。第二，完善学校内部治理体系，校长赋权骨干教师增能，包括完善教学研究制度、实施分布式领导、革新领导方式和营造良好育人环境。第三，优化专业发展体系，搭建领导力发展平台，包括重视学校教师梯队建设、搭建骨干教师展示平台、革新骨干教师学习体系和鼓励骨干教师创新实践。第四，增强个人成就动机，骨干教师做到内外兼修，骨干教师应该树立正确价值观念、积极参与专业活动、形成同伴信任关系并不断提升专业水平。

目　　录

第一章　绪论 …… 1
- 第一节　研究背景 …… 1
- 第二节　研究意义 …… 7
- 第三节　概念界定 …… 10
- 第四节　研究问题与技术路线 …… 19
- 第五节　可能的研究创新 …… 23

第二章　文献述评 …… 26
- 第一节　骨干教师政策的研究 …… 26
- 第二节　教师领导力的研究 …… 41
- 第三节　教师领导力影响因素的研究 …… 58
- 第四节　研究述评 …… 69

第三章　理论基础与研究方法论 …… 73
- 第一节　理论基础 …… 73
- 第二节　研究方法论 …… 85

第四章　骨干教师领导力及其影响因素结构的探索 …… 93
- 第一节　质性研究设计与实施 …… 93
- 第二节　骨干教师领导力六维结构 …… 111
- 第三节　骨干教师领导力影响因素的结构 …… 135
- 第四节　小结 …… 182

第五章　骨干教师领导力及影响因素的实证分析 ……………… 184
第一节　量化研究的设计与实施 …………………………… 184
第二节　骨干教师领导力的现状与差异 …………………… 216
第三节　骨干教师领导力与影响因素之间的作用关系 …… 232
第四节　小结 ………………………………………………… 249

第六章　骨干教师领导力提升的策略 ……………………………… 250
第一节　加强宏观制度建设，完善骨干教师管理体系 …… 250
第二节　完善内部治理体系，校长赋权骨干教师增能 …… 265
第三节　优化专业发展体系，搭建领导力发挥平台 ……… 271
第四节　增强个人成就动机，骨干教师应做到内外兼修 … 277

第七章　结语与展望 ………………………………………………… 283
第一节　主要结论 …………………………………………… 283
第二节　研究贡献 …………………………………………… 286
第三节　研究局限 …………………………………………… 288

附　录 ………………………………………………………………… 290

参考文献 ……………………………………………………………… 297

后　记 ………………………………………………………………… 323

第一章 绪论

教师队伍建设是教育改革和教育发展的根本,没有教师就没有教育。[①] 2018年颁发的《中共中央 国务院关于全面深化新时代教师队伍建设改革的意见》指出,要造就党和人民满意的高素质专业化创新型教师队伍。骨干教师作为教师群体中的优秀代表,应该起到示范、引领和辐射作用,骨干教师队伍建设对学校教育质量提升、学校持续性改进、教师教学效能提升和学生发展有所裨益。骨干教师领导力是学校领导力的重要组成部分,聚焦骨干教师领导力的内涵、影响因素及提升策略有助于弥补当前骨干教师领导力研究的不足,促进我国公办义务教育学校骨干教师队伍建设。

第一节 研究背景

一 教师在教育改革与学校改进中的作用日益凸显

世界各国的竞争最终体现为人才的竞争,教育系统和学校系统处于不断的变革之中。从世界各国教育改革和学校改进的路径来看,安迪·哈格里夫斯和迈克·富兰(也作迈克尔·富兰)认为,世界各国的教育决策者们更加倾向于建立"胡萝卜"加"大棒"的教育改革策略。[②] 对于我国而言,政府长期在教育改革过程中处于主导地位,长期以来变革唯政是从,导致学校作为变革主体的变革权弱小,学校难以"大显身手"[③]。学校办学

[①] 顾明远:《中国教育路在何方》,人民教育出版社2016年版,第98页。

[②] [美]安迪·哈格里夫斯、[加]迈克·富兰:《专业资本:变革每所学校的教学》,高振宇译,华东师范大学出版社2015年版,第141页。

[③] 杨润东:《变而求道:国内基础教育学校变革研究述评》,《全球教育展望》2019年第4期。

自主权的大小，能够在一定程度上反映政府与学校之间的关系。研究表明，学校的自主权主要体现在教学方法选择、校内考试制度和日常开支运转等方面，学校与政府对办学自主权的改革诉求不尽相同。① 可以说，教育改革中的利益相关者并没有形成一致意见，在教育管理体制的制约下，学校和教师只能成为教育改革的被动参与者。在政府主导、学校被动参与和教师被动实施的改革模式下，超过四成的教师对教育改革采取消极应对的态度②，教师的消极应对导致教育改革成效大打折扣。

随着对教育改革规律、学校发展规律和政府与学校之间关系认识程度的提升，学校被视为需要各个利益相关主体协同构建的专业学习共同体。③ 学校育人内外环境的变化，单靠校长无法真正有效推进教育改革在复杂的环境中深入。④ 此时，教师在教育改革和学校改进中的作用日益凸显，对教师赋权成为教育改革的新路径。⑤ 学者认为，教师是学校改进中的重要领导者，在专业发展、教学改进、学生学习和学校变革等方面发挥着重要的作用。⑥ 迈克尔·富兰等在《极富空间：新教育学如何实现深度学习》一书中提出了"新型变革领导力"这一概念，认为应该整合从上到下、从下往上及周边资源，推进一种比以往更快、更便捷的变革。⑦ 从迈克尔·富兰等人的阐释中可以看出，教育改革从宏观层面上讲应该是"自上而下"与"自下而上"的结合；从中观层面上应鼓励与激发学校以及其他教育服务提供者为学习者提供更加适用的教育服务；而从微观层面上讲，应更加重视教师通过自身教学观念、教学方法和师生互动方式的变化促进学生学习与发展。随着对教育改革和教育改进认识程度的提高，人们日益发

---

① 冯大鸣：《我国义务教育学校办学自主权的实证分析》，《中国教育学刊》2018年第10期。
② 李春玲：《关于政府主导学校变革的教师问卷调查与分析》，《教师教育研究》2007年第2期。
③ [日]佐藤学：《学校的挑战：创建学习共同体》，钟启泉译，华东师范大学出版社2010年版，第3页。
④ 王绯烨、洪成文、萨莉·扎帕达：《美国教师领导力的发展：内涵、价值及其应用前景》，《外国教育研究》2014年第1期。
⑤ 操太圣、卢乃桂：《教师赋权增能：内涵、意义与策略》，《课程·教材·教法》2016年第10期。
⑥ 蒲蕊：《教师在学校改进中的领导作用》，《教育科学研究》2012年第5期。
⑦ [加]迈克尔·富兰、[美]玛利亚·兰沃希：《极富空间：新教育学如何实现深度学习》，于佳琪、黄雪锋译，西南师范大学出版社2016年版，第1页。

现教师在学校变革过程中不仅仅是变革的经历者,更是变革的领导者。①教师在教育改革与发展中扮演的角色也受到形塑,教师的角色期待从"追随者"走向"领导者",从被动的"接受者"走向主动的"创造者",激发教师深度参与学校层面的教育改革被视为学校整体改进的良策。

二 骨干教师是中小学教师队伍建设的重点与关键

骨干教师的培养与领导力发挥是教育政策、教育行政部门和学校关注的重要议题。"骨干教师"一词最早出现在《关于有重点地办好一批全日制中、小学校的通知》中,该通知于1962年12月由教育部颁发,规定"各学科各年级都要有骨干教师"。骨干教师的产生与教育资源紧缺的时代背景和"集中力量办大事"的教育发展思路密切相关,"骨干教师"这一称号成为我国中小学教育中的重要存在,并逐渐延伸到其他各级各类教育中。随着我国经济实力的增强和教育公平理念的发展,"重点学校"在政策文件中不复存在,但是骨干教师仍然是理论与实践的重要关注,骨干教师成为教师队伍发展中的重中之重。

新世纪以来,骨干教师相关政策逐渐出台,各个省市也结合教育发展的实际情况,通过各类骨干教师培养工程培育不同层次的骨干教师。2018年颁发的《中共中央 国务院关于全面深化新时代教师队伍建设改革的意见》指出,要培养造就数以百万计的骨干教师、数以十万计的卓越教师、数以万计的教育家型教师。随后,各省相继出台指向教师队伍建设的政策文件,在落实中央对骨干教师队伍建设要求的基础上,各省政策文件结合本省的实际情况推陈出新。可以看出,骨干教师产生之初是作为重点学校的发展基础而存在的,是少部分重点学校教育质量提升的保障。当前骨干教师的培养也不再是针对少数学校特有的举措,而是面向所有教育系统和学校发展的内在需求。

此外,随着义务教育均衡发展的推进,骨干教师被视为教育公平的促进者和保证者,骨干教师轮岗交流被视为促进乡村学校和薄弱学校发展的重要举措。研究表明,教师领导力的作用主要体现在对教师领导者本人、

---

① 邓丕来:《以优带弱提高课堂领导力的实践探索——以人大附中帮扶薄弱学校教师发展为例》,《中国教育学刊》2015年第8期。

对所在学校及所在教师团队中有重要影响,很少有研究聚焦于公平和差异,这将成为教师领导力研究的一个重点。[①] 对于我国而言,义务教育学校骨干教师轮岗交流的制度化实施,能够促进优质教师的校际流动,进而有助于教育公平目标的实现。

三 领导力是骨干教师队伍建设的重要组成部分

教师领导力研究兴起于20世纪80年代,由英美等西方国家最先发起,教师领导力概念的产生与发展和国家教育发展的现实情况密切相连。随着对教育变革和学校改进认识程度的提高,关于教师领导力的研究逐渐得以深入。在肯定校长领导力对学校改进的重要作用的同时,越来越多的研究者意识到教师尤其是教师中的领导者对于学校教育质量提升和学生发展的重要价值。相比校长对学校改进和学生学业发展的作用,教师领导者的影响更加持续和深刻,从一般意义上而言,校长对普通教师的影响应该通过教师领导而产生相应的作用。因此,校长应该成为"领导者的领导者",在这种理念下,校长的作用并非减弱,而是校长的角色和关注重心发生了转移,支持并引导部分教师成为"辐射源头"成为校长领导力的一部分。随着教师领导力理论与实践研究的深入,对教师领导力价值和意义的认识也从"主观期待"走向"客观现实",教师领导力的价值得到诸多实证研究的检验。

实际上,从我国骨干教师不同的相关政策文本中可以看出(详见本书第三章第一节)国家和地方对骨干教师群体的期待和要求。虽然政策文本中尚未出现诸如"骨干教师领导力"的词汇,但是从对骨干教师的职责规定或考核规定中,可以清晰地看出骨干教师领导力的外延。一方面,对骨干教师的选拔与考核规定,都要求骨干教师遵守党的教育方针,具有先进的教育思想,要取得较好的育人成效。另一方面,不少政策文件明确规定骨干教师要开设示范课、指导青年教师到乡村学校或者薄弱学校支教。此外,骨干教师的层级越高,对骨干教师的评选要求就越为苛刻,在评价时对骨干教师的要求也越多。

骨干教师作为教师队伍中的绩优者,在个人专业成长的同时,如何在

---

① Julianne Wenner and Todd Campbell, "The Theoretical and Empirical Basis of Teacher Leadership," *Review of Educational Research*, Vol. 87, No. 1, 2016, pp. 134-171.

学校内外发挥领导力，起到相应的示范、引领和辐射作用是骨干教师队伍建设的重要组成部分。除了政策文件对骨干教师作用发挥的规定外，学者也对骨干教师应该起到的或者实际起到的作用进行了研究。一项对两所学校开展的实证研究表明，骨干教师的作用主要体现在研发课程与开展教学活动、帮助和支持同事、与校长沟通并协调教师之间关系方面。[1] 此外，随着区域教育一体化进程的推进和学校之间关系的日益密切，跨校教师专业学习活动日益增多，骨干教师对其他学校教师产生影响成为可能。但是，综观我国义务教育学校骨干教师相关的研究可以发现，多数学者聚焦骨干教师培训等方面，缺乏高质量的骨干教师领导力研究。因此，很有必要丰富和拓展与骨干教师领导力相关的研究成果。[2]

四 骨干教师领导力研究存在诸多问题，亟须解决

总体来看，关于教师领导力研究近年来取得了重大进步，但是作为与"教师领导者"相对应的学术概念，关于我国骨干教师领导力的学术研究远远滞后于西方学者。此外，我国各省市也通过各具特色的政策举措促进骨干教师队伍建设，骨干教师领导力相关学术研究滞后于实践的发展，具体而言表现为以下三个方面：

其一，我国公办义务教育学校骨干教师领导力的内涵与外延尚不明确，制约了实证研究的开展。教师领导力这一概念自从产生后，就引起了国内外众多学者的重视与讨论，其概念是研究者关注的重点之一。研究者对教师领导力概念的认识和理解，反映了不同时代对教师领导者领导角色的认识。美国学者 Jennifer York-Barr 在分析教师领导力的文献之后，将教师领导力定义为教师以个体或集体的方式影响其同事、校长和学校社区的其他成员，以改进教学实践，提高学生学习和成就的能力。教师领导力聚焦于三个有意义的发展焦点，包括个人发展、合作或团队发展和组织发展三个方面。[3] 这个定义得到诸多学者的认可，然而，笔者并不认为所有教

---

[1] 王绯烨、洪成文、萨莉·扎帕达：《骨干教师领导角色的认知研究》，《教师教育研究》2017年第5期。

[2] 曹珺玮：《骨干教师的领导角色研究——基于对我国 JN 市两所初中的案例研究》，《教育科学研究》2017年第8期。

[3] Jennifer York-Barr and Karen Duke, "What Do We Know about Teacher Leadership? Findings from Two Decades of Scholarship," *Review of Educational Research*, Vol. 74, No. 3, 2004, pp. 255-316.

师都具有这三个方面的领导力,也即这三个方面的领导力是由教师群体中最优秀的那部分所拥有的,也即西方学者所讨论的"领袖教师"。安迪·哈格里夫斯在 Developing Teacher Leaders 一书的序言中认为,教师领导者是那些教得好、工作努力、愿意为自己的信念挺身而出、能够与同事合作并赢得尊重,同时是为了孩子而不是为了自己的人。[1] 从这个意义上看,教师领导力在具体的内涵和外延上存在一定的差异性,同时这也是教师领导力难以测量的一个重要原因。

同样,骨干教师被认为是教师中的"领导者",关于其领导力的内涵和外延并没有形成令人信服的定义。许多学者认为,骨干教师领导力的内涵不清和外延不明是制约对骨干教师领导力进行深入研究的重要原因。[2] 随着我国教育管理体制改革和新课程改革的深入,教师赋权增能和教师参与学校治理成为一种共识。在此背景下,有学者将骨干教师的领导力划分为对学生的影响、对教师的影响和对家长影响三个维度。[3] 也有学者将骨干教师的领导力划分为教学领导、教师发展领导和教师参与决策三个维度。[4] 教师领导力的概念因教育情境的差异而存在不同,综观我国骨干教师领导力研究,可以明显看出骨干教师领导力的内涵和外延尚未得到明确的认识,因此也就没有成熟的问卷用于骨干教师领导力的调查。

其二,骨干教师领导力影响因素的结构并未厘清,多数研究为理论研究或小样本的实证研究,所得出的研究成果缺乏可推广性。当前,关于骨干教师领导力影响因素的研究主要存在两个问题。一方面,多数研究将骨干教师领导力的影响因素聚焦于学校组织层面,如校长的领导风格、学校的组织结构和学校文化等因素,缺乏对骨干教师个人层面影响因素的探究。另一方面,以校长为代表的学校管理者不仅在骨干教师的培养中扮演了重要角色,对骨干教师评选时的人选确定也产生了举足轻重的影响。也就是说,教师能不能成为骨干在一定程度上取决于教师个人的专业能力,而学校管理者扮演的角色值得深究。因此,有必要对影响骨干教师领导力

---

[1] Crowther Frank ed., *Developing Teacher Leaders: How Teacher Leadership Enhances School Success*, Thousand Oaks: Corwin Press, 2009, p.1.
[2] 李肖艳、裴淼:《国外教师领导力研究主题概述》,《教师发展研究》2017年第2期。
[3] 刘志华、罗丽雯:《以学习为中心的校长领导力与教师领导力关系研究》,《华南师范大学学报》(社会科学版)2015年第3期。
[4] 娄元元:《学校发展中的教师领导研究》,博士学位论文,华东师范大学,2015年。

的个体层面因素和组织层面因素进行综合探究。

其三，骨干教师领导力影响因素与骨干教师领导力的作用关系并未厘清，骨干教师领导力提升缺少针对性策略。学校作为一个"松散耦合"组织，骨干教师领导力的发挥受到学校组织层面因素和教师个体层面因素的共同作用，这些因素之间并不是孤立的，而是相互联系并产生影响作用的。[1]但是由于研究工具的限制、研究者深入程度的缺乏以及数据处理技术的限制，骨干教师领导力与影响因素之间的作用关系有待深入研究。

第二节 研究意义

一 理论意义

从我国公办义务教育学校骨干教师的培养来看，其重心在对个体教师的培养，培养的内容聚焦于专业知识、专业技能和科研能力等方面。同时，骨干教师评价也聚焦于骨干教师教学能力、科研能力和培训活动的参与情况；忽略了对骨干教师领导力，尤其是领导校内外同伴能力的培养。在骨干教师领导力研究方面，我国学者的研究在数量增加的同时，其深入程度也有所提升，但是仍然有改进的空间。本研究的理论意义在于以下三个方面：

其一，探究骨干教师领导力的结构并编制问卷，促进骨干教师领导力研究的持续和深入。教师领导力研究从20世纪80年代兴起之后，从长期来看由于缺乏可操作化的定义及相应的研究工具，导致相关实证研究难以持续深入。具体而言，教师领导力内涵与外延不清晰带来三个方面的问题：第一，有的研究混淆了概念，将教师领导力等同于教师专业自主权[2]，因此得出的结论也是有问题的。第二，将西方教师领导力的框架和问卷应用到我国骨干教师领导力的调查中。[3] 然而，研究表明教师领导力的内涵

---

[1] 李肖艳、裴淼：《国外教师领导力研究主题概述》，《教师发展研究》2017年第2期。

[2] Donghai Xie and Jianping Shen, "Teacher Leadership at Different School Levels: Findings and Implications from the 2003–2004 Schools and Staffing Survey in US Public Schools," *International Journal of Leadership in Education*, Vol. 16, No. 3, 2013, pp. 327–348.

[3] 高一升、朱宗顺：《浙江省幼儿园学科带头人领导力现状与思考——基于教师领导力模型标准（TLMS）的抽样调查》，《教师教育研究》2016年第4期。

在不同学校、不同国家和不同教育情境中具有差异性。[①] 同时，不同专业发展阶段的教师领导者的领导力也存在差异。[②] 因此，骨干教师领导力研究不能脱离我国的教育情境和骨干教师群体承担的领导角色。第三，骨干教师领导力的结构不明，部分研究窄化了骨干教师领导力的外延。从骨干教师的分类来看，有研究将骨干教师分为"全面型"骨干教师和"专长型"骨干教师，如教学专长和科学研究专长。[③] 因此，有必要结合我国骨干教师的具体情况，形成具有本土适应性的骨干教师领导力问卷。

其二，探究骨干教师领导力影响因素的结构，形成骨干教师领导力的本土解释框架，在此基础上形成相应的调查问卷。尽管西方学者进行过教师领导力相关的问卷调查，然而多数研究使用的问卷源于领导科学领域的普通领导行为问卷，无法准确地反映出学校教育情境下的教师领导行为特征，缺乏可靠性。[④] 骨干教师作为学校及教师队伍的组成部分，其日常工作的开展和领导力的发挥不仅取决于骨干教师个人，而且有赖于学校其他教师的信任、支持与合作，更有赖于学校管理者对骨干教师领导力发挥的支持程度、学校组织氛围的塑造和骨干教师的激励与考核。本书在已有文献的基础上，通过对我国公办义务教育学校骨干教师及所在学校的校长进行访谈，探究影响我国公办义务教育学校骨干教师领导力的关键因素，在此基础上形成相应的问卷。

其三，通过结构方程模型探究个人层面因素和组织层面因素如何影响骨干教师领导力。从已有研究的结果来看，教师领导力的影响因素主要分为个人层面和学校组织层面两个层面。相关研究主要存在两个方面的问题：一方面，很少有研究将个人层面因素和组织层面因素进行综合考虑，多数研究聚焦组织层面的某个因素进行探讨，涉及个人层面因素的研究很少。[⑤] 另一方

[①] 龙君伟、陈盼：《当前教师领导力研究的困境与出路》，《华南师范大学学报》（社会科学版）2010年第2期。

[②] Marilyn Katzenmeyer and Gayle Moller eds., *Awakening the Sleeping Giant: Helping Teachers Develop as Leaders*, Thousand Oaks: Corwin Press, 2009, p.132.

[③] 萧枫、姜忠喆：《卓越教师》，吉林出版社2012年版，第4页。

[④] 刘志华、罗丽雯：《以学习为中心的校长领导力与教师领导力关系研究》，《华南师范大学学报》（社会科学版）2015年第3期。

[⑤] 龙君伟、陈盼：《当前教师领导力研究的困境与出路》，《华南师范大学学报》（社会科学版）2010年第2期。

面，以往研究多通过多元回归分析探究教师领导力与影响因素之间的关系，很少有研究通过结构方程模型探究不同层面因素对骨干教师领导力的影响机制。因此，本书在已有文献和质性研究的基础上，通过结构方程模型探究个人层面因素和组织层面因素对骨干教师领导力的影响机制。

二 实践意义

本书通过两阶段的混合研究设计，以期从以下两个方面推动我国公办义务教育学校骨干教师领导力的提升。一方面，指向骨干教师领导力提升的学校应对。学校作为骨干教师的日常管理与使用机构，了解不同学校骨干教师领导力的现状及其影响因素，对学校层面促进骨干教师领导力的提升具有实践指导价值。

其一，通过抽样调查，掌握我国公办义务教育学校骨干教师领导力的现状与差异。研究表明，教师领导力因教师个体因素和学校组织因素的不同而呈现出差异性。从教师个体因素来看，骨干教师的性别、教龄和学科等因素对领导力是否有影响有待实证研究的探讨。此外，不同学段教师的领导力存在差异性。[1] 随着学段的提高，初中教师和高中教师面临着更大的高风险测试压力，教师领导者参与学校改革的积极性会下降。[2]

其二，通过实证分析提出骨干教师领导力发展的针对性策略。从骨干教师的培养与发展来看，我国的经验主要表现在以下几个方面：第一，增加骨干教师的培训，培训内容主要为学生学习、教师教学、课程建设和教师科研等方面，缺乏教师领导力相关的培训。此外，培训方式以讲授式为主，培训的实效性有待提升。第二，通过备课组、教研组和年级组领导角色的承担，借助共同备课、课程开发、分析学生学业成绩、科研项目和指导同僚等体现骨干教师的领导力。第三，随着学校间教师专业交流的增多，校际教师专业学习共同体逐渐增多，名师工作室的建立就是其中的代表。本书基于学校管理者和骨干教师进行实证调查，能够为骨干教师培

---

[1] Donghai Xie and Jianping Shen, "Teacher Leadership at Different School Levels: Findings and Implications from the 2003-2004 Schools and Staffing Survey in US Public Schools," *International Journal of Leadership in Education*, Vol. 16, No. 3, 2013, pp. 327-348.

[2] Yuhua Bu and Xiao Han, "Promoting the Development of Backbone Teachers through University-School Collaborative Research: The Case of New Basic Education (NBE) Reform in China," *Teachers and Teaching*, Vol. 25, No. 2, 2019, pp. 200-219.

养、评选和评价等提供针对性策略，为骨干教师领导力的发挥营造更有利的内外环境。

另一方面，指向骨干教师领导力提升的政策完善。本书在政策分析和两阶段实证调查的基础上的研究发现，对骨干教师队伍建设有以下启示：

其一，注重骨干教师政策的连贯性和发展性。本书借助政策目标和政策工具二维度分析框架，分析骨干教师政策的目标关注和政策工具运用，并对骨干教师政策变迁背后的逻辑进行了探讨。在骨干教师政策分析的基础上，结合质性研究和量化研究呈现的问题，从宏观层面提出有助于骨干教师队伍建设的建议。

其二，区域教育主管部门与学校就骨干教师队伍建设形成合力。从骨干教师的培养体系来看，不同层次的骨干教师由相应层级的教育行政部门进行评选、培养和评价。此外，骨干教师作为"单位人"，学校负责骨干教师的日常管理工作。本书基于两阶段实证研究，针对教育主管部门与学校如何提升骨干教师领导力提出政策建议。

其三，做好政策兜底工作，聚焦两类学校骨干教师队伍建设和领导力水平提升。从教师队伍的结构来看，不同层次的骨干教师在学校教育教学中扮演了不同的角色。然而，对于乡村学校和薄弱学校而言，骨干教师的培养与保留较为困难。在质性研究部分，笔者对A县多所乡村学校进行了实地调查，发现刚刚站稳讲台的青年教师不断流失，导致这两类学校的教师队伍出现断层现象，很多学校甚至没有一位骨干教师。随着国家对乡村学校和薄弱学校教师队伍建设重视程度的提高，近年来，不少政策规定骨干教师评选要向乡村学校和薄弱学校倾斜，部分省份还将乡村骨干教师的评选单独进行，同时采取配套举措留住骨干教师。结合两阶段的实证研究，本书为这两类学校如何保留骨干教师并提高骨干教师领导力提出了政策建议。

第三节　概念界定

从概念构成来看，"骨干教师领导力"包含"骨干教师""教师领导力"和"骨干教师领导力"三个关键概念。

一 骨干教师

骨干教师这一概念并没有令人十分信服的定义，但是可以肯定的是，骨干教师是一个相对的概念。一般而言是指在一定范围的教师群体中，那些职业素质相对优异、在教育活动中发挥了骨干作用的教师。[①] 朱小蔓编撰的《中国教师新百科·小学教育卷》认为，骨干教师指的是教师队伍中素质较高，在教育、教学、科研以及教师队伍建设中发挥带头作用乃至核心作用的教师。[②] 其他学者也有类似的概念界定，认为骨干教师是那些具备较高思想和业务素质、能在学校教育教学中发挥核心作用和示范作用，能在教育改革中担当某一方面领头人物的教师。[③] 除了学者的概念界定外，一些政策文件也给出了骨干教师的定义。如 2006 年吉林省教育厅颁布的《吉林省中小学骨干教师管理办法（试行）》和江西省教育厅于 2019 年颁布的《关于开展全省第四批中小学学科带头人和骨干教师选拔培养工作的通知》均将骨干教师界定为：中小学骨干教师（学科带头人）是具备良好思想政治素质和职业道德，专业知识扎实，教育教学水平高，教学成果显著，科研能力强，并在教育教学岗位上起到指导、示范、引领作用的优秀中小学教师。从以上概念界定可以看出骨干教师有以下三个方面特点：第一，骨干教师是一个相对概念，是指特定教师群体中的少数优秀教师。第二，骨干教师应该在思想品质、专业能力、教学效果、信息技术和科研能力等方面表现优异，这也是骨干教师与其他教师相区别的突出特征。第三，发挥示范、引领和辐射作用既是教师成为骨干教师的前提条件，也是对骨干教师的客观要求。

我国的骨干教师与西方学术话语体系中的"教师领导"和"教师领袖"相对应，在学校教师组织中承担了领导角色和模范角色，聚焦研究、教学计划和年级组发展。[④] 英国学者认为，教师领导有正式教师领导和非

[①] 倪传荣、周家荣主编：《骨干教师队伍建设研究》，沈阳出版社 2000 年版，第 5 页。
[②] 朱小蔓主编：《中国教师新百科·小学教育卷》，中国大百科全书出版社 2002 年版，第 228 页。
[③] 冯大鸣、徐菊芳：《我国骨干教师队伍建设的若干偏向及改进对策》，《教学与管理》2005 年第 28 期。高旺蓉：《骨干教师成长的支持性因素生态学分析》，《教育发展研究》2007 年第 Z2 期。
[④] Yuhua Bu and Xiao Han, "Promoting the Development of Backbone Teachers through University-School Collaborative Research: The Case of New Basic Education (NBE) Reform in China," *Teachers and Teaching*, Vol. 25, No. 2, 2019, pp. 200-219.

正式教师领导之分。① 实际上，我国教学研究的传统以及"骨干教师"的培养制度决定了本书中的骨干教师可以分为以下两类：第一类为专业职位型骨干教师。在本书中指的是学校内部教学研究组织的负责人，以备课组长和教研组长为代表。教研组长和备课组长是我国公办义务教育学校的重要职位，虽然有研究指出教研组和备课组在一定程度上行使了管理职能，是所有学校必须设立的基层行政组织。但是其岗位职能的核心是学科教学研究工作的开展，具有教师专业学习共同体的部分特征。② 第二类骨干教师指的是获得区（县）级以上"骨干教师"荣誉称号的教师，"骨干教师"本身是一种不同于普通教师的专业称号，具有一定的分级和激励作用。③ 这部分教师因教育教学效果优异，同时起到了示范、引领和辐射作用，进而经过选拔、培养和考核等程序获得相应层次的荣誉称号。从骨干教师队伍建设的60余年历程来看，我国逐渐形成了分级分类培养的骨干教师层级体系。如图1-1所示，骨干教师是区别于普通教师的教师群体，可以分为校级骨干教师、区（县）级骨干教师、市级骨干教师和省级以上骨干教师。这一类别骨干教师的选拔往往以较高的专业水平作为依据。④ 此外，在不同层次骨干教师的评选中均有一定的比例限定，因此骨干教师层次越高数量越少，相应的要求也就越高。一所学校、一个地区骨干教师的数量和结构可以反映该学校和地区的教育质量水平和发展活力。⑤

从实际情况来看，这两类骨干教师有交叉重叠的现象，即部分教师在担任备课组长或教研组长的同时，也获得过区（县）级以上骨干教师荣誉称号。无论是从骨干教师的政策设计还是从学校的现实状况来看，这两类骨干教师群体在教育改革与发展中均扮演了重要角色。可以肯定的是，骨干教师的内涵及其功能与传统意义上的"领导者"有很大区别。⑥ 具体而

---

① Daniel Muijs and Alma Harris, "Teacher Led School Improvement: Teacher Leadership in the UK," *Teaching and Teacher Education*, Vol. 22, No. 8, 2006, pp. 961-972.
② 胡艳：《新中国17年中小学教研组的职能与性质初探》，《教师教育研究》2011年第6期。
③ 陶洁：《区域骨干教师培养机制研究》，硕士学位论文，上海师范大学，2016年。
④ 曾艳：《教师领导实践困境之溯源：西方教师领导的实践格局与理论脉络》，《外国中小学教育》2015年第6期。
⑤ 周晔：《农村小规模学校教师队伍专业水平结构的问题与对策——基于甘肃省X县的调研》，《教育研究》2017年第3期。
⑥ 王绯烨、萨莉·扎帕达：《骨干教师领导力影响因素的实证研究》，《湖南师范大学教育科学学报》2017年第3期。

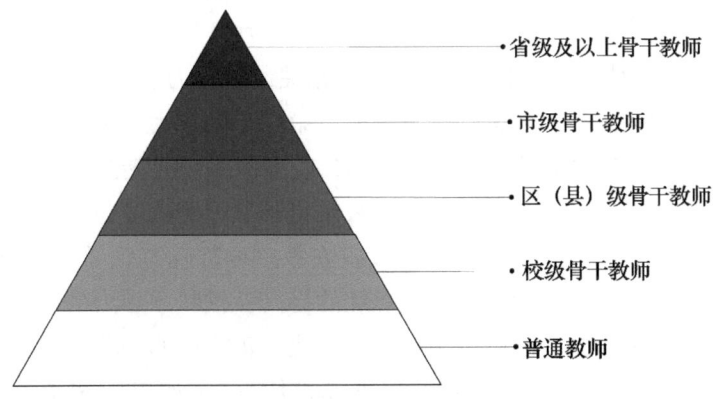

图 1-1　我国公办义务教育学校骨干教师层次

言,本书中的骨干教师指的是我国公办义务教育学校中,因具备较高思想道德和专业素质而受到认可,拥有区(县)级以上"骨干教师"荣誉称号或处于特定的教学领导岗位(备课组长和教研组长)而非行政领导岗位的教师。

二　教师领导力

教师领导力这一概念最初由西方学者提出,但是吊诡的是西方学者对这一概念的理解也有较大分歧,一直没有令人信服且广泛使用的界定,这能够从两项关于教师领导力的元分析中看出来。Wenner 和 Campbell 针对 2004—2013 年教师领导力相关研究的元分析发现,很少有学者明确描述他们是如何定义教师领导力的。[1] 随后,2020 年针对教师领导力相关研究最新的元分析文章,对 2014—2019 年的 93 篇文献进行了分析,结果表明无论是理论研究还是实证研究,对教师领导力有明确定义的学术研究的数量虽然有所增多,但仍有 39 项研究(占比 42%)没有对教师领导力进行定义。[2]

---

[1] Julianne Wenner and Todd Campbell, "The Theoretical and Empirical Basis of Teacher Leadership," *Review of Educational Research*, Vol. 87, No. 1, 2016, pp. 134—171.

[2] Carina Schott, et al., "Teacher Leadership: A Systematic Review, Methodological Quality Assessment and Conceptual Framework," *Educational Research Review*, Vol. 31, 2020, p. 100352.

"教师领导力"的概念与"领导力"的概念之间存在密切联系，了解领导力概念的发展脉络有助于理解教师领导力。美国学者Murphy认为，传统意义上的领导力与权力和职位密切相关，领导力从校长传递到教师，也就是说教师只是被领导者。这意味着：第一，领导力是分层的且与职位相关联，领导力被理解为职位权力；第二，教育系统运转过程中并没有将教师视为领导者；第三，学术研究多数聚焦于学校正式职位的领导力，校长被认为是领导全校的人，而教师仅仅在教室内部拥有领导力。[1] 随着对学校组织特性和教师专业工作认识程度的提高，教师领导力的概念正在发生变化，从高级、行政和职位领导到非正式、正式和非职位的教师，他们除了教学职责之外没有任何官方职责或责任。[2] 正如英国诺丁汉大学的Harris教授所强调的那样，领导力分布在组织的各个层面，所有教师都能共享领导的权力。[3]

如表1-1所示，教师领导力这一概念出现后，国内外学者一直尝试对其内涵和外延进行界定。经梳理发现，美国学者Katzenmayer和Moller对教师领导力的概念界定最受肯定，也即"教师在教室内外产生的影响力"。关于教师领导力实证研究的综述表明，不同学者会根据自己的研究目的对教师领导力的概念进行界定，但是不同学者的共同之处在于教师领导力作用于教室内外，目的在于影响学校整体性的教学实践。[4] 教师领导力的概念界定有四个核心特征：第一，大多数定义将教师领导力视为影响而非一个角色或者正式的权威。第二，教师领导力聚焦于跨越教室之外的教师角色，超越了教师是"教室内部的教师"的传统定位，教师分享实践和引发改变。教师领导力与教师同僚合作和非正式交流密切相关，受到教师间尊敬和信任的影响。第三，教师领导者在不同的层次发挥影响力。教师不仅能够在自己的教室内部寻求"教学卓越"，而且可以在学校层面以及学校

---

[1] Joseph Murphy ed., *Connecting Teacher Leadership and School Improvement*, Thousand Oaks: Corwin Press, 2005, pp. 5-6.

[2] Sally Wai-Yan Wan, et al., "'Who Can Support Me?': Studying Teacher Leadership in a Hong Kong Primary School," *Educational Management Administration & Leadership*, Vol. 48, No. 1, 2018, pp. 133-163.

[3] ［英］阿尔玛·哈里斯、丹尼尔·缪伊斯：《教师领导力与学校发展》，许联、吴合文译，北京师范大学出版社2007年版，第27页。

[4] Dong Nguyen, et al., "A Review of the Empirical Research on Teacher Leadership (2003-2017)," *Journal of Educational Administration*, Vol. 58, No. 1, 2019, pp. 60-80.

以外的层面产生影响。第四，教师领导力最为常见的结果或者影响包括改进教学实践、增加学校效能和促进学生学习。①

综上所述，本书将教师领导力界定为：教师利用其道德情操、专业知识和专业技能，在学校内外产生影响力的过程与结果，包括引领学生学习、促进校内同伴发展、引领课程实施、参与专业决策、引导家校共育和促进校外同伴发展。

表1-1　　　　　国内外学者对教师领导力内涵与外延的界定

序号	内涵	外延
1	通过影响和同事并与同事一起改进实践②	影响同事
2	帮助教师工作，建立并实现学校的目标③	帮助其他教师
3	一种专业承诺和一个过程④	影响教师参与指向教育改进的实践
4	一系列角色⑤	教师发展；学校管理；学校改进
5	教师在课堂之外所采取的行动⑥	为同事提供专业机会；影响社区与学区政策；支持教师课堂实践的变化
6	产生影响⑦	影响学生学习；促进学校改进；促进实践发展
7	在教室内外通过影响他人以促进教育改进⑧	未界定

---

① Dong Nguyen, et al., "A Review of the Empirical Research on Teacher Leadership (2003-2017)," *Journal of Educational Administration*, Vol. 58, No. 1, 2019, pp. 60-80.

② Meena Wilson, "The Search for Teacher Leaders," *Educational Leadership*, Vol. 50, No. 6, 1993, pp. 24-27.

③ Leonard O. Pellicer and Lorin W. Anderson, eds., *A Handbook for Teacher Leaders*, Thousand Oaks: Corwin Press, 1995, p. 22.

④ Eloise M. Forster, "Teacher Leadership: Professional Right and Responsibility," *Action in Teacher Education*, Vol. 19, No. 3, 1997, pp. 82-94.

⑤ Rochelle Clemson-Ingram and Ralph Fessler, "Innovative Programs for Teacher Leadership," *Action in Teacher Education*, Vol. 19, No. 3, 1997, pp. 95-106.

⑥ Barbara Miller, et al., eds., *Teacher Leadership in Mathematics and Science: Casebook and Facilitator's Guide*, Portsmouth, NH: Heinemann, 2000, p. 4.

⑦ Deborah Childs-Bowen, et al., "Principals: Leaders of Leaders," *NASSP Bulletin*, Vol. 84, No. 616, 2000, pp. 27-34.

⑧ Marilyn Katzenmeyer and Gayle Moller eds., *Awakening the Sleeping Giant: Helping Teachers Develop as Leaders*, Thousand Oaks: Corwin Press, 2001, p. 6.

续表

序号	内涵	外延
8	教师通过个体力量或群体力量，对同事、校长和学校社群中其他成员进行影响的过程，目的在于提升教与学的实践并进而最终提升学生的学习和成就①	影响同事；影响校长；影响学校社群
9	教师在课堂内外领导教学和学习的能力②	发展新课程；实施合作教学；促进课堂改进；促进部门、年级组和整个学校的发展
10	是指关于加强学校的教与学，联系学校和社区的能力③	改善学校质量；改进社区生活
11	在课堂内外承担领导角色④	担任部门主管或者年级主任；为其他教师提供培训；指导其他教师；开发课程
12	未界定⑤	合作与管理；学校或学区课程；同僚专业发展；参与学校变革；引导家长与社区参与；为教师专业做贡献
13	在教室内外发挥影响力⑥	未界定
14	未界定⑦	学生学习；教师合作；反思性对话；持续改进
15	未界定⑧	影响学生成绩；讨论教学策略；互相帮助解决问题

① 转引自叶菊艳、朱旭东《论教育协同变革中教师领导力的价值、内涵及其培育》，《教师教育研究》2018年第2期。

② Daniel Muijs and Alma Harris, "Teacher Led School Improvement: Teacher Leadership in the UK," *Teaching and Teacher Education*, Vol. 22, No. 8, 2006, pp. 961-972.

③ Crowther Frank ed., *Developing Teacher Leaders: How Teacher Leadership Enhances School Success*, Thousand Oaks: Corwin Press, 2009, p. 1.

④ Donghai Xie and Jianping Shen, "Teacher Leadership at Different School Levels: Findings and Implications from the 2003-2004 Schools and Staffing Survey in US Public Schools," *International Journal of Leadership in Education*, Vol. 16, No. 3, 2013, pp. 327-348.

⑤ Julianne Wenner and Todd Campbell, "The Theoretical and Empirical Basis of Teacher Leadership," *Review of Educational Research*, Vol. 87, No. 1, 2016, pp. 134-171.

⑥ Dong Nguyen, et al., "A Review of the Empirical Research on Teacher Leadership (2003-2017)," *Journal of Educational Administration*, Vol. 58, No. 1, 2019, pp. 60-80.

⑦ Sally Wai-Yan Wan, et al., "'Who Can Support Me?': Studying Teacher Leadership in a Hong Kong Primary School," *Educational Management Administration & Leadership*, Vol. 48, No. 1, 2018, pp. 133-163.

⑧ Sally Wai-Yan Wan, et al., "Teachers' Perception of Distributed Leadership in Hong Kong Primary Schools," *School Leadership & Management*, Vol. 38, No. 1, 2017, pp. 102-141.

续表

序号	内涵	外延
16	通过自身的专业能力、道德权威、情感等影响学校其他成员的能力[1]	参与学校决策制定；参与日常教育教学管理；制定日常制度；共建学校文化
17	通过教师的思想、行为及人格魅力产生的积极影响力[2]	影响学生；教师；学校
18	是学校这个特定组织内以教师为领导者所实施的朝向组织发展目标的领导行动及其影响过程[3]	影响学生成长；影响组织文化；改善学校管理；提高教师专业水平；改进学生学习和生活方式；提高学生学习效率；促进学校发展
19	一种能力[4]	参与决策；影响同伴；影响学生
20	教师在教室内外发挥其影响力[5]	引导同侪促使教育改进；参与教师学习社群；改善教师教与学；对学校利益相关者产生积极正面影响
21	一种影响力[6]	参与学校事务；影响同事；把握自身教学
22	是教师基于自己在教学、班级运作、人际交往以及学校管理等方面的知识和技能，通过自身专业能力而产生的专业权威来获得教育、教学、教研以及学校改进等方面的示范作用与引领作用，从而影响教学改革、同事发展、学校改进以及最终促进学生成长的能力[7]	班级管理；引导课程与教学实践；促进教师专业成长；参与学校行政决策
23	影响[8]	参与学校日常管理；影响同伴；影响学校发展

---

[1] 李飞：《开发教师领导力的实践探索》，《基础教育》2010年第7期。
[2] 苏静：《用服务型领导的理念发展教师领导力》，《当代教育科学》2012年第4期。
[3] 邹耀龙：《中小学实施教师领导的研究》，硕士学位论文，华东师范大学，2010年。
[4] 郭凯：《教师领导力：理解与启示》，《课程·教材·教法》2011年第6期。
[5] 康蕊：《美国教师领导研究》，硕士学位论文，华东师范大学，2011年。
[6] 胡继飞、古立新：《我国教师领导力现状及其影响因素的调查研究——以广东省为例》，《课程·教材·教法》2012年第5期。
[7] 李华主编：《当代教师领导力研究——理论基础与教师实践》，中国出版集团、世界图书出版公司2013年版，第21页。
[8] 李继秀：《教师领导力提升的学校努力——基于教师岗位建设的实践分析》，《合肥师范学院学报》2013年第1期。

续表

序号	内涵	外延
24	指教师在特定情境中为实现学校教育目标而对学校中的人和事施加影响的能力①	教学领导力；课程领导力；班级领导力；科研领导力；同伴领导力；社会关系领导力
25	指运用专业知识和技能影响他人的能力②	影响学生；帮助其他教师影响家长；改善学生学习成绩
26	指教师无论是否具有职位，超越课堂界限，在专业学习共同体内影响其他教师改进教育教学实践，促进教学改善和学校发展的过程③	教学领导；教师发展领导；参与决策
27	教师个人或群体，以促进学生学习与成就目标，通过影响同事、领导和其他学校成员来提高教学实践的过程④	促进学生学习；提高教学实践
28	教师领导力即教师的引领作用或影响力⑤	影响同伴；影响管理者
29	指教师通过自身高尚的职业道德、出色的专业能力、先进的教学理念与集体协作的行为方式对学校文化、教师同侪、教学、科研发挥全方位引领作用，促进教师专业发展和学生全面发展，推动教育改革、提升教育品质的一种综合能力⑥	道德领导力；教学领导力；科研领导力；团队领导力
30	以正式或非正式的身份在教室内外发挥领导引领⑦	引领示范班级课程与教学；发展教师专业共同体；参与学校决策与变革

三 骨干教师领导力

骨干教师是教师队伍中的相对优秀者，本书中的骨干教师包括在学校

---

① 周晓静、郭宁生主编：《教师领导力》，北京师范大学出版社 2014 年版，第 13 页。
② 刘志华、罗丽雯：《以学习为中心的校长领导力与教师领导力关系研究》，《华南师范大学学报》（社会科学版）2015 年第 3 期。
③ 娄元元：《学校发展中的教师领导研究》，博士学位论文，华东师范大学，2015 年。
④ 高一升、朱宗顺：《浙江省幼儿园学科带头人领导力现状与思考——基于教师领导力模型标准（TLMS）的抽样调查》，《教师教育研究》2016 年第 4 期。
⑤ 褚宏启：《教师领导力：让每位普通教师都有影响力》，《中小学管理》2020 年第 9 期。
⑥ 赵迎：《高校青年教师领导力模型构建研究》，《教育发展研究》2021 年第 1 期。
⑦ 范士红：《小学教师领导的个案研究》，博士学位论文，东北师范大学，2021 年。

内部担任教学领导岗位（备课组长和教研组长）和具有区（县）级以上"骨干教师"荣誉称号的教师。这两类骨干教师除了在课堂内外产生专业影响力外，部分骨干教师的领导力也会跨越学校组织边界，影响其他学校的教师及教育实践。同时，从价值取向来看，不少学者认为领导力是所有教师都拥有的，而不是一部分教师特有的。教师领导力是一个基本的立场，是内在于教师角色中的一个维度。①

基于已有研究对骨干教师和教师领导力的概念界定，本书中的骨干教师领导力指的是：我国公办义务教育学校教师中的相对优秀者，利用其道德情操、专业知识和专业技能，在学校内外产生专业影响力的过程和结果，包括在引领学生学习、促进校内同伴发展、引领课程实施、参与专业决策、引导家校共育和促进校外同伴发展六个方面的能力。

第四节　研究问题与技术路线

一　研究问题

骨干教师队伍建设越来越受到重视的同时，存在以下几个问题：第一，从价值层面来看，骨干教师培养以"锦上添花"为主，骨干教师和普通教师在专业发展机会、职位晋升和职称评定等方面存在巨大差距。第二，从管理层面来看，骨干教师缺乏专业自主和相应的支持，骨干教师往往是"正确地做事情"而非"做正确的事情"。第三，从骨干教师评价来看，重视个人优秀，忽视群体发展。基于骨干教师研究存在的不足，本书拟回答以下三个研究问题：

第一，立足于我国教育改革和学校发展的宏观、中观情境，从应然与实然角度出发，分析我国公办义务教育学校骨干教师领导力的维度有哪些？应该如何测量？从我国1962年以来骨干教师相关政策的众多表述中，骨干教师的作用可以高度概括为示范、引领和辐射。基于国家政策要求、骨干教师专业实践以及已有教师领导力框架，骨干教师领导力有哪些维度以及如何测量是本书需要回应的第一个研究问题。

---

① 曾艳：《教师领导实践困境之溯源：西方教师领导的实践格局与理论脉络》，《外国中小学教育》2015年第6期。

第二，基于宏观—中观—微观情境，分析影响骨干教师领导力的关键因素有哪些维度？本书在政策文本分析、研究综述和质性研究的基础上，对骨干教师领导力的影响因素进行系统研究，形成适用于本土情境的骨干教师领导力解释框架。

第三，骨干教师领导力及其影响因素存在什么样的关系？学校组织层面和教师个人层面的因素如何影响骨干教师领导力？哪些因素对骨干教师领导力的影响效应较大？本书通过结构方程模型这一新的研究方法探究学校组织层面和教师个体层面影响因素与骨干教师领导力的作用关系。

二　技术路线

由图 1-2 所示，本书内容分为四个部分：第一部分涉及研究背景、研究意义和研究问题的提出，在此基础上进行文献综述，主要包括骨干教师政策研究、教师领导力研究和教师领导力影响因素研究三个方面。第二部分为骨干教师领导力的结构探索，在对教师领导力概念和我国政策中对骨干教师领导力的要求，结合校长访谈、骨干教师访谈和已有文献，将骨干教师领导力划分为六个维度。在质性研究和已有文献的基础上编制了骨干教师领导力调查问卷。第三部分研究了影响骨干教师领导力的关键因素，借鉴分布式领导理论和领导—成员交换理论，结合"教师个体—学校组织—区域情境"分析框架，形成了骨干教师领导力影响因素的本土框架和调查工具。第四部分探究骨干教师领导力及影响因素之间的作用关系，通过自编问卷和已有成熟问卷，本书先后收集 2718 份有效骨干教师问卷，在问卷质量检验的基础上了解骨干教师领导力的现状和差异，探究了校长支持性领导对骨干教师领导力的直接影响和间接影响效应。根据研究问题与研究的具体实施情况，本书共分为七章：

第一章为绪论，包括研究背景、研究意义、概念界定、研究问题与技术路线和可能的研究创新五个小节。

第二章为文献述评。本书立足我国骨干教师发展的政策脉络、国内外教师领导力研究的理论与实践脉络，第一节，分析了骨干教师政策变迁的基本情况，借助政策工具和政策目标二维分析框架，对 1962 年至 2021 年中央层面和省级层面涉及骨干教师的政策文件进行分析，对骨干教师政

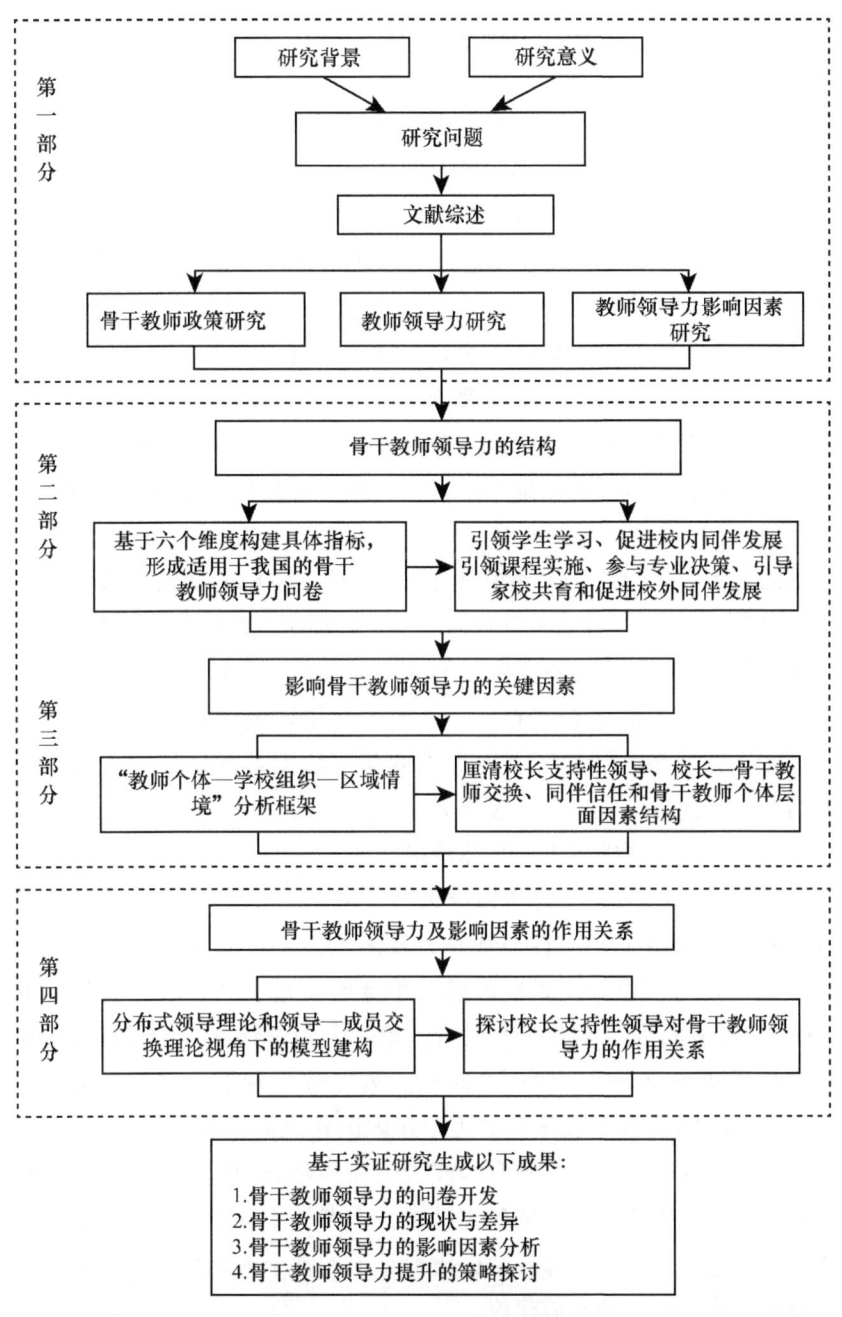

图 1-2 本书研究技术路线

策发展的阶段、目标聚焦、工具运用和政策变迁背后的逻辑加以了解。第二节，对国内外教师领导力的研究进行综述，包括教师领导力的背景、作用和测量三个方面。第三节，对国内外教师领导力影响因素进行综述，从宏观层面到微观层面，将教师领导力的影响因素归纳为教育行政部门的影响、学校管理者的影响、学校组织结构的影响、教师团队文化的影响、教师个体因素的影响。第四节，结合政策梳理和国内外教师领导力相关文献的梳理，对已有研究进展和研究的不足进行述评。

第三章为理论基础与研究方法。本章包括两节，第一节分别简述了分布式领导理论和领导—成员交换理论，探讨了两个理论的作用及其对本研究的启示。第二节为研究方法论，在对混合研究取向的基本情况和在本研究中的适用性进行探讨的基础上，简述了质性研究部分和量化研究部分的实施计划。

第四章为中小学骨干教师领导力及影响因素结构的探索。基于12所公办义务教育学校的11位学校管理者和44位不同类型骨干教师的访谈，结合骨干教师相关政策和已有研究，形成了骨干教师领导力及其影响因素的结构，编制了相应的调查问卷。第一节为质性研究设计与实施的具体情况，包括研究对象、研究工具、数据收集、数据处理和研究伦理五个部分。第二节分别呈现骨干教师领导力六个维度的具体情况。第三节分别呈现骨干教师领导力影响因素的具体情况。

第五章为中小学骨干教师领导力及影响因素的实证分析。本书在第四章的基础上编制了骨干教师领导力及影响因素调查问卷，通过预调研检验了骨干教师领导力及影响因素各维度的质量，两阶段问卷调查共收集2718份有效问卷。本章包括三节：第一节为量化研究的设计与实施情况，包括预调研和正式调研两个阶段。第二节为骨干教师领导力的现状与差异。第三节为骨干教师领导力与影响因素之间的作用关系分析。

第六章为我国公办义务教育学校骨干教师领导力提升的策略。结合质性研究部分和量化研究部分的研究结果，本书从宏观制度的完善、学校治理体系的构建、专业发展体系的优化和骨干教师个人动机的增强方面提出骨干教师领导力提升的政策建议。

第七章为结语与展望。包括主要结论、研究贡献、研究局限和未来展望四个小节。

第五节 可能的研究创新

一 研究视角的创新

虽然教师领导力得到了较多的关注，但是理论研究滞后和理论运用混乱现象较为普遍。① 虽然很多研究尝试从不同的理论视角解释教师领导力，但是不少并不能称为学理性研究。② 这与教师领导力产生的源泉有关系，诸多理论及其运用不仅为教师领导力提供了实践依据，也影响了教师领导在实践中的取向。③ 由于研究的薄弱，教师领导力研究缺乏理论指导，需要更多的研究来支撑。④ 同样地，"骨干教师"相关研究以粗线条的调查研究和培训总结为主。⑤

本书选择分布式领导理论和领导—成员交换理论作为解释骨干教师领导力的理论基础。在骨干教师的选拔、管理和使用过程中存在一系列社会交换活动，学校管理者给予骨干教师更多的专业发展机会、专业自主权、专业信任和支持。此外，骨干教师还可能因承担更大的责任而获得更多的经济报酬和更为快速的职业发展。作为交换，骨干教师要承担更大的责任，通过影响学生、教师和学校组织发展体现自己的领导力。根据社会交换的角色关系，依据其性质可以归纳为利他型、利己型、合作型和冲突型。⑥ 很显然，骨干教师个体的差异决定其与学校管理者角色互动的差异。从总体上看，二者的角色关系是合作型的，即学校管理者和骨干教师在考虑自己利益的同时兼顾对方的利益，并认为自己利益

---

① 赵垣可：《教师教学领导力的意蕴、困境与生成路径》，《现代中小学教育》2017年第3期。
② Julianne Wenner and Todd Campbell, "The Theoretical and Empirical Basis of Teacher Leadership," *Review of Educational Research*, Vol. 87, No. 1, 2016, pp. 134–171.
③ 曾艳：《教师领导实践困境之溯源：西方教师领导的实践格局与理论脉络》，《外国中小学教育》2015年第6期。
④ 吴颖民：《国外对中小学教师领导力问题的研究与启示》，《比较教育研究》2008年第8期。
⑤ 王丽琴：《走近骨干教师的生活世界——一种社会学分析》，《教师教育研究》2005年第1期。
⑥ 许苏明：《论社会交换行为的类型及其制约因素》，《南京大学学报》（哲学·人文科学·社会科学版）2000年第3期。

的实现应以对方利益的实现为条件。但是，现实中利己型角色关系也是存在的。

二 研究内容的创新

从实际情况来看，教师领导力不仅是一个概念，而且是实践着的现实。[1] 同时，与其他许多教育改革的努力方向不同，教师领导力往往是一个嵌入的概念，似乎是更大改革努力中的定义链，而不是一个独特的战略。[2] 教师领导力的多重价值得到越来越多实证研究的支持。本书聚焦骨干教师领导力的外延和影响因素，一方面，探究骨干教师领导力的结构并编制自评问卷。从这个层面来看，本书能够弥补当前教师领导力研究中存在的概念不明、结构不清和缺乏测评工具的问题，为后续的实证研究奠定基础。另一方面，教师领导力在学校组织和专业系统层面的研究却不多见。[3] 本书能够弥补当前研究中对学校组织和专业系统层面关注不足的问题。从研究对象来看，本书中的研究对象既有上海市中小学的骨干教师，也有我国中、西部省份的省会、县城和乡村地区的骨干教师。将骨干教师领导力纳入不同的学校组织中考虑，能够更加全面地反映我国骨干教师领导力的现状，能够为骨干教师领导力的提升提供更具参考价值的对策建议。

三 研究方法的创新

研究方法是研究中的重要组成部分。有文献对150篇与教师领导力相关的实证研究进行了分析，结果显示，其中，106篇文章（占比为71%）采用量化研究方法，24篇（占比为16%）采用质性研究方法，20篇（占比为13%）采用混合研究方法。从数据收集的方法来看，71篇（占比为

---

[1] Crowther Frank ed., *Developing Teacher Leaders: How Teacher Leadership Enhances School Success*, Thousand Oaks: Corwin Press, 2009, pp. 45-46.

[2] Joseph Murphy ed., *Connecting Teacher Leadership and School Improvement*, Thousand Oaks: Corwin Press, 2005, p. 4.

[3] 卢乃桂、陈峥:《作为教师领导的教改策略——从组织层面探讨欧美的做法与启示》,《教育发展研究》2006年第17期。

47%）采用一种方法，或访谈法或问卷法或观察法，7篇（占比为53%）采用了两种以上的数据收集方法。[①] 可以看出，关于教师领导力的已有研究以小样本的量化研究和质性研究为主，研究对象的限制以及缺乏对差异化教育情境的考量，使得教师领导力的研究结论缺乏推广性。本书期待通过两阶段实证研究，弥补上述研究不足。

[①] Dong Nguyen, et al., "A Review of the Empirical Research on Teacher Leadership（2003-2017），" *Journal of Educational Administration*, Vol. 58, No. 1, 2019, pp. 60-80.

第二章　文献述评

　　文献综述是对某个问题以往研究所做的描述，帮助我们站在"巨人"的肩膀上做研究[1]，可以构建相关主题之间和主题内部领域之间的联系。[2] 本章第一节对我国1962年至2021年与骨干教师有关的政策文本进行了梳理，借助政策工具和政策目标二维分析框架，探究我国骨干教师政策变迁的基本情况及背后的逻辑。第二节，由于骨干教师领导力的外延与普遍意义中的教师领导力存在差异，但是"骨干教师"作为我国政策话语和实践话语的一种表述，在西方文献中很少涉及，多数文献聚焦所有教师的领导力进行研究。因此本部分的第二节主要对国内外教师领导力的文献进行细致梳理，呈现教师领导力兴起、作用及测量的基本概况。第三节，基于国内外教师领导力影响因素的研究，本节将影响因素划分为五个方面进行论述。由于学术研究话语体系的问题，为了方便理解，第二节和第三节在对教师领导力及影响因素的综述中，主要聚焦于教师领导力的相关文献，此外还结合骨干教师领导力及影响因素的国内文献进行了综述，总体上以前者为主。本章第四节对已有文献进行了述评。

第一节　骨干教师政策的研究

　　1962年，"骨干教师"这一概念伴随着"重点学校"制度的产生而产生，重点学校和骨干教师的产生与"集中力量办教育"的宏观背景密切相

---

[1] 罗胜强、姜嬿：《管理学问卷调查研究方法》，重庆大学出版社2014年版，第28页。
[2] ［美］哈里斯·库珀：《如何做综述性研究》，刘洋译，重庆大学出版社2010年版，第5页。

关，遵循效率优先的教育发展逻辑。随着我国综合国力的增强与教育经费投入的增加，加上教育发展的公平逻辑尤其是义务教育阶段教育公平愈发受到重视，重点学校制度在被批判的基础上从政策话语中消失。但是，与重点学校制度相伴生的骨干教师政策不断强化并完善，不同层面的配套政策不断出台，各个省份根据教育发展的实际情况形成了校—区（县）—市—省四个层级骨干教师体系。本节基于政策工具理论，借助政策工具和政策目标二维度分析框架，探讨我国中小学骨干教师政策的变迁历程及变迁背后的逻辑。本部分致力于回答以下三个问题：第一，骨干教师政策是如何演变的？第二，不同阶段的骨干教师政策关注的重点是什么？第三，骨干教师政策演变的背后逻辑是什么？

一 骨干教师政策分析的思路

（一）分析框架

1. 政策工具维度

政策工具是政府为了达成一定的政策目标所使用的政策手段。[1] 多数研究聚焦于政策工具的分类、政策目标的聚焦、政策关注的主体和政策发展的时间脉络，呈现出某一政策发展的脉络及政策工具运用，在诸多研究中政策工具和政策目标二维分析框架得到十分广泛的应用。

从政策工具和政策目标二维分析框架来看，政策工具分类本身就是一个研究的热点和重点，不同学者基于不同的划分依据对政策工具有不同的分类。豪利特（Howlett）和拉米什（Ramesh）将政策工具分为自愿型政策工具、混合型政策工具和强制型政策工具，三类政策工具又可以进一步细分。[2] 麦克唐纳（McDonnell）和爱穆尔（Elmore）将政策工具划分为强制型政策工具、激励型政策工具、能力建设型政策工具和系统变革型政策工具。[3] 施耐德（Schneider）和英格拉姆（Ingram）将政策工具划分为强制型政策工具、激励型政策工具、能力建设型政策工具、象征和劝诫

---

[1] Anne Schneider and Helen Ingram, "Behavioral Assumptions of Policy Tools," *The Journal of Politics*, Vol. 52, No. 2, 1990, pp. 510–529.

[2] ［美］迈克尔·豪利特、M. 拉米什：《公共政策研究：政策循环与政策子系统》，庞诗等译，生活·读书·新知三联书店 2006 年版，第 146—152 页。

[3] Lorraine M. McDonnell and Richard F. Elmore, "Getting the Job Done: Alternative Policy Instruments," *Educational Evaluation and Policy Analysis*, Vol. 9, No. 2, 1987, pp. 133–152.

型政策工具和学习型政策工具。[1] 从实际应用来看，政策工具的五分类在教育政策研究中得到了广泛应用，也即将政策工具划分为命令型政策工具、激励型政策工具、能力建设型政策工具、劝诫型政策工具和系统变革型政策工具。如黄忠敬将其应用到美国教育公平政策分析中[2]，赖秀龙将其应用到教师均衡配置政策分析中[3]，李科利和梁丽芝将其应用到高等教育政策分析中[4]，黄萃等学者将其应用到少数民族双语教育政策分析中[5]，吕武将其应用到学前教育政策分析中[6]，王艳玲将其应用到乡村教师稳定政策分析中[7]，姚松和曹远航将其应用到教育精准扶贫政策分析中[8]，汪丞将其应用到教师轮岗交流政策分析中[9]，李昱辉将其应用到日本教师研修政策分析中[10]，陈大超和迟爽将其应用到高校师德政策分析中[11]，姚佳胜和方媛将其应用到流动儿童政策分析中[12]，孙红将其应用到来华留学政策分析中[13]，温虹和贾利帅将其应用到高校科研诚信政策分析中[14]，林一钢、

---

[1] Anne Schneider and Helen Ingram, "Behavioral Assumptions of Policy Tools," *The Journal of Politics*, Vol. 52, No. 2, 1990, pp. 510–529.

[2] 黄忠敬：《美国政府是如何解决教育公平问题的——教育政策工具的视角》，《教育发展研究》2008年第21期。

[3] 赖秀龙：《义务教育师资均衡配置的政策工具分析》，《教育发展研究》2010年第23期。

[4] 李科利、梁丽芝：《我国高等教育政策文本定量分析——以政策工具为视角》，《中国高教研究》2015年第8期。

[5] 黄萃、赵培强、苏竣：《基于政策工具视角的我国少数民族双语教育政策文本量化研究》，《清华大学教育研究》2015年第5期。

[6] 吕武：《我国当前学前教育政策工具选择偏向及其影响——基于〈国家长中期教育改革和发展规划纲要（2010—2020）〉以来的主要政策文本的分析》，《教育科学》2016年第1期。

[7] 王艳玲：《稳定乡村教师队伍的政策工具改进：以云南省为例》，《教育发展研究》2018年第2期。

[8] 姚松、曹远航：《新时期中央政府教育精准扶贫政策的逻辑特征及未来走向——基于政策工具的视角》，《湖南师范大学教育科学学报》2019年第4期。

[9] 汪丞：《教师定期交流的政策困境与对策——基于政策工具的视角》，《教师教育研究》2020年第1期。

[10] 李昱辉：《基于政策工具视角的日本教师研修政策分析》，《外国教育研究》2020年第1期。

[11] 陈大超、迟爽：《改革开放以来我国高校师德政策变迁的文本分析——基于政策工具视角》，《现代教育管理》2020年第7期。

[12] 姚佳胜、方媛：《政策工具视角下我国流动儿童教育政策的量化分析》，《教育科学》2020年第6期。

[13] 孙红：《来华留学生教育政策的关键特征、成就与前瞻》，《清华大学教育研究》2021年第3期。

[14] 温虹、贾利帅：《我国高校科研诚信政策研究——基于政策工具的视角》，《中国高教研究》2021年第4期。

平晓敏将其应用到中小学师德建设政策分析中。[①] 总体而言，政策工具的五分类被广泛应用于教育政策研究领域。如表2-1所示，本书根据已有文献列出五类政策工具的内容，将其应用到骨干教师的政策分析中。

表2-1　　　　　　　　　　五类政策工具内容列举

政策工具类型	政策工具内容
命令型政策工具	应当；尽可能；不要；制止；督导评估；制定标准
激励型政策工具	编制；津贴；工资；职称；职务；荣誉
能力建设型政策工具	学历提升；在职进修；出版专著；课题研究
系统变革型政策工具	调整职称、职务评审规则；设立新机构；机构内部职能调整
劝诫型政策工具	鼓励；宣传；引导社会力量参与

2. 政策目标维度

"骨干教师"一词最早出现于《关于有重点地办好一批全日制中、小学校的通知》中，该通知规定重点学校中的各学科和各年级都要有骨干教师。很明显，这是一条指向重点学校教师队伍建设的命令型政策工具，是当时重点学校教师队伍建设的指导性意见。2018年，《中共中央 国务院关于全面深化新时代教师队伍建设改革的意见》指出，到2035年要培养造就数以百万计的骨干教师、数以十万计的卓越教师和数以万计的教育家型教师。随即，各个省份出台的政策均对本省不同层次骨干教师的数量、比例、使用和考核等方面提出要求，成为指导各省骨干教师队伍建设的指导政策。

总体来看，骨干教师队伍建设政策逐渐完善，形成了骨干教师定位、选拔、培养、使用、评价、保障和配置的政策目标关注。本书列举了骨干教师队伍建设的政策目标及其构成内容（见表2-2）。

---

① 林一钢、平晓敏：《我国中小学师德建设政策内容与政策工具：基于8份重要政策文本的分析》，《全球教育展望》2021年第5期。

表 2-2　　　　　　　骨干教师政策目标的构成内容列举

政策目标	政策目标内容
骨干教师定位	推进素质教育；促进中小学教师队伍发展；促进教育均衡；实现农村学校、薄弱学校发展
骨干教师选拔	骨干教师选拔；骨干教师退出
骨干教师培养	骨干教师校内培养；骨干教师校外培养
骨干教师使用	坚持教学一线；送教下乡；引领同伴发展；承担教学研究
骨干教师评价	职业道德；专业能力；科研能力；示范引领辐射作用
骨干教师保障	工资保障；社会福利保障；保障房建设
骨干教师配置	骨干教师稳定；骨干教师流动；骨干教师流失；骨干教师轮岗交流

（二）政策来源

本书以"骨干教师""名师""学科带头人"为关键词，对"北大法宝"、万方法律法规、百度文库、各省人民政府和教育厅门户网站进行检索，检索日期截至 2021 年 6 月 30 日。按照发文主体将政策文本分为两个层次：第一层次为中共中央、国务院、教育部等国家级机关颁布的政策文件，其中都涉及中小学骨干教师队伍建设的相关议题。第二层次为各省人民政府、教育厅、财政厅等省级机关颁发的与骨干教师队伍建设相关的政策文件。

需说明的是以下政策文本未纳入分析中，第一，关于骨干教师培训相关的通知、公示和表彰名单。第二，与职业教育、高等教育、学前教育、特殊教育等学段的相关政策文件。第三，地方政府转发上级政府部门的政策文件。第四，地方政府在上一级政府的基础上制定的同类型文件，例如《乡村教师支持计划（2015—2020 年）》由国务院办公厅颁布后，各省颁布了相应的乡村教师支持政策，其中涉及骨干教师的部分与国务院的表述基本一致，此类政策文件不纳入分析。经过筛选本书共将 128 份政策文件纳入分析中，其中有国家级政策文件 45 份（占比 35.16%），省级政策文本 83 份（占比 64.84%）。

（三）政策分析过程

本书在对政策文本加以收集、整理、编号后进行编码分析，第一步，对政策工具和政策内容进行编码，形成政策编码表，当同一内容运用多个政策工具分析时进行多次编码。以 2001 年国务院颁布的《关于基础教育改革与发展的决定》为例，按照本书对政策工具的划分，该文本在被用到能力建设工具中的培训和培养分析时，指向的是骨干教师培养。第二步，在呈现所有政策文件的政策工具运用和政策目标的基础上，分析不同政策文件的异同，进而发现骨干教师政策变迁历程及其背后的价值导向。

二 骨干教师政策变迁的阶段

根据政策文本数量及变化趋势，本书将骨干教师政策的变迁分为四个阶段：第一阶段为政策产生与缓慢发展期，共有 12 份政策文件（占比为 9.38%），国家层面有 11 份，省级层面有 1 份。第二阶段为政策探索与内涵建设期，共有 38 份政策文件（占比为 29.69%），国家层面有 13 份，省级层面有 25 份。第三阶段为政策调适与深度融合期，共有 63 份政策文件（占比为 49.22%），国家层面有 15 份，省级层面有 48 份。第四阶段为政策完善与全面发展期，共有 15 份政策文件（占比为 11.71%），国家层面有 5 份，省级层面有 10 份。从政策文件的数量变化来看，国家层面的政策文件数量相对稳定，在个别年份有多份政策文件出台，如 1983 年、1999 年和 2010 年，省级层面政策文件数量从整体上看随着年份的迁移而增加。

（一）政策产生与缓慢发展期（1962—1998）

1962 年，《关于有重点地办好一批全日制中、小学校的通知》对办好重点学校和骨干教师队伍提出了双重要求。1963 年 8 月，教育部关于《中南和东北地区重点高等学校培养提高师资问题座谈会纪要》提出，要对部分优秀教师实施重点培养。"文化大革命"之后，教育部重申骨干教师在整个教师队伍和学校发展中的重要作用。1980 年 10 月，教育部颁布的《关于分期分批办好重点中学的决定》提出，重点中学各学科至少应有三分之一比较有经验的骨干教师。相对于一般学校，重点学校骨干教师的比例、工资调整比例和职务提升比例都要多。可以看出，骨干教师政策贯彻着重点学校建设的始终，是推动重点学校发展的依托力量。

随着骨干教师重要作用的凸显，对骨干教师培训工作的重视程度逐渐提高，骨干教师培训是骨干教师断层在特定历史条件下产生的新生事物。[1]

---

[1] 方文林：《试论中学骨干教师的成长规律》，《中小学教师培训》1998 年第 C3 期。

1991年,《关于开展小学教师继续教育的意见》要求把骨干教师培训放在重要的位置。1993年2月,《中国教育改革和发展纲要》提出教师队伍建设要服务于教育改革和教育发展的要求。同年7月,《关于加强小学骨干教师培训工作的意见》成为新中国成立以来第一个以骨干教师命名的政策文件,该意见明确了骨干教师的定位,对骨干教师选拔的条件进行了规定;指出骨干教师在教师队伍中起着承上启下的作用,是教师队伍中的中坚力量。随着国家实力增强与教育方针的变化,国家开始重视缩小不同学校办学水平的差距,"重点办好一部分学校"的教育方针转向"办好每一所学校"。1998年教育部颁布的《关于加强大中城市薄弱学校建设办好义务教育阶段每一所学校的若干意见》强调了办好薄弱学校对维护义务教育普及性的重要性。在加强师资队伍建设的具体举措中,主张采取措施鼓励、安排优秀骨干教师到薄弱学校通过长期任课、兼课或示范教学、推广教育教学经验等方式提高薄弱学校的整体办学水平。

(二) 政策探索与内涵建设期(1999—2009)

为了凸显教育优先发展的战略地位,1999年国家层面相继出台重要文件,1月,国务院提出"跨世纪园丁工程",其中第九条指出,要重点加强中小学骨干教师队伍建设。6月,中共中央、国务院《关于深化教育改革全面推进素质教育的决定》要求开展以全体教师为目标、骨干教师为重点的继续教育。9月出台的《中小学教师继续教育规定》指出,要开展中小学教师全员培训,开展骨干教师国家级培训。可以看出,政策在进一步明确骨干教师重要性的同时,逐渐提出骨干教师标准,同时要求不断加强骨干教师培训。进入21世纪,国家越来越重视教育公平和教育均衡的实现,相继出台旨在促进乡村教育改革与发展的政策。一方面,这些政策强化了骨干教师队伍建设,尤其是农村骨干教师队伍建设的重要价值;另一方面,国家层面政策越来越重视以骨干教师为代表的教师配置问题,鼓励、引导和支持城镇学校教师支持农村教育发展,要求城镇教师评选高级职称要有农村学校和薄弱学校任教的经历。

在政策探索与内涵建设期,一个突出的变化是省级层面政策的数量超过了国家层面政策的数量。甘肃省教育厅于1999年颁布的《甘肃省中小学跨世纪骨干教师培养计划》是研究中出现最早的省级文件,此后骨干教师队伍建设逐渐得到各省的重视和强化。2004年,上海市教育委员会颁布

《上海市普教系统名校长名师培养工程》（简称"双名工程"）成为骨干教师队伍建设的里程碑事件。上海市"双名工程"因具有完善的组织机构、明确的培养目标、清晰的选拔条件、公正的选拔程序、丰富的培养措施和充足的保障而成为各省市骨干教师队伍建设的榜样。2006年，吉林省教育厅印发《吉林省中小学骨干教师管理办法（试行）》，要求对骨干教师进行分级管理、共同培养，具体分为省、市、县、校四个层次。省、市（州）、县（市、区）三级骨干教师选拔的数量占全省中小学专任教师总数的最高比例分别为2%、5%、10%，校级骨干教师的比例由主管教育行政部门确定。在规定骨干教师层次和比例的同时，还对骨干教师具备的选拔与认定、培训、职责、待遇、管理、使用和罚则进行了规定。与此同时，其他省份及市县区域都积极开展骨干教师的资格认定和培训工作，通过政策的出台和完善提高骨干教师队伍管理的科学性。

（三）政策调适与深度融合期（2010—2017）

在政策调适与深度融合期，国家层面和省级层面在依旧强调骨干教师培训的同时，进一步完善骨干教师队伍的管理机制，对乡村骨干教师的发展予以倾斜。2010年颁布的《教育中长期发展规划纲要（2010—2020）》（以下简称"教育规划纲要"）和各省相继颁布的《教育规划纲要》成为指导教师队伍建设的重要政策，强调通过多种方式造就一批中小学教学名师和学科领军人才。同时，探索建立义务教育学校教师流动机制，以此促进优秀教师资源的配置。

教育规划纲要颁布后，国务院和教育部等部门接连出台重要文件，对中小学教师队伍建设做出战略部署。2012年8月和9月，《国务院关于加强教师队伍建设的意见》和《国务院关于深入推进义务教育均衡发展的意见》相继出台，同年9月，教育部、中央编办、国家发展改革委等部门联合颁发《关于大力推进农村义务教育教师队伍建设的意见》，2014年8月出台了《关于推进县（区）域内义务教育学校校长教师交流轮岗的意见》，2015年6月印发了《乡村教师支持计划（2015—2020年）》。随着国家层面政策文件的不断出台，各省深入推进中小学教师队伍建设，省政府出台了教师队伍建设的意见，教育厅出台了省级中小学教师队伍建设意见和骨干教师队伍管理办法。在省政府与省级教育行政机关的引领下，各级人民政府和教育行政机关相继出台更为细致的中小学教师队伍建设意见，在骨干教师队伍建设方面形成了省—市—县（区）—校分级管理、共同培养的局面。

（四）政策完善与全面发展期（2018—2021）

2018年，《中共中央 国务院关于全面深化新时代教师队伍建设改革的意见》出台，指出要建设一支高素质专业化创新型的教师队伍，骨干教师队伍发展有了更明确、更具体的发展要求，骨干教师队伍建设走向全面发展期。第一，进一步凸显骨干教师在教师队伍中的地位和价值。一方面，骨干教师队伍建设是教师队伍建设的一个重要方面，是基础教育发展的重要支撑力量；另一方面，在国家层面重视骨干教师队伍建设的同时，激发各省结合实际情况丰富具体内涵的积极性和主动性。第二，明确了骨干教师的数量比例，以应对学龄人口变动、教师队伍新老交替和新课程改革等问题。该意见提出到2035年，我国要培养造就数以百万计的骨干教师、数以十万计的卓越教师、数以万计的教育家型教师。第三，各省就该意见出台的具体政策涉及各省骨干教师队伍建设的总体目标、素质要求、过程管理、学习提升、评价考核和奖惩激励等多个方面，骨干教师队伍建设的制度体系更加完善。

三 骨干教师政策的目标聚焦

（一）骨干教师政策目标的整体情况

骨干教师队伍建设经历了60余年积淀，对政策目标的回顾是骨干教师政策分析的重要维度。从国家层面和省级层面的总体情况来看，在政策目标上共有425次编码，骨干教师定位为119次，骨干教师选拔为55次，骨干教师培养为76次，骨干教师使用为55次，骨干教师评价为30次，骨干教师保障为30次，骨干教师配置为60次。定位、培养和配置是政策目标关注的三个方面。

在骨干教师定位方面。在政策产生之初，骨干教师成为办好一部分重点学校的保障，进而带动其他学校的发展。在新世纪之交，随着重点学校制度的取消，骨干教师成为教师队伍建设的重点，希望通过骨干教师提升教师队伍的整体素质。21世纪之初，提高教师实施素质教育的能力要求骨干教师发挥示范、引领和辐射作用。在教育公平理念的影响下，骨干教师被视为促进教育均衡的保障。

在骨干教师选拔方面。从整体来看，骨干教师的选拔经历了从无到有、从有到规范的发展过程。1991年，国家教育委员会和人事部为应对教师新老交替问题，所颁发的《关于当前做好中小学教师职务聘任工作的几点意见》指出，要选拔德育工作突出、思想政治条件好和工作业绩突出的中青年骨干教师担任高一级职务。1993年，国家教育委员会颁布的《关于加强小学骨干教师培训工作的意见》对骨干教师的选拔标准进行了更为细致的规定，包括师德修养、文化素养、教育思想正确、较强的科研能力与教学改革意识，能在教育改革中起到带头作用。进入新世纪，骨干教师选拔的具体要求逐渐分层，选拔标准随骨干教师层次的升高而提高。

在骨干教师培养方面。骨干教师培养是骨干教师队伍建设的重要议题，遵循通过骨干教师个人能力的提升促进教育发展的价值逻辑。骨干教师的培养遵循分层培养的原则，省级名师、学科带头人和骨干教师的培养由省教育厅承担，市级和县级层面的学科带头人和骨干教师由相应的教育行政部门负责培养。骨干教师培养的方式也经历了从单一的理论培训，走向多元的理论与实践、国内与国外相结合的过程。

在骨干教师使用方面。各级教育行政部门越来越注重骨干教师的使用，具体来说包括以下几个方面：第一，骨干教师要坚持在教学一线，做到不脱离课堂。第二，骨干教师应该在青年教师发展方面起到作用。第三，骨干教师应该成为促进乡村学校和薄弱学校发展的支持力量。第四，骨干教师应该在日常的教育教学中公开自己的课堂，促进校内外同伴的发展。

在骨干教师评价方面。骨干教师的荣誉属性逐渐被明确，"不搞终身制"是省域骨干教师队伍建设的一个基本准则。2001年，重庆市教委颁布的《重庆市中小学骨干教师培训管理意见》规定了骨干教师评价的五项要求，并将骨干教师评价与福利待遇保障和荣誉称号的再认定挂钩。

在骨干教师保障方面。骨干教师保障并非以独立的部分出现在政策文件中，而是作为中小学教师队伍建设，尤其是农村中小学教师队伍建设的外部支持条件而出现。随着义务教育均衡发展进程的推进，国家越来越重视乡村教师队伍建设，诸多政策文件均提到要提高乡村教师的工资水平和福利待遇，推进乡村教师保障房建设，促进了农村骨干教师条件的改善。

在骨干教师配置方面。本书中的骨干教师配置包括流失、流动和交流轮岗，对骨干教师配置的重视程度很高，在所有政策目标中居第三位。一方面，骨干教师流失和骨干教师稳定是一个问题的两个方面，也即减少骨干教师从乡村学校、薄弱学校流出教师行业，或无序流向城市学校或优质学校。另一方面，骨干教师流动往往具有"不可逆性"，很少有教师会从优质学校、城市学校回流。在此背景下，通过政策鼓励、引导、支持骨干教师到农村学校和薄弱学校交流就成为教师配置的重要形式。

（二）不同发展阶段的政策目标变化

表2-3和图2-1呈现了骨干教师政策不同发展阶段的政策目标变化情况。其一，政策产生与缓慢发展期。从时间来看，本阶段是跨度最长的阶段，但是政策目标编码共计24次，此时骨干教师队伍建设以国家层面政策关注为主，未出现专门性政策。具体来看，骨干教师定位出现11次，骨干教师配置出现7次，骨干教师培养出现4次，骨干教师选拔出现1次，骨干教师评价和骨干教师保障未出现，表明该阶段骨干教师政策目标关注点并不均衡。

表2-3　　　　　　　　不同阶段骨干教师政策目标统计　　　　　　　　（次）

骨干教师政策目标	骨干教师政策阶段			
	1962—1998年	1999—2009年	2010—2017年	2018—2021年
骨干教师定位	11	38	58	12
骨干教师选拔	1	12	35	7
骨干教师培养	4	22	41	9
骨干教师使用	1	19	28	7
骨干教师评价	0	9	13	8
骨干教师保障	0	4	22	4
骨干教师配置	7	17	30	6
合计	24	121	227	53

其二，政策探索与内涵建设期。本阶段政策目标共计编码121次，骨干教师定位38次，骨干教师培养22次，骨干教师使用19次，骨干教师配置17次，骨干教师选拔12次，骨干教师评价9次和骨干教师保障4次，可以看出21世纪以后国家层面和省级层面骨干教师队伍建设的政策目标更

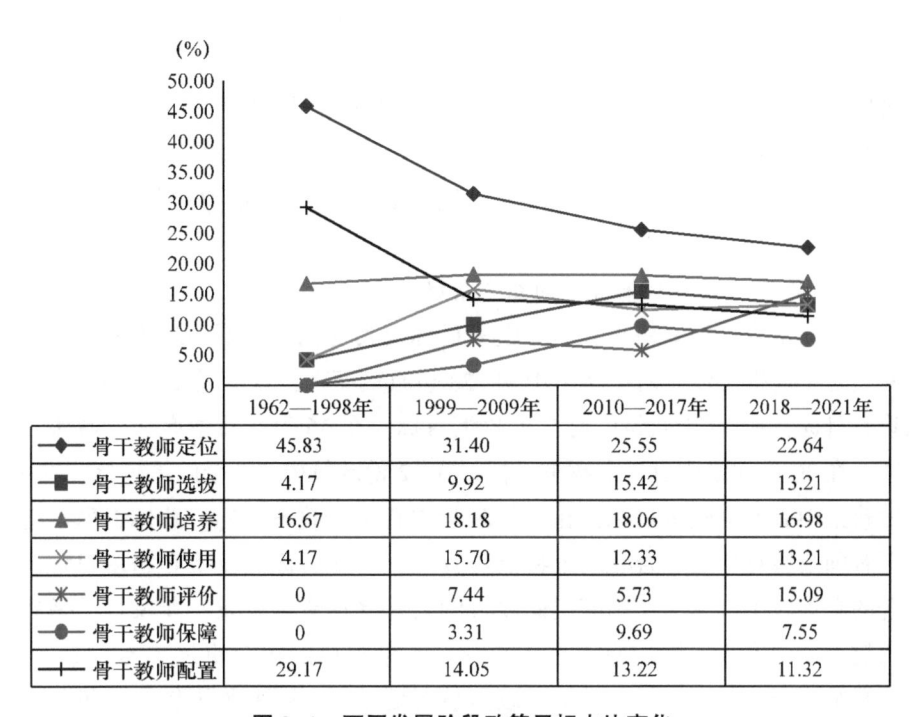

	1962—1998年	1999—2009年	2010—2017年	2018—2021年
◆ 骨干教师定位	45.83	31.40	25.55	22.64
■ 骨干教师选拔	4.17	9.92	15.42	13.21
▲ 骨干教师培养	16.67	18.18	18.06	16.98
✕ 骨干教师使用	4.17	15.70	12.33	13.21
✳ 骨干教师评价	0	7.44	5.73	15.09
● 骨干教师保障	0	3.31	9.69	7.55
＋ 骨干教师配置	29.17	14.05	13.22	11.32

图 2-1 不同发展阶段政策目标占比变化

加明确与多元。和第一阶段相比，政策在关注骨干教师定位和骨干教师配置的同时，更加强调骨干教师的培养和使用。随着骨干教师专门性文件的出台，骨干教师队伍管理更加完善，各省相继出台骨干教师管理意见，涉及骨干教师选拔、培养、使用和评价等多个方面，骨干教师政策目标的协同性和匹配性更好。

其三，政策调适与深度融合期。本阶段政策目标共计编码 227 次，骨干教师定位 58 次，骨干教师培养 41 次，骨干教师选拔 35 次，骨干教师配置 30 次，骨干教师使用 28 次，骨干教师保障和评价分别为 22 次和 13 次。与其他三个阶段相比，本阶段政策目标的编码次数超过半数，这说明在教育规划纲要颁布后，骨干教师政策更加完善。

其四，政策完善与全面发展期。由于本阶段时间较短，因此政策目标的编码共计 53 次，其中骨干教师定位 12 次，骨干教师培养 9 次，骨干教师评价 8 次，骨干教师使用和骨干教师选拔 7 次，骨干教师配置 6

次，骨干教师保障4次。一方面，随着政策的不断出台，骨干教师政策目标之间的协同程度进一步提高，政策目标之间所占比例相对于前三个阶段更为均衡。另一方面，随着骨干教师队伍建设的制度体系不断完善，政策目标之间的衔接性也更为紧密，因此政策在诸如骨干教师定位、培养和使用等方面的目标聚焦较为稳定，表现出骨干教师政策关注的一致性。

（三）骨干教师政策目标的组合情况

从政策发展的脉络来看，除政策目标及其变化外，不同政策的政策目标组合也值得关注。对于本书中的128份政策而言，在10份政策中有1个政策目标，在29份政策中有2个政策目标，在36份政策中有3个政策目标，在30份政策中有4个政策目标，在12份政策中有5个政策目标，在8份政策中有6个政策目标，在3份政策中有7个政策目标。总体上看，骨干教师政策目标的组合有以下特点：其一，单一目标的政策和超多目标组合的政策较少。其二，国家层面政策的目标聚焦更为多元，涉及骨干教师的较少。而省级层面的政策更系统化，政策目标的组合更加丰富。其三，从政策出台的时间来看，早期的政策目标更单一，随着骨干教师政策的完善，政策目标的组合情况更复杂。

四 骨干教师政策的工具运用

（一）骨干教师政策工具的整体情况

政策工具共有336次编码，其中命令型政策工具为116次，激励型政策工具为84次，能力建设型政策工具为96次，系统变革型政策工具为14次，劝诫型政策工具为26次。总体来看，骨干教师队伍政策工具以命令型政策工具和能力建设型政策工具为主，激励型政策工具次之，劝诫型政策工具和系统变革型政策工具较少，其中系统变革型政策工具的运用最少。

命令型政策工具。在骨干教师政策产生初期，以行政命令的方式规定重点学校的各个学科都要有骨干教师，以此促进重点学校的发展。此外，由于骨干教师的流失和其他行业抽调骨干教师的问题较为凸显，国家要求采取措施制止骨干教师外流，禁止其他机关从学校抽调教师，尤其是抽调骨干教师。改革开放以后，尤其是21世纪以来，教师队伍建设成为推进素质教育发展和教育改革的重要依托力量，国家层面越来越注重教师队伍管理标准的建立。在骨干教师队伍建设方面,各个省的人民政府、教育厅相继出台骨干教师选拔、培养、培训、使用和评价的规则,成为多层级骨干教师队伍建设的纲领性文件。

激励型政策工具。一方面是直接激励,最主要的激励工具为工资待遇倾斜和额外的经济激励。2003年人事部、教育部颁布的《关于深化中小学人事制度改革的实施意见》指出,要建立健全分配激励机制,工资待遇向骨干教师倾斜。另一方面是间接激励,为了引导城区学校、优质学校教师支援乡村学校、薄弱学校,是否具有乡村学校或者薄弱学校从教经历被作为评选高级职称的参考依据。为了达成骨干教师配置的政策目标,职称、职务评审成为激励骨干教师的重要措施。

能力建设型政策工具。其一,培训是使用最为频繁的政策工具,贯穿于骨干教师培养的全过程。诸如《中小学教师继续教育规定》《教育部关于做好中小学骨干教师国家级培训工作的通知》等政策成为引领骨干教师培训工作的重要文件。其二,工作室建设。21世纪之后,各省陆续开展省级层面的骨干教师队伍建设计划,如上海市的"双名工程"、浙江省的"领雁工程"、河南省的"中原名师工程",成为骨干教师培养与领导力发挥的重要载体。

系统变革型政策工具。该种类型政策工具的应用较少,主要体现在职称职务评审向乡村教师倾斜、革新骨干教师培训模式和成立新的机构以促进骨干教师发展方面。

劝诫型政策工具。一方面,不同层级的骨干教师培养具有周期性,骨干教师在培养周期内的表现是获得更高一级骨干教师荣誉称号的前提条件,因此劝诫和引导骨干教师发挥应有的示范、引领和辐射作用。另一方面,骨干教师政策鼓励和引导社会参与到骨干教师队伍建设中,以此作为骨干教师培养的参与者。

(二) 不同发展阶段政策工具的变化

如表2-4和图2-2所示,不同阶段骨干教师政策中的政策工具运用存在差异。其一,政策产生与缓慢发展期。本阶段政策工具编码次数为28次,是四个阶段中政策工具编码最少的一个阶段。这表明早期涉及骨干教师的政策工具较少,类型单一。命令型政策工具的应用比例最高,能力建设型政策工具次之,劝诫型政策工具占比最少。

表 2-4　　　　　　　不同阶段骨干教师政策工具统计　　　　　　　（次）

政策工具	骨干教师政策阶段			
	1962—1998 年	1999—2009 年	2010—2017 年	2018—2021 年
命令型政策工具	10	32	63	11
激励型政策工具	5	23	46	10
能力建设型政策工具	7	31	47	11
系统变革型政策工具	5	6	3	0
劝诫型政策工具	1	7	16	2
合计	28	99	175	34

	1962—1998年	1999—2009年	2010—2017年	2018—2021年
命令型政策工具	35.71	32.32	36.00	32.35
激励型政策工具	17.86	23.23	26.29	29.41
能力建设型政策工具	25.00	31.31	26.86	32.35
系统变革型政策工具	17.86	6.06	1.71	0
劝诫型政策工具	3.57	7.07	9.14	5.88

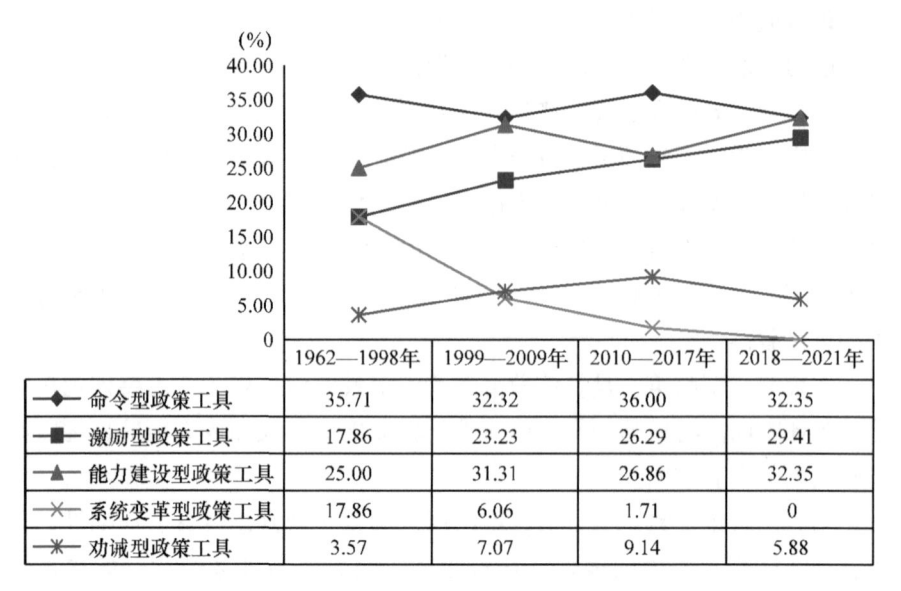

图 2-2　不同发展阶段政策目标占比变化

其二，政策探索与内涵建设期。本阶段骨干教师政策工具的编码为 99 次，这意味着随着对教师队伍建设重视程度的增加，骨干教师队伍建设中的政策工具也愈发完善和综合，能力建设型政策工具和激励型政策工具占比增加是本阶段的突出特点。

其三，政策调适与深度融合期。本阶段骨干教师政策工具的编码次数为 175 次，这是因为教育规划纲要出台之后，国家层面和省级层面相继出台旨在促进教育均衡、乡村教师队伍建设和义务教育质量提升的政策文件,这些政策文件均涉及骨干教师队伍的选拔、培养和使用等环节。命令型政策工具和激励型政策工具的占比相比第二阶段有所提高,能力建设型政策工具的占比有所下降。

其四,政策完善与全面发展期。本阶段骨干教师政策工具编码次数为34次,命令型政策工具、激励型政策工具和能力建设型政策工具的占比大体相当,与另外三个阶段相比更为均衡。本阶段没有应用系统变革型政策工具,劝诫型政策工具的占比有所降低。

整体来看,在骨干教师队伍建设的四个阶段,命令型政策工具和能力建设型政策工具的占比相对稳定,在第二阶段和第四阶段中这两类政策工具的占比一致,在第一阶段这两类政策工具占比的差异最大。激励型政策工具的占比不断提升,与命令型政策工具和能力建设型政策工具占比的差距缩小,在第三阶段基本实现持平。与另外四种政策工具的运用情况相反的是,系统变革型政策工具的占比逐渐下降,在第四阶段其占比为零。从总体上看,命令型政策工具、能力建设型政策工具和劝诫型政策工具的使用情况总体较为平衡,激励型政策工具的应用逐渐频繁,劝诫型政策工具的使用逐渐降低。

(三) 骨干教师政策工具的组合情况

在本书128份政策文本中,使用到一种政策工具的政策文本有21份,使用两种政策工具的政策文本有31份,使用三种政策工具的政策文本有52份,使用四种政策工具的政策文本有22份,使用五种政策工具的政策文本有2份。由骨干教师政策工具的整体情况和不同阶段的变化情况可知,劝诫型政策工具和系统变革型政策工具的应用较少,这也就意味着政策工具的组合以命令型政策工具、能力建设型政策工具和激励型政策工具为主。

第二节 教师领导力的研究

一 教师领导力的背景

20世纪80年代以来,随着领导理论的发展,伴随着"学校重建运动"的兴起,教师领导力日益成为西方教育改革中的重要议题。[1] "教师领导

---

[1] 蒋园园:《中小学教师领导者角色的有效性实践改善与资源分析》,《首都师范大学学报》(社会科学版) 2011年第4期。

力"这一概念得到实践者和研究者的关注①,但1985年之前少有研究关注教师领导力这一研究主题。② 20世纪80年代中期以后,"教师作为领导者"这一理念在英、美、澳等国家逐渐深入人心,同时通过国家的力量促进教师领导力的培育。③ 教师领导力相关的理论发展和实践演进有其特殊的时代背景,是学校改进运动、领导理论的发展和教师专业化浪潮综合作用的结果。

其一,学校改进运动。美国、澳大利亚和加拿大等国开展的教育改革与教师领导力这一概念的产生密切相关。一方面,在新一轮教育改革中,教育界对校长与教师协作促进学校发展重要性有了认识,也即单凭校长个人所领导的教育与学校变革很难取得突破性进展。④ 为应对学校改进的压力,校长发现分享责任会带来好处,因此教师们承担了更多的领导角色。⑤ 同时,"英雄式"的领导不能实现教育改善的目的成为共识,一线教师及全体成员的共同努力是学校发展的重要动力源泉。⑥ 另一方面,美国、澳大利亚、加拿大和英国自上而下的改革模式受到教师的反对,于是,这些国家增加教师的参与,以此增加教师在学校改进中的作用。⑦ 因此,学校改进过程逐渐通过"赋权"和"增能"增加教师的参与意愿和参与程度,教师实现从"技术操作员"到"专业人员"的跨越。⑧

其二,领导理论的发展。随着对学校放权程度的扩大,美国、加拿大和澳大利亚等西方国家出现了分散领导和分布式领导等学术概念,教师领导力也随之产生并得到实证研究的支持。教师领导力是学校领导力的重要

---

① Daniel Muijs and Alma Harris, "Teacher Leadership in (in) Action," *Educational Management Administration & Leadership*, Vol. 35, No. 1, 2007, pp. 111-134.

② Joseph Murphy ed., *Connecting Teacher Leadership and School Improvement*, Thousand Oaks: Corwin Press, 2005, p. 9.

③ 吴晓英、朱德全:《教师教学领导力生成的困境与突破》,《中国教育学刊》2015年第5期。

④ 李肖艳、裴淼:《国外教师领导力研究主题概述》,《教师发展研究》2017年第2期。

⑤ Jianping Shen, et al., "The Association between Teacher Leadership and Student Achievement: A Meta-analysis," *Educational Research Review*, Vol. 31, 2020, p. 100357.

⑥ 刘志华、罗丽雯:《以学习为中心的校长领导力与教师领导力关系研究》,《华南师范大学学报》(社会科学版)2015年第3期。

⑦ 卢乃桂、陈峥:《作为教师领导的教改策略——从组织层面探讨欧美的做法与启示》,《教育发展研究》2006年第17期。

⑧ 操太圣、卢乃桂:《教师赋权增能:内涵、意义与策略》,《课程·教材·教法》2006年第10期。

组成部分，其外延与校长领导力有一定的重叠，但又有其自身的特殊性。教师领导力意味着权力在学校组织内部的重新分布。此时，领导力是流动的而不是固化的。学校内部存在不同的权力关系，追随者和领导者之间的区别变得模糊。随着对民主和权力去中心化认识程度的增强，研究者的研究兴趣从研究领导者的角色和特质，转变为关于诸如教师领导力这一概念的学术研究。这使得研究的范式发生转变，关于教师领导力的研究从孤立的、英雄式的和魅力型的领导角色和特质，转变为对学校教育实践合作领导。①

其三，教师专业化浪潮。20 世纪 60 年代之后，教学专业化的呼吁与实践影响了教师领导力的发展进程。专业化指一个职业经过一段时间后不断成熟，逐渐获得鲜明的专业标准，并获得相应专业地位的过程②，专业自主权是成熟专业的重要标志。③ 随着教师专业化进程的深入，教师在学校课程发展中的作用逐渐凸显，要求教师在课程开发和课程决策等方面享有更大的权力。④ 一方面，学校践行平等、合作和分享的课程领导方式，教师能够参与到学校课程决策过程中；另一方面，教师在课堂层面充分发挥自主权，在课程标准的要求下开展教学活动和相应的课程评价活动。⑤ 同时，教师领导力的价值在学生学习、教师团队发展、学校课程发展和学校改进中逐渐凸显。以美国为例，大学学位课程和证书对教师领导力的认可似乎在增加，自 2009 年以来，辛辛那提大学、西北大学和维拉诺瓦大学开始开设与教师领导力有关的课程。⑥

二 教师领导力的作用

Murphy 认为，教师领导力在学校改革的进程中发挥了不同的作用。⑦

---

① Sally Wai-Yan Wan, et al., "'Who Can Support Me?': Studying Teacher Leadership in a Hong Kong Primary School," *Educational Management Administration & Leadership*, Vol. 48, No. 1, 2018, pp. 133-163.

② 教育部师范教育司编：《教师专业化的理论与实践》，人民教育出版社 2001 年版，第 9 页。

③ 赵康：《专业、专业属性及判断成熟专业的六条标准——一个社会学角度的分析》，《社会学研究》2000 年第 5 期。

④ 杨跃：《教师的课程领导力：源泉、要素及其培育》，《当代教师教育》2017 年第 1 期。

⑤ 王钦、郑友训：《新课程背景下的教师课程领导力探析》，《教学与管理》2013 年第 21 期。

⑥ Julianne Wenner and Todd Campbell, "The Theoretical and Empirical Basis of Teacher Leadership," *Review of Educational Research*, Vol. 87, No. 1, 2016, pp. 134-171.

⑦ Joseph Murphy ed., *Connecting Teacher Leadership and School Improvement*, Thousand Oaks: Corwin Press, 2005, p. 11.

第一，对教师个体而言。"每一个教师都可能成为教师领导者"和"每一个教师都有领导力"为教师发展提供了更大的可能性。一方面，教师领导力的提出与发展使教师摆脱"受雇者"和"装配线上的工人"的角色。[1]基于幼儿园教师的研究表明，教师领导力水平能够正向显著预测职业幸福感。[2]这也就意味着，教师领导力的倡导与发展有利于教师参与学校改革，促进教师教学卓越。[3]另一方面，教师领导力的提倡帮助教师摆脱专业发展的"天花板"效应，教师专业发展的目标不再局限于具有行政职位的领导，教师有机会成为专业上的领导者。这也就意味着，教师领导力的培育为教师职业发展拓展了空间。[4]提升教师领导力有助于教师实现自我价值，降低教师的职业倦怠水平。[5]

第二，对于教师群体而言。吸引并留任优秀教师从事教育职业是教育事业发展的重要基础[6]，教师领导力有利于教师专业本身的发展。一方面，从专业特性来看，领导力是一种共同的和集体的努力，能够吸引大多数人而不是少数人。[7]教师领导力的提倡增强了教师的专业自主权，促使教学成为真正的专业，使教师成为专业从业者。[8]优秀教师有更多的机会得到奖励[9]，这有助于吸引、留任和激发成熟教师。[10]另一方面，教师领导力有助于打破教师之间的专业疏离状态，实现合作的教师专业主义。为了让教

---

[1] 操太圣、卢乃桂：《教师赋权增能：内涵、意义与策略》，《课程·教材·教法》2006年第10期。

[2] 朱艳：《幼儿园教师领导力与职业幸福感的关系研究》，硕士学位论文，天津师范大学，2018年。

[3] Jennifer York-Barr and Karen Duke, "What Do We Know about Teacher Leadership? Findings from Two Decades of Scholarship," *Review of Educational Research*, Vol. 74, No. 3, 2004, pp. 255–316.

[4] 褚宏启：《教师领导力：让每位普通教师都有影响力》，《中小学管理》2020年第9期。

[5] 吴金瑜、戴绚：《教师领导力及其形成途径》，《新课程》（综合版）2008年第6期。

[6] Helen M. G. Watt, et al., "Motivations for Choosing Teaching as a Career: An International Comparison Using the Fit-Choice Scale," *Teaching and Teacher Education*, Vol. 28, No. 6, 2012, pp. 791–805.

[7] Daniel Muijs and Alma Harris, "Teacher Leadership—Improvement through Empowerment?" *Educational Management & Administration*, Vol. 31, No. 4, 2003, pp. 437–448.

[8] 娄元元：《学校发展中的教师领导研究》，博士学位论文，华东师范大学，2015年。

[9] Jennifer York-Barr and Karen Duke, "What Do We Know about Teacher Leadership? Findings from Two Decades of Scholarship," *Review of Educational Research*, Vol. 74, No. 3, 2004, pp. 255–316.

[10] Ann Weaver Hart, "Reconceiving School Leadership: Emergent Views," *The Elementary School Journal*, Vol. 96, No. 1, 1995, pp. 9–28.

师留在教学岗位上，今天和明天的教师都需要有促使他们成功和感到支持的学校环境，拥有在专业学习共同体中与其他教育工作者一起工作的机会，而不是孤立于自己的教室中。① 研究表明，当教师领导力存在的时候，教师更倾向于留任。②

第三，提升教师教学效能，促进学校改进。Murphy 将教师领导力比喻为学校改进"工具箱"中的一个工具。③ 安迪·哈格里夫斯在 Developing Teacher Leaders 一书的前言中写道：随着时间的推移，教师领导力被视为学校领导力的重要组成部分，教师能够在学校内外发挥领导力，提升学校的效能。④ 其一，促进教师团队发展，提高教学有效性。⑤ 教师领导与有效教学存在内在关联，教师领导力的提高能促进教学有效性的提升。⑥ 其二，教师领导力有助于促进教师专业权限增加⑦，增强教师对学校的归属感和投入度，将学校构建为专业学习共同体。⑧ 教师领导力能够通过赋权教师提高教师效能感⑨，当教师间互相开发课堂、协助帮助问题学生时，教师对学校的归属感就会增强。⑩ 其三，教师领导力有助于提高学校效能，促进学校改进。教师领导力通过影响教师专业学习共同体的产生与发展，进

---

① Marilyn Cochran-Smith, "Stayers, Leavers, Lovers, and Dreamers," *Journal of Teacher Education*, Vol. 55, No. 5, 2004, pp. 387-392.

② Daniel Muijs and Alma Harris, "Teacher Led School Improvement: Teacher Leadership in the UK," *Teaching and Teacher Education*, Vol. 22, No. 8, 2006, pp. 961-972. Marilyn Katzenmeyer and Gayle Moller eds., *Awakening the Sleeping Giant: Helping Teachers Develop as Leaders*, Thousand Oaks: Corwin Press, 2009, p. 50.

③ Joseph Murphy ed., *Connecting Teacher Leadership and School Improvement*, Thousand Oaks: Corwin Press, 2005, p. 4.

④ Crowther Frank ed., *Developing Teacher Leaders: How Teacher Leadership Enhances School Success*, Thousand Oaks: Corwin Press, 2009, p. 1.

⑤ Jason Margolis and Angie Deuel, "Teacher Leaders in Action: Motivation, Morality, and Money," *Leadership and Policy in Schools*, Vol. 8, No. 3, 2009, pp. 264-286.

⑥ 肖建彬：《中小学教师领导力与有效教学研究》，《广东第二师范学院学报》2016 年第 4 期。

⑦ Daniel Muijs and Alma Harris, "Teacher Leadership—Improvement through Empowerment?" *Educational Management & Administration*, Vol. 31, No. 4, 2003, pp. 437-448.

⑧ David Frost D and Alma Harris, "Teacher Leadership toward a Research Agenda," *Cambridge Journal of Education*, Vol. 33, 2003, No. 3, pp. 479-498.

⑨ Daniel Muijs and Alma Harris, "Teacher Led School Improvement: Teacher Leadership in the UK," *Teaching and Teacher Education*, Vol. 22, No. 8, 2006, pp. 961-972.

⑩ 李肖艳、裴淼：《国外教师领导力研究主题概述》，《教师发展研究》2017 年第 2 期。

而促进学校教学改进。无论学校管理者或外部专家多么专业,如果没有教师领导主动、直接的参与,也不可能应对复杂且敏感的学校改进过程,发展全校的教与学。① 学校间优质教育资源的共享,增进了教育公平。以中国人民大学附属中学的实践为例。该校从2002年开始将一大批骨干教师派到教育薄弱区县,帮助更多薄弱学校教师变革课堂。② 其四,影响学生学习与发展。发展教师领导力对现代学校具有重要价值,教师领导力的最大获益者是学生,有利于学生学习能力的提升。③ 教师领导力是否会对学生学习产生影响,教师领导力与学生学习之间是否呈正相关,早期的研究存在争议。④ 但是,随着实证研究的发展和大型调研项目的实施,探究二者之间的关系成为可能,得出的结论对学校改进和教师领导力的发展均有很大的启示意义。美国学者通过多层线性模型,证明了教师领导力会对学生的学习产生影响。⑤ 我国学者基于西南地区116所学校1365位教师和5000余名学生的实证研究数据表明,教师领导力对学生学业成就有正向显著影响。⑥ 元分

---

① Crowther Frank ed., *Developing Teacher Leaders: How Teacher Leadership Enhances School Success*, Thousand Oaks: Corwin Press, 2009, pp. 37-38.

② 邓丕来:《以优带弱提高课堂领导力的实践探索——以人大附中帮扶薄弱学校教师发展为例》,《中国教育学刊》2015年第8期。

③ 娄元元:《学校发展中的教师领导研究》,博士学位论文,华东师范大学,2015年。Jennifer York-Barr and Karen Duke, "What Do We Know about Teacher Leadership? Findings from Two Decades of Scholarship," *Review of Educational Research*, Vol. 74, No. 3, 2004, pp. 255-316. Janet C. Fairman and Sarah V. Mackenzie, "How Teacher Leaders Influence Others and Understand Their Leadership," *International Journal of Leadership in Education*, Vol. 18, No. 1, 2014, pp. 61-87. Christopher Day, et al., "The Impact of Leadership on Student Outcomes," *Educational Administration Quarterly*, Vol. 52, No. 2, 2016, pp. 221-258.

④ 李肖艳、裴淼:《国外教师领导力研究主题概述》,《教师发展研究》2017年第2期。Marilyn Katzenmeyer and Gayle Moller eds., *Awakening the Sleeping Giant: Helping Teachers Develop as Leaders*, Thousand Oaks: Corwin Press, 2009, p. 50. Julianne Wenner and Todd Campbell, "The Theoretical and Empirical Basis of Teacher Leadership," *Review of Educational Research*, Vol. 87, No. 1, 2016, pp. 134-171.

⑤ James Sebastian, et al., "Examining Integrated Leadership Systems in High Schools: Connecting Principal and Teacher Leadership to Organizational Processes and Student Outcomes," *School Effectiveness and School Improvement*, Vol. 28, No. 3, 2017, pp. 463-488.

⑥ Ling Li and Yan Liu, "An Integrated Model of Principal Transformational Leadership and Teacher Leadership That Is Related to Teacher Self-Efficacy and Student Academic Performance," *Asia Pacific Journal of Education*, Vol. 42, No. 4, 2020, pp. 661-678.

析文章也表明教师领导力正向作用于学生成就。[1] 此外，教师领导力不仅会对学生学业成就产生直接影响，还会通过教师集体教学效能感的提升促进学生的学习与发展。[2]

教师领导力对个体教师、教师群体、教师专业本身、学校效能提升和学生学习与发展都有影响。但是教师领导力不是处在"真空"中的，而是和校长领导力有内在联系。校长为教师改善学习环境提供制度支持，引导并支持教师的工作，这些努力似乎更有可能提高学生的成绩。[3] 也就是说，无论教师领导力多么强大，也只有和校长领导力形成合力才能够促进学校改进。[4] 如图2-3所示，教师作为领导者和校长作为领导者，共同成为教育

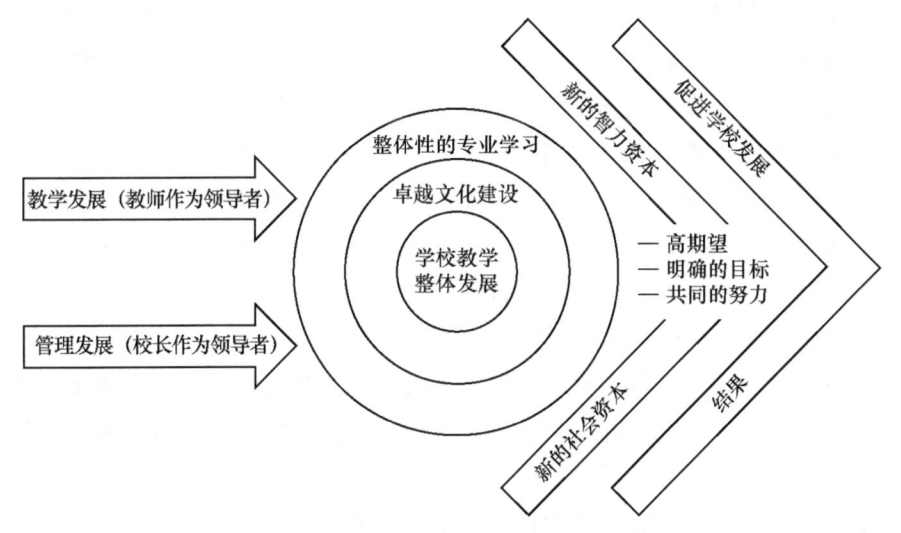

图2-3 平行领导与学校资本构建示意图

资料来源：Crowther Frank ed., *Developing Teacher Leaders: How Teacher Leadership Enhances School Success*, Thousand Oaks: Corwin Press, 2009, p.60.

---

[1] Jianping Shen, et al., "The Association between Teacher Leadership and Student Achievement: A Meta-analysis," *Educational Research Review*, Vol. 31, 2020, p. 100357.

[2] Ali Agatay, "Examining the Relationship between Teacher Leadership and School Climate," *Educational Sciences: Theory and Practice*, Vol. 14. No. 5, 2014, pp. 1729-1742.

[3] James Sebastian, et al., "Examining Integrated Leadership Systems in High Schools: Connecting Principal and Teacher Leadership to Organizational Processes and Student Outcomes," *School Effectiveness and School Improvement*, Vol. 28, No. 3, 2017, pp. 463-488.

[4] Crowther Frank ed., *Developing Teacher Leaders: How Teacher Leadership Enhances School Success*, Thousand Oaks: Corwin Press, 2009, pp. 58-59.

改革和学校改进的动力。教师并不是校长及学校管理团队领导力的替代，相反，只有二者在学校不同层面发挥出各自的领导力时才能形成合力，促进学生和学校的发展。有研究肯定校长领导力与教师领导力同时会对学校环境和课堂教学产生影响，进而对学生的学习结果产生影响。但是Sebastian等学者认为，校长领导力会对教师领导力产生影响，二者并非平行关系。[①] 我国学者也有类似的推论，认为校长领导力不仅对学校环境和学生学习结果产生影响，还通过教师领导力产生积极的影响力。[②]

三 教师领导力的测量

教师领导力一经提出就备受关注，美、英等国出台了教师领导力标准，编制了相应的调查问卷，促进了教师领导力的理论发展和政策完善。随着教师领导力研究的逐渐深入，虽然相关的实证研究不断涌现，但并未出现广泛使用的教师领导力问卷。这一方面体现了教师领导力的复杂性和情境性；另一方面也制约了教师领导力研究的深入和国际对话的开展。因此，本部分从政策话语体系、专业组织话语体系和学术研究体系出发，对国内外教师领导力测量的经验进行评介。

（一）政策话语体系中的教师领导力

美国作为教师领导力较早的倡导国之一，在教师领导力标准制定、教师领导力培育和教师领导力的实证研究方面形成了较多的成果。因此本部分简介美国教师领导力模型，并对其在我国的应用情况进行概括，进而从我国省级层面出台的骨干教师管理规则中，概括我国政策话语体系的教师领导力要求。

1. 美国教师领导力标准模型及本土应用情况介绍

美国教师领导力模型主要包括七个领域37个功能。第一，通过合作文化以促进教育者发展和促进学生学习。第二，评估和使用研究以改进专业实践和学生学习。第三，促进专业学习以保持持续的改进。第四，促进教

[①] James Sebastian, et al., "Examining Integrated Leadership Systems in High Schools: Connecting Principal and Teacher Leadership to Organizational Processes and Student Outcomes," *School Effectiveness and School Improvement*, Vol. 28, No. 3, 2017, pp. 463-488.

[②] 刘志华、罗丽雯:《以学习为中心的校长领导力与教师领导力关系研究》,《华南师范大学学报》(社会科学版) 2015 年第 3 期。

学和学生学习方面的改进。第五，促进评估和数据的使用，以促进学校和学区的改进。第六，改善与家庭和社区的合作。第七，倡导学生学习及专业化。[1]

美国教师领导力模型出台后受到广泛关注，美国学者认为，该模型对教师领导力理论与实践的发展均具有重大意义。一方面，为教师领导活动聚焦的七个"领域"制定了标准，为教师领导力的发展提供了参考；另一方面，该模型包括了详细的文本，概括了教师领导政策和实践的考虑。概况出教师领导者为改善学校教学做出贡献的范围。[2] 此外，为检验该模型的应用情况，美国学者编制了七维度37题项的调查问卷，基于261位美国教师的调查表明，教师领导力模型各维度的信度在0.78—0.89。[3] 这表明该模型在美国学校情境中的应用情况较好，能够作为教师领导力调查的工具。

美国教师领导力模型除了在美国得到广泛应用外，也被国内学者应用到教师领导力研究中，本书对一篇期刊论文和多篇硕士论文进行概述。第一，高一升和朱宗顺将其应用于幼儿园学科带头人领导力的测量上，根据幼儿园保育和教育的特性编制问卷对66位学科带头人进行调查，问卷采用李克特五点计分。[4] 但是其研究仅汇报了总量表的信度，未汇报分量表的信度、效度和结构效度，不能说明该量表在本土情境中的适用性。第二，深圳大学硕士生陈守芳基于228位小学教师的问卷调查，在原有七个维度的基础上探索出四个维度，分别将其命名为培育团队合作文化（12题项）、改善教育教学活动（6题项）、问题意识与教研能力（4题项）和专业倡导力（4题项）。[5] 第三，四川师范大学的硕士生利红霖将问卷用到中小学教师的调查中，在原始问卷七个维度的基础上，经过探索性因素分析保留学

---

[1] Teacher Leadership Exploratory Consortium, "Teacher Leader Model Standards," https://www.nnstoy.org/download/standards/Teacher%20Leader%20Standards.pdf.

[2] Jill Harrison Berg, et al., "Teacher Leader Model Standards," *Journal of Research on Leadership Education*, Vol. 9, No. 2, 2013, pp. 195–217.

[3] Allison, Swan Dagen A., et al., "Teacher Leader Model Standards and the Functions Assumed by National Board Certified Teachers," *The Educational Forum*, Vol. 81, No. 3, 2017, pp. 322–338.

[4] 高一升、朱宗顺：《浙江省幼儿园学科带头人领导力现状与思考——基于教师领导力模型标准（TLMS）的抽样调查》，《教师教育研究》2016年第4期。

[5] 陈守芳：《小学教师领导力现状与对策的研究》，硕士学位论文，深圳大学，2017年。

术领导力、教学领导力、价值领导力三个维度。[1] 以上两项研究经过探索性因素分析，未能在原有七个维度的基础上探索出相应的维度，说明该问卷的跨文化适用性不够。第四，广西师范大学的硕士生张文杰将其应用于我国乡村中小学骨干教师的研究中，形成七维度38题项的问卷对我国165位骨干教师进行调查。[2] 该研究同样未考虑问卷的跨文化适用性，在没有进行探索性因素分析的前提下进行问卷的信度、效度检验。第五，福建师范大学的硕士研究生芦君妍也应用了美国教师领导力模型。[3] 相比于其他几项研究，该研究进行了探索性因素分析和验证性因素分析，但是在进行验证性因素分析时，模型拟合不达标。此外，在验证性因素分析时，未进行二阶验证性因素分析，个别维度之间的相关系数较低，说明各维度之间的关联度不够。同样地，利红霖的研究也存在类似问题，因此研究者得到"问卷结构较好"的结论是存疑的。[4] 基于上述分析，可以认为在美国应用良好的模型和问卷并不适用于本土情境。同时，诸如信效度检验、探索性因素分析和验证性因素分析等检验研究工具质量的方法，在上述研究中的应用存在诸多不足，因此得出的结论也有待验证。

2. 我国中小学骨干教师政策中的教师领导力要求

和西方国家不同，我国的政策文件中始终未出现"领导力"相关表述，但这并不意味着骨干教师领导力在官方政策文本中无迹可寻。2012年2月，教育部颁布了幼儿园、小学和中学三个学段的教师专业标准，为我国三个学段的教师准入、职前培养和职后提升提供了方向。对于《小学教师专业标准（试行）》和《中学教师专业标准（试行）》而言，这两份文件均未提及"骨干教师"和"教师领导力"，但是两份专业标准对学生的态度与行为、教育教学的态度与行为和沟通与合作方面的要求，均体现了对中小学教师在引领学生学习、与同事合作和加强家长、社区沟通的要求。除了教师专业标准之外，骨干教师相关政策文件中体现出对骨干教师领导力的具体要求。本书呈现了8份省级骨干教师政策文件，从骨干教师

---

[1] 利红霖：《中小学教师领导力影响因素研究》，硕士学位论文，四川师范大学，2019年。
[2] 张文杰：《乡村小学骨干教师领导力研究》，硕士学位论文，广西师范大学，2019年。
[3] 芦君妍：《中学教师的团队社会资本对教师领导力的影响研究》，硕士学位论文，福建师范大学，2020年。
[4] 利红霖：《中小学教师领导力影响因素研究》，硕士学位论文，四川师范大学，2019年。

选拔的指标中管窥教育主管部门对省级骨干教师（或学科带头人、名师）领导力发挥的具体要求。

在骨干教师的评选规则中，遵守教育法律法规、师德高尚、年龄、学历、继续教育学时、是否有乡村学校从教经历是获评骨干教师的前提，以上因素在本书中被视为"其他要求"。如表2-5所示，在"其他要求"之外，骨干教师评选重视参评教师示范、引领和辐射作用的发挥：第一，引领学生发展，要求参评教师尊重学生身心健康发展规律，能够与学生形成良好的师生关系，在教育教学中取得较好的教育效果。第二，引领同伴，参评教师应该在引领青年教师发展中扮演重要角色，能够在其他教师专业成长中扮演重要角色。第三，引领科研，要求参评教师具有较强的科研意识和能力，不少政策文件还要求参评教师在一定级别的刊物上发表过论文、出版过教育教学专著或获得过一定层次的教育教学成果奖。第四，引领教改，参评教师应该理解并把握基础教育课程改革的要求，能够在新课程改革中起到重要作用。第五，引领教研，要求参选教师熟悉本学科的理论，能借助公开课、示范课和引领课促进本校和本区域教育教学的改进。

表2-5　　国家层面和省级层面政策中的骨干教师评选要求

编号	时间	骨干教师评选中的要求					
		引领学生发展	引领同伴	引领科研	引领教改	引领教研	其他要求
A01	1993	√	√	√	√		√
A02	2019	√	√		√	√	√
B01	1999	√	√	√			√
B02	2006	√					√
B03	2007	√			√	√	√
B04	2009	√					√
B05	2013	√		√			√
B06	2014	√	√	√			√

说明：编号A开头的为国家层面的政策文件，编号B开头的为省级层面的政策文件；A01=《关于加强小学骨干教师培训工作的意见》；A02=《教育部办公厅关于开展中西部乡村中小学首席教师岗位计划试点工作的通知》；B01=《甘肃省中小学跨世纪骨干教师培养计划》；B02=《吉林省中小学骨干教师管理办法（试行）》；B03=《海南省中小学骨干教师评选和管理办法（试行）》；B04=《关于开展省级普通中小学骨干教师选拔培养工作的通知》；B05=《北京市教育委员会关于开展北京市农村中小学骨干教师评选工作的通知》；B04=《贵州省教育厅关于做好选拔中小学省级教学名师和骨干教师工作的通知》。

(二) 专业组织话语体系中的教师领导力

首先，美国大规模教师调查中的教师影响力测量。为了解中小学教育的基本情况并提供政策咨询服务，美国在 1987 年至 2011 年进行了学校和雇员调查，聚焦校长和教师准备、学校特征以及学校和教师的发展变化，比如专业发展、工作条件和评价。该项目由美国教育行政部门组织，由专业组织具体实施，因此也将其视为专业组织体系对教师领导力的研究。在 2003—2004 年的调查中，教师问卷通过"您认为教师对以下的学校政策有多大的影响？"反映教师在学校层面和课堂层面的影响。一方面，教师对学校运行方面的影响，共计七个题项，包括制定学生学业标准、开设课程、确定专业发展项目的内容、评估教师、聘请新的全职教师、制定惩戒政策、决定如何使用学校预算。另一方面，教师对课堂运行方面的影响，共计六个题项，包括选择教材和其他材料、选择授课内容、选择教学方法、评估学生、管教学生、确定作业的数量。该部分采用李克特 4 点量表计分，从"1"到"4"分别代表"没有影响"至"很大影响"。[1] 华人学者将上述题项定义为教师领导力，通过公开数据的分析了解美国教师领导力的现状及不同学校的差异。结果表明，教师在课堂运行和学校运行方面影响的均值分别为 3.37 和 2.21。虽然笔者将教师在学校和课堂层面的影响视为教师领导力，但笔者在研究不足中坦陈二者不能等同，诸如影响同事、促进同事合作并未涉及。[2]

其次，国际经合组织开展的国际教师调查项目。教师问卷对教师是否有以下几个方面的决定权进行了调查：第一，决定课程内容；第二，选择教学方法；第三，评估学生学习；第四，惩戒学生；第五，确定给学生布置的作业量。[3] 有研究将其应用到我国中小学乡村教师队伍调查中，结果表明，乡村中小学教师领导力均值为 2.78，标准差为 0.529。[4] 这两项研

---

[1] National Center for Education Satistics, *Public School Teacher Questionnaire*, https://nces.ed.gov/surveys/sass/pdf/0304/sass4a.pdf.

[2] Donghai Xie and Jianping Shen, "Teacher Leadership at Different School Levels: Findings and Implications from the 2003-2004 Schools and Staffing Survey in US Public Schools," *International Journal of Leadership in Education*, Vol. 16, No. 3, 2013, pp. 327-348.

[3] OECD, *Teaching and Learning International Survey (TALIS): Teacher Questionnaire*, https://www.oecd.org/education/school/TALIS-2018-MS-Teacher-Questionnaire-ENG.pdf.

[4] 王照萱、张雅晴、何柯薇、袁丽：《乡村教师感知的学校氛围对其工作满意度的影响：教师领导力和自我效能感的中介作用》，《教师教育研究》2020 年第 6 期。

究的问卷均没有直接使用"教师领导力"的表述，但被应用于教师领导力相关的研究中。其明显的缺陷在于，这两项研究涉及的相关题项不能等同于教师领导力，而且题项主要聚焦课堂教学。

最后，中科院下属的"科技领导力研究"课题组于2004年提出了领导力的"五力模型"，包括感召力、前瞻力、决断力、控制力和影响力。[①] 国内众多研究是在中科院"五力模型"的基础上，形成教师领导力调查问卷的。第一，基于黑龙江省285位中学教师的调查数据表明总问卷信度较好。[②] 但该研究未进行探索性因素分析和验证性因素分析，也未汇报分问卷的信度、效度和因子载荷。第二，陕西师范大学陈丹的硕士论文将教师领导力分为人格感召力、前瞻力、影响力、决策力、创新力和学习力。[③] 该研究仅汇报了总量表的信度和效度，未进行探索性因素分析和验证性因素分析。第三，黑龙江大学的硕士吕振云在其论文中应用的是五维度34题项的教师领导力问卷。[④] 其研究仅汇报了问卷的KMO值，未进行探索性因素分析和验证性因素分析，而是直接对题项加总后进行分析。第四，淮北师范大学的硕士刘哲也用到了教师领导力五力模型。[⑤] 他在五力模型的基础上，编制了教师领导力五力模型并进行了问卷调查，但仅汇报了总问卷的信度，未进行探索性因素分析和验证性因素分析，各维度的信度、效度和结构效度也未汇报。第五，朱艳[⑥]、蔡滨冰[⑦]、许天佑[⑧]、应君[⑨]和王淼[⑩]均将五力模型应用到不同区域、不同类型的教师领导力调查中。

（三）学术研究体系中的教师领导力

总体来看，学术研究体系中用的教师领导力问卷较多，研究成果也较

---

① 中国科学院"科技领导力研究"课题组：《领导力五力模型研究》，《领导科学》2006年第9期。
② 邢惠琳：《中学教师领导力研究》，硕士学位论文，闽南师范大学，2017年。
③ 陈丹：《中学教师领导力的调查研究》，硕士学位论文，陕西师范大学，2018年。
④ 吕振云：《小学教师领导力研究》，硕士学位论文，黑龙江大学，2021年。
⑤ 刘哲：《基于课堂教学的教师领导力研究》，硕士学位论文，淮北师范大学，2019年。
⑥ 朱艳：《幼儿园教师领导力与职业幸福感的关系研究》，硕士学位论文，天津师范大学，2018年。
⑦ 蔡滨冰：《中学英语教师领导力调查研究》，硕士学位论文，云南师范大学，2020年。
⑧ 许天佑：《H地区中学教师领导力对学生学习的影响研究》，硕士学位论文，华中师范大学，2012年。
⑨ 应君：《初中教师领导力问题研究》，硕士学位论文，吉林外国语大学，2019年。
⑩ 王淼：《小学班主任领导力的现状和提升策略研究》，硕士学位论文，深圳大学，2019年。

丰富，本书对几项比较有影响力的教师领导力问卷进行简介。

第一，Katzenmayer 和 Moller 在其 *Awakening the Sleeping Giant: Helping Teachers Develop as Leaders* 一书第三版中提供的教师领导力自评问卷。需要说明的是，早在该书 1996 年第一版中，二位作者就开始呼吁"唤醒学校沉睡的巨人"。该书第三版提供了一份七维度 42 题项的教师领导力自评问卷，包括自我意识、引领变革、沟通能力、多样性、教学与领导力、持续改进、自组织。[①] 伊朗学者将该问卷应用到伊朗的教师领导力调查中，共计七维度 49 题项。[②] 但未对问卷进行跨文化应用的适应性检验，未进行探索性因素分析和验证性因素分析，仅在研究中汇报了问卷的信度和效度。同样地，我国学者借助 Katzenmayer 和 Moller 对教师领导力的界定，形成了四维度 16 题项的教师领导力问卷。[③] 该研究仅使用了问卷的部分维度，虽然根据教师的访谈对问卷的题项进行了调整，而且进行了探索性因素分析和信度、效度检验。但该研究未进行验证性因素分析，存在一定的不足。

第二，学者 Frank 也是较早倡导教师领导力并出版专著的美国学者，其在 *Developing Teacher Leaders* 一书中提供了教师领导者框架，涵盖六个维度 16 个项目，包括传达更好的信念、促进共同体学习、努力追求卓越教学、克服学校文化和结构中的障碍、将想法转化为可持续的行动系统、培育成功文化。[④] 虽然该框架未被应用到实证研究中，但是其基于美国教育情境提出的维度和项目，仍然具有一定的参考价值。

第三，美国三位学者于 2010 年发表于期刊 *Educational Administration Quarterly* 上的一项研究表明，校长和教师同事之间的影响会共同形塑教学实践，进而影响学生的学习。根据教师领导力的概念和外延，该项研究中的教师对同事的影响就属于教师领导力的一部分。该研究通过三个方面反

[①] Marilyn Katzenmeyer and Gayle Moller eds., *Awakening the Sleeping Giant: Helping Teachers Develop as Leaders*, Thousand Oaks: Corwin Press, 2009, pp. 59–62.

[②] Mohammad Aliakbari and Aghdas Sadeghi, "Iranian Teachers' Perceptions of Teacher Leadership Practices in Schools," *Educational Management Administration & Leadership*, Vol. 42, No. 4, 2014, pp. 576–592.

[③] 崔丽静:《初中教师领导力的现状、影响因素及对策研究》，硕士学位论文，新疆师范大学，2018 年。

[④] Crowther Frank ed., *Developing Teacher Leaders: How Teacher Leadership Enhances School Success*, Thousand Oaks: Corwin Press, 2009, pp. 15–20.

映教师同事之间的影响，共三维度 10 个题项，包括教学对话、教师之间围绕教与学的互动和建议网络。该研究表明，教学对话中四个题项的均值在 2.62—3.43，教师之间围绕教与学的互动四个题项的均值在 1.62—2.25，建议网络两个题项的均值为 1.08 和 0.51。[1] 可以看出美国教师对同事的影响较弱。

第四，马来西亚学者建构的四维度 21 题项的教师领导力模型，包括促进合作文化、促进改进和创设标准、领导属性与技能示范、承担更多领导角色。[2] 该问卷开发过程较为规范，经过多轮调适和修正，评定问卷质量的多项指标均达到要求。但该研究将教师领导力定义为五个维度，但实际只探索出四个维度。由于该问卷源自马来西亚教育情境，且刊发期刊的国际影响力有限，因此该文未产生太大影响力。

正如前文所述，国内很多学者对教师领导力的外延进行了界定，但多数学者的研究结论源于文献或某一教师群体的质性研究，具有一定的启示意义。遗憾的是，多数学者并未开展问卷开发工作，仅有的几项进行问卷开发工作的研究也存在不足。因此，本书对中国学者及其团队的成果进行述评。

第一，胡继飞和古立新将三维度 14 题项的问卷应用到骨干教师领导力调查中，教师参与学校事务的影响力由三个题项构成，教师在同事中的威信力由四个题项构成，教师对教育教学工作的驾驭力由七个题项构成。[3] 遗憾的是，其研究既没有交代问卷题项的来源，也未说明问卷的信度、效度和结构效度，使用的问卷也未被其他研究所借鉴。

第二，刘志华和罗丽雯将自编的三维度 15 题项教师领导力问卷应用于中小学教师的调查中，包括对同事的影响、对学生的影响、对家长的影响。[4] 该问卷的信度、效度、结构效度均符合要求，因子之间的关联度较

---

[1] Jonathan Supovitz, et al., "How Principals and Peers Influence Teaching and Learning," *Educational Administration Quarterly*, Vol. 46, No. 1, 2010, pp. 31-56.

[2] Fanny Kho Chee Yuet, et al., "Development and Validation of the Teacher Leadership Competency Scale," *Malaysian Journal of Learning and Instruction*, Vol. 13, No. 2, 2016, 2016, pp. 43-69.

[3] 胡继飞、古立新：《我国教师领导力现状及其影响因素的调查研究——以广东省为例》，《课程·教材·教法》2012 年第 5 期。

[4] 刘志华、罗丽雯：《以学习为中心的校长领导力与教师领导力关系研究》，《华南师范大学学报》（社会科学版）2015 年第 3 期。

好。这二位学者的研究得到了一定程度的引用，但是其研究中所涉及的问卷并未被应用于其他研究中。①

第三，娄元元在其博士学位论文中用到的"中小学教师领导自测问卷"包括三维度16题项，包括参与学校决策、教学领导和教师发展领导。② 该问卷仅汇报了总问卷的信度，没有汇报分问卷的信度、效度和结构效度。其自己编制的问卷也未进行题项来源说明，未进行探索性因素分析和验证性因素分析。在未进行上述工作的前提下，其研究将各个维度的题项进行加总，进而进行统计分析。值得肯定的是，其研究对教师领导力的维度划分及问卷题项均符合我国教师领导实践，但是不可否认该问卷在质量检测等方面存在不足，研究中使用的问卷也未广泛应用于其他教师领导力研究中。

第四，华人学者Li和Liu基于文献研究，形成了四维度25题项的教师领导力问卷，其研究附录中呈现的三维度10题项的教师领导力问卷，包括教学领导力、专业发展领导力和组织发展领导力，该问卷各维度的信度在0.7以上，因子载荷系数在0.5以上。③ 从总体上看，该研究中的教师领导力测量较为规范。

第五，谢晨在总结教师领导力的概念界定、模型和框架后，提出并验证了六维度32题项的教师领导力模型，包括协作领导力、专业发展领导力、评估领导力、教学领导力、社区领导力和政策领导力。④ 该模型是国内学者最新且最规范的研究，为国内教师领导力的测量提供了一定的借鉴价值。但该模型存在以下不足：第一，该模型对教师领导力外延的界定源于西方学者的研究和西方国家的教师领导力发展框架，维度划分乃至题项的选择以西方文献为主，缺乏对中国教育情境的考量。第二，模型调查集中在上海市、杭州市、嘉兴市和温州市，属于我国经济、教育发达区域，

---

① 笔者也尝试通过邮件和同行学者联系这二位作者，以获得教师领导力三维度15题项的问卷，但最终未能联系上作者本人。

② 娄元元：《学校发展中的教师领导研究》，博士学位论文，华东师范大学，2015年。

③ Ling Li and Yan Liu, "An Integrated Model of Principal Transformational Leadership and Teacher Leadership That Is Related to Teacher Self-Efficacy and Student Academic Performance," *Asia Pacific Journal of Education*, Vol. 42, No. 4, 2020, pp. 661–678.

④ Chen Xie, et al., "Measuring Teacher Leadership in Different Domains of Practice: Development and Validation of the Teacher Leadership Scale," *The Asia-Pacific Education Researcher*, Vol. 30, No. 5, 2021, pp. 409–419.

未涉及我国中西部学校和乡村学校教师。从样本量来看，其研究共涉及500余位教师，囊括了多个学段。第三，从模型具体内容来看，一方面，未涉及教师在学校之外的领导力发挥；另一方面，协作领导力和教学领导力维度下的题项有一定的交叉。

第六，在针对20所香港学校的360名教师参与的调查中，Keung基于Barth、Harris、Muijs、Katzenmeyer和Moller等国外学者的研究，编制了三维度九题项的教师领导力问卷，包括指导其他教师、学校管理、课程与教学三个方面。[1] 和上述很多研究一样，该研究也是在西方文献的基础上确定教师领导力的维度及题项，然后进行问卷调查。该研究在维度划分、题项选择方面具有一定的合理性，也提供了相应的调查问卷。但该研究未提供问卷的信度、效度和结构效度，仅在结构方程模型分析中提供了模型拟合系数。

第七，Wan等人从教师专业学习共同体的维度上建构了五维度的教师领导力问卷。个人层面的教师领导力包括学生学习和教师合作。学科层面的教师领导力包括反思性对话、分享式和持续改进。[2] 该研究进行了信度检验和探索性因素分析，但是没有进行验证性因素分析，也存在不足。

第八，赵广林在其博士学位论文中使用了四维度28题项的教师领导力问卷，包括教学与辅导、领导同侪学习、参与决策和资源统合。[3]

第九，在Leithwood及其同事概念框架的基础上，Pan和Chen开发了四维度20题项的学习导向型教师领导力问卷，包括交流学习愿景、支持教师专业发展、课程与教学改进、教学环境的改善。[4] 该研究仅汇报了总问卷和分问卷的信度，未进行验证性因素分析，存在一定的局限。

---

[1] Cheng Chi Keung, "Revitalizing Teacher Leadership via Bureaucratic-professional Practices: A Structural Equation Model," *The Asia-Pacific Education Researcher*, Vol. 18, No. 2, 2009, pp. 283-295.

[2] Sally Wai-Yan Wan, et al., "'Who Can Support Me?': Studying Teacher Leadership in a Hong Kong Primary School," *Educational Management Administration & Leadership*, Vol. 48, No. 1, 2018, pp. 133-163.

[3] 赵广林:《国民小学分享领导、教师领导与学校组织文化之关系研究》，博士学位论文，台北教育大学，2011年。

[4] Hui-Ling Wendy Pan and Wen-Yan Chen, "How Principal Leadership Facilitates Teacher Learning through Teacher Leadership: Determining the Critical Path," *Educational Management Administration & Leadership*, Vol. 49, No. 3, 2020, pp. 454-470.

第三节　教师领导力影响因素的研究

　　教师领导力受到哪些因素的影响是国内外学者关注的重要议题之一，国内教师领导力研究存在数量少、专门研究不足和重视程度不够等问题。[①] 正如前文所言，国内学者对骨干教师的研究多数聚焦于骨干教师队伍建设的重要性、骨干教师培训和骨干教师队伍流动与流失等方面。虽有研究对骨干教师领导力及其影响因素进行研究，但多数研究将教师领导力及其影响因素的问卷应用到骨干教师群体中，此外，少数质性研究探究了骨干教师领导力的影响因素。因此，和本章第二节一样，本节探索不同教育情境下教师领导力影响因素的结构与具体内容。如图2-4所示，教师领导力影响因素可以从微观层面因素—宏观层面因素和阻碍因素—促进因素两个分析维度进行归类。一方面，教师领导力（含骨干教师领导力）的影响因素可以分为促进因素和阻碍因素，如王绯烨等[②]、Grant[③]、Murphy[④]、Muijs和Harris[⑤] 等学者均采用此种分类。另一方面，更为常见的是将影响因素分为微观层面因素和宏观层面因素，前者主要指教师个体层面的影响因素，后者为诸如国家大政方针和教育行政部门方面的影响因素，当然还有介于二者之间的诸如学校层面的中观影响因素。根据国内外文献，本书将影响教师领导力的因素分为五个方面。

---

　　① 汪敏、朱永新：《教师领导力研究的进展与前瞻》，《中国教育科学》（中英文）2020年第4期。

　　② 王绯烨、萨莉·扎帕达：《骨干教师领导力影响因素的实证研究》，《湖南师范大学教育科学学报》2017年第3期。

　　③ Carolyn Grant, "Emerging Voices on Teacher Leadership: Some South African Views," *Educational Management Administration & Leadership*, Vol. 34, No. 4, 2006, pp. 511-532.

　　④ Joseph Murphy, "Teacher Leadership: Barriers and Supports," in Tony Townsend, ed., *International Handbook of School Effectiveness and Improvement*, Dordrecht: Springer Netherlands, 2007, pp. 681-706.

　　⑤ Daniel Muijs and Alma Harris, "Teacher Led School Improvement: Teacher Leadership in the UK," *Teaching and Teacher Education*, Vol. 22, No. 8, 2006, pp. 961-972.

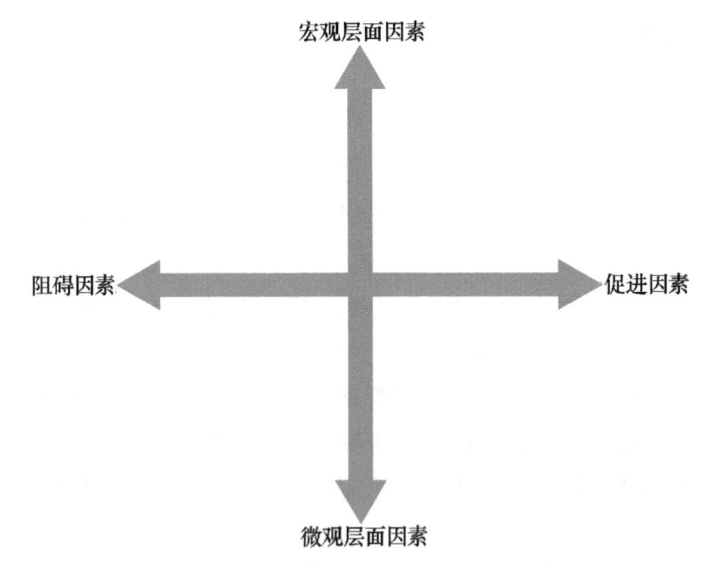

图 2-4　教师领导力影响因素二维度分析框架

一　政策与教育行政的影响

首先，教育管理体制决定了教育行政机关和学校之间的关系。从政府与学校之间的权力关系来看，地方教育行政部门对学校的赋权程度会影响教师领导力。[①] 当学校自主权较高时，学校能够自主开展不同层次的教学改革活动，教师在学校内外的教育改革与创新活动中加强合作，促进教师领导力的提高。

其次，学校外部问责形塑学校教育改革与发展的理念与实践。伴随着学校管理重心的下移，教育行政部门增加了对学校的问责。美国于 2001 年颁布《不让一个孩子掉队法案》之后，各州加强了对学区教育质量的问责，学校和教师对高风险考试的重视程度增加。一方面，外部问责造成部分学校和教师专业自主权的缺失，低效能学校的管理者赋予教师权力更加困难。[②] 另一方面，伴随着高风险考试的压力，教师领导者工作的积极性和创造性受到影响。国内学者的研究表明，外部升学压力是教师领导力的

[①] 李飞:《开发教师领导力的实践探索》,《基础教育》2010 年第 7 期。

[②] Daniel Muijs and Alma Harris, "Teacher Led School Improvement: Teacher Leadership in the UK," *Teaching and Teacher Education*, Vol. 22, No. 8, 2006, pp. 961–972.

重要阻碍因素。① 基于"新基础教育"的研究表明,参加新基础教育的学校多数为小学,初中和高中教师感受到的考试压力高于小学教师,因此参与改革的积极性低于小学教师。②

最后,国家层面教师领导力标准的出台和教师领导力发展项目的实施,为教师领导力发展提供了依据。发展教师领导力被视为学校改进和学生发展的重要影响因素,各国通过差异化的政策与培训项目促进教师领导力的培育和发展。如前文所述,美国的教师领导力探索联盟出台了教师领导力模型,被视作在教师领导力维度和框架开发上迈出的重要一步。③ 同样地,我国国家层面和省级层面出台的骨干教师管理规定、选拔标准、考核要求,也为骨干教师的选拔、培育、使用和评价提供了参考和指导,在促进骨干教师队伍建设规范化的同时,促进骨干教师领导力在学校内外的发挥。

二 学校管理者的影响

从校长、教师和学生学业成就之间的关系来看,校长领导力和学生成绩之间呈现出正相关关系,校长通过教师的课堂行为影响学生。④ 基于2014—2019 年 93 篇教师领导力相关研究的元分析表明,32 篇文献(占比为38%)研究了校长对教师领导力的影响。⑤ 这就意味着教师作为"组织人",校长会对教师领导力产生重要影响⑥,教师领导力有赖于系统性地促进和培养。⑦ 影响教师领导力的校长因素包括以下几个方面:

首先,校长对"教师成为领导者"的看法会影响教师的角色认知。从传统意义上讲,以校长为代表的学校管理者是学校领导力的代表,教师被

---

① 李飞:《开发教师领导力的实践探索》,《基础教育》2010 年第 7 期;唐晓杰:《中小学骨干教师国家级培训追踪评估研究报告》,《教育发展研究》2005 年第 14 期。

② Yuhua Bu and Xiao Han, "Promoting the Development of Backbone Teachers through University-School Collaborative Research: The Case of New Basic Education (NBE) Reform in China," *Teachers and Teaching*, Vol. 25, No. 2, 2019, pp. 200-219.

③ 冯大鸣:《西方教育管理 21 世纪进展研究》,高等教育出版社 2014 年版,第 266 页。

④ [美]理查德·杜福尔、小罗伯特·马尔扎诺:《学习引领者:学区、学校和教师如何提高学生成绩》,王牧华、傅芳、万子君译,西南师范大学出版社 2016 年版,第 47 页。

⑤ Carina Schott, et al., "Teacher Leadership: A Systematic Review, Methodological Quality Assessment and Conceptual Framework," *Educational Research Review*, Vol. 31, 2020, p. 100352.

⑥ 李肖艳、裴淼:《国外教师领导力研究主题概述》,《教师发展研究》2017 年第 2 期。

⑦ Mark A. Smylie and Jack W. Denny, "Teacher Leadership: Tensions and Ambiguities in Organizational Perspective," *Educational Administration Quarterly*, Vol. 26, No. 3, 1990, pp. 235-259.

视为"追随者"和"被领导者"①。随着教育领导理念的发展,教师作为"能动者"的角色得到倡导,校长对待教师领导力的态度影响了校长的行动,也限制或者促进了教师领导力的发展。这意味着校长应认识到教师领导力的重要性②,认可、奖励和赞美"教师作为领导者"这一认识。③ 同时,教师领导力的发展是持续的过程,校长要积极主动地确保教师领导有足够的资源完成工作。④

其次,校长是否愿意放权影响教师领导力。校长缺乏授权和校长不愿放权⑤被视为教师领导力发展的阻碍因素。当校长赋权教师权力⑥、校长乐于分权⑦或校长实施分布式领导的时候⑧,教师有机会参与到组织决策中,这是教师领导力发展的支持性因素。⑨ 也有学者认为,民主型的校长领导风格和专制型的校长领导风格会对教师领导力造成差异化的影响。⑩ 一方面,民主型的校长更倾向于让教师参与到学校事务中,给予教师更大的专业自主权,为教师领导力的产生与发展提供了条件。基于 747 位教师的调查表明,氛围开放、校长领导风格偏民主型学校的教师领导力水平较高。⑪ 王绯烨等的两项研究表明,民主放权的校长和积极健康的校园氛围,对骨

---

① 李华主编:《当代教师领导力研究——理论基础与教师实践》,中国出版集团、世界图书出版公司 2013 年版,第 1 页。

② David Frost and Judy Durrant, "Teacher Leadership: Rationale, Strategy and Impact," *School Leadership & Management*, Vol. 23, No. 2, 2003, pp. 173-186.

③ Ruth C. Ash and J. Maurice Persall, "The Principal as Chief Learning Officer: Developing Teacher Leaders," *NASSP Bulletin*, Vol. 84, No. 616, 2000, pp. 15-22.

④ 朱爱玲:《美国发展教师领导力的路径与方法探析》,《教师教育学报》2019 年第 1 期。

⑤ 邹耀龙:《中小学实施教师领导的研究》,硕士学位论文,华东师范大学,2010 年;李飞:《开发教师领导力的实践探索》,《基础教育》2010 年第 7 期。

⑥ Nancy A. Gigante and William A. Firestone, "Administrative Support and Teacher Leadership in Schools Implementing Reform," *Journal of Educational Administration*, Vol. 46, No. 3, 2008, pp. 302-331.

⑦ 吴颖民:《国外对中小学教师领导力问题的研究与启示》,《比较教育研究》2008 年第 8 期。

⑧ Jason Margolis, "When Teachers Face Teachers: Listening to the Resource 'Right down the Hall,'" *Teaching Education*, Vol. 19, No. 4, 2008, pp. 293-310.

⑨ James Sebastian, et al., "The Role of Teacher Leadership in How Principals Influence Classroom Instruction and Student Learning," *American Journal of Education*, Vol. 123, No. 1, 2016, pp. 69-108. Virginia Davidhizar Birky, et al., "An Administrator's Challenge: Encouraging Teachers to Be Leaders," *NASSP Bulletin*, Vol. 90, No. 2, 2006, pp. 87-101.

⑩ Holly J. Thornton, "Excellent Teachers Leading the Way: How to Cultivate Teacher Leadership," *Middle School Journal*, Vol. 41, No. 4, 2010, pp. 36-43.

⑪ 利红霖:《中小学教师领导力影响因素研究》,硕士学位论文,四川师范大学,2019 年。

干教师领导角色的认同及领导力发挥起到了至关重要的作用。[①] 只有校长真正放权给骨干教师，骨干教师才能最大限度地发挥领导力。[②] 另一方面，集权型校长认为教师承担领导者角色会对自己的权威造成影响，不愿教师承担领导角色。[③] 专制的领导风格会形成一种限制性的学校文化，会抑制教师领导力。[④] 基于澳大利亚和加拿大的案例研究表明，当校长让教师领导者参与到学校改进的进程中时，教师领导者才会被赋予权力，他们在学校改进中的身份认同也就更高。[⑤]

再次，共享目标营造与适宜环境创设。为教师提供适宜的组织环境，创设团结、合作与相互支持的组织文化是促进教师领导力发挥的外在因素。一方面，学校支持[⑥]和校长支持[⑦]被视为促进教师领导力的外在因素。[⑧] 第一，共享目标的培育。[⑨] 校长应和教师一起形成被利益相关者广泛接受的学校育人目标、教师发展目标和学校发展目标，校长和教师共同致力于共享目标的达成。第二，营造有利于同行合作的组织氛围，包括给予教师空间、时间和机会进行研究。[⑩] 校长为教师提供创新的空间，识别并破除阻抗教师领导的制度障碍。[⑪]

[①] 王绯烨、洪成文、萨莉·扎帕达：《骨干教师领导角色的认知研究》，《教师教育研究》2017年第5期。

[②] 王绯烨、萨莉·扎帕达：《骨干教师领导力影响因素的实证研究》，《湖南师范大学教育科学学报》2017年第3期。

[③] Carina Schott, et al., "Teacher Leadership: A Systematic Review, Methodological Quality Assessment and Conceptual Framework," *Educational Research Review*, Vol. 31, 2020, p. 100352.

[④] Adrianne Wilson, "From Professional Practice to Practical Leader: Teacher Leadership in Professional Learning Communities," *International Journal of Teacher Leadership*, Vol. 7, No. 2, 2016, pp. 45–62.

[⑤] Clelia Pineda-Báez, et al., "Empowering Teacher Leadership: A Cross-Country Study," *International Journal of Leadership in Education*, Vol. 23, No. 4, 2019, pp. 388–414.

[⑥] 高旺蓉：《骨干教师成长的支持性因素：生态学分析》，《教育发展研究》2007年第Z2期；汪敏、朱永新：《教师领导力研究的进展与前瞻》，《中国教育科学》（中英文）2020年第4期。

[⑦] Melinda M. Mangin, "Facilitating Elementary Principals' Support for Instructional Teacher Leadership," *Educational Administration Quarterly*, Vol. 43, No. 3, 2007, pp. 319–357.

[⑧] Deborah Childs-Bowen, et al., "Principals: Leaders of Leaders," *NASSP Bulletin*, Vol. 84, No. 616, 2000, pp. 27–34.

[⑨] Daniel Muijs and Alma Harris, "Teacher Leadership in (in) Action," *Educational Management Administration & Leadership*, Vol. 35, No. 1, 2007, pp. 111–134.

[⑩] Dong Nguyen, et al., "A Review of the Empirical Research on Teacher Leadership (2003–2017)," *Journal of Educational Administration*, Vol. 58, No. 1, 2019, pp. 60–80.

[⑪] Crowther Frank ed., *Developing Teacher Leaders: How Teacher Leadership Enhances School Success*, Thousand Oaks: Corwin Press, 2009, p. 93.

第三，帮助教师发展领导技能。教师领导者的专业发展不仅要关注技能和知识的发展，还要关注教师领导角色的具体方面[1]，校长应该帮助教师发展领导技能。[2] 另一方面，制度支持的缺乏是阻碍教师领导力发挥的重要因素。研究表明，当骨干教师从优质学校轮岗交流到薄弱学校时，在缺少制度性支持的情况下很难发挥领导力。[3]

最后，校长的精神支持。从学校教育改革与发展的规律来看，在通过放权促进教师领导力发展的同时，教师往往需要承担更多的角色，面临着更大的内外压力。熊川武等认为，随着我国课程改革的深入，在教学方面教师应从"执行者"转变为"研究者"，在课程建设方面教师应从"实施者"向"开发者"转变。[4] 从教育改革和学校改进的角度来看，当教师在日常教学中的创新行为得到校长的物质支持和精神支持时，教师更有可能在教学研究和课程开发等方面取得更大的成长与影响。校长为教师承担领导角色提供机会，同时提供精神上的支持，鼓励教师承担风险。[5]

三 学校组织结构的影响

学校组织结构是影响教师领导力的重要因素[6]，学校组织结构对教师领导力的影响也是双向的。支持性的、透明的和灵活的结构是支持教师领

---

[1] Alma Harris, "Teacher Leadership as Distributed Leadership: Heresy, Fantasy or Possibility?" *School Leadership & Management*, Vol. 23, No. 3, 2003, pp. 313-324.

[2] Kermit G. Buckner and James O. McDowelle, "Developing Teacher Leaders: Providing Encouragement, Opportunities, and Support," *NASSP Bulletin*, Vol. 84, No. 616, 2000, pp. 35-41.

[3] 王丽佳、黎万红、沈伟：《从优秀师资转移到优秀师资创生：教师发展视域下的轮岗交流研究》，《教育发展研究》2018 年第 4 期。

[4] 熊川武、周险峰：《解放教师的课程创生之路——评〈教师与课程：创生的视角〉》，《教育研究》2010 年第 4 期。

[5] Daniel Muijs and Alma Harris, "Teacher Leadership in (in) Action," *Educational Management Administration & Leadership*, Vol. 35, No. 1, 2007, pp. 111-134.

[6] 乔雪峰、卢乃桂：《跨边界能量再生与扩散：跨校专业学习共同体中的教育能动者》，《教育发展研究》2017 年第 24 期；李肖艳、裴淼：《国外教师领导力研究主题概述》，《教师发展研究》2017 年第 2 期；陈永明：《教育领导学》，北京大学出版社 2010 年版，第 318—319 页；李飞：《开发教师领导力的实践探索》，《基础教育》2010 年第 7 期；吴颖民：《国外对中小学教师领导力问题的研究与启示》，《比较教育研究》2008 年第 8 期。Ann Lieberman, "Teachers and Principals Turf, Tension, and New Tasks," *Phi Delta Kappan*, Vol. 69, No. 9, 1988, pp. 648-653. Daniel Muijs and Alma Harris, "Teacher Leadership—Improvement through Empowerment?" *Educational Management & Administration*, Vol. 31, No. 4, 2003, pp. 437-448.

导力的重要因素。自上而下的、僵化的和不透明的结构会成为教师领导力发展的障碍。[①]

一方面，等级结构造成了教师之间的孤立，教师领导力失去关系基础。官僚控制对教师课程与教学领导力的影响不显著，这说明在教室范围内，教师和学校的管理体系绝缘，教师可以在自己的课堂内制定规则。[②] 从国外教学组织和教师领导力发挥的时空范围来看，我国的经验具有推广价值。基于新基础教育学校的研究表明，学校通过确定横向的学校组织结构，允许骨干教师探索什么以及如何探索，教师有权选择协作方式，进而促使骨干教师获得权力。[③]

另一方面，教师间孤立的状态促使教师在时间上和空间上与外界隔离，教师领导力发展缺乏时空保障。在高度官僚化的学校中，教师与其他教师合作的机会较少，优秀教师没有影响其他教师和学生的可能。[④] 学校中的科层壁垒导致了教师间的浅交与疏离，繁重的任务将教师限制在"教室"和"办公室"之间。[⑤] 此外，学校长期受到科层管理制度的影响，以"完成上级任务"为宗旨的绩效评价观念盛行，导致学校出现封闭和隔离的组织氛围。[⑥]

四 教师团队文化的影响

从教师领导力概念的内涵和外延来看，教师领导力在同事间的专业互动和专业交往中得以体现，组织文化[⑦]、组织环境[⑧]、学校环境[⑨]或学校

[①] Dong Nguyen, et al., "A Review of the Empirical Research on Teacher Leadership (2003-2017)," *Journal of Educational Administration*, Vol. 58, No. 1, 2019, pp. 60-80.

[②] Cheng Chi Keung, "Revitalizing Teacher Leadership via Bureaucratic-Professional Practices: A Structural Equation Model," *The Asia-Pacific Education Researcher*, Vol. 18, No. 2, 2009, pp. 283-295.

[③] Yuhua Bu and Xiao Han, "Promoting the Development of Backbone Teachers through University-School Collaborative Research: The Case of New Basic Education (NBE) Reform in China," *Teachers and Teaching*, Vol. 25, No. 2, 2019, pp. 200-219.

[④] Ann Lieberman, "Teachers and Principals Turf, Tension, and New Tasks," *Phi Delta Kappan*, Vol. 69, No. 9, 1988, pp. 648-653.

[⑤] 万恒、宋莹莹：《女性教师领导力发展困境与突破——基于5所中学的实证调研》，《教师教育研究》2020年第5期。

[⑥] 吴晓英、朱德全：《教师教学领导力生成的困境与突破》，《中国教育学刊》2015年第5期。

[⑦] Ali Agatay, "Examining the Relationship between Teacher Leadership and School Climate," *Educational Sciences: Theory and Practice*, Vol. 14. No. 5, 2014, pp. 1729-1742.

[⑧] 杜芳芳：《教师领导力：迈向研究日程》，《外国教育研究》2010年第10期。David Frost D. and Alma Harris, "Teacher Leadership toward a Research Agenda," *Cambridge Journal of Education*, Vol. 33, 2003, No. 3, pp. 479-498.

[⑨] Ruth C. Ash and J. Maurice Persall, "The Principal as Chief Learning Officer: Developing Teacher Leaders," *NASSP Bulletin*, Vol. 84, No. 616, 2000, pp. 15-22.

文化①是影响教师领导力的重要因素。

首先，同事信任。团队安全感是教师领导力发展的基础条件②，当教师之间的信任关系较好时，教师专业交往的投入程度会更高，教师领导力也就更容易发挥。③ 研究表明，普通老师对骨干教师的信任程度决定了骨干教师领导力的实际影响。④ 教师评价制度增加了教师间的不合理竞争，影响教师信任关系，进而影响教师领导力的发挥。⑤ 对于骨干教师而言，职称评定、骨干教师选拔的竞争也非常激烈，造成了竞争性的教师文化。⑥ 当骨干教师不被同事信任时，骨干教师领导力就缺乏关系基础。

其次，同事合作。同事合作是支持教师领导力的重要条件⑦，合作环境的缺乏是教师领导力的阻碍因素。⑧ 同事协作为教师领导力提供了信任和支持性的关系，促使骨干教师的新思路和新策略迅速传播到所有教师中。⑨ 在合作氛围浓厚的学校，教师感受到更多的支持去做出改变，他们往往更愿意承担风险，同时教师认为他们经历和产生错误是安全的。⑩

---

① Claire Dickerson, et al., "Teacher Leaders as Teacher Educators: Recognising the 'Educator' Dimension of Some Teacher Leaders' Practice," *Journal of Education for Teaching*, Vol. 47, No. 3, 2021, pp. 1-16.

② 刘希娅：《安全感·成就感·意义感：基于情感获得的教师领导力提升》，《中小学管理》2020年第9期。

③ 芦君妍：《中学教师的团队社会资本对教师领导力的影响研究》，硕士学位论文，福建师范大学，2020年。Kamile Demir, "The Effect of Organizational Trust on the Culture of Teacher Leadership in Primary Schools," *Educational Sciences Theory & Practice*, Vol. 15, No. 3, 2015, pp. 621-634.

④ 王绯烨、萨莉·扎帕达：《骨干教师领导力影响因素的实证研究》，《湖南师范大学教育科学学报》2017年第3期。

⑤ 高旺蓉：《骨干教师成长的支持性因素：生态学分析》，《教育发展研究》2007年第Z2期。

⑥ 李飞：《开发教师领导力的实践探索》，《基础教育》2010年第7期。

⑦ Matthew Ronfeldt, et al., "Teacher Collaboration in Instructional Teams and Student Achievement," *American Educational Research Journal*, Vol. 52, No. 3, 2015, pp. 475-514.

⑧ Virginia Davidhizar Birky, et al., "An Administrator's Challenge: Encouraging Teachers to Be Leaders," *NASSP Bulletin*, Vol. 90, No. 2, 2006, pp. 87-101.

⑨ 曹珺玮：《骨干教师的领导角色研究——基于对我国JN市两所初中的案例研究》，《教育科学研究》2017年第8期。

⑩ Janet C. Fairman and Sarah V. Mackenzie, "Spheres of Teacher Leadership Action for Learning," *Professional Development in Education*, Vol. 38, No. 2, 2012, pp. 229-246.

最后，同事支持。同伴支持是影响教师领导力发挥的重要因素[①]，良好人际关系的建立对教师领导力的发挥起到正向的促进作用。[②] 此外，较高的同伴支持会强化教师领导者的工作满意度。[③]

五 教师个体因素的影响

已有研究过于关注外部因素对教师领导力的影响，缺乏对教师内部因素的关注。[④] 已有研究包括以下几个方面：首先，不同人口学特征教师的领导力存在差异，但不同研究的结论存在争议。第一，性别的影响。基于我国中学教师的研究表明，男教师的领导力显著优于女教师。[⑤] 这可能是因为女教师受限于社会性别与职业环境，存在明显降低自身职业抱负的情况。[⑥] 但基于中国香港幼儿园教师[⑦]和伊朗教师[⑧]的研究表明，不同性别幼儿园教师的领导力不存在显著性差异。第二，教龄的影响。教龄是影响教

[①] 吴颖民：《国外对中小学教师领导力问题的研究与启示》，《比较教育研究》2008 年第 8 期。Holly J. Thornton, "Excellent Teachers Leading the Way: How to Cultivate Teacher Leadership," *Middle School Journal*, Vol. 41, No. 4, 2010, pp. 36–43. Jonathan Supovitz, et al., " How Principals and Peers Influence Teaching and Learning," *Educational Administration Quarterly*, Vol. 46, No. 1, 2010, pp. 31–56. Yuhua Bu and Xiao Han, "Promoting the Development of Backbone Teachers through University-School Collaborative Research: The Case of New Basic Education (NBE) Reform in China," *Teachers and Teaching*, Vol. 25, No. 2, 2019, pp. 200–219.

[②] 范士红：《小学教师领导的个案研究》，博士学位论文，东北师范大学，2021 年。Dong Nguyen, et al., "A Review of the Empirical Research on Teacher Leadership (2003–2017)," *Journal of Educational Administration*, Vol. 58, No. 1, 2019, pp. 60–80.

[③] Jason Margolis, "When Teachers Face Teachers: Listening to the Resource 'Right down the Hall,'" *Teaching Education*, Vol. 19, No. 4, 2008, pp. 293–310. Julianne Wenner and Todd Campbell, "The Theoretical and Empirical Basis of Teacher Leadership," *Review of Educational Research*, Vol. 87, No. 1, 2016, pp. 134–171.

[④] 李肖艳、裴淼：《国外教师领导力研究主题概述》，《教师发展研究》2017 年第 2 期。

[⑤] 芦君妍：《中学教师的团队社会资本对教师领导力的影响研究》，硕士学位论文，福建师范大学，2020 年。

[⑥] 万恒、宋莹莹：《女性教师领导力发展困境与突破——基于 5 所中学的实证调研》，《教师教育研究》2020 年第 5 期。

[⑦] Yuen Ling Li, "The Culture of Teacher Leadership: A Survey of Teachers' Views in Hong Kong Early Childhood Settings," *Early Childhood Education Journal*, Vol. 43, No. 5, 2014, pp. 435–445.

[⑧] Mohammad Aliakbari and Aghdas Sadeghi, "Iranian Teachers' Perceptions of Teacher Leadership Practices in Schools," *Educational Management Administration & Leadership*, Vol. 42, No. 4, 2014, pp. 576–592.

师领导力的重要因素①,二者为正相关关系。②基于747位教师的调查表明,教龄越长的教师领导力水平越高。③然而,也有研究发现,教师领导力不受教龄的影响,不同教龄教师的领导力不存在显著性差异。④第三,任教学段影响教师领导。⑤相对于初中骨干教师,小学骨干教师在培训当地教师、传播辐射、带头开展教改实验上更加积极。⑥伊朗学者的研究也有类似结论,小学、初中和高中教师的领导力随着学段的升高而下降,这可能与低学段教师之间有更多的联系有关。⑦此外,教师任教的学科影响教师领导力⑧,诸如科学和数学的学科情境会影响教师领导力的发挥。⑨

其次,教师个人动机和承担领导角色的意愿对教师领导力产生了影响⑩,教师个人意愿是影响教师领导力发挥的内在因素。⑪承担领导角色既

---

① Dong Nguyen, et al., "A Review of the Empirical Research on Teacher Leadership (2003-2017)," *Journal of Educational Administration*, Vol. 58, No. 1, 2019, pp. 60-80.

② Pamela Angelle and Ginger M. Teague, "Teacher Leadership and Collective Efficacy: Teacher Perceptions in Three US School Districts," *Journal of Educational Administration*, Vol. 52, No. 6, 2014, pp. 738-753.

③ 利红霖:《中小学教师领导力影响因素研究》,硕士学位论文,四川师范大学,2019年。

④ 芦君妍:《中学教师的团队社会资本对教师领导力的影响研究》,硕士学位论文,福建师范大学,2020年。

⑤ Yuhua Bu and Xiao Han, "Promoting the Development of Backbone Teachers through University-School Collaborative Research: The Case of New Basic Education (NBE) Reform in China," *Teachers and Teaching*, Vol. 25, No. 2, 2019, pp. 200-219.

⑥ 唐晓杰:《中小学骨干教师国家级培训追踪评估研究报告》,《教育发展研究》2005年第14期。

⑦ Mohammad Aliakbari and Aghdas Sadeghi, "Iranian Teachers' Perceptions of Teacher Leadership Practices in Schools," *Educational Management Administration & Leadership*, Vol. 42, No. 4, 2014, pp. 576-592.

⑧ 乔雪峰、卢乃桂:《跨边界能量再生与扩散:跨校专业学习共同体中的教育能动者》,《教育发展研究》2017年第24期。

⑨ James P. Spillane and Megan Hopkins, "Organizing for Instruction in Education Systems and School Organizations: How the Subject Matters," *Journal of Curriculum Studies*, Vol. 45, No. 6, 2013, pp. 721-747.

⑩ 杜芳芳:《教师领导力:迈向研究日程》,《外国教育研究》2010年第10期。Jason Margolis, "When Teachers Face Teachers: Listening to the Resource 'Right down the Hall,'" *Teaching Education*, Vol. 19, No. 4, 2008, pp. 293-310. Dong Nguyen, et al., "A Review of the Empirical Research on Teacher Leadership (2003-2017)," *Journal of Educational Administration*, Vol. 58, No. 1, 2019, pp. 60-80.

⑪ 胡继飞、古立新:《我国教师领导力现状及其影响因素的调查研究——以广东省为例》,《课程·教材·教法》2012年第5期。Marilyn Katzenmeyer and Gayle Moller eds., *Awakening the Sleeping Giant: Helping Teachers Develop as Leaders*, Thousand Oaks: Corwin Press, 2009, pp. 4-5.

意味着更多的发展机遇，也意味着更大的压力。① 不少教师不愿意承担随权力而来的责任和任务②，甚至有教师会对承担的角色感到害怕。③ 当教师意识到承担领导者角色对个人和专业的益处时，教师承担更多角色的内在动机增强。④

最后，教师人际交往能力和主观能动性形塑教师领导力。诸如教师的个人技巧⑤、人际交往能力⑥和人际交往技巧⑦均会正向预测教师领导力。与领导支持、同事支持等因素相比，人际关系能力对教师领导力的影响更大。⑧ 人际交往能力更高、沟通能力更强的教师更容易受到同事的欢迎和支持，同事之间的关系更和谐。⑨ 同时，主观能动性也显著预测教师领导力，以教师交流轮岗为例，那些积极融入流入校的教师，在轮岗交流期间领导力发挥越好。⑩

通过上述综述，对教师领导力影响因素的结构形成初步认识。需说明的是，每个因素内部所包含的具体因素是不确定的，而且不同学者的研究结果源自不同的研究情境，所应用的研究方法、研究工具也存在差异，不同研究得出结论的可比性有待进一步检验。当前多数研究成果源自西方学者，需要结合我国教育情境开展本土化探究。

---

① Nancy A. Gigante and William A. Firestone, "Administrative Support and Teacher Leadership in Schools Implementing Reform," *Journal of Educational Administration*, Vol. 46, No. 3, 2008, pp. 302-331.

② 邹耀龙：《中小学实施教师领导的研究》，硕士学位论文，华东师范大学，2010年。

③ Kermit G. Buckner and James O. McDowelle, "Developing Teacher Leaders: Providing Encouragement, Opportunities, and Support," *NASSP Bulletin*, Vol. 84, No. 616, 2000, pp. 35-41.

④ Carolyn Grant, "Emerging Voices on Teacher Leadership: Some South African Views," *Educational Management Administration & Leadership*, Vol. 34, No. 4, 2006, pp. 511-532.

⑤ David Frost D and Alma Harris, "Teacher Leadership toward a Research Agenda," *Cambridge Journal of Education*, Vol. 33, 2003, No. 3, pp. 479-498.

⑥ Daniel Muijs and Alma Harris, "Teacher Leadership—Improvement through Empowerment?" *Educational Management & Administration*, Vol. 31, No. 4, 2003, pp. 437-448.

⑦ 杜芳芳：《教师领导力：迈向研究日程》，《外国教育研究》2010年第10期。

⑧ 周晶晶、欧文姬：《教师领导力影响因素分析——基于广东省高职院校的实证研究》，《广东职业技术教育与研究》2018年第4期。

⑨ Deborah Childs-Bowen, et al., "Principals: Leaders of Leaders," *NASSP Bulletin*, Vol. 84, No. 616, 2000, pp. 27-34.

⑩ 贺文洁、李琼、叶菊艳、卢乃桂：《"人在心也在"轮岗交流教师的能量发挥效果及其影响因素研究》，《教育学报》2019年第2期。

如图 2-5 所示，Schott 等学者基于文献综述，形成了教师领导力的作用关系示意图。其中教师领导力概念源于 York-Barr 和 Duke 二位学者的界定①，将教师领导力的结果分为教师层面的结果、学校层面的结果、学校层面之外的结果和学生层面的结果，而教师领导力的影响因素分为教师层面的因素、学校层面的因素和职前教育层面的因素，该示意图对理解骨干教师领导力以及影响因素有一定的借鉴价值。

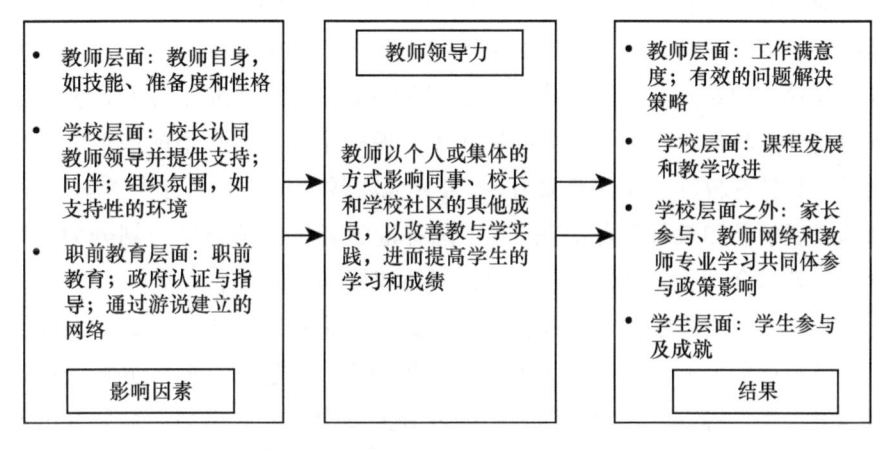

影响因素	教师领导力	结果
• 教师层面：教师自身，如技能、准备度和性格 • 学校层面：校长认同教师领导并提供支持；同伴；组织氛围，如支持性的环境 • 职前教育层面：职前教育；政府认证与指导；通过游说建立的网络	教师以个人或集体的方式影响同事、校长和学校社区的其他成员，以改善教与学实践，进而提高学生的学习和成绩	• 教师层面：工作满意度；有效的问题解决策略 • 学校层面：课程发展和教学改进 • 学校层面之外：家长参与、教师网络和教师专业学习共同体参与政策影响 • 学生层面：学生参与及成就

图 2-5 教师领导力的作用关系示意图

资料来源：Carina Schott, et al., "Teacher Leadership: A Systematic Review, Methodological Quality Assessment and Conceptual Framework," *Educational Research Review*, Vol. 31, 2020, p. 100352.

第四节 研究述评

一 已有研究的进展

首先，教师领导力相关研究日益增加，研究视角不断丰富，研究成果不断增多。从学术期刊来看，《中小学管理》于 2020 年第 9 期专门刊发教师领导力主题的文章，从多层面、多维度增进对教师领导力的理解。与国内相比，国外教师领导力研究更为深入和持续，诸如 *Educational*

---

① Jennifer York-Barr and Karen Duke, "What Do We Know about Teacher Leadership? Findings from Two Decades of Scholarship," *Review of Educational Research*, Vol. 74, No. 3, 2004, pp. 255-316.

Management Administration & Leadership、*Teaching and Teacher Education*、*Shool Effectiveness and School Improvement* 和 *International Journal of Leadership in Education* 等众多 SSCI 期刊均有与教师领导力主题相关的文章陆续刊发。此外，针对不同年段教师领导力研究的元分析文章也接连发表，可见国内外学者开展的相关研究的衔接性和延续性较好。

其次，教师领导力的概念和结构逐渐明确，相关调查工具逐渐增加。从当前多数学术研究对教师领导力的界定来看，教师领导力就是教师在学校内外发挥其影响力的过程和结果。中国台湾学者将教师领导力划分为教学与辅导、领导同侪学习、参与决策和资源统合。[①] 胡继飞等人将教师领导力划分为教师参与学校事务的影响力、教师个人在同事中的威信力和教师对自身教育教学工作的驾驭力。[②] 娄元元将教师领导力划分为教学领导、教师发展领导和教师参与决策。[③] 中国香港学者将教师领导力划分为学生学习、教师合作、分享领导、反思性对话和持续改进五个方面。[④]

再次，国内外学者对教师领导力的影响因素进行了大量探讨，总体上可从微观层面因素—宏观层面因素和阻碍因素—促进因素两个分析维度进行归类。本书将影响教师领导力的因素分为五个方面，以为后续研究的开展提供借鉴。

最后，教师领导力研究中的方法应用逐渐规范，实证研究所占比例有所提升，从研究类型上出现了不同研究范式的学术研究。

二 已有研究的不足

首先，理论研究缺乏，滞后于实践发展。教师领导力概念发源于西方国家，骨干教师作为教师群体中的中坚力量，因其道德情操、专业知识和专业技能而被视为教师领导者。我国骨干教师的学理性研究聚焦于骨干教

[①] 赵广林：《国民小学分享领导、教师领导与学校组织文化之关系研究》，博士学位论文，台北教育大学，2011 年。

[②] 胡继飞、古立新：《我国教师领导力现状及其影响因素的调查研究——以广东省为例》，《课程·教材·教法》2012 年第 5 期。

[③] 娄元元：《学校发展中的教师领导研究》，博士学位论文，华东师范大学，2015 年。

[④] Sally Wai-Yan Wan, et al., "'Who Can Support Me?': Studying Teacher Leadership in a Hong Kong Primary School," *Educational Management Administration & Leadership*, Vol. 48, No. 1, 2018, pp. 133–163.

师培养方面，对骨干教师领导力及其影响因素缺乏深入探讨。21世纪以来，国家层面和省市层面采取了多样化的举措促进骨干教师队伍建设，涌现出一大批在教育改革中发挥重要作用的骨干教师。这就意味着，骨干教师相关研究应更重视骨干教师领导力的相关研究。

其次，骨干教师领导力的概念需要进一步厘清，适用于骨干教师群体的研究工具有待完善。国内外学者在教师领导力的内涵上达成了共识，也即教师领导力是一种专业的影响力，和传统意义上的职位领导力有所不同。已有研究在教师领导力的外延上并没有形成一致性意见，这是由研究者研究目的的差异和研究者所处的教育情境不同所导致的。此外，不少已有研究在测量工具选择以及质量评鉴方面存在不足，诸如探索性因素分析、验证性因素分析、信度检验、效度检验等程序并不规范，很多研究并未用到上述研究方法中的一个或者多个。部分研究在问卷质量评鉴方面存在误用和错用现象，因此得出的结论存疑。因此，有必要结合我国教育情境，厘清骨干教师领导力外延，开发适用于我国骨干教师的调查问卷，进而深化我国公办义务教育学校骨干教师领导力的研究。

再次，骨干教师领导力影响因素的结构及对骨干教师领导力的影响仍需要进一步探究。教师领导力影响因素之间并非孤立存在，但很多学者并未考虑各影响因素之间的关系，更缺少高质量的实证研究。有研究通过一道多选题反映骨干教师领导力的影响因素，骨干教师选择频率从高到低依次为学校组织文化（占比57%），校长工作作风（占比51%），学校内部人际关系（占比46%），个人自身能力（占比6%）和个人意愿（占比3%）。[1] 基于以上分析不足以得出"外部因素对骨干教师领导力的影响大于内部因素的影响"的结论。此外，不少学者对骨干教师领导力影响因素的探讨建立在思辨或者质性研究上，所得出结论的推广价值有待检验。

最后，研究方法有待完善，大样本的调研缺乏。如表2-6所示，2004年、2017年和2020年发表的三篇元分析文章，对教师领导力研究中的研究方法应用情况进行了统计。这三篇文章共对201篇教师领导力文献进行了统计，质性研究占比69%，混合研究占比20%，量化研究占比11%。总体来看，不同阶段的研究方法以质性研究为主，量化研究比较缺乏，规范

---

[1] 胡继飞、古立新：《我国教师领导力现状及其影响因素的调查研究——以广东省为例》，《课程·教材·教法》2012年第5期。

的量化研究更为稀少。我国教师领导力研究不足多停留在理论探讨阶段，缺乏实证研究。① 2017 年的综述性文章也得出类似的结论。② 这意味着我国教师领导力相关研究在研究方法方面有待进一步完善。

表 2-6　　　　教师领导力研究中不同研究方法运用情况统计

	元分析文章1③	元分析文章2④	元分析文章3⑤	总计
质性研究	19（56%）	60（74%）	59（70%）	138（69%）
量化研究	8（23%）	3（6%）	12（14%）	23（11%）
混合研究	7（21%）	20（20%）	13（16%）	40（20%）
总计	34（100%）	83（100%）	84（100%）	201（100%）

资料来源：Carina Schott, et al., "Teacher Leadership: A Systematic Review, Methodological Quality Assessment and Conceptual Framework," *Educational Research Review*, Vol. 31, 2020, p. 100352.

三　已有研究的启示

国内外教师领导力相关的政策聚焦、实践探索和理论研究为本书研究的开展奠定了基础。第一，每位教师都拥有领导力成为一种共识，是本书立论的重要依据。第二，教师领导力及其影响因素具有差异性，这意味着对骨干教师领导力及其影响因素的探究不能脱离我国宏观和中观教育情境。第三，国内外政策话语体系、理论话语体系和专业组织话语体系对教师领导力的概念、外延和测量均有涉及。此外，本书从政策与教育行政、学校管理者、学校组织结构、教师团队文化和教师个体五个方面综述了教师领导力的影响因素。以上对本书中的骨干教师领导力及其影响因素的探究均有借鉴意义。

---

① 陈盼、龙君伟：《国外教师领导力研究述评》，《上海教育科研》2009 年第 12 期。
② 李肖艳、裴淼：《国外教师领导力研究主题概述》，《教师发展研究》2017 年第 2 期。
③ Jennifer York-Barr and Karen Duke, "What Do We Know about Teacher Leadership? Findings from Two Decades of Scholarship," *Review of Educational Research*, Vol. 74, No. 3, 2004, pp. 255-316.
④ Julianne Wenner and Todd Campbell, "The Theoretical and Empirical Basis of Teacher Leadership," *Review of Educational Research*, Vol. 87, No. 1, 2016, pp. 134-171.
⑤ Carina Schott, et al., "Teacher Leadership: A Systematic Review, Methodological Quality Assessment and Conceptual Framework," *Educational Research Review*, Vol. 31, 2020, p. 100352.

第三章 理论基础与研究方法论

围绕研究问题，结合当前骨干教师领导力和教师领导力研究中的理论应用情况，本书将分布式领导理论和领导—成员交换理论应用到研究中，混合研究为本书的方法论。本章首先介绍两个理论的产生和发展脉络，对理论的核心要义、代表人物和研究成果进行评介。在此基础上，对两大理论在本书中的适用情况进行阐述。最后，从研究方法论和研究方法两个层面对本书涉及的研究方法进行介绍，同时阐释研究方法的适用性。

第一节 理论基础

简单而言，理论是解决研究问题的视角。从探究事物的方式来看，在本质上我们是脚踏实地、双脚沾满泥巴的观察者，充其量是理论借用者，而不是理论创建者。① 本书要回答的研究问题之一是，作为"中坚力量"的骨干教师的领导力受到哪些因素的影响。因此，本书将分布式领导理论和领导—成员交换理论应用到骨干教师领导力影响因素的解释中，形成符合本土情境的骨干教师领导力解释框架。

一 分布式领导理论

教育领导是国内外学者持续关注的热点话题，随着教育改革的深入，不同教育领导理论不断出现，被视为促进学校效能提升和学生学业成就改善的"良方"。英国学者 Harris 指出，教育领导领域尤其关注新的学术概

---

① ［美］哈利·F. 沃尔科特：《质性研究写起来》，李政贤译，重庆大学出版社 2016 年版，第 82 页。

念，新的学术概念往往很快会被更新的学术概念所代替。① 对于分布式领导力理论而言，众多学者聚焦于分布式领导的理论基础、概念和核心要义进行了持续探究。随着实证研究的深入，分布式领导理论被应用到解释和预测学校改进中的多个维度，其价值得到越来越多实证研究的证实。可以说，分布式领导理论被视为 21 世纪以来最受欢迎的领导理论。② Bush 和 Crawford 基于教育领导领域重要期刊 40 年发文主题的研究表明，教育领导领域有很多理论或模型，旨在解释或提出具体的领导方法，分布式领导是最受欢迎的理论。③

（一）分布式领导理论的简述

在社会科学中，领导力的研究一直被集权领导的研究所主导，此时研究关注的中心在于唯一的领导或者杰出的领导。④ 分布式领导概念最初并非源于教育领域，最早的文献出现在 20 世纪 50 年代早期的社会心理学领域。随后这个学术概念蛰伏了 30 多年，直到它再次短暂地出现在社会心理学中，进而 20 世纪 90 年代早期再次出现在组织理论中，教育学科对分布式领导的关注大致也可以追溯到这个时候。⑤ Harris 认为，网络理论、组织学习理论和分布式认知理论是分布式领导理论的理论基础。网络理论关注相互依赖和复杂系统的权力分配，组织学习理论和分布式认知理论认为，个体成员的能力可以通过社会互动和联系得以增强，分布式认知理论还认为能力分布于组织，是流动的而不是固定的。⑥ 此外，Gronn 活动理论成为分布式领导理论的基础。⑦

---

① Alma Harris, "Distributed Leadership: Conceptual Confusion and Empirical Reticence," *International Journal of Leadership in Education*, Vol. 10, No. 3, 2007, pp. 315-325.

② Tony Bush, "Distributed Leadership: The Model of Choice in the 21st Century," *Educational Management Administration & Leadership*, Vol. 41, No. 5, 2013, pp. 543-544.

③ Tony Bush and Megan Crawford, "Mapping the Field over 40 Years: A Historical Review," *Educational Management Administration & Leadership*, Vol. 40, No. 5, 2012, pp. 537-543.

④ Peter Gronn, "Distributed Leadership as a Unit of Analysis," *The Leadership Quarterly*, Vol. 13, No. 4, 2002, pp. 423-451.

⑤ Peter Gronn, "Distributed Leadership," in Kenneth Leithwood and Philip Hallinger, eds., *Second International Handbook of Educational Leadership and Administration*, Dordrecht: Kluver Academinc Publishers, 2002, p. 653.

⑥ Alma Harris ed., *Distributed Leadership: Different Perspectives*, Dordrecht: Springer Netherlands, 2009, p. 4.

⑦ Peter Gronn, "Distributed Leadership," in Kenneth Leithwood and Philip Hallinger, eds., *Second International Handbook of Educational Leadership and Administration*, Dordrecht: Kluver Academinc Publishers, 2002, p. 655.

在众多研究中，美国学者 Spillane 提出了"领导者增量"和"领导实践"为核心关注的学校领导分布观，得到学界的高度评价。[①] 他认为，人们虽然意识到学校领导力的重要性，但很少知道学校领导者如何在日常工作中促进教学改进。对学校领导力的研究应该聚焦于领导力实践。同时，学校领导实践也不仅仅是领导者个人能力、技能、魅力和认知功能，虽然这些特质在领导力实践中确实很重要，但并不是唯一重要的因素。[②] 分布式领导视域下的领导力，有以下三个基本元素：第一，领导力实践是核心关注；第二，领导力实践产生于领导者、追随者和情境之间的互动，每个要素对领导力实践都是必不可少的；第三，这种情况既定义了领导力实践，又通过领导力实践来定义。[③]

从分布式领导的定义和核心要素可以看出以下两个方面：一方面，领导力不再是个别领导者，如学校中的校长所独有的，分布式领导将领导力界定为学校所有人的责任[④]，是通过多个领导者的集体互动来分享任务。[⑤] 另一方面，分布式领导不仅是一种任务授权，不同个体之间的协作关系至关重要。[⑥] 领导实践是由领导者、追随者以及他们所处的情境共同构成的。[⑦] 事实上，领导者和追随者之间完全是相互决定、相互定义、相互激励和相互强化的关系。[⑧] 在 *Distributed Leadership* 一书中，Spillane 反复强调分布式领导是一个视角和一种分析框架，是理解领导力实践的一种途径。[⑨]

[①] 冯大鸣：《分布式领导之中国意义》，《教育发展研究》2012 年第 12 期。

[②] James P. Spillane, et al., "Investigating School Leadership Practice: A Distributed Perspective," *Educational Researcher*, Vol. 30, No. 3, 2001, pp. 23-28.

[③] James P. Spillane ed., *Distributed Leadership*, San Francisco: Jossey-Bass, 2006, p. 4.

[④] 张晓峰：《分布式领导：缘起、概念与实施》，《比较教育研究》2011 年第 9 期。

[⑤] Lei Mee Thien and Donnie Adams, "Distributed Leadership and Teachers' Affective Commitment to Change in Malaysian Primary Schools: The Contextual Influence of Gender and Teaching Experience," *Educational Studies*, Vol. 47, No. 2, 2019, pp. 179-199.

[⑥] Hester Hulpia, et al., "The Relationship between the Perception of Distributed Leadership in Secondary Schools and Teachers' and Teacher Leaders' Job Satisfaction and Organizational Commitment," *School Effectiveness and School Improvement*, Vol. 20, No. 3, 2009, pp. 291-317.

[⑦] John A. DeFlaminis, et al., eds., *Distributed Leadership in Schools: A Practical Guide for Learning and Improvement*, New York: Routledge, 2016, p. 12. Ronald H. Heck and Philip Hallinger, "Assessing the Contribution of Distributed Leadership to School Improvement and Growth in Math Achievement," *American Educational Research Journal*, Vol. 46, No. 3, 2009, pp. 659-689.

[⑧] [美] 芭芭拉·凯勒曼编：《领导学：多学科的视角》，林颖、周颖等译，格致出版社 2008 年版，第 91 页。

[⑨] James P. Spillane ed., *Distributed Leadership*, San Francisco: Jossey-Bass, 2006, p. 102.

在分布式领导观下，对学校领导力关注的重点不再是谁是领导者，也不在于哪些领导力是需要分布的，而是领导力是如何分布以及分布的效果如何。这也就意味着校长的角色将会发生变化，校长应该被视为学校重要的"守门员"①。此外，领导力研究的重心也不再是正式领导者的特质、行为与角色，应该聚焦领导者、追随者和情境之间的契合程度，在此基础上关注学校效能与学生成长的目标是否实现。

虽然分布式领导强调赋权和决策参与，认为领导力应该在正式领导者和非正式领导者之间进行分布。但是，在理解分布式领导理论的过程中，应该注意以下三个误区：第一，分布式领导意味着正式领导的消失。分布式领导并不意味着没有正式领导者，在分布式领导情境中，正式领导依然有重要的功能。②第二，分布式领导意味着积极的效果。实际上，学者们都强调分布式领导的"中立性"③，也即分布式领导也可能带来消极的结果，这与具体的情境有重要关联。④第三，不同情境下的领导者和追随者对分布式领导的感受是不一致的。Spillane 认为，虽然领导力在正式领导者和非正式领导者之间分布，但这并不意味着学校里的每个人都参与到每一个领导职能或日常工作中。学校领导力的分布因领导职能、学校类型、学校规模和学校领导团队发展阶段的不同而存在差异。⑤同时，基于教师群体的调查佐证了教师个体对分布式领导感受的差异性，不同性别、教龄和学段的教师对分布式领导的感知存在显著差异。⑥基于科威特的研究表明，

---

① Meng Tian, et al., "A Meta-Analysis of Distributed Leadership from 2002 to 2013," *Educational Management Administration & Leadership*, Vol. 44, No. 1, 2015, pp. 146-164.

② Judith Amels, et al., "The Effects of Distributed Leadership and Inquiry-Based Work on Primary Teachers' Capacity to Change: Testing a Model," *School Effectiveness and School Improvement*, Vol. 31, No. 3, 2020, pp. 468-485.

③ 郑鑫、尹弘飚：《分布式领导：概念、实践与展望》，《全球教育展望》2015 年第 2 期。

④ Yan Liu and Sheldon Watson, "Whose Leadership Role Is More Substantial for Teacher Professional Collaboration, Job Satisfaction and Organizational Commitment: A Lens of Distributed Leadership," *International Journal of Leadership in Education*, 2020, pp. 1-29. Xin Zheng, et al., "The Relationship between Distributed Leadership and Teacher Efficacy in China: The Mediation of Satisfaction and Trust," *The Asia-Pacific Education Researcher*, Vol. 28, No. 6, 2019, pp. 509-518.

⑤ James P. Spillane ed., *Distributed Leadership*, San Francisco: Jossey-Bass, 2006, pp. 33-37.

⑥ Kelzang Tashi, "A Quantitative Analysis of Distributed Leadership in Practice: Teachers' Perception of Their Engagement in Four Dimensions of Distributed Leadership in Bhutanese Schools," *Asia Pacific Education Review*, Vol. 16, No. 3, 2015, pp. 353-366.

不同性别、教龄和学历水平教师所感受到的分布式领导水平存在显著差异。① 我国学者李玲基于西南地区教师的调查也有类似的结论。②

(二) 分布式领导理论的作用

学校中校长和教师角色的转变、教与学实践需求的不断变化是分布式领导理论得以发展的重要缘起。③ 可以说，对分布式领导理论的关注在很大程度因为学者们相信其是促进学校改进和学生表现发展的"良方"。分布式领导理论产生初期，虽然很多研究关注到分布式领导理论相比传统领导理论的先进性，但是也有不少学者认为分布式领导理论与学校和学生发展的关联应该得到更多实证研究的检验。④ 随着研究的深入，分布式领导的作用得到实证研究的检验。华人学者田梦对2002—2013年分布式领导相关文献的元分析表明，分布式领导相关的实证研究不断增多。⑤ 分布式领导的作用主要体现在以下几个方面：

首先，分布式领导对学生发展有积极影响。分布式领导的目的在于为领导实践的增强提供一条道路，通过使学生发展中的利益相关者参与到学生成长的过程中，有助于学校教学改进和学生成绩的提高。⑥ 元分析结果也表明，分布式领导在促进学生学习方面有积极的影响。⑦ 但分布式领导

---

① Sultan Ghaleb Aldaihani, "Distributed Leadership Applications in High Schools in the State of Kuwait from Teachers' Viewpoints," *International Journal of Leadership in Education*, Vol. 23, No. 3, 2019, pp. 355-370.

② 李玲、王建平、何怀金:《学校分布式领导与教师变革承诺的关系研究》,《教育学报》2016年第6期。

③ Salleh Hairon and Jonathan W. P. Goh, eds., *Perspectives on School Leadership in Asia Pacific Contexts*, Singapore: Springer Singapore, 2019, p. 12. Alma Harris ed., *Distributed Leadership: Different Perspectives*, Dordrecht: Springer Netherlands, 2009, p. 3.

④ James P. Spillane ed., *Distributed Leadership*, San Francisco: Jossey-Bass, 2006, p. 50. Alma Harris, "Distributed Leadership: Conceptual Confusion and Empirical Reticence," *International Journal of Leadership in Education*, Vol. 10, No. 3, 2007, pp. 315-325. Yan Liu and Sheldon Watson, "Whose Leadership Role Is More Substantial for Teacher Professional Collaboration, Job Satisfaction and Organizational Commitment: A Lens of Distributed Leadership," *International Journal of Leadership in Education*, 2020, pp. 1-29.

⑤ Meng Tian, et al., "A Meta-Analysis of Distributed Leadership from 2002 to 2013," *Educational Management Administration & Leadership*, Vol. 44, No. 1, 2015, pp. 146-164.

⑥ John A. DeFlaminis, et al., eds., *Distributed Leadership in Schools: A Practical Guide for Learning and Improvement*, New York: Routledge, 2016, p. 18.

⑦ Meng Tian, et al., "A Meta-Analysis of Distributed Leadership from 2002 to 2013," *Educational Management Administration & Leadership*, Vol. 44, No. 1, 2015, pp. 146-164.

对学生发展的影响并不是直接的，Heck 和 Hallinger 的实证研究表明，分布式领导通过影响教师教学能力促进学生数学成绩的发展。[1] 基于台湾学校的调查结果表明，分布式领导不仅直接对学生学业成绩产生影响，还通过教师学业乐观地产生间接影响。[2] 随着大型国际学生和学生调查项目的开展，分布式领导对学生成绩影响的间接证据能从 PISA 数据的结果中呈现出来。分布式领导通过教师教学效能、工作满意度等因素影响学生学习。[3]

其次，分布式领导有助于促进教师发展。第一，提高教师参与组织变革的积极性，增强教师的组织归属感。元分析结果表明，分布式领导在提升教师士气方面有积极的影响。[4] 拥有更多决策权的教师，对教育改革的积极性和参与程度更高。[5] 基于 46 所初中 1495 位教师的调查表明，分布式领导对教师组织投入有积极影响。[6] 基于我国西南地区 300 余所中小学教师的调查表明，分布式领导影响教师的组织承诺。[7] 第二，分布式领导会积极影响教师工作投入，进而提升教师工作满意度。Mullick 等学者的研究表明，教师对分布式领导感知程度越高，教师的工作满意度越高。[8] 但

---

[1] Ronald H. Heck and Philip Hallinger, "Assessing the Contribution of Distributed Leadership to School Improvement and Growth in Math Achievement," *American Educational Research Journal*, Vol. 46, No. 3, 2009, pp. 659–689.

[2] I-Hua Chang, "A Study of the Relationships between Distributed Leadership, Teacher Academic Optimism and Student Achievement in Taiwanese Elementary Schools," *School Leadership & Management*, Vol. 31, No. 5, 2011, pp. 491–515.

[3] Yan Liu and Sheldon Watson, "Whose Leadership Role Is more Substantial for Teacher Professional Collaboration, Job Satisfaction and Organizational Commitment: A Lens of Distributed Leadership," *International Journal of Leadership in Education*, 2020, pp. 1–29.

[4] Meng Tian, et al., "A Meta-Analysis of Distributed Leadership from 2002 to 2013," *Educational Management Administration & Leadership*, Vol. 44, No. 1, 2015, pp. 146–164.

[5] Lei Mee Thien and Donnie Adams, "Distributed Leadership and Teachers' Affective Commitment to Change in Malaysian Primary Schools: The Contextual Influence of Gender and Teaching Experience," *Educational Studies*, Vol. 47, No. 2, 2019, pp. 179–199. Peng Liu, "Motivating Teachers' Commitment to Change through Distributed Leadership in Chinese Urban Primary Schools," *International Journal of Educational Management*, Vol. 34, No. 7, 2020, pp. 1171–1183.

[6] Geert Devos, et al., "Teachers' Organizational Commitment: Examining the Mediating Effects of Distributed Leadership," *American Journal of Education*, Vol. 120, No. 2, 2014, pp. 205–231.

[7] 李玲、王建平、何怀金：《学校分布式领导与教师变革承诺的关系研究》，《教育学报》2016 年第 6 期。

[8] Jahirul Mullick, et al., "School Teachers' Perception about Distributed Leadership Practices for Inclusive Education in Primary Schools in Bangladesh," *School Leadership & Management*, Vol. 33, No. 2, 2013, pp. 151–168.

是，也有研究表明，分布式领导对教师投入有正向显著影响，而对教师工作满意度的影响不明显。① OECD 基于全球教师调查项目的研究报告表明，当教师更多地参与学校层面的决策时，教师的工作满意度更高。② 分布式领导通过促进教师合作，进而提高教师工作效能感和教师工作满意度。③ 第三，分布式领导对教师学业乐观有积极影响。基于美国 1640 位中小学教师的研究表明，有计划的领导力分布对教师学业乐观具有正向显著影响④，中国台湾学者的研究也有类似结论。⑤ 第四，分布式领导正向影响教师工作效能感。OECD 研究报告同样表明，当教师参与决策的程度越高时，教师的工作效能感越高。⑥ 基于我国西南地区 570 位小学教师的调查表明，分布式领导对教师自我效能感有显著正向影响，同时教师工作满意度在分布式领导对教师自我效能感的影响中起到了中介效应。⑦ 此外，也有研究证明分布式领导通过促进教师合作，进而提高教师工作效能感。⑧ 第五，分布式领导对教师组织公民行为有积极影响。分布式领导正向影响大学教师的组织公民行为，还通过组织信任、工作满意度和组织

---

① Hester Hulpia, et al., "The Relationship between the Perception of Distributed Leadership in Secondary Schools and Teachers' and Teacher Leaders' Job Satisfaction and Organizational Commitment," *School Effectiveness and School Improvement*, Vol. 20, No. 3, 2009, pp. 291-317.

② OECD, "Talis 2013 Results: An International Perspective on Teaching and Learning," https://www.oecd-ilibrary.org/education/talis-2013-results_9789264196261-en.

③ Judith Amels, et al., "The Effects of Distributed Leadership and Inquiry-Based Work on Primary Teachers' Capacity to Change: Testing a Model," *School Effectiveness and School Improvement*, Vol. 31, No. 3, 2020, pp. 468-485.

④ Blair Mascall, et al., "The Relationship between Distributed Leadership and Teachers' Academic Optimism," in Alma Harris ed., *Distributed Leadership: Different Perspectives*, Dordrecht: Springer Netherlands, 2009, pp. 81-100.

⑤ I-Hua Chang, "A Study of the Relationships between Distributed Leadership, Teacher Academic Optimism and Student Achievement in Taiwanese Elementary Schools," *School Leadership & Management*, Vol. 31, No. 5, 2011, pp. 491-515.

⑥ OECD, "Talis 2013 Results: An International Perspective on Teaching and Learning," https://www.oecd-ilibrary.org/education/talis-2013-results_9789264196261-en.

⑦ Xin Zheng, et al., "The Relationship between Distributed Leadership and Teacher Efficacy in China: The Mediation of Satisfaction and Trust," *The Asia-Pacific Education Researcher*, Vol. 28, No. 6, 2019, pp. 509-518.

⑧ Judith Amels, et al., "The Effects of Distributed Leadership and Inquiry-Based Work on Primary Teachers' Capacity to Change: Testing a Model," *School Effectiveness and School Improvement*, Vol. 31, No. 3, 2020, pp. 468-485.

承诺对组织公民行为产生间接影响效应。[1] 此外，张晓峰也认为校长分布式领导有助于培养教师的组织公民行为。[2]

最后，分布式领导有助于重塑学校领导者和教师之间的关系，有利于和谐校园环境的创设。分布式领导正向作用于教师与校长之间的信任关系，进而正向影响教师持续变革的意愿。即使学校没有制订变革计划，学校系统也具备广泛的自我改进能力。[3] 此外，教师对校长的信任在分布式领导对教师自我效能感的影响中扮演了中介角色。[4] 当校长和教师信任程度较高时，学校具有较高的凝聚力、协作力和创新精神，这些是促进学校效能提升的重要力量。[5]

（三）分布式领导理论的启示

分布式领导理论和本书中的骨干教师领导力有很强的关联性。一方面，从理论内涵来看，分布式领导理论倡导领导力不再由以校长为代表的学校管理者所独有，学校所有专业人员都能参与到专业领导实践中，尤其是资深教师、学科带头人和骨干教师。[6] 从这个角度来看，个体教师和教师群体在学校改进和学生发展中的作用应该被凸显，教师应该有机会参与到学校发展的方方面面。无论正式的教师领导者，还是没有职位的普通教师，都有机会讨论教学策略，互相帮助解决问题。[7] 另一方面，从时间发展脉络来看，分布式领导理论的产生与快速发展和教师领导力的倡导具有很强的一致性，分布式领导理论的发展为教师领导力的实践推进提供了可

---

[1] 吴娱：《分布式领导对大学教师组织公民行为的影响——以态度因素为中介》，《教师教育研究》2020年第1期。

[2] 张晓峰：《教师组织公民行为：一种建构性分析及未来研究建议》，《教育理论与实践》2016年第25期。

[3] Yaar Kondakci, et al., "The Mediating Roles of Internal Context Variables in the Relationship between Distributed Leadership Perceptions and Continuous Change Behaviours of Public School Teachers," *Educational Studies*, Vol. 42, No. 4, 2016, pp. 410–426.

[4] Xin Zheng, et al., "The Relationship between Distributed Leadership and Teacher Efficacy in China: The Mediation of Satisfaction and Trust," *The Asia-Pacific Education Researcher*, Vol. 28, No. 6, 2019, pp. 509–518.

[5] 蒋园园：《学校改进中的校长领导力提升：一种分布式领导的研究视角》，《现代教育管理》2013年第4期。

[6] 张熙：《分布式领导视域下高校教师教学发展的组织建设》，《高校教育管理》2017年第5期。

[7] Sally Wai-Yan Wan, et al., "Teachers' Perception of Distributed Leadership in Hong Kong Primary Schools," *School Leadership & Management*, Vol. 38, No. 1, 2017, pp. 102–141.

能性。综合而言，教师领导力根源于分布式领导力[1]，是分布式领导理论的核心内容[2]，教师领导力可以看作分布式领导力的一种重要表现形式。[3]

在教师领导力的相关研究中，分布式领导力受到一定程度的应用。Wenner 和 Campbell 对教师领导力文献的元分析结果表明，在选取的 54 篇文献中出现了 25 种理论基础，应用最多的为分布式领导理论（10 篇研究，占比为 19%）。两位学者建议，仔细考究分布式领导的核心特征并将其应用到教师领导力的研究中。[4] 综观我国教师领导力的相关研究，不少学者意识到分布式领导理论是解释教师领导力的一个重要视角。但是不少研究，尤其是硕士学位论文将分布式领导理论应用于教师领导力的研究中，不少学者声称自己应用了分布式领导理论。但不少研究仅仅陈述了分布式领导理论的概况，未将其应用于研究问题的解释中，因此还有很大的改进空间。

二 领导—成员交换理论

领导—成员交换理论根源于社会交换理论，本节在借鉴国内外不同领域文献的基础上，对领导—成员交换理论进行简述。

（一）领导—成员交换理论的简述

美国著名社会学家乔治·霍曼斯于 1958 年提出了社会交换理论。他在《作为交换的社会行为》和《社会行为：它的基本形式》两部著作中系统阐释了社会交换的思想原则及方法，社会交换被视为人类社会生活所必须遵循的基本原则之一。[5] 布劳是社会交换理论的集大成者，他认为经济交换和社会交换是所有交换的主要类型，具有不同的原则、特点和影响。[6]

---

[1] 孙杰、程晋宽：《共享、协作与重构：国外教师领导力研究新动向》，《外国教育研究》2020 年第 1 期。

[2] Alma Harris, "Teacher Leadership as Distributed Leadership Heresy, Fantasy or Possibility," *School Leadership & Management*, Vol. 23, No. 3, 2003, pp. 313-324.

[3] Tony Bush, "Teacher Leadership Construct and Practice," *Educational Management Administration & Leadership*, Vol. 43, No. 5, 2015, pp. 671-672.

[4] Julianne Wenner and Todd Campbell, "The Theoretical and Empirical Basis of Teacher Leadership," *Review of Educational Research*, Vol. 87, No. 1, 2016, pp. 134-171.

[5] 庞立君：《变革型领导对员工失败学习行为的影响机制》，博士学位论文，吉林大学，2018 年。

[6] 王雁飞、朱瑜：《组织领导与成员交换理论研究现状与展望》，《外国经济与管理》2006 年第 1 期。

布劳认为社会交换的回报并不都是基于明确的等价补偿计算，还应该考虑一些内在意义成分。此外，信任的情感对于社会交换非常重要，同时在交换过程中会产生义务感、感激和信任感。[①] 随着社会交换理论的传播与影响力的扩散，研究者将其应用到领导理论研究中，在社会交换理论的基础上发展出领导—成员交换理论，用于解释组织中的领导者和下属成员之间的交换关系。

领导—成员交换理论被视为一个开创性的理论，主要有两个方面原因：一方面，领导—成员交换理论关注领导者和每一个追随者之间独立的二元关系。另一方面，领导—成员交换理论认为，领导不会和每一个追随者发展相同类型的关系，领导者与下属的互动存在差异。[②] 企业员工社会化的相关研究最早应用了领导—成员交换理论[③]，领导可能和一部分下属形成"圈内"和"圈外"的区别，两类群体得到不同的领导支持和领导关注，进而有不同的工作表现。[④] 可以说，领导和成员之间的交换表现出两种形态：一种是领导与下属之间局限于雇佣关系的经济性交换或合作性交换。另一种则是发生在领导与其下属之间超出雇佣合同要求的社会性交换，信任、忠诚和互助是社会学交换产生的基础。[⑤]

（二）领导—成员交换理论的作用

领导—成员交换理论在企业组织中得到了广泛应用，相应的实证研究逐渐增多。领导—成员之间的交换关系对个人和组织都有积极的影响，与组织绩效、组织公平、组织支持和员工满意度之间的关系较为密切。[⑥] 同

[①] ［美］彼得·M. 布劳：《社会生活中的交换与权力》，李国武译，商务印书馆 2012 年版，第 152—187 页。

[②] James H. Dulebohn, et al., "A Meta-Analysis of Antecedents and Consequences of Leader-Member Exchange: Integrating the Past with an Eye toward the Future," *Journal of Management*, Vol. 38, No. 6, 2011, pp. 1715-1759.

[③] 钟建安、谢萍、陈子光：《领导—成员交换理论的研究及发展趋势》，《应用心理学》2003 年第 2 期。

[④] Richard M. Dienesch and Robert C. Liden, "Leader-Member Exchange Model of Leadership: A Critique and Further Development," *Academy of Management Review*, Vol. 11, No. 3, 1986, pp. 618-634. George Graen, et al., "Dysfunctional Leadership Styles," *Organizational Behavior and Human Performance*, Vol. 7, No. 2, 1972, pp. 216-236.

[⑤] 王辉、牛雄鹰、Kenneth S. Law：《领导—部属交换的多维结构及对工作绩效和情境绩效的影响》，《心理学报》2004 年第 2 期。

[⑥] 钟建安、谢萍、陈子光：《领导—成员交换理论的研究及发展趋势》，《应用心理学》2003 年第 2 期。

时，领导—成员交换理论也可以用来解释员工创造力[1]、组织参与积极性[2]、组织公民行为。[3] 领导—成员交换对个人导向行为的影响效应大于对组织导向行为的影响效应。[4] 当领导者给予组织成员较大的信任与支持时，成员会表现出超越原有职责的行为。[5] 相对于国内学者的研究，国外学者对该理论有深入且持续的研究，元分析研究不断涌现。元分析结果表明，领导—成员交换关系对下属工作绩效、对领导的满意度、总体满意度、工作投入、胜任力和离职意向有显著的影响。[6]

相比于在企业组织领域，领导—成员交换理论在教育领域的应用情况较少[7]，但不多的实证研究也证实了不同领导—成员交换关系及产生的差异化影响是存在的。第一，校长—教师交换关系是影响教师工作表现的重要因素，但是这种影响是积极影响还是消极影响有待更多研究的验证。有研究表明，当教师对学校产生信任感时，教师愿意在工作上花费更多的时间，教师的积极表现不仅包括教师的角色内行为，还包括教师的角色外行为。[8] 新近的研究也表明，领导—成员交换关系能够正向影响教师工作效能感。[9] 基于高校教师的研究表明，领导—成员交换质量正向显著影响高校教师的工作满意度。[10] 但基于幼儿教师的研究得出了相反结论，领导信

---

[1] 于慧萍、杨付、张丽华：《团队层面领导—成员交换如何影响员工创造力——一个跨层模型》，《经济问题》2016年第11期。

[2] 尹俊、王辉、刘斌：《员工情感状态与工作满意度对工作绩效的影响：领导—部属交换的调节作用》，《商业研究》2013年第6期。

[3] 王辉、张翠莲：《中国企业环境下领导行为的研究述评：高管领导行为，领导授权赋能及领导—部属交换》，《心理科学进展》2012年第10期。

[4] Remus Ilies, et al., "Leader-member Exchange and Citizenship Behaviors: A Meta-analysis," Journal Applied Psychology, Vol. 92, No. 1, 2007, pp. 269-277.

[5] 吴娱：《分布式领导对大学教师组织公民行为的影响——以态度因素为中介》，《教师教育研究》2020年第1期。

[6] Charlotte R. Gerstner and David V. Day, "Meta-Analytic Review of Leader-Member Exchange Theory: Correlates and Construct Issues," Journal of Applied Psychology, Vol. 82, No. 6, 1997, pp. 827-844.

[7] 赵晗：《校长教师交换关系差异化研究》，硕士学位论文，南京师范大学，2018年。

[8] 王颖、潘茜：《教师组织沉默的产生机制：组织信任与心理授权的中介作用》，《教育研究》2014年第4期。

[9] Gabriela Flores, et al., "Educational Leadership, Leader-member Exchange and Teacher Self-efficacy," Journal of Global Education and Research, Vol. 4, No. 2, 2020, pp. 140-153.

[10] 黄湘礼：《教师工作满意度与领导成员交换质量的关系研究》，《湘潭大学学报》（哲学社会科学版）2013年第2期。

任负向影响幼儿园教师的工作满意度。① 这可能是因为领导—成员交换理论的应用具有情境性,加上不同变量之间可能存在关联性,因此得出了不一致的研究结论。第二,社会交换理论被应用到免费师范生的职业心理研究中,当师范生的预期得不到满足时,相关的协议可能被打破或被消极执行。② 第三,在虚拟社区中,知识共享行为受到交换获得利益和付出代价的影响。③ 第四,有研究利用改编过的领导—成员交换关系问卷,对导师和学生之间的社会关系进行了实证研究。结果表明,高校研究生师生关系质量存在性别和学科差异,不同的师生关系对研究生科研绩效产生了差异化的影响。④ 第五,校长与教师之间的交换关系正向作用于教师的建言行为,同时,校长—教师交换关系在校长道德领导对教师建言行为的影响中起到中介作用。⑤

(三) 领导—成员交换理论的启示

研究表明,学校存在差异化的校长—教师交换关系,既可能对教师任务分配、职务晋升和评优活动产生影响,也会对教师组织承诺和工作绩效产生影响。⑥ 从校长和骨干教师的交换关系来看,成为"骨干"是对个人专业水平的肯定和尊敬,骨干教师因称号获得和相应的福利待遇,而将更多的时间和精力用于岗位职责上。在这个过程中,骨干教师个体和骨干教师群体通过交换自己的工作投入,以此作为对校长或者学校对自己肯定和支持的回报。但是,并非所有骨干教师都会在荣誉获得和工作回报中处于平衡状态,骨干教师荣誉称号的获得及相应的差异化对待是部分骨干教师的主要追求乃至唯一追求,因此并不会有相应的付出。

---

① 张小永、姜伺彤:《领导信任对幼儿园教师工作满意度的影响:角色超载的中介作用》,《学前教育研究》2018年第12期。

② 李佳源、余利川:《选择"悖论":地方高校免费师范生职业心理再审视——基于30位免费师范生的深度访谈》,《国家教育行政学院学报》2015年第4期。

③ 张思:《社会交换理论视角下网络学习空间知识共享行为研究》,《中国远程教育》2017年第7期。

④ 于晓敏、赵瑾茹、武欣:《高校研究生师生关系现状与影响的调查研究——基于3所高校的实证分析》,《天津大学学报》(社会科学版) 2017年第2期。

⑤ 张森、毛亚庆、于洪霞:《校长道德领导对教师建言的影响:领导—成员交换的中介作用》,《教师教育研究》2018年第1期;张森、于洪霞、毛亚庆:《校长诚信领导对教师建言行为的影响——领导—成员交换的中介作用及程序公平的调节作用》,《教育研究》2018年第4期。

⑥ 赵晗:《校长教师交换关系差异化研究》,硕士学位论文,南京师范大学,2018年,摘要。

按照布劳的观点，交换或者交易产生于一定的社会情境中，其中一种情境是交换不仅仅影响个体之间的行为选择，还会对群体规范的形成产生影响。在学校组织中，骨干教师作为中坚力量，校长—骨干的交换关系形塑了教师对待骨干荣誉及福利待遇的看法。当二者的交换关系公平、公正，同时交换的双方尤其是骨干教师能够履行工作职责，发挥示范、辐射和引领作用时，其他教师会认为荣誉称号的授予乃至差异化的对待是合理的。需要说明的是，教师对待这种交换关系的认知不仅影响对骨干教师群体的看法，也会影响对校长和学校文化的认可，进而影响教师关系和学校归属感。

第二节 研究方法论

一 混合研究取向

研究方法服务于研究问题，研究问题决定研究方法的选择。[1] 围绕本书需要回应的研究问题，本书采用顺序型混合研究设计。本书分为两个独立且密切关联的研究部分，质性研究部分主要回答研究问题 1 和研究问题 2，也即我国公办义务教育学校骨干教师领导力及影响因素的结构是什么？第二部分为量化研究部分，在研究问题 1 和研究问题 2 的基础上回答研究问题 3，即我国公办义务教育学校骨干教师领导力与影响因素之间的作用关系是什么？基于研究问题和章节的布局，本章从方法论层次简述为何用到混合研究以及两阶段调研如何实施，在第四章和第五章里，笔者会详述两阶段研究方案。

从研究方法运用情况来看，量化研究一直占据着重要地位，但质性研究的发展十分迅速。量化研究和质性研究背后的认识论和知识观各不相同，质性研究建立在解释学、现象学和建构主义理论等人文主义方法论基础上，而量化研究建立在实证主义的方法论基础上。[2] 两种研究范式理论

---

[1] 胡中锋、黎雪琼：《论教育研究中质的研究与量的研究的整合》，《华南师范大学学报》（社会科学版）2006 年第 6 期。李洋、陈齐：《教育研究混合方法的发展、哲学基础与设计应用》，《高教探索》2020 年第 9 期。Michael D. Fetters, et al., "Achieving Integration in Mixed Methods Designs—Principles and Practices," *Health Services Research*, Vol. 48, No. 6, pt2, 2013, pp. 2134-2156.

[2] 胡中锋、黎雪琼：《论教育研究中质的研究与量的研究的整合》，《华南师范大学学报》（社会科学版）2006 年第 6 期。

基础的差异，造成质性研究和量化研究在具体研究程序，如研究设计、数据收集、数据分析和数据解读等方面均存在较大差异。质性研究和量化研究的信奉者经过多年的争论，甚至有水火不相容的趋势。以致学者认为学派之间的巨大争议导致不同的研究文化，造成研究生毕业后如果渴望在学术界求得生存，就必须投身于其中某一个学派。[1] 质性研究和量化研究范式的争论导致不同研究人员之间的巨大分歧，单一的研究方法被视为社会科学发展的最大威胁。[2]

在研究范式矛盾与冲突难以调和且日渐加剧的背景下，混合研究方法产生并受到不同学科领域研究者的重视。应用混合研究的学术成果在各个学科领域，尤其是在教育领域的数量增加迅速。[3] 混合研究采信"有用即可"的实用主义教义，拒绝在解释主义与实证主义范式之间做出"非此即彼"的被迫选择[4]，摆脱了单纯量化研究和单纯质性研究的二分壁垒[5]，混合研究被视为与定量研究和定性研究并驾齐驱的"第三种研究范式"[6]。与单一的研究范式相比，混合研究范式的优点主要体现在以下两个方面：一方面，混合研究有助于帮助解决更复杂、更综合、跨学科的研究问题。随着社会的发展，学术研究领域变得越来越复杂，往往无法通过单一的研究

---

[1] R. Burke Johnson and Anthony J. Onwuegbuzie, "Mixed Methods Research: A Research Paradigm Whose Time Has Come," *Educational Researcher*, Vol. 33, No. 7, 2004, pp. 14-26.

[2] Anthony J. Onwuegbuzie and Nancy L. Leech, "On Becoming a Pragmatic Researcher: The Importance of Combining Quantitative and Qualitative Research Methodologies," *International Journal of Social Research Methodology*, Vol. 8, No. 5, 2005, pp. 375-387.

[3] Mark A. Alise and Charles Teddlie, "A Continuation of the Paradigm Wars? Prevalence Rates of Methodological Approaches across the Social/Behavioral Sciences," *Journal of Mixed Methods Research*, Vol. 4, No. 2, 2010, pp. 103-126.

[4] 程天君：《从"纯粹主义"到"实用主义"——教育社会学研究方法论的新动向》，《教育研究与实验》2014年第1期。

[5] 李洋、陈齐：《教育研究混合方法的发展、哲学基础与设计应用》，《高教探索》2020年第9期。

[6] 张绘：《混合研究方法的形成、研究设计与应用价值——对"第三种教育研究范式"的探析》，《复旦教育论坛》2012年第5期。李刚、王红蕾：《混合方法研究的方法论与实践尝试共识、争议与反思》，《华东师范大学学报》（教育科学版）2016年第4期。孙冬梅、陈霞：《高校教师工作绩效影响因素的混合研究》，《当代教师教育》2014年第2期。R. Burke Johnson, et al., "Toward a Definition of Mixed Methods Research," *Journal of Mixed Methods Research*, Vol. 1, No. 2, 2007, pp. 112-133.

方法来解决。① 质性研究和量化研究的结合，能够提高研究发现的可靠性和深入性。② 另一方面，混合研究能够提供更加多元的数据，弥补单一研究方法数据来源不足的问题。当前的研究问题越来越复杂，在研究中结合两种类型的数据是必要的。③ 混合研究设计中常用的研究工具包括问卷调查、访谈和课堂观察④，多样的数据收集方法可以弥补单一研究方法收集数据的不足。⑤

虽然混合研究在研究中的比例逐渐增加，但是元分析的结果表明，不少混合研究存在诸多不足。⑥ 从公共管理学科中混合研究的应用情况来看，大多数研究偏向对混合研究方法及其价值的介绍，而对如何使用混合研究方法则语焉不详。⑦ 这意味着在肯定混合研究的价值和优势的同时，不能忽视混合研究的局限性。第一，混合研究方法结合了质性研究与量化研究，其背后有不同的理论基础，因此应用过程中的复杂性较高。第二，混合研究往往要经过两类数据的收集和分析，与单一研究范式相比，混合研究需要投入更多的时间，花费更多的科研经费。⑧ 第三，混合研究的复杂

---

① R. Burke Johnson and Anthony J. Onwuegbuzie, "Mixed Methods Research: A Research Paradigm Whose Time Has Come," *Educational Researcher*, Vol. 33, No. 7, 2004, pp. 14-26. Lawrence A. Palinkas, et al., "Purposeful Sampling for Qualitative Data Collection and Analysis in Mixed Method Implementation Research," *Administration and Policy in Mental Health and Mental Health Services Research*, Vol. 42, 2013, pp. 533-544.

② 朱迪:《混合研究方法的方法论、研究策略及应用——以消费模式研究为例》,《社会学研究》2012 年第 4 期。R. Burke Johnson, et al., "Toward a Definition of Mixed Methods Research," *Journal of Mixed Methods Research*, Vol. 1, No. 2, 2007, pp. 112-133.

③ [美] 约翰·W. 克雷斯维尔、薇姬·L. 查克:《混合方法研究：设计与实施》,游宇、陈福平译,重庆大学出版社 2017 年版,第 15 页。

④ Mohammad Zohrabi, "Mixed Method Research Instruments, Validity, Reliability and Reporting Findings," *Theory and Practice in Language Studies*, No. 3, 2013, pp. 254-262.

⑤ William G. Axinn and Lisa D. Pearce, eds., *Mixed Method Data Collection Strategies*, Cambridge: Cambridge University Press, 2006, p. 3. Cynthia S. Robins, et al., "Dialogues on Mixed-Methods and Mental Health Services Research: Anticipating Challenges, Building Solutions," *Psychiatric Services*, Vol. 59, No. 7, 2008, pp. 727-731.

⑥ Felipe González Castro, et al., "A Methodology for Conducting Integrative Mixed Methods Research and Data Analyses," *Journal of Mixed Methods Research*, No. 4, 2010, pp. 342-360.

⑦ 杨立华、李凯林:《公共管理混合研究方法的基本路径》,《甘肃行政学院学报》2019 年第 6 期。

⑧ 张绘:《混合研究方法的形成、研究设计与应用价值——对"第三种教育研究范式"的探析》,《复旦教育论坛》2012 年第 5 期。

性对研究者提出更高的要求，可以说混合研究者的素养会影响混合研究的实施。① 因此研究者不应盲目追求混合研究方法，需要综合考虑研究方法、研究者与研究问题的适切程度。②

一般来讲，混合研究应包括以下几个步骤，也即确定研究问题、确定混合研究是否合适、确定混合研究设计、收集数据、分析数据、解释数据、阐释数据的合法性、得出结论并撰写报告。③ 在上述步骤中，确定混合研究以什么样的顺序开展是学者关注的重点话题，也是混合研究应用过程中的关键。克雷斯维尔等根据混合研究开展的顺序，将混合研究分为一致性并行设计、解释性时序设计、探索式时序设计和嵌入式设计。④ 我国学者将混合研究的设计分为并行设计（或平行设计）、量化—质性顺序设计和质性—量化顺序设计。⑤ 国外学者基于健康科学学科于1999—2009年使用了混合研究设计文章的元分析结果，表明多数研究采用顺序型数据分析，很少有研究采用并行数据分析。⑥ 这意味着顺序型混合研究设计在混合研究中的应用情况最为广泛。根据学者对混合研究顺序的分类和本书要解决的研究问题，本书采用先质性研究后量化研究顺序的混合研究设计，首先进行的是质性研究数据收集工作，接下来进行量化研究数据收集和分析。⑦ 研究工具、研究变量和研究框架的不确定性是采用这一顺序的主要原因，质性研究可以为量化研究的工具编制提供参考，因此也被称为工具开发设计。⑧

---

① 胡中锋、黎雪琼：《论教育研究中质的研究与量的研究的整合》，《华南师范大学学报》（社会科学版）2006年第6期。

② 李刚、王红蕾：《混合方法研究的方法论与实践尝试共识、争议与反思》，《华东师范大学学报》（教育科学版）2016年第4期。

③ R. Burke Johnson and Anthony J. Onwuegbuzie, "Mixed Methods Research: A Research Paradigm Whose Time Has Come," *Educational Researcher*, Vol. 33, No. 7, 2004, pp. 14-26.

④ [美]约翰·W. 克雷斯维尔、薇姬·L. 查克：《混合方法研究：设计与实施》，游宇、陈福平译，重庆大学出版社2017年版，第15页。

⑤ 李刚、王红蕾：《混合方法研究的方法论与实践尝试共识、争议与反思》，《华东师范大学学报》（教育科学版）2016年第4期。

⑥ Ulrika Östlund, et al., "Combining Qualitative and Quantitative Research within Mixed Method Research Designs: A Methodological Review," *International Journal of Nursing Studies*, Vol. 48, No. 3, 2011, pp. 369-383.

⑦ 张绘：《混合研究方法的形成、研究设计与应用价值——对"第三种教育研究范式"的探析》，《复旦教育论坛》2012年第5期。

⑧ 李刚、王红蕾：《混合方法研究的方法论与实践尝试共识、争议与反思》，《华东师范大学学报》（教育科学版）2016年第4期。

在这个过程中，质性研究被用于探索一种现象，并生成一个概念模型和可以用于检验的研究假设，定量研究方法则是通过测量来检验模型的有效性。[1] 在量化研究的基础上，检验质性研究成果是否具有可推广性。[2]

如图 3-1 所示[3]，本书的第一步为质性资料收集，然后进行质性资料的编码分析和整合。在质性研究的基础上，编制骨干教师领导力及影响因素调查问卷，借助问卷进行量化资料收集和分析。在两阶段研究的基础上，对骨干教师领导力的维度、主要影响因素和作用关系进行剖析。

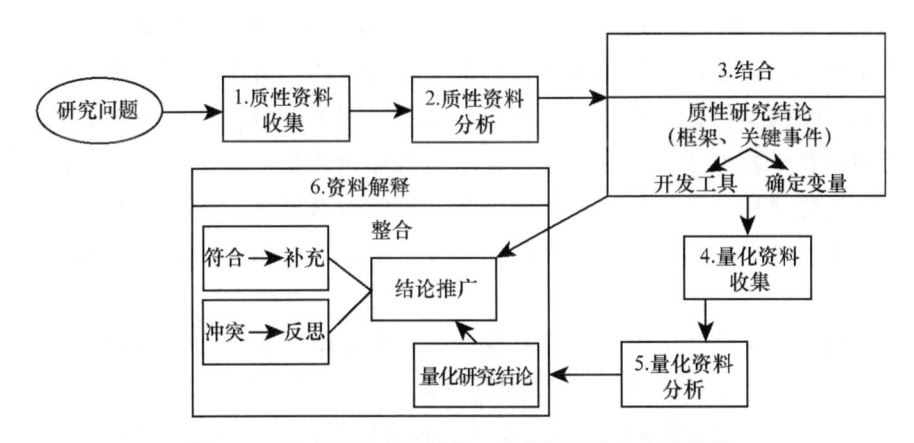

图 3-1　混合研究方法质性—量化顺序设计主要流程

二　质性研究部分

如前文所述，国内教师领导力研究存在以下两方面不足：一方面，部分学者将国外教师领导力问卷应用到我国教师队伍中，缺乏对本土情境的考虑，问卷质量有待检验。例如，多项研究将美国的教师领导力模型应用到我国教师领导力测量中，有研究在缺乏对问卷质量进行考察的基础上得

---

[1] Lawrence A Palinkas, et al., "Mixed Method Designs in Implementation Research," *Administration and Policy in Mental Health and Mental Health Services Research*, Vol. 38, No. 1, 2011, pp. 44-53.

[2] [美] 约翰·W. 克雷斯维尔、薇姬·L. 查克：《混合方法研究：设计与实施》，游宇、陈福平译，重庆大学出版社 2017 年版，第 7 页。

[3] 李刚、王红蕾：《混合方法研究的方法论与实践尝试共识、争议与反思》，《华东师范大学学报》（教育科学版）2016 年第 4 期。

出研究结论①，也有研究未能探索出问卷原有的维度②，这从侧面反映出在国外教育情境中开发的教师领导力问卷的本土适应性不足。另一方面，对于骨干教师而言，虽然骨干教师政策和部分学术研究界定了骨干教师领导力的内涵与外延，形成了可供借鉴的骨干教师领导力调查问卷。但这些研究中的调查工具并未得到广泛的应用，这与其不全面、不规范和不公开等问题是密不可分的。

此外，在文献综述中，将教师领导力的影响因素归纳为五个方面。作为学校与区域层面教师队伍建设的重点，骨干教师是教育政策和学校管理者关注的群体之一。骨干教师领导力受到哪些因素的影响也多以西方学者的研究为主，缺乏对我国教育政策、学校组织制度、教师专业组织层面和骨干教师个人层面因素的考察。虽然少量研究涉及骨干教师领导力影响因素的结构，但也是建立在小样本的案例研究上，未在质性研究的基础上检验骨干教师领导力与影响因素之间的作用关系。基于此，本书通过质性研究建构骨干教师领导力的维度并编制调查问卷。同时，根植于我国学校内外教育情境，探究影响骨干教师领导力的组织层面因素和个人层面因素。

在先质性后量化的混合研究设计中，质性研究被视为工具开发的过程。质性研究是以研究者本人为研究工具，在自然情境下采用多种资料收集方法，对社会现象进行整体性探讨，通过与研究对象互动对其行为和意义建构获得解释性理解的一种活动。③ 质性研究侧重通过解释和对现象的说明来概括、归纳出特定场景下的人类经验④，适用于回答"是什么"和"为什么"的问题。质性研究能够获得深刻的本土理论，又能借助理论生成的过程进行敏感的自我体察和反思。⑤ 21 世纪以来，教育质性研究在教

---

① 高一升、朱宗顺：《浙江省幼儿园学科带头人领导力现状与思考——基于教师领导力模型标准（TLMS）的抽样调查》，《教师教育研究》2016 年第 4 期。

② 利红霖：《中小学教师领导力影响因素研究》，硕士学位论文，四川师范大学，2019 年。陈守芳：《小学教师领导力现状与对策的研究》，硕士学位论文，深圳大学，2017 年。

③ 陈向明主编：《质性研究：反思与评论》（第壹卷），重庆大学出版社 2008 年版，第 1 页。

④ 张绘：《混合研究方法的形成、研究设计与应用价值——对"第三种教育研究范式"的探析》，《复旦教育论坛》2012 年第 5 期。

⑤ 杨帆、陈向明：《中国教育质性研究合法性初建的回顾与反思》，《教育研究》2019 年第 4 期。

育变革背景下获得发展，分化为教育民族志、教育现象学、扎根理论、教育叙事研究和教育话语分析等路径。[1]

具体而言，本书中质性研究部分的目的在于对骨干教师领导力及骨干教师领导力影响因素的维度形成清晰认识，在此基础上编制适用于第五章的调查问卷。其一，从研究对象来看，质性研究部分主要对公办小学和公办初中学校的骨干教师及其所在学校的校长和副校长进行访谈，本书综合考虑了受访学校的省份、学校区位、办学历史和办学质量等因素。受访的骨干教师兼顾了性别、学科、教龄、骨干教师类型和是否在其他学校任教等信息，以此获得更为详细的骨干教师群体信息。其二，从研究工具来看，本书聚焦于研究问题1和研究问题2的回答，在文献综述和前期预调研的基础上，编制了适用于学校管理者和骨干教师的半结构化访谈提纲，在访谈过程中笔者还会根据受访者及其访谈的细节内容进行追问，以得到更多的信息。其三，从质性数据收集来看，本书主要的数据为校长和骨干教师的访谈，辅之以其他实物资料、学校官网推送和骨干教师政策文本的分析。其四，从质性数据的处理来看，本书遵循了扎根研究的三级编码原则，并借用了NVivo 11.0进行辅助分析。其五，从研究的伦理来看，本书遵循了自愿原则、保密原则和互惠原则。为了保证质性研究部分叙事的完整性，本书将质性研究设计与实施的具体内容放于第四章第一小节，在这一节中笔者有更为细致的描述和呈现。

三 量化研究部分

本阶段的量化研究部分适用于回答"怎么样"的问题，也即骨干教师领导力与影响因素之间的作用关系。其一，从研究对象来看，本书中的量化研究部分经过预调研和正式调研两个阶段，共收集到2718份有效问卷，主要源于上海市、河南省、重庆市、山东省、贵州省、南京市和海口市几个省市。

其二，从研究工具来看，本书在政策文本分析、已有文献和校长与骨干教师访谈的基础上，编制骨干教师领导力及其影响因素调查问卷。问卷是社会调查中用来收集资料的一种工具，可以用于测量人们的行为、态度

---

[1] 杨帆、陈向明：《论我国教育质性研究的本土发展及理论自觉》，《南京社会科学》2019年第5期。

和特征。① 问卷调查需要通过实际数据来检验问卷的信度和效度。②

如图 3-2 所示，量化研究部分中的骨干教师领导力调查问卷编制经历了五个步骤，在此基础上形成了适用于本土情境的骨干教师领导力调查工具。基于分布式领导理论和领导——成员交换理论，本书在质性研究部分建构了骨干教师领导力解释框架，骨干教师领导力影响因素调查问卷主要源于已有问卷，也结合质性研究部分编制了相应维度的调查问卷，影响因素问卷遵循了问卷编制的五个步骤。

其三，在问卷调查的基础上，本书对量化数据进行分析，主要用到了描述统计分析、回归分析和结构方程模型分析。

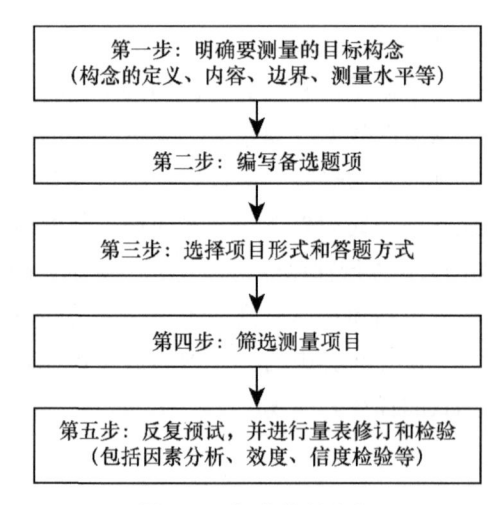

```
┌─────────────────────────────────────┐
│   第一步：明确要测量的目标构念        │
│   （构念的定义、内容、边界、测量水平等）│
└─────────────────────────────────────┘
                 ↓
┌─────────────────────────────────────┐
│       第二步：编写备选题项           │
└─────────────────────────────────────┘
                 ↓
┌─────────────────────────────────────┐
│     第三步：选择项目形式和答题方式    │
└─────────────────────────────────────┘
                 ↓
┌─────────────────────────────────────┐
│       第四步：筛选测量项目           │
└─────────────────────────────────────┘
                 ↓
┌─────────────────────────────────────┐
│   第五步：反复预试，并进行量表修订和检验│
│   （包括因素分析、效度、信度检验等）  │
└─────────────────────────────────────┘
```

图 3-2　问卷编制流程

资料来源：邱皓政《量化研究与统计分析：SPSS（PASW）数据分析范例解析》，重庆大学出版社 2013 年版，第 162 页。

---

① 风笑天：《社会调查中的问卷设计》，中国人民大学出版社 2014 年版，第 38 页。
② 李超平主编：《管理研究量表手册》，中国人民大学出版社 2020 年版，第 1 页。

第四章 骨干教师领导力及其影响因素结构的探索

本章主要考察在我国不同区域公办义务教育学校的教育情境中,骨干教师领导力及影响因素具体表现为哪些方面。具体而言,本部分通过线上调研与实地调研相结合的方式,对上海市、南京市、河南省郑州市和河南省 A 县[①]的 12 所公办小学和公办初中开展调查,以此反映我国东部地区和中部地区骨干教师领导力及其影响因素的结构。同时,本章还结合调研学校所在区域位置、城乡及学校教育质量相对发展水平,呈现骨干教师领导力及其影响因素的共性与个性。

第一节 质性研究设计与实施

从时间进度来看,本部分的数据收集包括三个阶段:第一阶段,2020年 1 月,笔者对上海市普陀区 1 所知名高中的校长进行访谈[②],从校长的视角了解学校教学管理、骨干教师选拔、骨干教师评价和骨干教师领导力发挥的情况。同时邀请校长对本书中骨干教师领导力维度划分、研究重点和研究技术路线等提出意见。此外,在博士学位论文开题后,对上海市嘉定区 1 所优质学校的校长和 1 位骨干教师进行了非正式访谈。该阶段访谈的目的在于通过校长和骨干教师,了解博士学位论文的核心部分是否符合

---

① 为尊重接受调研的校长和老师的愿意,保护他们的个人隐私,书中用 A 县代指作者调研的河南省某县。

② 虽然本书的研究对象源自公办义务教育学校,但是在研究的初期,笔者基于便利性原则对该校长进行了访谈,以此了解骨干教师选拔、使用、评价和激励等问题。

骨干教师实际，在此基础上编制校长访谈提纲和骨干教师访谈提纲。第二阶段调研为 2020 年 2 月至 5 月。笔者通过线上调研的方式对江苏省南京市 1 所小学、1 所初中和河南省郑州市 1 所初中的校长和骨干教师进行访谈。第三阶段为 2020 年 7 月，采取实地调研的方式对郑州市 2 所小学、2 所初中和 A 县县城 1 所小学和 1 所初中，城乡接合处 1 所初中，乡村 2 所初中和 1 所小学进行调研。前后正式访谈以校长为代表的学校管理者 11 人和具有不同背景的骨干教师 44 人。需要说明的是，本研究第四章用于分析的质性数据主要源于第二阶段和第三阶段调研，本节对研究学校、受访校长（副校长）和骨干教师的基本信息、研究工具、数据收集、数据处理和研究伦理进行介绍。

一　研究对象

选择哪些研究对象不仅影响资料收集的方向、内容以及资料分析的思路，也会带来不同的研究结果。[①] 在结合研究对象典型性、研究可行性和研究便利性的基础上，本书以学校为单位对校长和骨干教师进行了访谈。

（一）不同区域位置学校的基本概况

本书呈现的 12 所学校及受访骨干教师主要源于三个方面：第一，由笔者认识的一线教师引荐。南京市的 1 所小学、1 所初中和郑州市最先调研的 1 所初中均由笔者本人的"熟人"推荐，根据笔者对受访骨干教师的要求确定受访对象。[②] 第二，根据笔者的需要，由校长确定受访教师。2020 年 7 月，笔者借助教育部中学校长培训中心的引荐，顺利得到赴郑州市 3

[①] 李方安、陈向明：《大学教师对"好老师"之理解的实践推理——一项扎根理论研究的过程及其反思》，《教育学报》2016 年第 2 期。

[②] 无一例外，三位"熟人"推荐的骨干教师均为自己的"师傅"、所在教研组的组长、同班级的科任教师、熟悉的其他学科的骨干教师，从整体上看，都以自己的学科和任教班级为核心寻找合适的受访对象。非常有意思是，三位"熟人"均表示推荐自己所在学校的校长参与本书的访谈有难度，因此，其中的两位推荐了学校分管教学的副校长，另一位"熟人"在和校长表明意图后遭到校长拒绝，由于不想为其他不是很熟悉的副校长找"麻烦"，因此最后只能介绍在学校工作多年的中层干部作为访谈对象。这表明，在学校内部普通教师和同一学科、正式的"师徒"关系或者共同承担教学任务的教师之间的关系最为密切。学校规模较大的学校内部也呈现出一种"差序格局"，教师以自己为中心、以学科和任教班级为主要链接点形成自己的人际关系网络。对于教师不想麻烦"校长"这一现象，在一定程度上说明校长和教师之间的权力距离较大，在一般情况下，教师都不愿意因为非本人且非专业上的事情"麻烦"校长。

所知名学校进行实地调研的宝贵机会。三位校长根据研究者的调研需求，参照调研当日教师的授课安排确立受访骨干教师。此外，笔者通过"熟人"引荐，得以进入郑州市另外1所知名小学进行实地调研。由于"引路人"资历较老，因此顺利访谈到各个层次的骨干教师，同时还对该校的教学副校长进行了访谈。第三，由教育行政或教育学院负责人引荐校长，在此基础上由校长确定受访教师。经A县分管教师培训工作教师的引荐，笔者对该县2所小学和3所初中进行了实地调研，除1所初中由于教师都有授课安排而无法接受访谈外，笔者对5所学校的校长或教学副校长进行了访谈，并由校长或教学副校长引荐多位骨干教师进行访谈。

如表4-1所示，从学段来看，本书先后调研了6所公办小学和6所公办初中。从区域位置来看，除南京市的J-01校位于城市郊区外，南京市的J-02校和郑州市的4所学校均位于城市市区，A县受访学校中有1所学校位于县城，1所学校位于城乡接合部，3所学校位于乡村。从教学成绩来看，有6所学校位于区域前25%，3所学校位于区域中等偏上，3所学校处于区域中等偏下水平。从学校规模来看，除H-05校外，城市地区学校的学生数均在1400人以上，位于县城的H-06校规模最大，学生数接近4000人。位于城乡接合部的H-10校规模超过了1600名学生，相比之下，位于乡村的3所学校均不足300名学生，其中H-09校学生数不足100人。

表4-1　　　　　　　　受访学校基本信息统计

序号	编号	学段	学校区位	教学成绩排名	学生数（人）	班级数（个）	班额
1	J-01	小学	城市郊区	中等偏下	1432	37	38.7
2	J-02	小学	城市市区	前25%	2200	58	37.9
3	H-01	初中	城市市区	中等偏上	1400	28	50.0
4	H-02	小学	城市市区	前25%	1750	32	54.7
5	H-03	初中	城市市区	前25%	1865	32	58.3
6	H-04	小学	城市市区	前25%	2092	28	74.7
7	H-05	初中	城市市区	中等偏上	594	21	28.3
8	H-06	小学	县城	前25%	3916	48	81.6
9	H-07	初中	乡村	中等偏下	260	6	43.3
10	H-08	小学	乡村	中等偏上	126	6	21.0

续表

序号	编号	学段	学校区位	教学成绩排名	学生数（人）	班级数（个）	班额
11	H-09	初中	乡村	中等偏下	68	3	22.7
12	H-10	初中	城乡接合部	前25%	1604	30	53.5

从班级数来看，位于乡村的三所学校班额较小，H-07校每个年级有两个班级，H-08校和H-09校为每个年级一个班级。① 位于城乡接合部、县城和城市地区的学校每个年级均有多个班级。用学生数除以班级数可以得到受访学校平均班额的大小，不同受访学校的班额大小差异巨大。班额最小的学校是位于乡村地区的H-08校，平均每个班级只有21名学生，班额最大的为县城的H-06校，平均每个班级有接近82名学生。2016年国务院颁布的《关于统筹推进县域内城乡义务教育一体化改革发展的若干意见》指出，到2018年基本消除66人以上的超大班额，到2020年基本消除56人以上的大班额。从政策文件中可以看出，55人是大班额的重要判断标准。但从受访学校的数据可以看出，多所学校班额在55警戒线以下，三所学校明显为大班额学校，县城的H-06校的平均班额远远超过超大班额的警戒线。这反映出当前我国城乡教育发展中的城乡不均衡现象，出现城市拥堵和乡村学生不足并存的治理困局。②

城市、县城和乡村教育发展的不均衡，不仅仅体现在学校办学质量和学校班级规模的大小上，更体现在学校骨干教师拥有数量的差异上。如表4-2所示，受访12所学校中仅有1位国家级骨干教师，就职于H-02校。从省级骨干的数量来看，H-05校有18位，H-02校为11位。从市级骨干教师和区级骨干教师的数量来看，在后续对校长的访谈中发现，H-01校和H-03校校长对骨干教师的统计口径与本书的界定不一致。即便是抛开数据统计存在的问题，仍然可以发现城市学校的骨干教师占有的绝对数量要高于县城学校和乡村学校。H-09校虽然从统计上看有3位市级骨干

---

① 需要注意的是，在A县与H-07、H-08和H-09发展境遇相似的乡村小规模学校还有很多，笔者所去的三所学校从学生数量、办学条件和教师数量上并不是差的。这些学校当下面临的困境既有地理位置和人口变动因素的影响，也有诸如招生制度、评价制度、民办教育发展制度和教师配置制度的综合影响，这些学校如何在逆境中求得生存值得进一步探讨。

② 褚宏启、褚昭伟：《我国县城义务教育公共服务的拥挤效应与有效供给》，《教育发展研究》2018年第10期。

教师，但是受访副校长表示这三位教师均是因为参加过乡村教师"置换交流"而得到了荣誉称号①，而不是经过评选得到的荣誉称号。

表4-2　　　　　受访学校各层次骨干教师数量统计　　　　　（人）

序号	编号	教师数	区级骨干	市级骨干	省级骨干	国家骨干
1	J-01	126	43	6	1	0
2	J-02	146	—	—	—	—
3	H-01	116	0	26	4	0
4	H-02	105	10	21	11	1
5	H-03	182	0	35	6	0
6	H-04	115	5	7	7	0
7	H-05	102	0	30	18	0
8	H-06	154	12	2	0	0
9	H-07	24	2	2	1	0
10	H-08	10	2	0	0	0
11	H-09	8	0	3	0	0
12	H-10	78	13	5	2	0

对于H-10校来说，它虽然处于A县的城乡接合部，但是从中考成绩来说，近年来早已经超过县城初中，更是在中招考试中连年处于全县第一。此外，该校中招考试成绩在全市的排名近年来也逐渐提升，因此形成了优质生源、更多的外部支持、更多的骨干教师争相加盟的良性循环。总体而言，城市学校骨干教师的绝对数量、高层次骨干教师的数量和骨干教师梯队建设均优于县城学校和乡村学校。本书调研的几所乡村学校骨干教师的数量、比例和层次现状与周晔基于甘肃省乡村小规模学校调研得出的研究结果一致。②

---

① "置换交流"和"顶岗实习"是同时进行的专业活动，旨在解决乡村教师没有时间和机会参加培训，职前教师没有合适的教育实习场所而开展的活动，高校派出职前教师顶替乡村教师的工作，而乡村教师有机会参加一定级别的培训。（相关讨论可见袁丽、陈林《"顶岗实习"教师培养的政策分析及其争议》，《教师教育研究》2014年第6期。陈秀琼《高等师范院校小学教育专业顶岗实习的实践与探索》，《湖南师范大学教育科学学报》2011年第2期）。

② 周晔：《农村小规模学校教师队伍专业水平结构的问题与对策——基于甘肃省X县的调研》，《教育研究》2017年第3期。

（二）不同学校管理者的基本情况

校长是学校教育质量提升的重要因素，也是影响学校教师队伍建设思路和成效的因素。如表4-3所示，女校长为8位，男校长为4位。校长（副校长）年龄处于37—56岁，教龄在18—39年。从校长在当前学校的任教时间和担任校长的时间来看，J-01校、H-02校和H-09校的校长自从教之初就在本校任职，经提拔成为学校校长（副校长）。其余校长（副校长）均有其他学校从教和从事管理工作的经验。从职称来看，乡村学校的校长（副校长）职称明显低于县城和城市学校。学校区域位置、学校发展积淀和校长的骨干教师队伍建设思路有重要影响，影响骨干教师的数量、层次和领导力发挥。在此呈现H-02校和H-09校的概况，作为分析骨干教师领导力发挥的情境基础。

表4-3　　　　　　　受访校长（副校长）基本信息统计

序号	编号	性别	职务	年龄	教龄（年）	在当前学校任教时间（年）	担任校长时间（年）	职称
1	J-01-P	女	副校长	42	22	22	11	高级
2	J-02-P	女	副校长	51	30	3	20	特级
3	H-01-P	男	学校中层	45	25	16	5	高级
4	H-02-P	女	校长	43	21	2	2	高级
5	H-03-P	女	校长	56	35	4	4	高级
6	H-04-P	女	副校长	38	21	4	4	一级
7	H-05-P	女	校长	49	25	18	10	高级
8	H-06-P	女	副校长	45	26	26	4	高级
9	H-07-P	男	副校长	37	18	2	2	一级
10	H-08-P	女	校长	50	31	2	2	一级
11	H-09-P	男	校长	42	21	21	7	一级
12	H-10-P	男	副校长	56	39	9	9	高级

H-02校为郑州市乃至河南省知名小学，H-02-P在担任校长之后对学校顶层设计进行了重新架构，理顺了各部门之间的关系，近年来取得了良好的办学成效。如图4-1所示，H-02校成立了学生成长中心、教师发展中心、课程建设中心和党政办公室与后勤中心，负责学校骨干教师的梯队

建设是教师发展中心的部分职责。学校基于全体教师发展的基本情况，结合"中原名师"和不同层次骨干教师评选的基本要求，有针对性地帮助教师达到骨干教师评选要求。同时，H-02 校重视骨干教师领导力的发挥，制定了不同层次骨干教师领导力发挥的要求，比如在校内公开课方面，建立起与教师专业水平相对应的公开课制度。

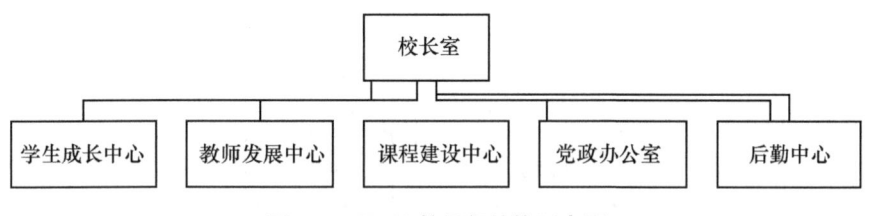

图 4-1　H-02 校组织结构示意图

如图 4-2 所示，H-02 校青年教师每学期均要面向全校教师开设"汇报课"，普通教师开设"达标课"，而对骨干教师和省级名师的要求更为严格，要面向全校教师开设"示范课"和"引领课"。同时，H-02 校将学校的课程分为国家课程、地方课程和校本课程，课程发展中心的主要责任在于学校整体的课程规划，根据学校、教师和学生的实际情况进行校本化实施。具体来看，其一，负责课程规划，即课程的顶层设计；其二，负责课程实施，即如何推进和落实课程设计；其三，课程监测与评价。在学校课程重新架构和统整过程中，学校各学科、各层次的骨干教师协同努力，在学校课程建设方面发挥了重要作用。学校发展中的变化不仅为骨干教师带来了新的挑战，也为骨干教师更新教育理念、改进教学策略和提高教学效能提供了机遇。

和 H-02 校相比，本书中的 H-07 校、H-08 校和 H-09 校的骨干教师队伍建设不仅相差甚远，这三所学校及 A 县多数乡村学校成为县城公办学校、县城民办学校乃至学校周边民办学校的"师资预备队"，新教师的流入与骨干教师的流失同时进行，青年骨干教师留不住成为 A 县乡村学校发展中的普遍现象。如表 4-4 所示，三所乡村学校教师流入的主要渠道为招教、特岗和大学生村官，在师资紧缺情况下还存在校聘代课教师的情况。多数流出教师在乡村学校积累教学经验、在特定工作岗位上得到锻炼、在教学竞赛中获奖或者获得一定荣誉称号后，在县域学校扩容和民办学校发

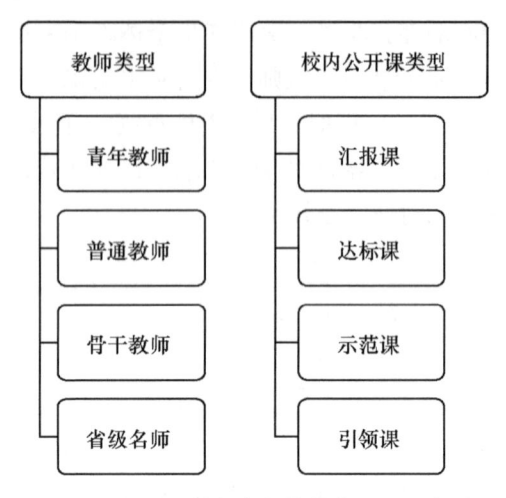

```
教师类型          校内公开课类型

  青年教师            汇报课

  普通教师            达标课

  骨干教师            示范课

  省级名师            引领课
```

图 4-2　H-02 校不同教师参与的校内公开课类型示意图

展的情况下进行职业转换。受访校长坦陈学校目前留下的是因年龄较大、学历较低而不具有竞争优势的老教师，相对优秀的年轻教师每年都会流失，接着补充新的年轻教师。在骨干教师流失和青年教师补充的背景下，以 A 县这三所学校为代表的众多乡村学校在发展过程中形成了"中坚缺失"的现象，也即骨干教师的流失造成乡村学校教师年龄结构、学科结构和能力结构的不平衡。流入的青年教师常处于"单打独斗"的窘境，因此他们在乡村学校积累一定的教学经验并完成合同要求的从教年限后，就会积极寻求更好的发展机会。

　　三所乡村学校校长列举了他们学校近三年来教师的流入和流出情况。如表 4-4 所示，三所学校每年都有教师流出和新教师流出。从性别来看，流入和流出的教师中女教师均占大多数，仅有一位男教师于 2019 年流入 H-07 校。从年龄来看，流入教师除一位教师为"80 后"外，其余均为"90 后"，流出教师包括"70 后""80 后"和"90 后"。从任教科目来看，英语教师占大多数，其次为语文教师和数学教师。从流入流出教师户籍来看，多数教师为"本地人"，有多位教师曾在任教学校就读。从学历来看，除两人的学历不详外，多数教师是大专和本科学历。此外，乡村学校在师资紧缺时会自主招聘教师，但"校聘"教师的素质、待遇与分配到学校的教师相差较多，学校自主招聘教师是乡村学校在师资管理上的无奈之举。

从三所学校教师流出去向来看，两位教师流入县城新建学校，一位教师回家乡任教，一位教师"托关系"到了县城最好的小学，但校长表示该教师未达到县城学校任教要求，无法从事教学工作。

表4-4　　　　**受访乡村学校近三年教师的流入与流出统计**

学校	类型	姓名	性别	年龄	任教科目	是否本地人	学历	流入类型/流出地
H-07	流入	A	男	"90后"	物理	是	本科	2019年招教
H-07	流入	B	女	"90后"	数学	是	本科	2019年特岗
H-07	流出	C	女	1988	数学	是	本科	县城新学校
H-07	流出	D	女	1992	语文	是	本科	县城新学校
H-08	流入	A	女	1994	语文/英语	是	大专	招教
H-08	流入	B	女	1985	语文/英语	是	不详	大学生村官
H-08	流入	C	女	1994	数学	是	大专	2018年特岗
H-08	流入	D	女	不详	不详	不详	本科	2017年特岗
H-08	流出	E	女	"70后"	语文	是	不详	县城小学借调
H-09	流入	A	女	1992	英语	是	本科	2019年特岗
H-09	流入	B	女	1994	英语	否	本科	2017年特岗
H-09	流入	C	女	1992	英语	否	本科	2017年特岗
H-09	流出	D	女	1993	英语	否	本科	辞职回家乡任教

（三）受访骨干教师类型与基本情况

本书受访骨干教师主要包括获得区（县）级以上"骨干教师"荣誉称号的教师，备课组长/教研组长和既有荣誉性称号又是备课组长、教研组长或者其他行政岗位的教师。从访谈中发现骨干教师评选标准会影响骨干教师的类型。比如，在郑州市英语学科第一届市级骨干教师评选时，实际参加培训并得到认证的多数为英语教研组长，位于特定专业领导岗位成为骨干教师的重要前提。

如前文所述，忽略教育情境是当前教师领导力研究的重要缺陷，骨干教师领导力的发挥受外部环境的影响。因此本书通过三个差异化的外部情境考察骨干教师领导力及影响因素：其一，骨干教师在当前任教学校教育情境中的领导力发挥。其二，不少骨干教师具有职业流动的经历，在职业流动前已经是备课组长、教研组长或者获得过骨干教师荣誉称号。因此，考察了不同学校教育情境下的领导力发挥。其三，笔者有目的性地访谈了参加过轮岗交流的骨干教师，考察他们在流入学校教育情境下的领导力发挥及影响因素。

实际上，骨干教师专业成长和领导力发挥深受任教学校教育情境的影响。其一，在领导力的内涵方面。乡村小规模学校能否开齐国家课程尚存在挑战，正如校长所言，学校加上校长总计6名教师和66名学生。教师们的课时量每周22节左右，在上课时间教师办公室空无一人。其二，从研究对象来看，指的是获得一定层次"骨干教师"荣誉称号或担任教备课组组长和教研组长的教师。笔者在实地调研中感受到区域教育之间、不同学校教育之间的诸多差异。从骨干教师数量和比例来看，乡村学校处于绝对劣势。因此，在实地调研的三所乡村学校中，一所乡村小学和一所乡村中学因没有获得"骨干教师"荣誉称号的教师，而只访谈了备课组长。受访小学的两位骨干教师均为教龄不足3年的特岗教师，而在省会调研的两所小学，校长在选择受访骨干教师时并未花费太大精力。

如表4-5所示，受访骨干教师在教龄、职称、学科、任教年级等方面的分布较为广泛，充分考虑到了不同骨干教师的情况。不过，令人惊讶的是，无论通过哪种途径邀约到的受访骨干教师，除两位为男性外其余均为女教师。一方面，这可能与当前中小学教师性别比例失衡的现状有关[①]，女教师更容易成为骨干教师。另一方面，在多数情况下女教师具有更强的钻研精神，在教学上花费更多的时间和精力，也就更容易在教学上取得成绩，进而获得外部肯定和激励。

质性研究部分还考察了受访骨干教师的职业流动情况，虽然骨干教师可能有多次职业流动经历，但本书重点考察了骨干教师在上一所任教学校的情况。如表4-5所示，44位受访骨干教师中的29位有流动经历（占比为65.9%），说明骨干教师流动具有普遍性。多数骨干教师从本区县其他学校流入，从本省其他市流入的比例次之，从其他省流入的比例最小。从流出校的性质来看，多数骨干教师在流入前在公办学校就职，少部分教师从民办学校流入。从流出前的职务和荣誉称号来看，多数教师担任备课组长、教研组长和科室主任，或者获得了一定级别的荣誉称号，这说明是否

---

① 吴晶、金志峰、葛亮：《为什么教师职业对于女性更具吸引力——基于社会比较理论的视角》，《教育发展研究》2020年第2期。

表 4-5 受访骨干教师人口学信息统计

序号	编号	性别	教龄（年）	职称	职务	最高荣誉称号	任教学科	任教年级	任教学科成绩排名	是否在其他学校任教
1	J-01-T1	女	3	二级	教研/备课组长	未获得	数学	四年级	中等偏上	否
2	J-01-T2	女	26	一级	年级长/年段长	未获得	语文	六年级	前 25%	是
3	J-01-T3	女	5	二级	教研组长	未获得	语文	六年级	中等偏下	否
4	J-02-T1	女	11	一级	教研组长	区骨干	科学	五年级	中等偏上	是
5	J-02-T2	女	26	高级	科室主任	区骨干	数学	五年级	前 25%	是
6	J-02-T3	女	7	一级	备课组长	区骨干	科学	三年级	中等偏上	否
7	J-02-T4	女	15	一级	科室组长	区骨干	英语	五年级	前 25%	是
8	J-02-T5	女	23	一级	教研组长	市骨干	语文	六年级	中等偏上	是
9	H-01-T1	女	27	高级	教研/备课组长	省骨干	政史地品社	八年级	中等偏上	否
10	H-01-T2	女	5	二级	教研/备课组长	未获得	英语	七年级	中等偏上	否
11	H-01-T3	女	13	一级	备课组长	省骨干	英语	五/六年级	中等偏上	是
12	H-02-T1	女	20	一级	备课组长	市骨干	道德与法制/语文	一年级	不清楚	是
13	H-02-T2	女	18	一级	科室主任	省骨干	语文	六年级	前 25%	是
14	H-02-T3	女	25	高级	科室主任	省骨干	语文	五/六年级	前 25%	是
15	H-02-T4	女	28	高级	教研组长	未获得	数学	二年级	前 25%	否
16	H-02-T5	女	13	一级	教研组长	省骨干	数学	六年级	中等偏上	是
17	H-02-T6	女	17	二级	教研组长	省骨干	英语	二年级	中等偏上	否
18	H-02-T7	女	16	一级	教研组长	省骨干	英语	二年级	中等偏上	否

续表

序号	编号	性别	教龄（年）	职称	职务	最高荣誉称号	任教学科	任教年级	任教学科成绩排名	是否在其他学校任教
19	H-03-T1	女	22	高级	教研组长	省骨干	物理	九年级	前25%	是
20	H-03-T2	女	5	二级	普通教师	未获得	音乐	七年级	不清楚	否
21	H-03-T3	女	28	高级	教研组长	校骨干	语文	八年级	不清楚	是
22	H-03-T4	女	13	一级	科室主任	市骨干	英语	八年级	前25%	否
23	H-03-T5	女	16	高级	备课组长	省骨干	化学	九年级	不清楚	市
24	H-04-T1	女	21	一级	普通教师	市骨干	美术	五年级	不清楚	是
25	H-04-T2	女	13	二级	普通教师	市骨干	英语	三年级	不清楚	是
26	H-04-T3	女	22	一级	教研组长	未获得	语文	四年级	前25%	是
27	H-04-T4	女	30	一级	普通教师	市骨干	数学	五年级	前25%	是
28	H-05-T1	女	20	高级	普通教师	省骨干	英语	八年级	不清楚	否
29	H-05-T2	女	15	一级	教研组长/备课组长	市骨干	英语	九年级	中等偏上	是
30	H-05-T3	女	11	一级	教研组长	市骨干	语文	九年级	不清楚	是
31	H-05-T4	女	28	高级	教研组长	未获得	数学	四年级	中等偏上	是
32	H-06-T1	女	17	二级	教研组长	校骨干	英语	六年级	不清楚	是
33	H-06-T2	女	17	一级	教研组长	未获得	数学	六年级	不清楚	否
34	H-06-T3	女	15	二级	教研组长	未获得	英语	六年级	不清楚	是
35	H-06-T4	女	26	高级	普通教师	校骨干	道德与法治	六年级	不清楚	是
36	H-06-T5	女	23	高级	普通教师	市骨干	语文	六年级	前25%	否

第四章 骨干教师领导力及其影响因素结构的探索　105

续表

序号	编号	性别	教龄（年）	职称	职务	最高荣誉称号	任教学科	任教年级	任教学科成绩排名	是否在其他学校任教
37	H-07-T1	男	27	一级	教研组长	区骨干	数学	八年级	中等偏上	是
38	H-07-T2	女	4	二级	教研组长	未获得	语文	八年级	中等偏上	是
39	H-07-T3	男	27	一级	普通教师	市骨干	英语/地理	八/九年级	中等偏上	否
40	H-08-T1	女	3	二级	普通教师	未获得	数学	四/五年级	中等偏上	是
41	H-08-T2	女	4	三级	普通教师	未获得	语文/英语	三年级	中等偏上	是
42	H-10-T1	女	7	二级	备课组长/年级长	校骨干	数学	九年级	中等偏上	否
43	H-10-T2	女	16	一级	备课组长/科室长	市骨干	数学	八年级	中等偏上	是
44	H-10-T3	女	8	二级	备课组长/科室主任	校骨干	英语	八年级	前25%	是

说明：1. 人员采取省份—学校编号—教师编号的方式进行编码，"J-01-T1"为江苏省编号为01学校的第一位受访教师，由于每所学校的骨干教师数量不一，且学校对本书研究的支持程度各异，不同学校受调研骨干教师的类型和数量并不一致。H-09校由于教师均忙于上课，故仅对校长进行了访谈。

表4-6 有流动经历骨干教师基本信息统计

序号	编号	当前职务与最高荣誉称号 职务	荣誉称号	学校区位	学校性质	上一所任教学校情况及个人情况 职务	荣誉称号	离开原因
1	J-01-T2	年级长/年段长	未获得	本区县其他学校	公办学校	年段长/科室主任	未获得	教学成绩/学生素质/专业发展机会
2	J-02-T1	教研组长	区骨干	本市其他市	公办学校	教研组长	区骨干	照顾家庭
3	J-02-T2	科室主任	区骨干	本市其他市	公办学校	科室主任	市骨干	照顾家庭
4	J-02-T4	科室主任	区骨干	本区县其他学校	公办学校	科室主任	区骨干	工作交流
5	J-02-T5	教研组长	市骨干	本区县其他学校	公办学校	普通教师	区骨干	照顾家庭
6	H-01-T1	教研/备课组长	省骨干	本省其他市	公办学校	年段长/科室主任	校骨干	照顾家庭
7	H-02-T2	备课组长	市骨干	本省其他市	公办学校	普通教师	未获得	专业发展机会
8	H-02-T3	科室主任	市骨干	本省其他市	公办学校	教研组长	省骨干	照顾家庭
9	H-02-T4	科室主任	省骨干	本省其他市	民办学校	科室主任	市骨干	其他（女儿择校）
10	H-02-T6	教研组长	省骨干	本省其他区县	公办学校	普通教师	未获得	专业发展机会
11	H-03-T1	教研组长	省骨干	本省其他区县	公办学校	教研组长	校骨干	照顾家庭/专业发展机会/学生素质
12	H-03-T3	教研组长	省骨干	本省其他区县	公办学校	普通教师	未获得	照顾家庭
13	H-03-T5	备课组长	省骨干	其他省	公办学校	普通教师	未获得	其他（丈夫工作调动）
14	H-04-T1	普通教师	区骨干	本区县其他学校	民办学校	普通教师	区骨干	专业发展机会
15	H-04-T2	普通教师	市骨干	本区县其他学校	公办学校	普通教师	校骨干	其他（轮岗交流）
16	H-04-T3	教研组长	未获得	本市其他学校	公办学校	教研组长	未获得	专业发展机会/学生素质/学生家长素质
17	H-04-T4	普通教师	市骨干	本区县其他市	公办学校	普通教师	市骨干	专业发展机会/照顾家庭
18	H-05-T1	普通教师	省骨干	本省其他市	公办学校	普通教师	校骨干	专业发展机会/照顾家庭

第四章 骨干教师领导力及其影响因素结构的探索 107

续表

序号	编号	当前职务与最高荣誉称号		上一所任教学校情况及个人情况			
		职务	荣誉称号	学校区位	学校性质	职务	荣誉称号	离开原因

序号	编号	职务	荣誉称号	学校区位	学校性质	职务	荣誉称号	离开原因
19	H-05-T3	教研组长	市骨干	本市其他区县	民办学校	普通教师	校骨干	专业发展机会
20	H-05-T4	教研组长	未获得	本市其他区县	公办学校	普通教师	未获得	照顾家庭
21	H-06-T1	教研组长	校骨干	本区县其他学校	公办学校	普通教师	未获得	其他（轮岗交流）
22	H-06-T2	教研组长		本部分该骨干教师拒绝填写			
23	H-06-T4	普通教师	校骨干	本区县其他学校	公办学校	普通教师	校骨干	照顾家庭
24	H-07-T1	教研组长	区骨干	本区县其他学校	公办学校	普通教师	未获得	与领导关系
25	H-07-T2	教研组长	未获得		本部分该骨干教师拒绝填写并不愿谈及之前任教学校情况			
26	H-08-T1	普通教师	未获得	本区县其他学校	民办学校	普通教师	未获得	专业发展机会
27	H-08-T2	普通教师	未获得	本区县其他学校	民办学校	备课组长	未获得	专业发展机会
28	H-10-T2	备课组长/年级长	市骨干	本区县其他学校	公办学校	普通教师	未获得	专业发展机会/学生素质/学生家长素质
29	H-10-T3	备课组长/科室主任	校骨干	本区县其他学校	公办学校	普通教师	未获得	照顾家庭

为骨干教师是教师流动的前提条件。从流出原因来看，照顾家庭和专业发展机会是主要的原因，也有骨干教师因为子女择校、学生成绩、与领导关系、学生家长素质和交通不便等原因而选择流动。

二 研究工具

结合质性研究部分需要回答的研究问题，以及已有文献和第一阶段预调研访谈，编制了骨干教师访谈提纲（见附录一）和学校管理者访谈提纲（见附录二）。如表4-7所示，本书呈现了骨干教师访谈和学校管理者访谈的目的。

表4-7　　　　　　　　不同受访对象的访谈目的

受访对象	访谈目的
骨干教师	1. 了解骨干教师职业流动经历对骨干教师成长的影响 2. 了解影响骨干教师专业成长的关键人物和关键事件 3. 了解不同层次骨干教师的角色认知 4. 考察骨干教师领导力的外延及表现形式 5. 根据骨干教师分类，了解学校、外部教育行政部门在骨干教师选拔、培训、考核和激励等方面的举措 6. 考察学校管理者如何影响骨干教师领导力的发挥 7. 考察学校内部其他影响骨干教师领导力发挥的因素 8. 考察骨干教师个人视角下骨干教师领导力发挥存在的问题、原因及应对
学校管理者	1. 了解校长对不同类型骨干教师的认识和定位 2. 了解校长对不同类型骨干教师领导力的认识与定位 3. 考察校长及学校在不同类型骨干教师的评选中扮演的角色 4. 了解学校对不同类型骨干教师的日常管理和激励举措 5. 了解学校内外对不同类型骨干教师评价的内容与程序 6. 考察骨干教师领导力发挥的学校层面影响因素 7. 考察校长视角下骨干教师领导力发挥存在的问题、原因及应对

三 数据收集

尽管很多因素会影响质性分析的质量，但用于分析的资料的质量是重要的影响因素之一[①]，收集资料的方法会影响资料的质量。[②] 为了尽可能地

[①] [美]朱丽叶·M. 科宾、安塞尔姆·L. 施特劳斯：《质性研究的基础：形成扎根理论的程序和方法》，朱光明译，重庆大学出版社2015年版，第30页。

[②] 陈向明：《扎根理论在中国教育研究中的运用探索》，《北京大学教育评论》2015年第1期。

全面了解骨干教师领导力及影响其发挥的关键因素，本书通过三种方式收集数据。

首先，国家层面和省级层面的骨干教师政策文本。前文通过政策文本分析，呈现了我国骨干教师政策的演变阶段、政策目标聚焦和政策工具运用情况。在国家和省级骨干教师政策的指引下，各个市、区（县）乃至学校都出台了各具特色的骨干教师队伍管理举措，从骨干教师选拔到评价均有章可循。

其次，受调研学校的资料。随着学校信息化水平和对外宣传意识的提高，学校相继建立网站和微信公众号，不少受调研学校定期推送学校的办学情况，如教研活动的开展、校内公开课的实施、师徒结对的仪式与日常活动的开展、骨干教师外出培训或到乡村学校"送课"、优秀教研组和优秀教研组长的先进事迹报道、优秀学生表彰的微信推送、跨校教师专业学习活动的微信推送等，这些资料成为了解学校组织情境、骨干教师日常专业实践和领导力发挥情境的重要部分。

最后，访谈是本书最重要的资料收集方式。为保证访谈能够真正反映骨干教师领导力发挥的实际情况，本书采取了以下策略：第一，在研究对象选择上，尊重受访者的意愿，不占用受访骨干教师的授课时间和休息时间。第二，在访谈环境的营造上，校长的访谈一般在校长办公室进行。在对骨干教师进行访谈时，线上访谈阶段根据受访骨干教师的情况安排访谈，确保访谈过程不被打扰。在实地调研阶段，受访学校均提供了独立的办公室作为访谈场地，确保骨干教师在访谈过程中不被干扰。伍多·库尔茨认为，访谈时如果使用录音设备兼具优缺点，如果研究涉及敏感的话题，需要非常保密的访谈环境。① 本书借助了录音设备，在录音前均告知受访者录音的目的，打消其对录音的顾虑。第三，在访谈数据的转录上。为了保证录音转录的准确性，笔者通过录音转录公司进行转录，转录后对照录音进行检核，进而在对文本进行深入阅读的基础上进行分析。

四 数据处理

数据收集与数据处理是质性研究中的两个关键环节。虽然研究者在此

---

① ［德］伍多·库卡茨：《质性文本分析：方法、实践与软件使用指南》，朱志勇、范晓慧译，重庆大学出版社 2017 年版，第 121 页。

进行分别论述，但质性数据的收集和处理并没有严格的界限，二者在时间上并不是呈现出先后顺序，相反，质性数据的收集和分析是一个循环往复的过程。在质性数据的处理上，本书主要利用了扎根理论的三级编码原则。

编码就是透过对文字资料逐字、逐句的裂解，有规律地检视资料彼此之间的关联，将琐碎的资料有规律性地运用归纳、统整和再意义化等方式，对原始资料进行抽象概念的历程。[1] 本书中的三级编码包括开放编码、主轴编码和选择性编码。郭玉霞结合扎根研究的三级编码原则，绘制了NVivo 8.0质性分析流程图[2]，笔者本人在硕士学位论文中对郭玉霞的流程图进行了改编，形成了 NVivo 11.0 的质性分析流程图。[3] 如图4-3所示，笔者将改编过的流程图用于本书中的质性数据分析。第一，将访谈资料导入质性分析软件。在实地调研和访谈资料分析过程中，笔者撰写了备忘录，并将其也纳入质性数据的分析中。第二，将每一位受访者创建为案例节点，对不同受访者的人口学信息和所在学校信息进行归类，为后期不同受访者信息的比较奠定基础。第三，对访谈稿进行编码分析，建立节点并逐步形成树状节点。由于节点和树状节点只能表示上下层级关系，无法描述研究概念之间的关联性，因此建立关系节点确定概念与概念之间的关系。[4] 随着编码的进行，重要的概念逐渐浮现并不断发展。经过质询与编码的进行，围绕骨干教师领导力的维度、骨干教师领导力影响因素的维度及二者之间的关系形成了概念框架。

五 研究伦理

研究伦理是研究中需要重视的问题，研究应该遵守自愿原则、保密原则、公正合理原则和公平回报原则[5]，笔者遵守了陈向明提出的原则。首先，自愿原则。骨干教师访谈和校长访谈均尊重了受访者的访谈意愿，访谈录音及访谈转录稿在受访者知情的前提下进行采集和分析。其次，保密

---

[1] 转引自刘世闵、李志伟《质化研究必备工具：NVivo 10之图解与应用》，经济日报出版社2017年版，第212页。
[2] 郭玉霞：《质性研究资料分析：NVivo 活用宝典》，高等教育出版社2010年版，第41—42页。
[3] 秦鑫鑫：《基于问题的教师专业学习研究》，硕士学位论文，华东师范大学，2018年。
[4] 刘世闵、李志伟：《质化研究必备工具》，经济日报出版社2017年版，第87—88页。
[5] 陈向明：《质的研究方法与社会科学研究》，教育科学出版社2000年版，第101页。

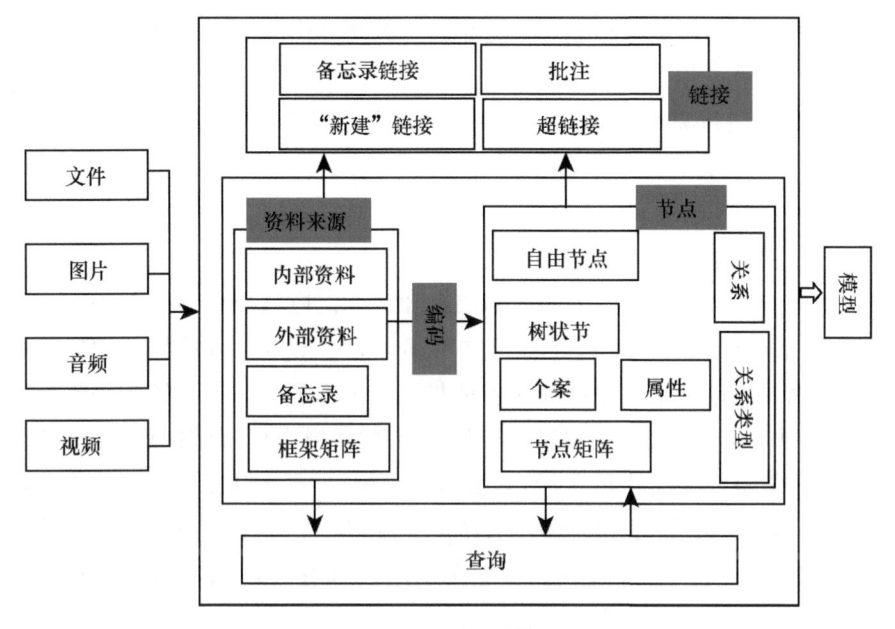

图 4-3　NVivo 11.0 质性分析流程

原则。受访学校的名称、校长和教师的个人信息不予公开，对收集到的质性资料均进行了编号，除了省份信息外，所有与学校和与个人相关的信息均以代号呈现。同时，骨干教师访谈中谈到的内容也不会反馈给学校管理者，受访者谈及的内容不作为学术研究之外的其他用途。最后，公平回报原则。本书在博士学位论文两阶段调研的基础上，结合各地区教育发展的特殊性，向部分调研学校所在区域教育主管部门提交了政策咨询报告。

第二节　骨干教师领导力六维结构

对于从事质性研究工作的学者来讲，质性论文写作可能是最核心、最困难也是最考验学者功底的环节。质性写作需要基于对数据的深刻理解，选择最典型的个案、最丰富的信息，将所述内容有条理地呈现给读者。[1]因此，美国学者沃尔科特十分强调叙事的重要性，他要求自己的研究是扎

---

[1] 李琳琳等编：《从生活到理论：质性研究写作成文》，华东师范大学出版社2020年版，第20页。

扎实实的，叙述充分且恰当。① 笔者熟知质性写作的难点与痛点，所以本章的第二、第三和第四小节争取做到语言、结构和逻辑三者的自洽，通过多种来源的质性数据呈现骨干教师领导力及其影响因素的结构和具体表现。

一 引领学生学习

教育应该较少地致力于传递和储存知识，而应该努力寻求获得知识的方法，也即学习如何学习。② 如前文所述，促进学生学习是教师领导力的题中之意。无论是正式教师领导还是非正式教师领导，都能够促进学生学习。③ 一方面，教师领导力是以学习为中心的领导力④，教师领导力能够促进教师任教班级学生的学习。⑤ 正如 Katzenmayer 和 Moller 在 Awakening the Sleeping Giant: Helping Teachers Develop as Leaders 一书中所言，每所学校都有"沉睡的巨人"有待激发，梦想每所学校都有大量积极向上的具有知识、技能和信念的教师领导者，能够通过保持学校改进的势头促进学生学习。⑥ 另一方面，国外有学者认为，教师之间"单打独斗"的现象严重，认为尽管教师关心学生的学习，但并不一定促进学生学习。教师通过"个体视角"应对学生的学习，而不是从"群体视角"共同为学生的学习努力。⑦ 这意味着教师领导者在关注任教班级学生的学习之外，还应该承担

---

① ［美］哈利·F. 沃尔科特：《质性研究写起来》，李政贤译，重庆大学出版社 2016 年版，第 88 页。

② 联合国教科文组织国际教育发展委员会编著：《学会生存：教育世界的今天和明天》，教育科学出版社 1996 年版，第 12 页。

③ Sally Wai-Yan Wan, et al., "Teachers' Perception of Distributed Leadership in Hong Kong Primary Schools," *School Leadership & Management*, Vol. 38, No. 1, 2017, pp. 102 – 141. Janet C. Fairman and Sarah V. Mackenzie, "Spheres of Teacher Leadership Action for Learning," *Professional Development in Education*, Vol. 38, No. 2, 2012, pp. 229–246.

④ David Frost and Judy Durrant, "Teacher Leadership: Rationale, Strategy and Impact," *School Leadership & Management*, Vol. 23, No. 2, 2003, pp. 173–186.

⑤ Sally Wai-Yan Wan, et al., "'Who Can Support Me?': Studying Teacher Leadership in a Hong Kong Primary School," *Educational Management Administration & Leadership*, Vol. 48, No. 1, 2018, pp. 133–163.

⑥ Marilyn Katzenmeyer and Gayle Moller eds., *Awakening the Sleeping Giant: Helping Teachers Develop as Leaders*, Thousand Oaks: Corwin Press, 2009, pp. 2–3.

⑦ S. Yuen, et al., "School-Based Curriculum Development as Reflective Practice: A Case Study in Hong Kong," *Curriculum Perspectives*, Vol. 38, No. 1, 2018, pp. 15–25.

起集体责任，对更广泛层面学生的学习负责。

骨干教师引领学生学习变化的能力不仅受教龄影响，还受学习教育环境、社会环境的深刻影响。正如陈向明的研究所表明的，和我国的其他教师一样，优秀教师也时刻面临着"素质教育"与"应试教育"悖论的挑战，不得不考虑来自各方面的要求。① 部分受访骨干教师直接或间接地表露出自己受到多方压力，多位骨干教师发出"教育难做"的感慨。但不可否认，骨干教师相对于普通教师和年轻时的他们，已经在教学中积累了充足的经验，取得了一定的教学成就，在引领学生学习方面所呈现的理论与实践积累也更为丰富。接下来，本书通过对多位骨干教师的访谈，呈现骨干教师在引领学生学习的理念与实践方面的具体表现与变化。

（一）从以教师为中心转为以学生为中心

对于许多骨干教师而言，实现以教师为中心向以学生为中心的转变，是他们专业成长中的关键。如表4-8所示，部分骨干教师不仅谈到在引领学生学习方面的理念与实践，而且和任教初期的理念和实践进行了对比。整体而言，骨干教师在引领学生学习方面的变化主要表现为两个方面。

表4-8　　　　　　　　骨干教师学生发展理念变更的表现

之前	当下	资料来源
"满堂灌"	"学生成为课堂主人"	H-06-T5
教师讲得多	了解学生学什么以及学得怎么样	H-05-T1
专注于讲授	用学生听得懂的语言，解释书上这些深奥的话	H-03-T1
"教学工作者"	"教育工作者"	J-02-T2
知识引领	阅历、经验和精神引领	H-03-T3 H-04-T4
知识讲授/传授拘泥于条条框框	收放自如	H-03-T4
书面知识的"传递者"	学习能力培养	H-04-T2
注重知识和技能	为人、为事的方法与策略	H-02-T6
遵循"条条框框"	收放自如	H-03-T3

---

① 陈向明：《优秀教师在教学中的思维和行动特征探究》，《教育研究》2014年第5期。

续表

之前	当下	资料来源
知识、技能	科技、探究	H-03-T1
拘泥于教材	教学中融入人生体悟	H-05-T4
关注表面现象	深入学生内心了解学生	H-10-T2

一方面，骨干教师对师生关系的认知。多位骨干教师提到其在职业发展初期采取"满堂灌"的教学方式，目的在于完成教学目标或教学任务。同时，对学生成绩的过分关注促使教师忽视了学生的学习体验，借助教师讲和学生听的传统教学模式提高课堂教学的"效率"。不少骨干教师已经树立了以学生为中心的教育理念并在教学实践中加以贯彻，他们以学生为中心开展教学设计，了解学生的学习需求，把握学生在课堂教学中可能出现的问题并引导学生自主解决问题。同时，骨干教师改变其教学话语，以学生听得懂的语言开展授课活动。

> 我们过去在课堂上"满堂灌"，但现在我是一个"引导者"，学生在课堂上是学习的主人。（H-06-T5）

> 我觉得年轻老师的课堂只关注自己的教，关注把自己的内容上完，对学情的把握不是那么好。（J-02-T4）

> 成为骨干之前就是"硬塞"，学生不会的东西我会教到你会为止，方法少一些。现在看的东西多了，讲的课也多了，很多专家很容易接触到，（所以）思想会有转变。知识应该是孩子们自己吸收的，你只是起到一个辅助的作用。当需要你的时候你出现，不需要的时候你就消失。（H-02-T7）

另一方面，教与学理念变化与骨干教师教学实践革新交互进行。从以教师为中心向以学生为中心不仅是理念的转变，而且需要教师内化于日常教育教学中。骨干教师之前更注重的是知识讲授和技能习得，拘泥于教材与课程标准规定。骨干教师当下能够做到"收放自如"，注重学生多方面能力的培养，同时在教学过程中融入个人的人生体悟，通过阅历、经验和精神引领学生成长。骨干教师在践行"以学生为中心"理念的同时，实现了职业身份的转变，从"教学工作者"转变为"教育工作者"。

> 之前关注学生的基础知识和基本技能，现在会把学生当成一个人来看。孩子整个人是立体的，我把对人、对事的策略和方法教给学生，会形成他以后的人生方法。以前看似高大上脱离我们实践的一些东西，我已经将其慢慢融入我的课堂中了。（H-02-T6）

> 我年轻的时候可能在（学生）成绩这一块儿关注得更多一些。受到教学观念的影响，大家都是这样，我这个分比你多考了，你那个分比我多考了。……现在考虑孩子的感受会更多一些，没那么关注成绩……感觉自己不是"教学工作者"，而是"教育工作者"。（J-02-T2）

（二）注重培养学生良好的学习习惯

骨干教师对待学生学习习惯、学习兴趣和学习需求方面的转变也十分明显。骨干教师在日常教学中注重引导学生形成良好的学习习惯，引导学生学会自主学习。很多承担班主任工作的骨干教师，会通过班级常规建设、班级文化引导、班级教学组织形式的革新，引导学生形成良好的学习习惯。

> 以前的我可能更注重书本上的东西，相当于"知识传输者"。在自己越来越长的教学过程中，意识到在传授知识的同时，更注意的是培养学生良好的学习习惯，更加注意长远的学习行为。（H-04-T2）

> 我现在没那么关注成绩，更关注学生习惯的养成、活动经验的获得和成功学习体验的感悟。（J-02-T2）

（三）激发学生的学习兴趣

学习兴趣是指学生在学习活动中表现出的一种积极的心理状态和重复

参与相关活动的倾向①，成功的教学过程重在培养学生的学习兴趣。② 激发学生学习兴趣，促进学习投入度增加，有助于学业成就的提高。随着教学水平的提高，骨干教师逐渐意识到在课堂内外激发学生兴趣的重要性。

> 我觉得自己在激发学生学习兴趣方面比以前做得更好，教学现场生成的反馈比之前要成熟一点。（J-02-T4）

> 我觉得就应该把课堂"放手"给学生，当学生成为"课堂的主人"时，学生的学习兴趣也就高了。（H-06-T5）

> 我们学校现在的生源参差不齐，对于"学困生"必须让他先学，无论他学的质量好坏，他先动起来以后就有感悟了。（H-05-T1）

（四）满足学生个性化学习需求

骨干教师的教育理念有所提升，教学实践得到完善。但是部分骨干教师仍被"大班额"问题所困扰。在班级学生数量较多，个人时间和精力有限的前提下，骨干教师没法对学生做到个别化辅导，满足学生的个性化学习需求。在"大班额"环境下教学资源被稀释、学生学习机会减少、学生学习状态变差，不利于学生学业发展。③ 受访骨干教师表示，"大班额"下的教学难以做到学生个体发展和群体发展的统一。县城学校的教师要承担"超大班额"的教学工作和学生管理工作，教师表示完成课时要求就已经很不错了，很难满足学生的个性化学习需求。

> 但也有不足的地方，有时候对学生感到很惭愧，没有精力对学生进行个别化辅导。（H-02-T4）

---

① 李淼云、宋乃庆、盛雅琦：《"因班施教"：课堂人际知觉对学生学习兴趣影响的多水平分析》，《华东师范大学学报》（教育科学版）2019年第4期。
② 杨怀中：《教学过程的实质是教师教会学生学习》，《高教发展与评估》2009年第2期。
③ 李勉、张平平、葛兴蕾、罗良：《班额对教师教学行为与学生成绩、学习兴趣关系的调节——来自大样本研究的证据》，《教育学报》2020年第6期。

第四章　骨干教师领导力及其影响因素结构的探索

（五）实现"因材施教"

一方面，体现在课堂教学实践中，更加熟悉教材、学生，根据学生性格开展课堂教学活动；另一方面，表现在不同基础学生的课后辅导方面，"培优"和"补差"是一个问题的两个方面。根据学生学习基础和学习能力，促进学生学习。

> 现在我在教学上"更上手"，对教材、学生、上课流程、课堂管理更加熟练，对不同的学生有不同的应对措施。（J-02-T3）

> 对于不同的学生，教学内容、教学方法、例题的选择和作业的布置都应该是不一样的。（H-05-T1）

> 我这个班级基本上都是什么都不会的学生，要给他们"补差"。（H-07-T3）

（六）提升学生的学习成绩

正如前文所述，教师对学生成绩的重视程度受到内外环境的影响，不同环境、不同专业发展阶段的教师对学生成绩的看法存在差异。多位骨干教师表示，他们在任教初期十分关注学生成绩的提高，将学生学习窄化或等同于学生成绩。随着新课程改革理念的深入和经验的积累，部分骨干教师认识到学生学习自主性、学习习惯的培养和学习能力的提升更为重要。多位具有流动经历的骨干教师，曾经在民办学校或者培训机构任教。H-05-T3对民办学校和当前任教的公办学校的教研活动进行了比较，之前学校的教研活动主要聚焦于学生成绩的分析，对课程标准和学生全面发展的把握程度不够。而当前任教学校对课程标准、阶段教学目标和实施策略都较为清楚。学校对学生成绩的追求，通过学校日常教学活动、教师研修活动传递给教师和学生，为应试主义文化奠定了基础。

> 民办学校教研所提供的专业引领比较有针对性，就是教学成绩分析。班级成绩好的老师分享经验，班级成绩不好的老师要进行自我反思，然后大家再帮助他解决困难。公办学校的平台就（和民办学校

的）不太一样，公办学校有依据、有纲要、有引领。(H-05-T3)

当然，骨干教师引领学生学习多方面的表现并非孤立的，而是紧密相连的统一体。正如 H-02-T2 在访谈中的表述，她在从普通教师成长为骨干教师的过程中，育人理念和育人方法发生了诸多改变，成长为一名以学生为主体、注重学生学习兴趣和主动性培养，同时兼顾学生学业成就提高的教师。

我觉得在从普通教师到骨干教师的转型过程中，自己的教育理念有很大变化。过去我可能更关心成绩，现在更注重孩子的兴趣、更习惯能力的培养。我觉得理念上的转变是（我）最大的收获，对学生来说也是最受益的。(H-02-T2)

以学生为中心是新课程改革的重要价值追求，骨干教师在引领学生学习方面的表现，与我国基础教育课程改革理念和对教师专业实践转变的客观要求是一致的。2001 年教育部颁布的《基础教育课程改革纲要（试行）》被视为新一轮课程改革的开始，基础课程改革更加关注学生学习态度、学生学习兴趣和问题解决能力的培养。课程改革目标的达成有赖于教师对课程理念的理解与践行。钟启泉认为，"总体设计—课程标准—课堂教学"的设计链中总会存在两个落差：在"总体设计"和"课程标准"之间存在第一落差，在"课程标准"和"课堂教学"之间存在第二落差。[1] 针对后者，我国建立起多层次的教师培训体系，以新理念、新方法和新技术应对新课程改革提出的新要求。

随着新课程改革的深入，越来越多的学者将教师视为改革成功的关键。在促进教师改变的具体方式上，学者认为，不应该通过外力强制性地促进教师改变，而应该创造一定的情境，让教师发觉变革的重要性，主动、自觉地改变其行为和观念。[2] 在课程实施中除了一个由技术、策略、知识和信念组成的理性世界之外，还包括一个由情绪、动机、意义组成的

---

[1] 钟启泉：《中国课程改革：挑战与反思》，《比较教育研究》2005 年第 12 期。
[2] 操太圣、卢乃桂：《抗拒与合作课程改革情境下的教师改变》，《课程·教材·教法》2003 年第 1 期。

价值世界。① 对于骨干教师而言，新课程改革的推进既需要他们的参与和投入，也要求他们起到示范、引领和辐射作用。骨干教师是新课程改革的经历者、践行者和创造者，虽然有些骨干教师在引领学生学习方面仍与新课程改革的理念背道而驰，但可以肯定的是，部分骨干教师已经掌握了新课程改革的育人要求。从外在客观要求逐渐实现自主实践，将新课程改革的理念贯彻到育人实践的诸多方面。

二 促进校内同伴发展

我国的教学组织形式在很大程度上形塑了教师的专业实践和专业交往状态，国外中小学教师间存在的"专业疏离"② 和"教室作为独立王国"的现象在我国并不凸显或者不存在。相反，我国的教学研究制度决定了教师之间、教师与教研员之间、教师与校长之间存在紧密的专业互动，促进校内同伴发展是骨干教师的重要责任。一方面是学校的规定性要求。除常规的备课制度和教研制度之外，很多受调研学校建立了校内公开课制度、师徒结对制度和名著共读制度，骨干教师主动或被动地发挥专长，在学校内起到示范、引领和辐射作用。另一方面是骨干教师的自觉践行。我国公办中小学普遍形成了师资培养的传承文化，形成了教师专业发展的"梯队"。不少骨干教师表示他们在从普通教师成长为骨干教师的过程中，受到"师傅"、教研组长、骨干教师等"关键他人"的指导和帮助。他们在成为骨干教师之后，承担更大的责任成为他们的价值要求。具体而言，骨干教师引领校内同伴发展主要表现为以下六个方面。

(一) 帮助同事提高教学能力

骨干教师从多个方面帮助同事提高教学能力。第一是宏观与微观的结合。如 H-03-T4 认为，她及所在教务处的主要任务就是形成教学指导方针，引导教师在作业布置和课堂教学等方面形成常规。第二是正式与非正式的结合。备课和教研是骨干教师引领同伴，提高同事教学能力的正式场合。教师还会在办公室、走廊乃至餐厅等非正式场合，指导教师形成合适的教学手段和教学方法。第三是整体与部分的结合。在研究开展过程中笔

---

① 尹弘飚、李子建:《论课程改革中的教师改变》,《教育研究》2007 年第 3 期。
② Kermit G. Buckner and James O. McDowelle, "Developing Teacher Leaders: Providing Encouragement, Opportunities, and Support," *NASSP Bulletin*, Vol. 84, No. 616, 2000, pp. 35-41.

者发现，城乡学校均存在"教非所学"现象，这不仅影响了教师的专业实践，也形塑了教师之间的专业交往过程。对于 J-01-T1 来说，虽然她教龄不长，但却是她所在学校为数不多的科学教师，当其他"非科班"科学教师的教学知识、教学技能和教学方法存在不足时，她要通过教研活动提高同事的教学能力。

> 引领教师专业发展是我们教务处的主要工作，每学期都会制定教育教学例行指导方针，比如作业怎么布置和课堂怎么规范。(H-03-T4)

> 在日常教学中，在课下当年轻人问到了就会多讲讲教学方法。在数学教学方面，会告诉他们知识的正确性，教孩子的知识不能过深，也不能过浅。每周二下午开教研会，一起研讨如何"把握深浅"。平时遇到问题了，包括在走廊上，看到某个老师的课出现问题了，下课了也会赶紧把她叫过来说一说。(H-04-T4)

> 科学组只有一个老师是专职教师，只能负责一个年级。其他老师之前没有接触过科学，所以基本上都是边教边学，这个时候我就要给他们开会，要统一地给他们讲。(J-01-T1)

(二) 引领青年教师发展

"传帮带"不仅是指导者根据自己的实践经验影响被指导青年教师，还是被指导者在特定学校情境下的社会化过程。① 引领青年教师发展是学校教师队伍梯队建设的重要一环，也是新时代教师队伍建设的未来指向。青年教师的培养有赖于多层面、多主体的共同努力，对于骨干教师而言，通过正式途径和非正式途径指导青年教师成长是他们领导力发挥的重要体现。有些学校通过正式的制度，辅之以规范的、公开的仪式促进骨干教师和新教师关系的确立，同时还会对师徒关系的年限、权利、义务和考核等方面进行规定。

一方面，"老带新"或"师徒结对"是促进新教师适应教学环境、提

---

① Daming Feng, ed., *Understanding China's School Leadership: Interpreting the Terminology*, Singapore: Springer Singapore, 2020, p. 111.

高教学能力并"站稳讲台"的重要措施。从访谈中可以看出,"师徒制"呈现出以下三个特点:第一,逐渐制度化。许多骨干教师提到他们在任教初期也有"师傅",但是师徒关系并非学校制度规定,即便是学校规定了师徒关系但并未对师徒二人的权责关系进行规定。第二,指向青年教师专业成长的方方面面。不少受访学校为青年教师配备两位"师傅",分别指向教学工作和班主任工作。第三,师徒双向要求。不少受访学校规定了"师傅"和"徒弟"的责任和义务,比如听课和评课的次数。部分学校会将"徒弟"的表现,如校内外公开课获奖纳入"师傅"的评价之中。

另一方面,办公室不仅是教师工作的空间场所,也是教师非正式学习的主要场域。对于没有师徒制的学校而言,骨干教师指导新教师也是约定俗成的要求。骨干教师认为,这是一种传承,即在他们成长的过程中也有一位或者多位优秀的教师帮助他们,因此他们也有责任和义务去帮助青年教师。

> 我五年前带了一个徒弟,学校要求(师傅)指导(徒弟)备课、上课,徒弟要写报告做了什么工作,有哪些提升,对你的工作有什么帮助,还有哪些需要师傅帮忙的地方。(H-01-T1)

> 学校给备课组长和教研组长的其中一项任务就是带一带组内的青年教师,我经常会去听听课、带一带他。(H-02-T2/H-02-T5)

> 学校对骨干教师规定和要求中最明显的就是带徒弟吧。(H-04-T1)

> 我们学校去年来了很多新的青年教师,他们要上课、备课、研课,我们尽可能给他们提供帮助。(H-04-T2)

> 我们学校的省级名师、省级骨干教师和市级名师都是很棒的,对这些教师的要求就是要带新教师,要对青年教师有指导,还有就是课题引领,要带着青年教师做课题。(H-05-T1)

（三）在学校层面开展教学示范

课堂教学质量提升是学校教育质量整体提高的关键环节，本书调研的多所学校开展了富有成效的教学质量提升活动。对骨干教师而言开放课堂、展示教学过程，是引领校内同伴发展的重要组成部分。就骨干教师的"示范课"来说，学校管理者讲究实际效果，要求"示范课"提高质量，要对其他教师尤其是青年教师产生良好的示范作用。因此，骨干教师开设校内公开课时会面临一定的压力，进而会自觉地提高自己的专业水平，以求在示范过程中"不丢人"。从这个角度来看，骨干教师开展教学示范，不仅有助于提高同伴的专业水平，在潜移默化中提高了个人持续发展的动力和积极性，而且实现了骨干教师个人成长和教师团队发展的统一。

> 我们学校每年都会有"教学质量月"，骨干教师展示自己的课堂是必要环节。备课、听课、评课环节是全教研组必须参加的，也欢迎其他教研组的老师参加。学校可能会派领导到教研组进行指导，也会告诉你怎么组织教学，这些都会有记录。(H-01-T1)

> 作为骨干教师，上"示范课"的时候你不能躲在后边不出头。如果大家都有困难的话，你肯定是第一个顶上去的。(H-01-T3)

> 我们也不能老听新教师的课，学校会找一些骨干教师给青年教师上"示范课"，这是一个相互学习的过程。(H-06-T1)

> 骨干教师会开"示范课"，然后所有教师都去听，大家会互动交流。(H-10-T2)

> 我们学校一般都会在教研组中搭配老教师来"压阵子""压台子"，在备课的时候告诉我们重点和难点在哪里。(J-01-T1)

> 在学校"观摩课""公开课"和新教师的"展示课"中，骨干教师的作用是要体现出来的。(H-01-P)

(四) 监督同伴完成教学常规工作

承担备课组长、教研组长等职责的骨干教师，不仅要发挥自己的专长，促进同伴发展。同时，还要起到"上传下达"的作用，扮演沟通学校管理层和教师的角色。

> 要组织学校日常教学活动的开展，督促教师完成教学常规。教师在校内上公开课前会有"磨课"，就是老师先讲然后是说课和评课，这个是要组织的。(H-06-T2/H-06-T4)

> 由于我是负责学校教学的副主任，我和分管教学的副校长直接沟通，我要负责三个年级的英语学科，包括讲课和优质课等方面。(H-10-T3)

(五) 为参加教学竞赛的同伴提供支持

教学比赛活动中的同伴互助、名师引领、课例示范、课题带动、榜样激励和实践反思能够促进教师专业成长。① 从骨干教师的访谈来看，不同层面的教学竞赛形塑了教师的专业实践。学校根据区域教学竞赛的模式和规则开展校内教学竞赛和选拔，学校邀请校外教学竞赛的评委参与指导和点评。此外，从骨干教师评选规则来看，在一定层次教学竞赛中获奖是参评骨干教师的前提。骨干教师的级别越高，对教学竞赛的级别和获奖等次的要求就越高，这是卢乃桂和陈峥二位学者批判骨干教师队伍建设中存在等级制、精英化和工具性的重要原因之一。② 骨干教师曾经在教学竞赛中获奖，他们会为参加教学竞赛的同伴提供支持，H-03-T2 描述了她的"师傅"如何帮助她"磨课"，进而在教学竞赛中获奖的，她表示她在这个过程中收获非常大，使她授课的思路更加清晰，学会了如何抓住上课的"重点"。

> 我的"师傅"非常认真，特别是在教学上特别"较真"。比如我们（这里的"我们"指的是同一骨干教师指导的多位"徒弟"）去

---

① 刘颖：《以赛事的契机促教师专业发展》，《中国教育学刊》2020年第1期。
② 卢乃桂、陈峥：《赋权予教师：教师专业发展中的教师领导》，《教师教育研究》2007年第4期。

参加"公开课"或者"教研课",她都会帮助我们磨课、磨课件,会磨好几遍,还会让我们不断地试课。比如说需要开"公开课"了,我们自己先选课题,"师傅"会帮我们参考,比如这个课题适不适合我讲。选完之后自己先备课,教案和PPT都会让"师傅"过目,她觉得可以就开始上课。上课时她会去听课,而且不止一节。我们一星期课时是12节到14节,她至少会听4—5节,前期、中期和后期她会进行对比。每次听完课她都会把我留下来让我再讲,讲完之后就去改,改了之后去试,试完了之后再听,就一直是这样一个循环。(H-03-T2)

对于教师及所在学科组和学校而言,教学竞赛结果代表了教师及所在组织的"脸面"。对于教师而言,在教学竞赛名额有限的情况下,只有少部分教师能够参与高层次的教学竞赛。同时,在准备教学竞赛过程中,教师所在学科组等不同层面的专业力量会帮助教师磨课。教师在教学竞赛中获奖是一个学科组"实力"的外在表现,在教学竞赛中获奖意味着教师为学科、为学校赢得了"脸面"。可以说,骨干教师为参加教学竞赛的教师提供支持合乎多方面利益。

有教师要上"公开课"了,我们会把班级空出来磨课。磨课时年级组的其他教师都去听然后提建议。然后授课教师再反思重建,第二天在另外一个班级上课,最后一直磨到上课教师自己满意了,年级组教师满意了,才算可以代替年级组的"脸面"去上课。(J-01-T1)

为了提高教师在教学竞赛中获奖的概率,骨干教师指导同事参加教学竞赛从依托"私人关系"帮忙,逐渐有了学校制度加以保障。

(为了帮助)参加省级"优质课"比赛的教师,学校专门成立了一个团队。上"优质课"的教师每次讲课都会邀请我们过来,有硬性的或者制度性的规定。这个过程一般有十几次试讲,过去"优质课"比赛还比较随意,都是自己凭借私人关系去叫教师来听课,或者我觉得哪位教师的理念比较好,然后去邀请他来参加。但现在学校的制度更加明确了,整个团队都要来参加听课和点评。(H-02-T2)

(六) 引领教师开展科学研究

"教师成为研究者"已经成为教育界的共识，时代对教师的角色提出了新的要求。[1] 在科研中发挥带头作用乃至核心作用是骨干教师应该产生的作用。[2] 在科研愈发受到重视的当下，申报课题和撰写论文会影响学校间的评比，也会影响教师个人的评优评先和职称晋升。不少关于骨干教师的政策将从事课题研究和发表学术论文作为骨干教师评选和考核的指标之一。

骨干教师除了"老带新"之外，还要有课题引领作用。（H-04-T1/H-05-T1）

在课题立项时，我肯定想得更多一些，和同事商量确立哪个选题。要不然你的题目老了肯定就没人看，当然也得实用，这样我们才好操作。（H-10-T2）

我在学校算是比较能写、愿意写的，在写作方面经常有人来问我。（J-02-T3）

三 引领课程实施

从骨干教师政策来看，课程与课堂教学是骨干教师培训的重要内容。[3] 一方面，新课程改革的逐渐深入与骨干教师培养密切相关，骨干教师要了解新课程改革的理念、课程组织与教学样态，在此基础上起到示范、引领和辐射作用。另一方面，新课程改革的新思想、新理念与新实践对骨干教师产生了深远影响，促进骨干教师在摸索中实现自我成长与同伴成长的统

---

[1] 卢乃桂、陈峥：《赋权予教师：教师专业发展中的教师领导》，《教师教育研究》2007年第4期。

[2] 金建生：《教师领导研究——基于教师发展的视角》，中国社会科学出版社2016年版，第190页。

[3] 如2011年5月四川省教育厅颁布的《四川省中小学省级骨干教师选拔培养管理办法》指出，四川省骨干教师培训内容包括师德教育与职业道德教育、现代教育理论与实践、课程与课堂教学和教育教学改革与研究四个模块。其中课程与课堂教学模块的具体内容包括：课程意识和课程能力的培养、国内外课程理论与实践的最新成果、课程资源开发理论与实践、新课程课堂教学改革研究、新课程实施的经验与问题反思、现代教育技术在教学中的应用等。

一。研究者认为,"课程即教师",课程改革的关键在于教师。[①] 从课程标准与教师的关系来看,新课程要求教师是课标的执行者与阐释者。从教学与课程的关系来看,新课程要求教师是学校课程的建设者和开发者[②],教师参与课程领导的实践经验得到重视和传播。[③] 但也有研究者认为,"学校课程领导"的研究关注更多的是校长、学科组长、年级组织以及教研员等主体,对普通教师的课程领导力少有论及,这是传统领导观念在课程事务上的误识。[④] 当前教育改革走向深水区,骨干教师既是新课程改革理念的贯彻者,也是新课程改革真正落地实施的示范者和引领者,骨干教师在国家课程的校本化实施中扮演了重要角色。

(一) 把握新课程改革目标

在访谈中多位校长和骨干教师提到统编教材对学校、教师和学生带来的挑战。以 H-02 校为例,该校在新课程改革理念和学校办学理念的引领下,革新了学校的组织结构,成立了课程发展中心,在把握新课程改革理念的基础上对学校的课程进行重新架构,进而促进国家课程的校本化实施。

> 我们学校的课程包括国家课程、地方课程和校本课程。语文和道法自然是全国统编教材,有它的编排理念和特点。如何根据学校实际、教师发展情况和学生现状进行校本化实施,是我们面临的一大难题。我们要求教师在整体学习计划的基础上,把学校整体的学期目标转化为年级目标,教师把年级目标转化为班级教学目标,这样就增强了课程实施的规划性和计划性。(H-02-T4)

> 在课程建设上,作为教研组长,我应该起率先带头作用。(H-05-T3)

> 现在河南省逐渐使用统编教材了,教师必须树立起新的教学目

[①] 钟启泉:《革新中国教育》,教育科学出版社 2004 年版,第 18 页。

[②] 沈伟、黄小瑞:《课程改革背景下教师的教学投入与课程理解:基于初中教师的实证调查》,《教育发展研究》2016 年第 4 期。

[③] Edmond Law, et al., "Distributed Curriculum Leadership in Action: A Hong Kong Case Study," *Educational Management Administration & Leadership*, Vol. 38, No. 3, 2010, pp. 286-303.

[④] 杨跃:《教师的课程领导力:源泉、要素及其培育》,《当代教师教育》2017 年第 1 期。

标，青年教师是把握不好的。(H-10-P)

（二）传递新课程改革的理念

为了促进新课程改革理念的落实，骨干教师参加了多层次的教师培训活动。对于骨干教师来说，骨干教师培训不仅指向个人专业水平的提高，而且对骨干教师要进行"二次培训"，将新课程改革的理念传递给其他教师。

我们现在关注高中课程标准变化，教研组长比任课教师参加培训的机会多一点，我们会及时地把新的理念传递一下。不管谁出去参加培训，回来之后要作报告、要交流。(J-02-T4/J-02-T5)

新课程改革和中考改革之后，英语教学肯定不能像往常一样"满堂灌"，但是我们组内有一些老师不愿意去尝试，觉得没有效果或者嫌麻烦、嫌困难。这时我都是通过观课和课题分享，不断影响不愿意改革的教师。(H-05-T3)

（三）开设校本课程

在促进国家课程校本化实施的基础上，不少学校开设了多种多样的校本课程，以课程为载体促进学生的发展。

目前我们在做国家课程的校本化，包括基于标准的课程纲要，每个学科一直在打磨。(H-02-P)

我们针对刚入校的学生开设"青春修炼"课程，已经上了好几轮了，家长都是很愿意的。(H-05-P)

（四）整合教学资源

随着课程改革的深入，不少学校以课程纲要为依托，结合学生学习的实际情况，开发更符合学生认知特点的"学材"。在中考改革和高考改革的倒逼下，学校愈发注重跨学科教学资源的整合。

我们理、化、生毕竟在一个教研组，我们会把三门学科公共部分梳理一遍，比如说显微镜的使用，生物课的要求是学会操作但是不讲原理，而物理课就要讲原理但不重视操作，所以物理课和生物课还是比较好衔接的。（H-03-T1）

（五）参加教学改革

新课改理念有赖广大一线教师的落地实施，每位教师都应该将他们的课堂当作教学改革的场所。随着信息技术的发展，诸如翻转课堂和小组合作学习的教学改革逐渐推广。H-10 校于 2018 年开始尝试将信息技术应用到课堂教学中，该校两位骨干教师作为"先行者"，担任两个班的班主任，这两位骨干教师在积极投身教学实验的同时收获了学生成长的愉悦。同处于 A 县的 H-07 校为乡村学校，近年来，由于生源流失，逐渐从一所学生超过千人的"优质校"变为学生只有 200 人左右的"薄弱校"。校长也尝试通过教学改革改变教师的教学观和学生观，但由于多数教师参与积极性不高而收效甚微。

我和另外一位老师在 2018 年的时候接了我们学校的"未来课堂实验班"，就是使用平板电脑的那两个班。我们这两个班没有尖子生，基本上都是中等生。但我这个班的成绩进步确实非常明显，学校前 50 名我们班能占到 15—17 个。（H-10-T3）

虽然网上有很多教学模式的介绍，但我们发现借鉴意义不大，因为我们基本上都是中等偏下的学生，整个班都是这样。我们也尝试通过小组合作学习的方式让教师关注学生，骨干教师参与教学改革的积极性更高一些，普通教师可能不是很关心。（H-07-P）

四 参与专业决策

教师专业自主不仅是教师专业化的核心要义[①]，也是对教师作为"组

---

① 姚伟、焦岩岩：《"权利本位"理念下的教师专业自主权特征解析》，《东北师大学报》（哲学社会科学版）2011 年第 1 期。

织人"和"系统人"的要求。教师专业自主是教师专业成长的内在动因[①],专业自主权的不足对教师工作积极性有消极影响。[②] 骨干教师在课堂教学中的专业自主权较高,不同的骨干教师乃至骨干教师和普通教师之间的差异较小。诸如关于学校发展规划、课程设计、教师招聘、经费使用情况,教师往往具有参与权和知情权,但在多数情况下不能起决定作用。在学科层面拥有专业自主权并制定决策,是骨干教师的突出特征。具体而言,骨干教师的专业决策权体现在以下五个方面。

(一) 把握学科组发展方向

对于教研组长好某一学科的骨干教师来说,立足学科发展实际情况和学科发展规律,把握学科发展方向十分重要。一方面,不少学校会定时召开教师会议,学科负责人陈述学科的工作及展望,在此基础上明确本学科发展的未来展望。另一方面,学校十分重视学科组负责人的培训与培养工作,以 H-05 校为例,学校在加强教师培训的基础上,对学科负责人进行更具针对性的培训安排,借助校外专家的力量明确学科组发展的方向。

> 我们学校骨干教师培训除了专家报告之外,还有自主研修。要求教师陈述下半年要做哪些工作,这项工作要做到什么程度。汇报完我们会有专家点评,后会进行修改,然后拿出下学期的工作计划。(H-05-T1)

> 我们学期末会有学科组工作汇报,包括这学期开展了哪些活动,教师们有哪些收获和不足,以及下学期的改进措施。(J-02-T5)

(二) 组织学科组日常活动

教师在日常工作中不仅要开展备课、教研和命题等工作,还会组织有学科特色的活动和教师专业学习活动。骨干教师在主动参与各项活动的基础上,还会承担更大的责任,组织学科组的日常活动。

---

① 张典兵、马衍:《教师专业成长研究引论》,光明日报出版社 2013 年版,第 395 页。
② 黎婉勤:《中小学教师专业自主权缺失分析》,《教育评论》2010 年第 5 期。

制订好教学计划，了解大家的进展情况，还需要协调好调课和代课工作。(H-02-T2)

我们的教研分集体备课和主题教研，这是我们区的特色，我的工作是和教研组长一起把一学期或者一学年的研讨话题定下来。(J-02-T2/J-02-T3/ J-02-T4/ J-02-T5)

（三）决定学科组任务分配

对于学科组内外开展的活动，骨干教师表示他们虽然会主动承担更多的任务并起到示范带头作用，但是学科组内部的任务还是会在不同的教师间进行分配和协调。

我负责英语教研组和七年级的备课组，组里的事情一个老师是做不完的，你得平均分配。(H-01-T3)

学校里的活不能我全干了，我先带个头，比如出试卷工作我会在组里进行分配。有困难了我先往前冲，我冲完了其他老师再接着干。(H-02-T5)

在教研中，我会从学科的角度给大家提出要求和安排。(H-03-T3)

在学校有任务的时候，你得给大家分配一下、协调一下。(H-04-T3)

（四）制定学科团队发展规划

骨干教师，尤其是在学校担任备课组长、教研组长的骨干教师，不仅要对学科教学质量的提升负责，还要为学科团队的培养负责。

我们首先要对教师进行思想上的引领，有的老师知道怎么获得专业成长，而有的教师不知道，我都会提前和教师进行交流和沟通。教师的成长主要就是课堂教学、科研和管理。对于"优质课"来说，我们的目标是要上校级"优质课"，还要上市级"优质课"，甚至省级

"优质课"。(H-02-T3)

(五) 决定学科组评优评先人选

评优评先是教师评价的重要组成部分，也是反映学校内部公平与否的参照。H-01-T3 表示，之前的校长以指定人选的方式确定教师评优评先的归属。但现在的校长将评优评先的权力下放到教研组，教研组负责人和骨干教师有权推荐乃至决定评优评先的人选。

> 我们学校领导把管理权力一层层下放，比如说教研组内的评优评先，刚上班的时候就是领导拍板说了算，现在权力直接下放到教研组了，作为教研组长会有一些权力。(H-01-T3)

五 引导家校共育

家庭是学生成长的重要组成部分，家校共育是影响学生发展的重要因素，引导学生家长参与学校教育，增进家校合作是教师领导力的重要组成部分。[1] 相对于普通教师，骨干教师在引导家校共育方面的能力应该更为突出，骨干教师引导家校共育主要表现为以下四个方面。

(一) 树立正确教育观念

教师的学生观随其自身教学理念的更新和教学经验的丰富而逐渐完善，骨干教师更关注学生发展的长远目标，尝试与学生家长一起共同引导学生。骨干教师要引导学生家长树立正确的教育观念，形成育人合力。

> 我现在会把正面例子应用到学生的教育上，尤其是学生的规划问题。以前的教育可能只看到眼前的、近的利益，看到更多的是学生在这个年纪里的发展。随着我年龄的增长，再加上站位的不同，现在接到一个班就会对学生的发展进行规划。(H-02-T3)

> 随着自己年龄增长，看到一些家长身上的问题也很多，我会跟他们聊。一个女孩的妈妈评价女孩"太蠢了"。我对这个家长就特别气

---

[1] 周建平:《教师领导内涵、角色及其实施策略》,《中国教育学刊》2009 年第 7 期。李肖艳、裴淼:《国外教师领导力研究主题概述》,《教师发展研究》2017 年第 2 期。

愤，我打算稍微平复一下（心情）再去跟她聊。(J-02-T2)

（二）形成良好的育人环境

家庭教育是学生成长的重要组成部分。就个体发展而言，家庭、学校和社会必须形成"合力"才能促进学生的健康发展。① 部分骨干教师会通过家长委员会和私下沟通等途径，引导家长树立良好的育人环境。

> 有一部分家长你让他们配合做什么事情，他/她反而会对孩子的坏习惯起到推波助澜的作用。他/她本身就不尊重老师，那孩子肯定自然而然就这样了。家长（对孩子成长）起到很大作用，在疫情好转我们要开学那段时间，我们给家长打电话，明显能感觉到优秀家长的孩子肯定差不了的。(J-02-T1)

（三）家校沟通有效开展

调查表明，中小学家庭教育存在重智育轻德育的情况。班主任认为，与家长沟通遇到的重大困难分别为"家长认为教育孩子主要是学校和老师的责任""家长参与沟通的积极性不高"和"与家长教育理念不一致"。对于大多数骨干教师来说，他们能和学生家长形成良好的沟通，但对于乡村学校的教师而言，和家长沟通需要花费很大精力。② H-01-T3 曾在一所乡村学校"轮岗交流"，她对城乡学校的家校沟通进行了比较，乡村学校的家校沟通成效低于城市学校。

> 乡村学校的确也没有办法，因为留守儿童很多。在省会这边你可以直接找家长和监护人。在农村学校，孩子出问题都是找爷爷奶奶，家长也没文化、不识字。家长会也没法召开，召开的家长会真是乱糟

---

① 黄欣、吴遵民、黄家乐：《家庭教育认识困境、使命担当与变革策略》，《现代远距离教育》2020 年第 2 期。

② 和城市学校相比，乡村学校家校沟通差的原因主要有两个方面：一方面，随着我国城镇化水平的提高，经济实力较强、子女成绩优秀且重视教育的家庭向教育资源相对丰富的县城和城市流动，乡村学校留守儿童占比较高。本书调研的几所乡村学校都存在一定的比例"建档立卡"学生，甚至还有不少学生为单亲家庭，隔代抚养现象比较普遍。另一方面，乡村学生家长对学生教育和家校沟通的重视程度远不如县城和城市的学生家长。

糟的。学校只能通过管理来控制学生的各种动态，教学这一块的确是精力达不到，关注得少一些。（H-01-T3）

（四）形成良好的家校关系

访谈中很多校长和骨干教师谈到了学生家庭对学生成长的重要性，学校、班主任和任课教师通过不同的措施致力于良好家校关系的形成。在多数情况下，相比于年轻教师，骨干教师更容易形成良好的家校关系。

现在家长对孩子的关心和要求以及对学校的关注度，真的是越来越高了，无形中确实给我们老师增加了不少压力，对我们而言也是一种监督。但是相比较起来，我的学生的家长还是挺不错的，没有在教育孩子的问题上有争执，家长过激行为和明显的矛盾冲突是没有的。（H-03-T3）

六 促进校外同伴发展

骨干教师被视为教育公平和教育均衡发展的重要推动力量，促进校外同伴发展是骨干教师能量发挥的应有之义。调查表明，高层次骨干教师更频繁地参与跨区域教师专业发展活动，超过半数的区级骨干教师没有开展过跨区教学活动。[①] 可以看出，骨干教师层次越高，其跨越组织边界的可能性就越高，其领导力作用的范围也就可能越广。一方面，这可能与骨干教师管理规定密切相关，也即骨干教师层次越高，其影响的范围越广、影响的频率也越高。另一方面，骨干教师层次越高，其"知名度"也就越高，更可能在更大的平台上发挥领导力。受访骨干教师促进校外同伴发展主要体现在以下四个方面。

（一）帮助校外教师提高教学能力

近年来，区域教育行政部门为了促进教育均衡，成立了诸如"名师工作室""名校长工作室"和"名班主任工作室"一类的专业组织，骨干教师帮助校外同伴提高教学能力的机会越来越多。

---

① 侯冬玲：《向上向善向未来：首都核心区骨干教师专业发展新风向——基于北京市某核心区1197名骨干教师专业发展现状及需求的调研》，《中小学管理》2021年第2期。

>我们要去区里的"薄弱学校"送教,进行经验传授和帮扶,也就是"送教下乡"。(J-02-T5)

(二) 引领其他学校青年教师的专业发展

青年教师是学校发展的重要力量,青年教师专业发展会影响学校整体的教育质量。研究表明,不同学校青年教师的专业发展存在较大差异。[①]一方面,这种差异可能源于青年教师的专业基础;另一方面可能源于学校提供的专业发展机会。从受访学校的基本情况来看,青年教师专业发展机会的校际差异体现在以下三个方面:第一是薄弱学校和乡村小规模学校。骨干教师流失是薄弱学校和乡村小规模学校面临的共同问题,本书调查的几所乡村学校均存在骨干教师流失问题。因此,学校很难为新招聘的"特岗教师"提供高水平的"师傅",青年教师面临"求助无人"和"自我摸索"的尴尬境地。因此,A县教体局通过建立跨校教师工作坊促进县城校和乡村校、优质校和薄弱校的结合,并且会为"特岗教师"配备校外"师傅"。第二是薄弱学科。学校和学科的薄弱是一个相对概念,涉及横向与纵向的比较。H-02校虽然在省属学校中名列前茅,但校长和骨干教师均表示该校英语学科为"短板",也会借助校外专业力量培养青年教师。第三是"小学科"。音乐、美术、体育等学科被校长和教师称为"小学科",很多学校由于自身实际情况很难为"小学科"教师提供高质量的发展平台,因此就借助校外力量促进任教"小学科"的青年教师的专业发展。H-03-T2谈到了音乐学科的基本情况,音乐组骨干教师不仅是音乐组另外三位教师的"师傅",也在区、市不同层面,通过教研活动、师徒结对活动促进青年教师专业成长。

>教研员会给我安排校外的"徒弟","徒弟"写反思我要及时回复。(J-02-T4)

>我们学校音乐学科有四位教师,相对于我们市其他初中学校而言是比较多的。我的"师傅"和"师姐"教合唱,我教器乐,我的

---

① 周逸先:《普通中学青年教师专业发展绩效研究——基于对北京市部分青年教师的问卷调查》,《教师教育研究》2018年第1期。

"师弟"教舞蹈,所以我们学校音乐学科是比较均衡的。我的"师傅"还在校外带其他学校的青年教师,在区和市级教研的时候也会对青年教师进行引领。(H-03-T2)

(三)为其他学校教师开展教学示范

随着学校间专业交流的增多,骨干教师通过开设讲座和示范课起到示范、引领作用。

当兄弟学校互相听课时,多数时候都是派我去。我的任务就是评课,给他们指出现在语文教学中的侧重点。(H-06-T4)

我近期就完成了一个跨校专业活动,在区里开了一场讲座。(J-02-T1)

(四)引领校外教师开展科学研究

随着跨校交流的增多,依托学校和其他专业学习共同体,骨干教师将其他学校的教师吸纳入自己课题研究中,以此提高校外同伴研究能力的提升。

第三节 骨干教师领导力影响因素的结构

学校是一种有目的、有组织的社会组织。[1] 马克·汉森认为,学校是复杂的社会产物,与其他正式组织不同的是,学校因从事人力生产而存在独特的组织和管理问题。[2] 在调研过程中,校长和教育行政部门负责人均认为并非所有骨干教师都能发挥领导力。其中的原因是复杂的,既有性格特征、专业能力、工作投入等个人层面的原因,也有学校内外原因的综合影响。调查表明,骨干教师认为,影响其领导力的因素按照选择频率,依

---

[1] 鲁洁:《教育社会学》,人民教育出版社2001年版,第357页。
[2] [美]马克·汉森:《教育管理与组织行为》,冯大鸣译,上海教育出版社2004年版,第3页。

次为学校组织文化（占57%）、校长工作作风（占51%）、人际关系（占46%）、个人能力（占3%）和个人意愿（占3%）。[1] 这意味着骨干教师领导力的影响因素涉及多层面，这与本书质性研究部分得出的结论一致。但是该研究存在不足，骨干教师领导力影响因素的重要程度仍需进一步探讨。

一 校长支持性领导

在澳大利亚和英国等国家教师专业标准的修订中，把学校领导支持视为影响教师发展的重要因素。[2] 党委领导下的校长负责制，肯定了校长在学校发展中的重要作用。一方面，我国通过多种途径促进校长专业化。不仅出台了校长专业标准，还通过不同层次、不同形式的校长培训，通过促进校长领导力的提升，改善学校办学质量；另一方面，"家长型领导"逐渐转向"民主型领导"，校长通过专业力量深度参与学校内部治理，促进学校育人目标的达成。基于校长和骨干教师访谈，校长分布式领导、校长制度供给和校长能力建设是影响骨干教师领导力的校长层面因素，这三个变量被归纳为校长支持性领导。

（一）校长分布式领导

Harris认为，虽然教师领导力这一概念在原则上容易被接受，但在实践中是不可想象的。一方面，教师领导力意味着校长权力的让渡，导致校长对某些活动缺乏直接控制；另一方面，自上而下的领导方式和学校内部结构严重阻碍了分布式领导的发展，不利于教师获得发挥领导作用的机会。[3] 有学者认为，在儒家文化的影响下，我国学校的校长在学校中扮演着"英雄"角色。[4] 但在访谈中发现，多所学校通过分布式领导，根据不同的情境将权力分配给适合的教师，具体表现为组织重构、赋权能者、决

---

[1] 胡继飞、古立新：《我国教师领导力现状及其影响因素的调查研究——以广东省为例》，《课程·教材·教法》2012年第5期。

[2] 吴军其、王薇：《中小学教师专业发展标准的比较分析——基于6份典型教师专业发展标准的质性研究》，《现代教育管理》2021年第5期。

[3] Alma Harris, "Teacher Leadership as Distributed Leadership: Heresy, Fantasy or Possibility?" *School Leadership & Management*, Vol. 23, No. 3, 2003, pp. 313-324.

[4] Shengnan Liu and Hongbiao Yin, "How Ethical Leadership Influences Professional Learning Communities via Teacher Obligation and Participation in Decision Making: A Moderated-Mediation Analysis," *Educational Management Administration & Leadership*, Vol. 51, No. 2, 2020, pp. 345-364.

策参与和自主决定。

1. 组织重构

学校组织结构是指学校内设的各职能单元，这些职能单元组合在一起就形成学校的组织机构体系。① 随着对学校组织认识程度的提高，学校组织结构扁平化成为很多学校的选择。如前文所述，H-02校在新校长的带领下进行了学校组织结构的再造，校长室下设五大中心，理顺了各中心之间的关系。多位骨干教师表示，虽然学校为"老牌校"，但是在新校长来之前的发展状况滞后，学校内部氛围不够和谐。在理顺各个部门之间的关系后，校长与部门负责人形成了权力让渡，各部门在国家育人目标和学校育人目标的双重指引下开展活动。和H-02校相同的是，"新基础教育"改革实践的成员校也通过学校组织架构的重构，确立了横向的学校组织结构，促进骨干教师获得权力。②

2. 赋权能者

校长赋权程度是骨干教师领导力的重要影响因素。③ 树立"人人均可领导"的理念，赋权能者也是校长的重要选择。正如冯大鸣所言，分布式领导中的"分布"，并不仅仅在于把领导的权力和责任分摊给更多的人，更在于把领导的职能分布到持有不同专长的人群中，达到专长互补、协同增效的效果。④ H-05-P表示，骨干教师是教师中领导者的代表，但在学校的特定情境中，普通教师也能通过学术和人格魅力产生领导力，校长树立的"人人均可领导"的理念不仅适用于学校管理者，而且同样适用于教师群体和学生群体。

> 所谓的领导并不是形式上的领导，而是在一定范围内通过自己的专业素养和感召力影响周围的群体。不仅是骨干教师，而且我们的视

---

① 冯大鸣：《学校环境的认识与适应》，载庄辉明、戴立益《新教师入职教程：为了明天的教师》，华东师范大学出版社2020年版，第73页。

② Yuhua Bu and Xiao Han, "Promoting the Development of Backbone Teachers through University-School Collaborative Research: The Case of New Basic Education (NBE) Reform in China," *Teachers and Teaching*, Vol. 25, No. 2, 2019, pp. 200-219.

③ 王绯烨、萨莉·扎帕达：《骨干教师领导力影响因素的实证研究》，《湖南师范大学教育科学学报》2017年第3期。

④ [英]阿尔玛·哈里斯：《分布式领导——不同的视角》，冯大鸣译，上海教育出版社2012年版，第12页。

野可以大些，普通教师在一定场合、在一定的范围也能成为领导，因为他的学术和人格魅力影响了学生的价值观、学业成长和生命成长，这时候教师就是领导。所以"人人是领导"，对学校的管理也是这样的道理，背后就意味着每个教师都有使命和责任。（H-05-P）

对多位骨干教师的访谈也体现了学校和校长赋权能者的理念。一方面，骨干教师参与课题研究。课题研究、论文写作在访谈中出现的频率很高，部分学校专门设有岗位分管学校的课题研究。随着教师招聘门槛的提高，教师学历水平得到提升，很多接受过规范学术训练的青年教师，在学校课题研究中扮演了重要角色。另一方面，骨干教师承担校内外专业岗位职责。骨干教师会担任备课组长、教研组长、班主任和年级负责人，跨校专业组织的出现为骨干教师提供了"平台"，学校管理者会积极推荐骨干教师参与、引领专业组织的发展。

虽然骨干教师被视为教师领导者的代表，但在访谈中发现受访骨干教师对"领导"一词很敏感，骨干教师不认为自己是教师中的领导者，这和王绯烨等学者的研究结论一致。[①] 因此，骨干教师被赋予的权力是有限的，是局限于一定岗位职责范围内的。骨干教师在面对全校性的任务执行时，靠个人很难快速且高效地推进。因此，校长会下达面向全体教师的命令，以此提高其他教师对骨干教师的重视程度，为骨干教师领导力的发挥奠定基础。

校长在让教师承担责任的同时会提供帮助，比如说，我们举办"国培"时，我就跟校长说，在访校、考察的时候校长能不能下个命令，这样，教师执行力度会更大一点。其他学校也一样，以教研组长为主，教研主任为辅，以主抓这方面工作的校长为主，重要的任务还是由他们下达命令。（H-06-T1）

在学校开展教学改革过程中，尤其是多学科、全学段的整体性改革中，虽然骨干教师扮演了重要角色，被校长赋予权力引领本学科实践，但

[①] 王绯烨、萨莉·扎帕达：《骨干教师领导力影响因素的实证研究》，《湖南师范大学教育科学学报》2017年第3期。

如果没有校长的深度参与和引领，骨干教师的工作很难取得预期效果。以 H-10 校为例，该校于 2019 年开始推行"三备"制度以提高教师备课的针对性和有效性。骨干教师在访谈中说，部分老教师认为该制度的实施增加了工作量，因为他们凭借教学经验不用备课也能实施教学计划。此外，学科之间的差异性也导致教师对待该制度的态度各异。因此，学校在推行该制度的时候以全校、全学科和全体教师共同参加的方式进行，校长向教师强调该制度的价值、意义和实施策略，进而由骨干教师带头实施。骨干教师认为，校长在为骨干教师赋权的同时，其参与和支持为学校"三备"制度的实施奠定了"合法性"，因此他们的工作开展起来也比较顺利。

> 我们现在做的事情其实是教学管理方面的，不是每个教师自愿干的。主科教师对这个比较感兴趣，所以做得比较扎实。历史、地理、生物这一类学科的老师认为上课的时候学生听了，下课背会就可以了。出当堂测试题，他们觉得没有必要。我们从 2001 年开始实施新课程改革，到现在已经一二十年了，实际上真正的自主、合作和探究的学习方式是看不出来的。（H-07-P）

3. 决策参与

给予教师更大的决策参与权，是落实教师民主权益的保障。[①] 当教师有机会参与学校决策时，他们会觉得受到了校长的重视，促进了学校内部信息的交换和交流。因此，当教师参与学校决策制定时，教师和校长交换关系的质量更高，教师会有更积极的工作态度。

调查表明，高中教师参与学校决策的均值为 3.94 分，教师参与决策对教师的责任感和教师专业学习共同体有正向促进作用。[②] 有过职业流动经历的 J-02-T2 对比了当前任教学校和之前任教学校校长给予教师决策权的差异。当前学校校长善于分权，赋予教师参与决策的机会。在专业活动开展过程中，骨干教师能够自主决定活动的形式、流程和人员安排，在校长

---

① 胡咏梅：《中学教师工作满意度及其影响因素的实证研究》，《教育学报》2007 年第 5 期。
② Shengnan Liu and Hongbiao Yin, "How Ethical Leadership Influences Professional Learning Communities via Teacher Obligation and Participation in Decision Making: A Moderated-Mediation Analysis," *Educational Management Administration & Leadership*, Vol. 51, No. 2, 2020, pp. 345-364.

或者分管校长的支持下开展工作。但是之前任教学校的领导给予骨干教师自主决策的范围较小，诸多方面均需得到领导的首肯才能开展活动。可以看出不同学校、不同校长在教师参与决策方面的态度存在差异。

> 我觉得现在的校长比较人性化，会把权力让渡给教师。一般来说，当有新的活动时，我会形成初步的思考，然后会向领导汇报一下看看行不行。如果可以我就按照这个方案实施，所以工作上领导还是给予我们比较大的空间的。但是在之前的学校，我们组织一个活动，参与人员的确定都需要校领导在一起商量。（J-02-T2）

4. 自主决定

学校组织结构重构、校长赋权增能和教师决策参与被视为教育改革和学校改进成功的"密匙"，不少受访学校体现出以上一个方面或多个方面，不同学校间存在差异。访谈中很多骨干教师表示，教师能够自主决定的事情主要集中于专业领域内部，诸如学校大政方针、学校发展规划、学校教学革新方向的决策权主要在于学校管理者。虽说赋权增能成为一种共识，学校管理者也越来越注重将手中的权力下放给教师。但是，从实际情况来看，教师被赋予更多的是教学自主权，而非普遍意义上的自主权，教师自主决定的范围更多地集中在学生、个体教学和学科组层面。一项关于教师课题研究方面的全国性调查结果显示，3.19%的教师表示"没有开展过"，12.01%的教师表示"上级安排"，25.97%的教师表示"自主选择"，28.81%的教师表示"学校统一规定"，30.02%的教师表示"学科组或者年级组确定"[1]。可喜的是大部分教师不同程度地参与到课题研究中，但仅有四分之一左右的教师可以自主选择课题，以校长为代表的管理者和以教研组、年级组为代表的专业组织或管理组织决定了课题研究的方向。

自主决定是校长分布式领导的重要组成部分，会影响骨干教师专业实践的模式，进而影响骨干教师领导力的发挥。对 H-02-T6 的访谈体现了校长赋权、教师自主决定和骨干教师领导力发挥之间的关系。如图 4-4 所示，当校长赋权程度高时，骨干教师自主决定的频率更高、范围更广，骨

---

[1] 李广、柳海民等：《中国教师发展报告 2019：中小学教师队伍建设的成就、挑战与举措》，科学出版社 2020 年版，第 198 页。

干教师的工作开展就更顺利。但当校长赋权程度低时，骨干教师自主决策的程度较低。骨干教师为了本职工作的开展，只能依靠个人魅力和个人能力。长此以往，骨干教师认为自己的工作开展起来比较困难，而且会对个人造成"身心俱疲"的不良影响。

> 当学校领导赋予你一定的权力时，像我这样的学科组长的工作实施起来会得心应手一些。如果仅靠个人处世能力和个人魅力去开展工作，其实不能持久并且做得很不开心。（H-02-T6）

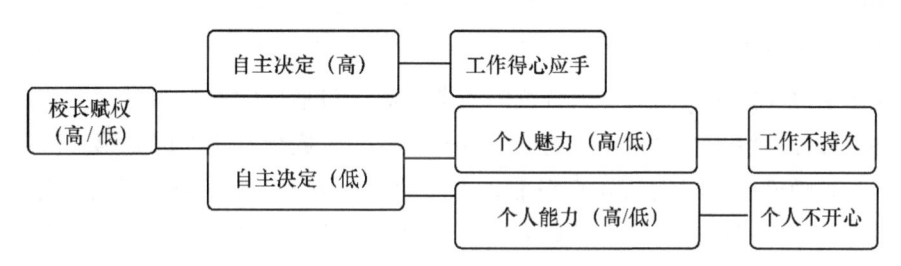

图 4-4　校长赋权、自主决定与骨干教师领导力发挥

（二）校长制度供给

完善的学校制度被视为学校治理体系和学校治理能力现代化的具体体现，是学校效能提升的保障。冯大鸣认为，制度是一所学校正常运行并实现预定目标的基本保障之一，是学校开展教育教学工作的基本程序、处世准则和质量要求。学校制度可以分为行政制度、教学管理制度、教师管理制度、党群制度、科研管理制度和学生管理制度。在一般情况下，一所中小学的各种制度加在一起大约有 100 项。[1] 本书中的制度供给主要包括学校教学管理和教师管理制度，学校制度供给的质量及具体落实形塑了骨干教师的日常实践，为骨干教师领导力的发挥提供了平台和载体。具体而言，本书研究发现，学校的备课与教研制度、听评课制度、传帮带制度、校长听课制度、骨干教师考核制度会影响骨干教师领导力的发挥。

---

[1] 冯大鸣：《学校环境的认识与适应》，载庄辉明、戴立益主编《新教师入职教程：为了明天的教师》，华东师范大学出版社 2020 年版，第 60—61 页。

1. 学校备课与教研制度

备课和教研是学校教学研究的基本制度，虽然受调研学校均建立起备课制度和教研制度，但是实际的落实程度和取得的效果却有很大差异。接下来以 H-08 校和 H-10 校为例，呈现这两所学校的备课制度、落实情况及成效差异。这两所学校均位于 A 县，前者为乡村小规模学校，后者为城乡接合部的优质校，近年来，其中考成绩位列 A 县第一名，在全市排名也比较靠前。

H-10 校在学生管理、教师管理和教学管理等方面都有其特色，在访谈时校长和教师重点介绍了学校的备课制度。如图 4-5 所示，该校教师备课分三个阶段：第一次备课。寒暑假期间每个教师会进行备课任务分配，在固定时间内拿出具有个人特色的备课方案，包括导学案、当堂检测和课件三部分。由于学生素质不同，且该校按照学生成绩分班，因此第一次备课时教师要根据学生认知水平准备不同的备课方案。第一次备课结束后，教师将备课资料提交给本学科带头人或教研组长。第二次备课为每周固定时间开展的研讨会，教师分年级、分层次进行备课。各年级教师讨论一周内要教授的内容，在第一次备课的基础上老师们畅所欲言，对第一次备课的内容进行增删。该校每周都会有"示范课"，由选定的教师展示其中的某一节课。在该教师展示过后由其他教师进行评课，找出该课存在的问题，随之在听评课的基础上做出修改。针对共同的问题，教师们还会举一反三，对其他课进行修改。经历三次备课后，年级组将资料在年级范围内进行分享。但该校要求所有教师在参考集体教学智慧的同时，必须有所改动、有所创新。学校不允许教师使用"老课件"对不同的学生进行授课，要求教师在考虑学情的基础上有所改进。在常规的备课和教研制度之外，该校还建立了"推门课"制度，校长在不打招呼的前提下听教师的课。此

第一次备课	第二次备课	第三次备课
• 时间：寒暑假期间 • 涉及范围：学科组 • 面向群体：所有教师	• 时间：每周 • 涉及范围：年级组 • 面向群体：所有教师	• 时间：每周 • 涉及范围：年级组 • 面向群体：所有教师

图 4-5　H-10 校的"三备"制度流程

时，"推门课"成为校长检验教师落实教学改革的手段，教师在学校的引领下主动或者被动地进行个性化的教学创新。

和 H-10 校一样，其他学校也建立起校本教研制度和备课制度，但在实际执行中存在巨大差异。如表 4-9 所示，当研究者在 H-08 校调研时[①]，教师办公室墙上贴有对学校教师备课制度的要求，对教师、备课组和年级组都有相应的要求。但是访谈中教师和校长均表示，为了完成国家课程的要求，由于师资短缺，教师要承担跨学科、跨年级的教学工作，每位教师的课时量都很大。因此，教师们在学校的时间主要集中在教课、批改作业和学生辅导上，很少有时间进行集体备课。

表 4-9　　　　　　　　H-08 校教师备课基本要求

教师备课制度
　　一、各科教师要认真学习新课标，认真钻研教参、教材并在全面了解学生知识水平和接受能力差异的情况下进行备课。
　　二、要通读全册教材，要明确每节（或每单元）教材在全部教学内容中的地位、作用及相互联系，掌握其重难点，进行课前备课和单元备课。
　　三、备课要做到"四备"：备教材、备学生、备教法、备教具。结合学生实际，确定学科教学在知识和技能、过程与方法、情感态度与价值观等方面能达到的基本要求。
　　四、年级组坚持教研，做到集体教研和独立备课相结合。
　　五、备课力求体现新的教学思想和现代化的教学手段，板书设计要具有科学性、整体性和条理性，编写教案注重实用性、实效性。
　　六、教案要有一定数量的札记，且要保证札记质量。

从 H-08 校和 H-10 校两校备课制度的对比中，可以形成两个基本认识：一方面，学校内部制度的制定、执行和产生的效果是不同的概念；另一方面，学校制度制定及执行的差异不仅是学校"软实力"的体现，而且是新课程改革理念落实的具体体现。学者提出学校教研管理工作要"抓执行"，也就是说管理工作必须重视责任和落实。[②] 因此，对于学校管理者而言，教师备课和教研方面的工作应该做到有目标、有规划、有制度、重执行，只有这样才能将教研工作落到实处，促进教师专业发展和学校教学水

---

① H-08 校为小学，学生数量少、教师数量少，校长、教师均为女性。所有教师在一间办公室内办公，校长有时候在接待室办公，有时和教师一起办公。
② 陆伯鸿：《上海教研素描：转型中的基础教育教研工作探讨》，上海教育出版社 2017 年版，第 10 页。

平的整体提升。

H-10-T1认为,学校"三备"制度的推行并取得良好成效的原因可以归结为四个方面:首先,学校师资队伍逐渐壮大。随着学校办学成效凸显,学校生源质量和规模不断提高,每年都有新教师或骨干教师加盟,学校的发展和生源的增加促进了教师团队的壮大。在"规模效应"的带动下,教师团队的集体智慧得以凸显,教师能够合作开展教学创新和教学研究。其次,学校领导团队的重视和推动。该教师认为由一个教师或几个教师推动"三备"制度不现实,最有效的方式为学校层面推动备课制度的落实。再次,随着备课制度的变化,学校对教师的评价也从评价个人转向评价集体,也即对年级组和学科组进行整体性评价。这样,教师参与备课的积极性和投入度就被极大地带动起来,教师之间的分享意愿和互助水平也不断提高。最后,"三备"制度的落实与深化促使该学校教师,尤其是青年教师获得了较快的专业成长。

2. 听评课制度

在教师专业学习共同体中,教师通过相互听课、评课、观察和研讨,相互启发和相互补充,共同提高教学水平。[①] 听课和评课是中小学教师专业实践的重要一环。对于受访学校来说,听课和评课贯穿于每一位教师专业实践的全过程。当然,教师的听课和评课并不是独立的,正如前文对H-10校"三备"制度分析的那样,在国家育人要求和学校育人改革的综合要求下,该校开展了教学管理创新,教师间的听评课活动也围绕育人理念的落实而展开,和学校的备课制度和教研制度紧密相连。

以H-01校为例。该校每个学期都会有"教学质量月",骨干教师课堂展示是其中的重要环节。骨干教师围绕一个课例进行备课、上课、听课和评课,学科组教师、其他学科组教师、校外教师和学校管理者会以不同的身份参与其中。在与不同专业人员互动的过程中,骨干教师不仅能提高教学水平,还能通过教学示范促进其他教师,尤其是新教师的专业成长。H-01校的校长表示,该校骨干教师上"示范课"的同时,青年教师要持续上三年"汇报课"。骨干教师和青年教师虽然都在"教学质量月"中公开自己的课堂,深度参与到备课、听课和评课活动中,但是学校对这两类

---

① 周晓静、郭宁生主编:《教师领导力》,北京师范大学出版社2014年版,第125页。

教师的要求并不相同。可以肯定的是，骨干教师和青年教师均能够在听评课活动中，对自身和其他教师的课堂教学形成客观的认识，进而促进自身和其他同伴的教学改进。

3."传帮带"制度

冯大鸣认为，"传帮带"不仅是指导者根据自己的实践经验影响被指导青年教师，而且是被指导者在特定学校情境中的社会化过程。[1] "传帮带"制度既是骨干教师发挥作用的表现，也是新教师或青年教师专业成长的重要影响因素。从浅层影响来看，青年教师通过模仿、亲身实践和多重反思，在提高教学理念和教学技能的同时"站稳讲台"。从深层影响来看，青年教师通过"师傅"、骨干教师和其他教师的影响，在任教初期对教师职业形成客观、理性和全面的认识。不少受访骨干教师认为，"师傅"和骨干教师是自己专业成长和职业认同形成的"关键他人"。

受访骨干教师基本上都担任过或正在担任新教师的"师傅"。此外，随着集团化办学和学区化办学的深入推进，越来越多的骨干教师会在区域层面担任其他学校新任教师或者青年教师的"师傅"。师徒关系的形成既有学校正式制度的要求，更关键的是"师傅"和"徒弟"会形成持续成长的共同基础。有教师对比了自己学校和大学同学所在学校的"传帮带"制度。该教师认为，学校对青年教师的关注程度很高，会通过拜师结对形成正式的师徒关系。加上自己的"师傅"认真负责，所以觉得自己成长很大。

> 对于年轻老师来说，能在学校得到这样的关注度和培养已经很难得了。我们学校真的是没的说，我有的同事是其他学校的音乐老师，他们有时候说"师傅"都不管。但我们学校不会出现这种情况，哪怕我"师傅"现在兼着政教的活，我有时候需要讲课去找她，"师傅"依然尽心尽力带我，我"师傅"真的是没的说，我一定要给她打满分。(H-03-T2)

4. 骨干教师考核制度

学校对教研组长、备课组长有明确的考核要求，但对获得"骨干教

---

[1] Daming Feng, ed., *Understanding China's School Leadership: Interpreting the Terminology*, Singapore: Springer Singapore, 2020, p. 111.

师"荣誉称号的教师没有考核要求。H-01-P 坦言，其学校对教研组长、备课组长有清晰的选拔标准、规范的过程管理和清晰的考核制度。同时，学校对教研组长、备课组长的考核不会单独进行，而是将教研组长、备课组长的考核纳入教师考核中，进而在绩效、评优评先中加以体现。

> 实事求是地说，我们学校明确的与骨干教师相关的制度不是太丰富。教研组长、备课组长肯定是有制度的，但对于市级骨干教师或者省级骨干教师是没有明确要求的。不管你是备课组长、教研组长还是省市级骨干教师，学校都会有一个统一的标准，在教师所带班级的横向比较上，包括成绩和日常考勤，最后会给每一个教师综合的等次评价。（H-01-P）

5. 制度供给差异

学校制度体系的完善是学校现代化的重要标志，学校制度供给存在多重差异，表现在地域差异、规模差异和学科差异三个方面。

首先，学校地域差异。城市学校、县城学校和乡村学校存在差异，其中既有教育环境的差异，也有学校管理团队的管理理念和管理水平的差异，更有学校教师素质的差异。从一般意义上讲，城市学校的制度供给更完善，规范的制度对骨干教师领导力发挥提供了机会，促进不同教师的互动和教学水平的整体性提升。调查表明，仅有 18.1% 的农村教师认为教研制度"非常合理"，38.2% 的认为"比较合理"。[①] 另一项乡村骨干教师调查表明，大部分骨干教师没有起到应有的作用，校内听课和开设公开课均没有达到学校的要求。[②] H-01-T3 基于城乡教育的体验，在一定程度上得出了和上述两项研究一致的结论。该教师为省会一所普通初中英语骨干教师，担任教研组长一职。她曾在本省一所乡镇初中寄宿学校轮岗交流一年，她对流入校和流出校教师的专业水平、学校制度供给和教师交流成效进行了比较。乡村学校的教学管理、教研安排、教师专业水平等均存在不

[①] 周晔、张海燕、张文斌：《教师视角下的农村学校教师管理制度——基于甘肃省 X 县的调查》，《教育与教学研究》2017 年第 5 期。

[②] 罗绍良：《黔南民族地区中小学骨干教师示范辐射作用的调查与分析》，《民族教育研究》2011 年第 5 期。

足，能够很明显地体现出城乡学校制度供给对教师影响的异质性。

> 我觉得还是我们学校教师的专业水平和教研水平高一些，整个氛围会好一些。我们对口支教的是一个乡，那边的教师还是很敬业的，但是教研不太好。我刚去的时候有几次教研，大家比较忙，（教研）有点乱七八糟。那边的排课和我们不太一样，我们的英语、数学肯定是第一节和第二节，因为它们比较消耗脑力。那边就是特别乱，你想每天和其他教师碰个头开个小会都很难。那边一个年级四个班，每周举行教研活动的话就只有两个老师参加，其实也没有那么浓厚的教研氛围。老师的专业性还是有差距的，好多老师不是英语专业出身，教育理念不在一个层次上，所以有的时候沟通不是很方便。（H-01-T3）

其次，学校规模差异。学校制度供给的地域差异和规模差异有很强的相关性，因为小规模学校一般存在于乡村地区。以 H-08 校和 H-09 校为例。一所学校的学生数不足 200 人，一所学校的学生数不足 100 人，生源流失导致学校制度成为"文本上的制度"。虽然教育行政部门对学校的备课和教研有规定，但教师往往因为课时量较大，而没有共同的时间开展教研活动。同时，乡村学校骨干教师乃至青年教师流失严重，两所学校招聘的"特岗教师"和"招教教师"在完成服务年限后向县城学校流动。[①] 因此，小规模学校因为教学实际、教师专业水平和校长管理能力较差，学校制度的供给及效果不如大规模学校。

最后，学科差异。一般而言，语、数、英三个学科被视为"主科"，课时量、教师数量、考试分数等均多于其他学科。一方面，学科本身的差异性，导致小学科制度供给没有语、数、英三个学科完善。另一方面，中小学的校长选拔制度，导致校长更大概率上来自语、数、英学科。因此，受访骨干教师表示，校长或分管校长所在学科发展的延续性就更好。

> 语文和数学学科的教研组就规范一点，因为他们人多一些。他们可能一个年级就是一个教研组，或者低段、中段和高段就是一个教研

---

① 在对 H-08 校和 H-09 校进行调研不到一年的时间里，这两所学校都存在校长和多位青年教师和骨干教师流失的现象。

组，我们学科是所有年级一个教研组。他们对教研活动的安排，包括教案、听课笔记和教学反思都有比较明确的要求。(J-02-T3)

（三）校长能力建设

教师专业能力的提升不仅有赖于教师个体的实践、反思和努力，也有赖于校长对教师专业能力提升的重视程度和实际行动。校长的第一使命只能是促进教师的专业发展。① 从我国中小学校长的产生途径来看，多数校长是由教学岗位逐渐走向管理岗位的，校长能够把握教师专业能力提升的需求并提供相应的专业发展机会。基于 TALIS 2013 教师数据的研究表明，当校长将教师专业发展上升到学校愿景或发展规划的战略位置时，校长就会引导教师进行专业学习，同时教师学习时间和经费能得到学校层面的保障。② 针对上海市 31 所学校教师的调研表明，校长在为教师提供与校外同行和专家交流的机会上给予了很大的支持。同时，该研究也表明校长此类支持存在差异，市区学校教师的得分比远郊学校的教师得分更高。③ 当教师感知到校长的重用和鼓励时，32.7% 的教师认为，这对自身所起到的作用比较大。④

这就意味着，一方面，校长对教师能力建设的影响是多元且复杂的；另一方面，校长对教师能力建设的影响是存在差异性的。对于本书而言，校长能力建设具体表现在重视教师专业能力提升、提供专业学习机会、参与教师专业学习活动和鼓励教师持续发展上，校长能力建设在城乡、办学质量、学科和校长专业背景等方面存在差异。

1. 重视教师专业能力提升

首先，强调教师专业能力提升的重要性。H-10-T1 认为，虽然学校位于城乡接合部，但校长对教师专业学习的重视程度很高，校长的重视程度高于之前她待过的城市学校。这意味着校长对教师专业能力提升的重视程

---

① 袁振国：《校长的第一使命》，《基础教育论坛》2016 年第 3 期。
② 徐瑾劼、杨洁：《学习导向型领导：影响校长角色转变的关键因素——基于上海 TALIS 2013 调查结果的实证研究》，《全球教育展望》2016 年第 7 期。
③ 张佳：《我国教师专业学习共同体发展现状的实证研究——以上海市中小学为例》，《基础教育》2017 年第 5 期。
④ 金建生：《教师领导研究——基于教师发展的视角》，中国社会科学出版社 2016 年版，第 194 页。

度不同，教师专业学习的机会也存在校际差异。

> 我们校长特别注重教师学习，我原来在市区学校很少见到校长带着教师出去学习，但是我们学校教师外出学习的机会每年不间断。（H-10-T1）

其次，促进教师科研能力提升。教师成为研究者是教师专业化的内在要求之一，很多学校管理者强调骨干教师要在科研方面起到示范和带头作用。一方面，多所受调研学校成立了科研中心，由学校中层干部负责科研中心的日常运转；另一方面，部分受访学校每年都会获批一定数量的课题，因此学校会邀请大学专家、科研院所和教研室科研人员进校指导，进而促进教师科研意识和科研能力的提高。校长H-05-P认为，科研是教师素质提升的重要影响因素，但她坦言教师的科研能力还不够，自己会指导教师进行检索文献和文献综述，以此提高教师的科研能力。

> 有的教师连文献梳理都不懂，我会亲自给教师讲怎么梳理（文献）、怎么设计表格，在梳理之后如何加工也会教他们。其实我在这方面花费了很大的精力，因为学校的质量归根结底是由教师的素质决定的。（H-05-P）

最后，教师专业成长要"因材施培"。J-01-P认为，学校在育人过程中强调"因材施教"，认为教师的专业能力提升也应该遵循主客观规律，做到"因材施培"，满足每一位教师的个性化培养需求。

> 我们的学生要求"因材施教"，教师专业发展也应该"因材施培"。我们会进行"菜单式"的培训，就是要确保学习更加贴近教师的需要，因为只有需要了才能更加有效。（J-01-P）

2. 提供专业学习机会

不同学校为教师提供的专业学习机会存在数量和质量差异。除了学校内部日常专业学习之外，校长还会为教师提供以下三个方面的学习机会。

首先，校外专业学习机会。外出学习是教师专业学习中不可或缺的一部分，学校会利用寒暑假的时间，集中一部分教师到大学或科研院所进行专题培训。在教育改革不断深化的当下，国家"立德树人"的育人要求对学校和教师提出了新的挑战，学校依托优秀的外部学习资源促进教师适应改革的新要求。当然，教师外出学习不仅存在骨干教师和非骨干教师的区别，不同教研组得到的培训机会也存在差异。

只有学校看见你们教研组慢慢发展起来，学校才会把更多的资源提供给你，比如去北京和青岛听课，全国有很多好的观摩课。(H-01-T3)

其次，校际专业学习机会。我国许多省市设立了"名校长工作室""名师工作室"和"名班主任工作室"，以此增加学校之间的专业交流，发挥名校长、名师和名班主任的示范带头作用。有研究认为，校长和教师是名师专业资本扩展到学校落地生根的关键。[1] 但从实际运行和功能发挥来看，"名师工作室"存在建设手段及管理落后，负责人未起到名师引领作用，工作室建设目标和完成情况存在差距等问题。[2] "名师工作室"作为跨校专业组织，其负责人和成员来自不同学校，名师的作用发挥、组员的参与程度和收获都受到所在学校管理者的影响。校长 H-02-P 所在学校有"名师工作室"，她认为，其作用的发挥应该从学校层面"下功夫"，学校的支持很重要。

我们学校成立的有市级和省级"名师工作室"，但我觉得成立"名校长工作室"比"名师工作室"更容易发挥作用。如果校长对"名师工作室"和"名班主任工作室"的重视程度不高，就发挥不出太好的作用。(H-02-P)

同时，教研员也是影响骨干教师校际专业学习的"关键他人"，学校管理者对骨干教师的支持程度，影响了骨干教师跨校专业学习的成效。

---

[1] 曾艳：《基于区域性名师工作室的教师专业资本流动与扩散》，《教育发展研究》2017年第24期。

[2] 白冰：《名师工作室建设面临的问题及解决办法》，《教育教学论坛》2018年第7期。

> 教研员安排我在区里做一个讲座,我就会和校长讲,校长就会给予很大的支持,校长一般都会比较积极支持我们。(J-02-T1)

最后,竞赛中的学习机会。参加教学竞赛并获得一定级别的奖项,是骨干教师职称评审和荣誉称号获得的重要指标之一。在教学竞赛中获奖对教师、教师所在团队和学校都非常重要,对骨干教师个人而言,参加教学竞赛是提升专业水平的重要机会。一方面,学校管理者利用个人影响力为教师争取更多外出竞赛和学习的机会;另一方面,学校也会为教师参加教学竞赛提供经费支持。

> 当有关键比赛时,校长会推选两名骨干教师带领一名青年教师参赛。校长给我们鼓励并创造条件,如果我们顺利出线,校长会帮我们争取到更高层面参赛的机会。有时候出去参赛的名额是机动的,我们学校宁愿花钱让教师去参赛,为教师提供参赛费和差旅费,让我们去扩大眼界。就是只要有机会就肯定会给教师,没有机会也要努力给教师创造机会。(J-02-T2)

3. 参与教师学习活动

学校的发展要求校长教育家办学局面的形成,校长教育家是通晓教学工作的内行,对教学工作有系统的了解。[①] 校长在重视教师能力建设并提供专业学习机会的同时,会直接或间接地参与教师学习活动。首先,校长对学校各阶段发展目标的掌握和规划高于教师,为了引领教师就学校发展目标、育人目标达成共识,校长会通过专题讲座和全体教师大会对教师进行培训。

> 我们校长接触东西比我们多,所以有时候他也给我们培训,我们学科组内教师的激情都很高。(H-05-T4)

其次,校长参与并指导教师专业学习活动。一方面,校长参与并为教

[①] 沈玉顺:《校长教育家成长机制解析》,《教育发展研究》2010年第12期。

师教学提供指导。和 H-01 校一样，多所受调查学校有"教学质量月"，各学科组有针对性地开展教学展示和教学研究活动，学校管理者会深度参与并提供指导。除了"教学质量月"这样固定的正式参与外，校长及其他管理者还会随堂听课，进而对教师进行指导。另一方面，校长为骨干教师提供个性化的指导和支持。承担更多职责是骨干教师成长的重要影响因素，H-05-T3 经过思想斗争担任了教研组长。学校校长、副校长和不同教研组对接，经常和教研组长交流并指导教研组工作开展，该教师认为，校长的指导帮助使她胜任了教研组长一职。

> 我刚开始当教研组长的时候压力确实很大，因为我怕干不好这项工作。后来我们学校的教学校长和校长，尤其是校长是我们学科的带班领导，我们每学期工作和课程建设中的问题，校长都是会随时随地指导的。(H-05-T3)

4. 鼓励教师持续发展

随着年龄和家庭责任的增加，不少骨干教师面临着专业发展上的"瓶颈期"，多位受访教师表示他们的专业成长会因照顾家庭而中断。激励骨干教师抓住新的发展机遇是校长的重要职责。H-05-T1 表示，校长和副校长会在各种场合鼓励骨干教师在岗位上彰显价值，实现新的发展。

> 校长和副校长经常在教职工大会、教研组会议、青年教师沙龙和省级、市级骨干教师引领会议上提要求，告诉骨干教师一定要往上进一步发展。(H-05-T1)

不少学校建立起制度化、个性化的骨干教师职业发展制度。一方面，发挥"老中青"相结合的团队建设思路，将学科未来发展规划与骨干教师队伍建设相结合，鼓励骨干教师在实现个人成长和收获专业荣誉的同时，兼顾学科组和学校的利益与荣誉，实现个人发展和学校发展的匹配。另一方面，在骨干教师队伍制度影响下，学校针对骨干教师实际，制定了个性化的职业发展策略。H-02 校于 2019 年更换校长，学校对每位教师的专业发展状况进行全面了解，帮助骨干教师在已有基础上实现新的发展。2019

年后，该校每年都有多位骨干教师获评省级"骨干教师"荣誉称号。

> 我们学校对每位教师专业方面的把握特别全面。比如你是市级骨干教师，你往省级骨干教师晋升的时候可能在某方面比较薄弱，学校会给你提供相应的支持让你由市级往省级晋升。(H-02-T4)

基于上述分析，可以看出校长的支持、鼓励和引领会促使骨干教师发展的目标更加明确，主动发展的积极性更高，骨干教师能实现新的发展。

5. 校长能力建设的差异

首先，城乡差异。其一，在多数情况下，城市学校和县城学校教师队伍结构的合理性更高，优质学校形成了合理的教师梯队。一方面，校长会根据学校育人理念和育人需求，集中校内外专业力量促进骨干教师专业成长；另一方面，校长会根据各学科发展实际、学科团队建设实际和骨干教师个人发展主动性，为骨干教师提供个性化的专业学习机会。相比城市地区的校长，由于自身专业水平、教师队伍结构、外部专业支持等因素的综合作用，乡村学校校长不能为教师提供足够的发展机会和发展平台。

其二，城镇化背景下学生向城市聚集，乡村地区出现大量小规模学校，本书受调研学校中就有三所学生数不足200名的乡村学校。与此相对，城市地区和县城地区出现很多超过2000名学生的大规模学校。学生数量决定了教师配置，因此村屯、乡镇学校的编制远远不够。加上教师不断流失，乡村学校的教师以新教师和老教师为主。在此背景下，乡村校长将专业学习机会向青年教师倾斜。一方面，校长希望通过宝贵的专业学习机会促进青年教师"站稳讲台"；另一方面，骨干教师是教学质量的保障，因此不愿也不敢让骨干教师在外出学习上花费过多时间。因此，在主客观因素的综合影响下，乡村骨干教师专业成长的机会相对较少。

> 一般学校是有一定培训任务的，我今年没有出去，一来是因为我的年纪大了，二来我的课也比较多，学生不好管。(H-07-T3)

其三，乡村学校因地理位置不佳，专业学习信息的传达不顺畅，导致自主发展动机较强的教师错失宝贵的机会。J-10-T2之前在一所普通小学工作，教学和科研方面的表现十分优异，虽然参加市级课题答辩的动机较强，但因学校领导未能传达信息，错失很多学习机会。

> 我之前在一所普通的小学里工作，有400个学生，30个教师。我当时负责一个课题，我跟区里负责课题的领导讲，在其他学校教师进行课题立项答辩的时候能不能通知我们学习一下。然后领导说每年都通知但是我们不来，其实我们不知道信息，因此没有那么多学习机会。（J-01-T2）

其次，学校质量差异。受访骨干教师中有29位有职业流动经历，其中18位从本区（县）其他学校流动而来。从骨干教师流动的原因来看，经济待遇等外在因素是当前学术研究关注的重点。但在骨干教师访谈中，很多都提到了"平台"这一概念。这一本土概念不仅意味着学校硬件设施、学生生源、家长素质、校长管理水平，还意味着教师在学校能够获得怎么样的专业学习机会和发展空间。因此和一般学校相比，优质学校的教师往往在获取专业学习机会，把握专业学习机会上的能力更强。其一，优质学校有更多优质教育资源聚集，获得的投入、关注和外部支持更多。H-02-T2曾在其他学校任教，她认为在当前学校有更多的学习机会。

> 我来到这所学校之后专业学习的机会很多，因为我们学校是市直属的学校，教师参与的活动最起码都是市级的。（H-02-T2）

其二，优质学校教师专业学习机会的层次更高，产生的影响力更大。H-01-T1认为其学校质量不高，因此教师专业学习的"平台"不高。虽然教师和其他学校教师私下交流很多，但在教师学习中扮演主导者的还是"名校"的教师。

> 我们学校在郑州市不算非常好，平台不是特别高。一般能出去做报告的还是"名校"的教师，A校和B校的年轻教师就可以对外交流经验，我们的话机会相对比较少。（H-01-T1）

其三，优质学校骨干教师的占比较高，教师之间相互交流的质量也更高。H-06-P 是刚从教学岗位提拔上来的教学副校长，她认为其学校作为县城最好的小学，和其他学校尤其是和乡村学校相比，教师之间的交流更加贴近专业实践，教师之间的相互影响更大。由于县城学校扩容，最近几年有乡村教师通过考核进入该校任教，认为在县城学校任教两年的成长大于在乡村学校任教十年的成长。

教师所处的大环境对教师专业成长影响很大，之前和我"搭班"的老师是从乡村学校来的，她教数学我教语文，我上课、和家长交流的时候她都在旁边学习，她说，在我们学校待两年比在乡里学校待十年的成长大。(H-06-P)

最后，校长专业背景的差异。一方面，当校长与教师的专业背景一致或相近时，校长深度参与教师专业学习活动的频率更高。当专业背景不一致时，校长对教师指导的有效性和专业性相对较差。另一方面，校长的专业背景决定了学校对学科的重视程度。H-02-T7 认为，学校管理层的学科背景主要为语文和数学，这两个学科的教师与教研员的关系更为密切，英语学科教师和教研员的沟通需要自行联系，而不是通过学校邀请。此外，该教师还认为，由于学校管理层均不是英语学科出身，学校对英语学科的重视程度明显低于数学学科和语文学科。

学校领导、主任有教语文的和教数学的，基本没有教英语的。语文和数学教师与教研员都走得比较近，会经常沟通。但我们如果和教研员联系就得靠自己，感觉整个学校对这个学科的重视程度不够。(H-02-T7)

二 校长—骨干教师交换

我国学校校长的选拔制度，决定了多数校长是从普通教师提拔而来的，因此诸多骨干教师认为校长是他们职业发展中的"重要他人"。正如理论基础中所述，组织中的领导者和下属之间的交往模式和交往关系存在差异，同一领导和不同下属之间存在差异化的"关系"。学校领导者可能会以不同的行为方式与教师相处，而这些不同的行为方式因领导者感知到的教师专业水平、变革的动机、参与学校决策的意愿和人际风格等诸多要素而定。① 不同类型的骨干教师有不同的专业角色，和校长存在不同的交换关系。接下来，笔者基于校长和骨干教师访谈，呈现校长与骨干教师交换的表现、原因和影响。

（一）校长—骨干教师交换的表现

首先，校长与骨干教师之间的信任关系。他们的信任关系是双向的，骨干教师因专业能力或人格品质而被校长所重视，进而校长给予其更大的关注和支持。同时，骨干教师因此对校长产生信任，在工作中付出更大的努力。J-02-T2认为，由于自己"教子有方"，校长很信任她的教学理念和教学能力。

> 我原来学校的老教师比较固化，虽然我在一所城郊接合部的学校教书，但我的孩子一直在城里最好的学校，而且学习成绩很好。我们校长觉得我在培养孩子方面是有想法和见解的，就对我比较信任。(J-02-T2)

其次，骨干教师对校长的感激。校长不仅在专业发展和职业规划等方面对骨干教师产生影响，还在日常生活中帮助骨干教师。H-03-T3讲述了校长克服困难，让教师们在学校吃上午饭而做出的努力。H-10-T1说校长不仅乐于帮助教师解决私人困境，甚至会帮助教师协调子女的教育问题。骨干教师因校长的支持而"暖到了"，对校长心存感激。

> 我们学校特别小，没有餐厅，没有条件给教师提供午餐。校长克服了很大困难把教师的午餐问题给解决了，给教师提供了很大的方便。(H-03-T3)

> 校长对我们教师都很好，有时候甚至帮我们解决子女教育问题。只要你有困难，她肯定力所能及地帮你克服，在那一刻你就被"暖到了"。(H-10-T1)

---

① ［英］阿尔玛·哈里斯：《分布式领导——不同的视角》，冯大鸣译，上海教育出版社2012年版，第94页。

最后，骨干教师对校长的尊敬。尊重是校长与骨干教师交换关系的重要方面。H-05-T1 认为，校长的领导风格影响了自我要求，使她在日常工作中努力达到校长的高标准要求。

> 我们校长是追求完美的校长，所以对教师的要求不是一般的高。有的时候我们觉得很难达到她的高标准，但我觉得正是因为她的高标准，我们最终呈现出来的时候已经很棒了，她就是在不断激发我们去超越自己。(H-05-T1)

(二) 校长—骨干教师因何而交换

首先，骨干教师成就动机。实际上，在访谈中发现，较高的个人成就动机是普通教师成长为骨干教师的重要原因，很多骨干教师认为，他们在入职初期的努力换来了校长的支持和信任，进而对其提供更大的关注和更多的资源。在同教龄的教师群体中，那些积极向上的教师更容易脱颖而出，成为相对的优秀者。

> 领导当时可能觉得我比较用心，觉得我"孺子可教"。如果领导想培养一个人，他一定会跟进你，然后不停地给你打磨提高。(H-04-T1)

> 你能成为学校培养的重点，一定是因为你在某一领域或者某方面的表现比较用心、比较上进，个人成长的愿望比较强烈。(H-02-T4)

其次，为骨干教师提供专业机会。学校领导为骨干教师的发展提供机会和平台对骨干教师的成长具有重要作用。[1] 当骨干教师对校长的能力建设感知更强烈时，校长与骨干教师之间的交换关系也会更明显。

> 我们校长非常重视骨干教师的评选和培育工作，有时候我们也会主动向她表达发展的需求，她都会支持我们。(H-02-T3)

---

[1] 郝国强：《教师职业理解与认识的质性研究——以中小学骨干教师为例》，《教师教育研究》2016 年第 3 期。

> 我们领导帮我找专家磨课、研课，这个过程中我的收获很多。（H-04-T2）

最后，赋予骨干教师更大的权力。从骨干教师访谈中，可以很明显地感觉到校长赋权对校长—骨干交换关系的影响。J-02-T2 认为，她之前的校长是"一言堂"，教师很少有话语权，学校氛围比较压抑，教师自主开展专业活动的积极性比较低。

> 之前的校长是"一言堂"，现在你可以有自己的规划，可以有自己的决策，学校领导是会支持你的。（J-02-T2）

（三）校长—骨干教师交换的影响

校长—骨干教师交换关系影响骨干教师的工作表现，具体表现在影响骨干教师的职业态度、组织归属和领导力方面。首先，影响骨干教师的职业态度。教师成就动机、校长—骨干教师交换关系和骨干教师职业态度是线性发展关系，校长—骨干教师交换关系是进一步形塑教师职业态度的重要因素。J-02-T2 认为，她骨子里不好名利但是不服输，在这种职业心态的影响下骨干教师会在已有基础上进一步成长。

> 我骨子里不好名利但是我不服输，就是这样一个精神头再加上领导的帮助，鼓励我从一个学科到另外一个学科，我很快发展了起来。（J-02-T2）

其次，影响骨干教师的组织归属感。校长—骨干教师交换关系对骨干教师组织归属感的影响是双向的。H-10-T1 认为，校长对教师的信任关系影响了自己的职业态度，自己会因没有做好工作而感到愧疚。学校中除了骨干教师之外，班主任也会因为校长的信任和支持而对学校形成强烈的归属感，在经济激励很小的前提下自愿加班。

> 其实，领导对你的一个信任的眼神也可能会对你产生很大的影响，所以有时候如果你觉得有些事情没有做好，你就会感觉心里有

愧。所以说有些时候并不是学校要求你怎么样,而是你自己心甘情愿地干的。我们班主任有时候都是义务加班,就500元的班主任津贴。(H-10-T1)

最后,影响骨干教师的领导力。当校长与骨干教师之间具有更高质量的交换关系时,骨干教师更有可能在学校内外发挥领导力。H-01-P认为,校长的更替造成部分教师在学校中作用发挥的变化,和教师领导风格相匹配的教师可能因一位校长在位而发展得很好,但是当那位校长调任之后就"找不着了"。实际上不同校长的领导风格差异很大,与校长的性别、职业经历和职业发展阶段密切相关。当校长与骨干教师之间交换关系较好时,骨干教师在学校内外发挥的作用就更大。

我们学校在一任领导在位的时候,有几位教师就特别突出,过了几年换了领导之后那几位教师就"找不着了"。学校领导可能觉得(教师)风格和我不相符,这些教师就"销声匿迹"了。(H-01-P)

三 同伴信任

信任是社会交换中的重要组成部分。布劳认为,社会交换是一个缓慢、渐进的发展过程,社会交换从很小的范围内开始,由于涉及的风险很小,因此这个过程需要很小的信任。信任在反复发生和逐步扩展的社会关系中产生和发展。[1] 对于学校而言,学校不同群体内部和不同群体之间的信任关系对教育质量提升有重要作用。对于不同群体来说,教师依赖校长提供必要的教学资源,校长则依赖教师以满足学生学习期望的方式进行教学。教师的工作也依赖于学生的合作,学校依赖于家长参与到学生的教育中。对于同一群体的内部来讲,以教师群体为例,信任是教师在学校社会里关系质量的一个关键指标,教师之间的信任可以改善教师的工作态度和工作实践,进而提高他们的教学质量。[2] 对于骨干教师而言,学校管理者

---

[1] [美]彼得·M. 布劳:《社会生活中的交换与权力》,李国武译,商务印书馆2012年版,第159页。

[2] Dimitri Van Maele, et al., eds., *Trust and School Life: The Role of Trust for Learning, Teaching, Leading, and Bridging*, Dordrecht: Springer, 2014, pp. 2-17.

的信任意味着更多的关注、支持、专业成长机会和专业责任。其他教师的信任，对骨干教师的个体领导力及团队整体发展均有裨益。基于骨干教师访谈，在本部分呈现骨干教师同伴信任的表征、原因及影响。

（一）同伴信任的表征

首先，支持骨干教师工作。从学校管理者、骨干教师和教师团队间的关系来看，普通教师对骨干教师工作的支持均具有重要价值。一方面，骨干教师能力、品行和人际关系，是学校赋予更大职责和信任的前提，其他教师对骨干教师的信任，是骨干教师外在合法性的表现。另一方面，其他教师的信任关乎骨干教师的内在合法性，信任关系的建立助力于骨干教师建立良好的人际关系。

> 我的同事都很支持我的工作。（J-02-T4）

> 组内同事对我的支持特别大，这让我受益很多。我们的组长、组员和同事之间要做事情，大家都是全力以赴地帮助。（H-04-T2）

其次，一起克服困难。笔者发现，受调研学校所在区域位置、办学质量、发展阶段存在较大差异，但受调研学校均面临着发展困境。对于濒临消亡的乡村学校而言，如何稳定青年教师队伍、提高老教师积极性，如何提高办学质量并重新赢得社会的信任是它们要考虑的主要问题。而对于城市地区的普通学校乃至优质学校而言，它们也面临着教育改革的内外压力，需要在通过教育改革创新促进学校教育质量不断提升。骨干教师在享有荣誉和尊重的同时，也承担着更大的责任和压力，是教育改革路上的"引路人"。因此，骨干教师和普通教师之间的共同合作和相互支持是它们应对改革，实现教育质量提升的重要保障。

> 大家既有分工又有合作，共同开展手头的工作。（J-02-T5）

最后，情感互相依赖。骨干教师作为本学科专业水平的代表，多数受访者在谈到这一身份给自己带来压力的同时，也形成了更大的发展动力。H-03-T3在成为骨干教师后，自觉给自己提出了新要求，致力于成为一个值得信赖、值得信任的教师。H-01-T1 认为，其所在学科组教师的年龄结构较合理，她处于承上启下的一个年龄段。由于她性格较好且人际关系和谐，因此不少青年教师都愿意找她倾诉，被青年教师视为"知心姐姐"。

> 成为骨干教师之后，你在和新教师交流过程中，肯定会对自己有一个新的要求，最起码要让大家觉得你是一个值得信赖、值得信任的教师。（H-03-T3）

> 我在之前的学校是年级组长，我们年级组老、中、青都有。年龄大的教师就不用说了，他们是看着我成长起来的，对我的工作都比较支持。我觉得我个人是比较和谐的，就喜欢钻研业务，不喜欢惹是非。他们就觉得我蛮好的，对我很不错，我的确是自己慢慢走出来的，所以他们对我很支持。我对年轻人的影响是比较大的，他们经常找我聊天、和我谈心，我有点起着"知心大姐姐"的作用。（H-01-T1）

（二）教师因何而信任

首先，共同的专业实践。从学科组实际工作来看，多数学校每周会开展备课活动和教研活动，共同探讨教学进度，理清教学难点与重点，交流学科教学中的经验和心得。同时，学校和学科的教育理念均需要落实到课堂教学中，因此多数学校会通过"汇报课""示范课"和"引领课"等形式促进不同教师的课堂教学改进。在诸如此类的专业实践中，教师形成了专业互助和专业反思的机制，形成了较好的信任关系。

> 其实，我们就是一个"同侪小组"，有事情我们一起商量，但在遇到问题的时候，有一种合作解决或一种批判性接受的过程。（H-06-T1）

其次，日常的关系积累。信任关系是随时间的推移而在互动中发展起来的。与经验不足的教师相比，有经验的教师在学校里与各种角色的成员进行更多的互动，积累的经验可能会影响教师对其他学生成员互动的偏好，教师获得的与信任相关的信息也可能与他们在学校的时间长短有关。[①]对于骨干教师而言，共同的专业实践可能会带来更大的信任关系，但是二者并没有完全的必然联系。实际上，共同专业实践中的关系积累，才是形塑骨干教师与同伴关系的主要影响力量。

> 团队合作需要你善于沟通或者善于协调与别人的关系，让别人能够信服你，能够参与到你组织的活动中并乐在其中。(J-02-T1)

再次，较高的专业水平。较高的专业水平是普通教师成为骨干教师的前提条件之一，不可否认，部分骨干教师随着教龄的增加，其职业发展的动力和职业激情不断消退。但多数骨干教师在内外动力的激发下，其专业水平会进一步提升。J-01-T2 有过流动经历，她认为她在之前任教学校是"无冕之王"，虽然获得了骨干教师的荣誉称号，但并未在学校担任行政职务。虽然没有行政职务，但她在和同事的交往中，因为较高的专业水平而受到同事们的信任、肯定和支持，在同事之间起到了带头作用。

> 我在之前的学校里就是"无冕之王"，同事们都愿意跟我沟通。(J-01-T2)

最后，积极的职业态度。对于骨干教师而言，积极的职业态度是从普通教师成长为骨干教师的条件之一。对于学校管理者而言，积极的职业态度是骨干教师选拔、培养和管理的重要参照标准。从骨干教师与学科组同伴之间的关系来看，积极的职业态度也是他们履行职责的内在要求之一。

> 教研组长首先就要有服务意识，要有计划意识。另外，有的时候还要讲求合作，就是团结身边的同事。(J-02-T4)

> 有时候教师们合作完成任务，反正任务是一定的，如果能激发他们那就一起做，做不了那也没有办法，就由我自己来整。(H-02-T2)

[①] Dimitri Van Maele, et al., eds., *Trust and School Life: The Role of Trust for Learning, Teaching, Leading, and Bridging*, Dordrecht: Springer, 2014, p.10.

(三) 同伴信任的影响

取得同伴的信任不仅是骨干教师个人道德品质、专业素质和人格魅力的综合体现，也在无形之中影响了教师团队的整体氛围、骨干教师工作的开展和骨干教师领导力的发挥。

首先，骨干教师所在团队的氛围。多数受访骨干教师表示他们所在备课组或教研组的团队氛围较好，由于教师间互信程度较高，教师在备课、教研、磨课和准备教学竞赛中愿意分享他们的经验并提供实质性的支持，久而久之便形成了团结、互助、分享和相互支持的团队气氛。

其次，骨干教师工作开展。除了日常教学工作外，学校和教师均承担着较多的任务，有些任务是作为学校教育特色而开展的常规活动，而有些任务对于教师乃至学校均是新的挑战。比如 H-10 校从 2019 年开始推行"三备"制度，从该项制度的发起来看，是自上而下推行的教育革新。而对于教师来讲则是未知的专业实践和新的挑战。因此学校管理者、骨干教师和普通教师在不同的备课环节中扮演了不同的角色，学校管理者的支持和引领、普通教师的支持和信任是骨干教师工作开展的前提条件之一。

最后，骨干教师领导力发挥。骨干教师内嵌于学校组织中，基于新基础教育的研究表明，骨干教师与同事之间的信任和友好关系的建立是他们领导力发挥的重要因素。[1] 同时，基于骨干教师的质性研究也表明，普通老师对骨干教师的信任程度决定了骨干教师领导力的实际影响效果。[2]

四 组织效用价值

骨干教师组织效用价值概念的形成受到了期望—价值理论的启发。期望—价值理论被用于解释青少年学习活动中所表现出的信念和学习动机，成功期望和任务价值被认为是促进学生学业成就的重要因素。[3] 吸引并留

---

[1] Yuhua Bu and Xiao Han, "Promoting the Development of Backbone Teachers through University-School Collaborative Research: The Case of New Basic Education (NBE) Reform in China," *Teachers and Teaching*, Vol. 25, No. 2, 2019, pp. 200-219.

[2] 王绯烨、萨莉·扎帕达:《骨干教师领导力影响因素的实证研究》,《湖南师范大学教育科学学报》2017 年第 3 期。

[3] Allan Wigfield, "Expectancy-Value Theory of Achievement Motivation: A Developmental Perspective," *Educational Psychology Review*, Vol. 6, No. 1, 1994, pp. 49-78.

住教师是世界上各国教育领导者思考的重要问题，期望—价值理论还被用于解释教师从教动机。有学者以期望—价值理论为基础，开发并验证了FIT-Choice问卷。① 教师的动机可以分为内部动机、外部动机和利他动机，被认为是影响教师从教的主要因素。② 我国学者的调查表明，在影响师范生职业选择的诸多因素中，社会效用价值因素的均值高于平均水平，而个人效用价值的均值低于整体平均水平。③ 此外，TALIS 2018教师问卷通过个人效用价值和社会效用价值两个方面反映教师为何从教。2018年，我国共有200多所学校的3000余位教师参与调查，教师个人效用价值的均值为10.81，标准差为1.57，社会效用价值的均值为12.24，标准差为2.17。④ 基于这两项研究可知，我国教师在选择教师行业时，考虑更多的是成为教师对学生发展、教育发展和社会发展的价值和意义。

从本质上看，骨干教师是一个荣誉称号，是对教师在教育教学中优异表现的肯定。但从实际情况来看，从普通教师成为骨干教师，意味着教师获得了职业流动、职称评选、薪资增加的资本。多数教师认为他们在教学中取得了成绩，被评上骨干教师就是顺带的事情，但不可否认，有教师将骨干教师评选作为增加个人资本的渠道。笔者于2019年参加了我国中部地区某市的教育规划编制工作，在对乡村校长进行调研的过程中，笔者询问了乡村学校骨干教师队伍建设的情况。参与座谈的多位校长反映说，乡村学校骨干教师流失严重，陷入"培养一个，流失一个"的恶性循环中，岗位型骨干教师和荣誉型骨干教师流失是十分突出的表现。担任学校备课组和教研组负责人或者获得一定级别的骨干教师荣誉称号，是骨干教师流动到县城学校或民办学校的"资本"。民办学校的新建校舍、教师公寓和工资待遇，是吸引乡村骨干教师流动的主要原因，多所新建民办学校教师团

---

① Helen M. Watt and Paul W. Richardson, "Motivational Factors Influencing Teaching as a Career Choice: Development and Validation of the Fit-Choice Scale," *The Journal of Experimental Education*, Vol. 75, No. 3, 2007, pp. 167-202.

② Brookhart Donald J. Freeman, "Characteristics of Entering Teacher Candidates," *Review of Educational Research*, Vol. 62, No. 1, 1992, pp. 37-60. Helen M. Watt and Paul W. Richardson, "Motivational Factors Influencing Teaching as a Career Choice: Development and Validation of the Fit-Choice Scale," *The Journal of Experimental Education*, Vol. 75, No. 3, 2007, pp. 167-202.

③ 郭方涛、孙宽宁：《影响学前教育师范生教师职业选择的因素——基于FIT-Choice模型的实证分析》，《学前教育研究》2018年第7期。

④ 本部分数据由笔者根据TALIS 2018中国教师问卷数据计算所得。

队中的核心为公办学校流失的骨干教师。因此，为了能从乡村学校流动到城市学校，这些教师尽最大的可能在各类教学竞赛中获奖，同时尽可能地取得好的名次。由于参加教学竞赛的名额有限，诸如教研组长会将参加教学竞赛的名额留给自己，以此增加职业资本流动的"砝码"。在这些骨干教师获得荣誉称号或积累一定的教学经历后，找准时机就会流动。骨干教师流失后学校重点培养的教师，也会选择承担岗位职责→评选荣誉称号→职业流动的路径。在这个不良循环中，教师的个人效用价值得到最大限度地彰显，组织的效用价值被教师忽视。教师之间逐渐形成了不良的恶性竞争，同一学科组内部教师的合作意愿和共享知识的积极性受到打击，取而代之的是教师之间为了荣誉和评比而相互竞争。

对于骨干教师净流出的学校，骨干教师流失后校长会将大量的培训机会、"公开课"机会、外出学习的机会分配给新教师，年轻教师在短期内成为乡村学校实质性的骨干教师。虽然这些教师没有获得荣誉称号，但已经能在教学、学生管理和科研等方面独当一面，适时流动是不少青年骨干教师的"最佳选择"。当然，骨干教师流动不仅表现为乡村学校向城市学校和民办学校的流动，还表现为城市中的偏远学校、薄弱学校向城中心学校和优质学校流动。可以说，荣誉称号的获得是教师流动的"资本"和"砝码"，J-02-T2认为，正因为她是市级学科带头人，因此才有机会流动到省会城市任教。和乡村学校、薄弱学校相比，城市学校，尤其是城市中最优质学校的教师，拥有更大的机会和平台展示自己。此外，多数教师没有职业流动的想法，因此在一般情况下他们会把评比、竞赛的机会让给年轻教师，形成一种"老带新"的良性发展格局。

总体而言，受访谈骨干教师谈到更多的是他们的组织效用价值，少数骨干教师谈到了他们拥有的更多的专业发展机会，谈到诸如休息时间、陪伴家人的时间、工资待遇增加、职称评审等个人效用价值的较少。具体而言，骨干教师的组织效用价值集中表现在以下几个方面。

（一）对任教学生成长的价值

对很多骨干教师来说，成为骨干教师没有改变自己作为教师的本质，也即对学生成长的价值没有发生变化。

我对荣誉称号的获得是比较随缘的，如果刚好赶上这个机遇了，

我个人能力又达到要求且被评上了，我就继续做得更好。有了这个荣誉就要对它负责，各方面都要尽力做好。（J-02-T1）

无论你有没有这个"身份"，学生的学习才是你影响力的一个基础。（H-10-T1）

（二）对学科教育质量提升的价值

很多骨干教师讲到荣誉称号的获得具有激励作用和鞭策作用，因此他们对自己提出了更高的要求。在主客观要求的双重影响下，多数教师在获得骨干教师荣誉称号或者承担更大的责任后，会不断提高自己在学科教学方面的水平。

骨干教师应该有一种榜样的力量，我们学校有将近90年的传承和积淀，大家谁都不愿意被人说做得不好，所以即便不是骨干教师，大家也尽可能会做得好一些。（H-02-T1）

（三）对教师团队建设的价值

备课组长和教研组长是学校教研活动开展的依托力量，仅担任备课组长和教研组长的骨干教师的角色认同感并不高，教师不愿意当备课组长和教研组长的现象普遍存在。虽然部分备课组长和教研组长并非完全自愿承担责任，认为担任备课组长和教研组长是"良心活"。但他们还是会主动承担岗位职责，做到"先行一步"，为其他教师扮演起"服务者"的角色。

你的风格、你做多少其他老师都在看着，你做多了在无形之中教研组里的教师也会做，即便是他不想做也会多做那么一点，这样就有带动作用。（H-04-T3）

（四）对学校教育质量提升的价值

教师的发展不仅受到组织及组织中他人的影响，而且教师的发展与组织的发展息息相关、密不可分。好教师应该具备较好的专业素养，也要有组织责任感。① 骨干教师在学校不同层面扮演着角色，或通过各种途径产生着价值。在校际专业交流中，骨干教师认为他们不仅代表了自己，而且代表了学校，因此在教学研究中会提高要求、加强反思，促进个人发展与组织发展的统一。

> 骨干教师更加代表学校形象，在跨区域教研中我们教研员都是随机提问，全区那么多教师都在，如果你回答得不好就会"丢学校的人"。所以我们在日常教研中也养成了积极思考的习惯，我们会以研讨的方式开展教研，无论是听课还是教课都养成了反思的习惯。(J-02-T4)

五 外部环境因素

基于以上分析，校长支持性领导、校长—骨干教师交换关系、同伴信任、骨干教师组织效用价值是影响骨干教师领导力的直接因素，归属于学校组织和骨干教师个体两个层面。在访谈中也发现，外部环境是骨干教师队伍建设和领导力发挥的重要影响因素，但外部环境的影响是间接的和潜移默化的。

（一）政校关系与工作负担

政府和学校的关系是教育发展中的重要关系之一，理顺二者的关系是教育治理体系现代化的任务之一。骨干教师内嵌于学校组织中，骨干教师领导力受到学校结构和不同级别政府的限制。② 教育行政部门对学校有诸多检查和要求，其他行政部门对学校也有诸多要求。③ 在学校内外管理体制的综合影响下，骨干教师很少有主动创造的机会，因此其领导力的范围仅仅在于"把事情做正确"，而非在"做正确的事"的前提下"把事情做正确"。④

---

① 孙杰、程晋宽：《从领导行为到领导思维的转变——基于国外教师领导力理论的分析》，《高教探索》2019年第12期。

② Yuhua Bu and Xiao Han, "Promoting the Development of Backbone Teachers through University-School Collaborative Research: The Case of New Basic Education (NBE) Reform in China," *Teachers and Teaching*, Vol. 25, No. 2, 2019, pp. 200-219.

③ 李广、柳海民等：《中国教师发展报告2019：中小学教师队伍建设的成就、挑战与举措》，科学出版社2020年版，第248页。

④ 在博士学位论文开题前，笔者在2018年12月10日就骨干教师领导力这一话题，对我国西部某省会城市的资深教研员进行了非正式访谈，"把事情做正确"和"做正确的事"的表述受到该教研员的启发。

说实话现在学校也很无奈，上级主管部门的一些领导有个人的想法。在各方面原因的综合作用下，即便是我们想静下心来钻研教学，也有很多事情对我们形成了严重干扰。对这些事情学校也没有办法，有些是行政部门安排的工作，由于没有办法推脱因此你必须扛着。(J-02-T5)

政府与学校关系的错位，导致教师角色的超载和教师工作负担的增加，教师成为"忙""盲"和"茫"的教师。教师工作负担不仅反映在教师的工作时间上，还反映在教师的工作内容上。一方面，从工作时间来看，调查表明，半数教师每天在校工作时间超过8小时，相当比例的教师超过10小时。大多数教师在下班后还要继续工作，有17.11%的教师在下班后要继续工作2个小时以上。[1] 类似的研究还有很多，比如在TALIS调查中，中国上海教师的工作时间明显高于其他参与测评的国家。此外，也有研究表明，中小学教师的总体负荷呈现出城乡差异，总体来看乡村最高、县镇次之、城区最低。[2] 相对于普通教师而言，骨干教师的工作负担可能更重。基于20所小学骨干教师的调查表明，75.54%的受调查的骨干教师表示每周要承担15—18节的授课任务，除此之外还有很多非教学工作。56.83%的骨干教师担任班主任，有超过28%的骨干教师同时兼任班主任、年级组长、教研组长或备课组长等职务。[3] 另一方面，从教师具体的工作内容来看，教师的工作内容大概分为教学工作和非教学工作，教师除了日常上课、班主任工作、备课、校内与校外教研之外，还面临着很多非教学事务。基于北京市某区1000名骨干教师的调查表明，骨干教师最希望减轻的负担是与教学无关的会议、检查、评比和考核，还希望减少各种总结、统计、表格、教研和科研论文等文字性工作。[4]

随着教师工作时间、工作内容和工作负担相关研究的增加，为中小

---

[1] 李广、柳海民等：《中国教师发展报告2019：中小学教师队伍建设的成就、挑战与举措》，科学出版社2020年版，第9页。

[2] 李新翠：《中小学教师工作负荷：结构、水平与类型》，《湖南师范大学教育科学学报》2021年第2期。

[3] 陆甜乐：《小学骨干教师发挥专业引领作用的问题及对策研究》，硕士学位论文，广西师范大学，2018年。

[4] 侯冬玲：《向上向善向未来：首都核心区骨干教师专业发展新风向——基于北京市某核心区1197名骨干教师专业发展现状及需求的调研》，《中小学管理》2021年第2期。

教师减负的呼声逐渐高涨。2019年12月，我国出台的《关于减轻中小学教师负担 进一步营造教育教学良好环境的若干意见》要求减轻与教育教学无关的教师负担。随后，各个省、自治区、直辖市相继出台了减轻教师工作负担的政策。但从校长和骨干教师的访谈来看，教师工作负担减轻的趋势并不明显。随着"双减"政策的实施，教师普遍反映在原有工作的基础上增加了课后服务，因此教师减负政策的落实情况仍然需要时间检验。

教师承担过多的工作是教师领导力的阻碍因素，因为教师缺少参与教学交流活动的时间。[1] 相对于普通教师，骨干教师往往有更多的身份、角色与工作负担，教师缺少开展合作和试验的必要时间。[2] 与此同时，很多骨干教师兼任行政职务，除了教学任务外还要承担繁杂的行政管理事务。[3] 随着学校改革与改进校本化进程的加快，学校内部机构的重整与功能重组，带来教学理念的革新和教学实践的变化。对于骨干教师、备课组长和教研组长来说，组织机构的调整意味着更大的责任和要求，教师需要花费大量时间应对教育教学方面的任务。

> 我们学校的课程中心和教师发展中心会下达各种教育教学方面的任务，比如购买教具。对于他们来讲可能就是一句话，但是对于教师们而言就要花费大量时间。我们还有课程纲要、教案和教学反思等的撰写，其实教师们的日常还是挺忙的。(H-02-T6)

(二) 教育评价观念

2020年9月出台的《教育部等八部门关于进一步激发中小学办学活力的若干意见》指出，各地不得以中高考成绩或升学率片面评价学校、校长和教师。然而，在访谈过程中，笔者发现教育评价观念存在不合理之处，影响了骨干教师的身份认知、日常专业实践和领导力的发挥。

---

[1] Daniel Muijs and Alma Harris, "Teacher Led School Improvement: Teacher Leadership in the UK," *Teaching and Teacher Education*, Vol. 22, No. 8, 2006, pp. 961-972.
[2] 娄元元：《学校发展中的教师领导研究》，博士学位论文，华东师范大学，2015年。
[3] 罗绍良：《黔南民族地区中小学骨干教师示范辐射作用的调查与分析》，《民族教育研究》2011年第5期。

首先，对学校的评价。学生成绩和升学率依旧是教育行政部门和社会评判学校教育质量的重要标准。H-02-T3 认为，学校面临小升初的压力，即便是教育行政部门逐渐弱化升学考试，但学生和学校还面临着家长对学生成绩的要求。因此学校对高学段学生的发展投入更多资源，优秀教师和中层干部的配置均向有升学任务的学段倾斜。

> 高段的老师在我们学校一直比较强，比较优秀的老师都安排在这。（H-02-T3）

教育行政部门和社会对学校教育质量的评价，在一定程度上造成了乡村学校教育质量的恶性循环，教师流失现象和骨干教师无法外出接受培训的问题比较突出。笔者调查的几所乡村学校均处于发展瓶颈期，在未来一段时间内有自然消失或被撤并的可能。受调研乡村学校面临的困局由多方面原因造成，但是教育质量评价观念是很重要的影响因素之一。

> "人家"不管你学生的现状，最后就是看有多少学生考上（初中），有多少学生考不上（初中）。就像学校现在的生源（质量），按照规律可能一个升入高中的都没有。学校现在生存都是问题，所以说将来质量是第一位的，这些骨干教师都被放在最重要的位置上。（H-07-P）

其次，对教师的评价。教育行政部门和社会对学校教育质量的评价影响学校内部的教师评价观念。从本质上讲，教学优秀是普通教师成为骨干教师的前提和基础，是骨干教师"合法性"的根基。如果教师获评骨干教师后无法在教学上有所发展，那么这些骨干教师的威信就会受损。因此，不少骨干教师都谈到在他们的示范和引领作用中，最基础的就是他们能在引领学生学习方面有所突破和创新。一方面，从事实层面来看，就是骨干教师是否担任班主任工作，教学任务有多少，如果是班主任，所在班级教学质量如何。另一方面，从引领学生学习的过程来看，就是骨干教师在教学理念、教学实践、教学评价和因材施教等方面是否有他们自己的特色。

最后，对学生的评价。虽然教育政策不允许学校以学生成绩为标准进行分班，但是从实际调查结果来看，以学生成绩对学生进行分班的情况并非个例。学校对"重点班""精英班"和"实验班"会在教师配置上有所倾斜，骨干教师被优先分配到重点班。此外，不少学校会进一步将骨干教师集中在毕业年级的"重点班"。可见，骨干教师被视为学校"培优"的关键，是学生升学的保障。

H-10校是城乡接合部的一所初中，从10年前的濒临被撤并，逐渐发展成学生中考成绩连续多年高居全县第一名的学校，实现了从缺乏生源、师资流失和社会声誉低下的"薄弱学校"向生源充足、师资优秀和社会声誉较高的"优质校"的转变。虽然该校改进过程靠的是学校管理团队、全体教师和家长的共同努力，但从学校日常的种种表现来看，该校将学生的学习与发展窄化为学业成绩。从学校对教师的评价来看，该校学生成绩与教师评价挂钩，学生成绩的合格率和优秀率在很大程度上决定了教师能否在评优评先活动中获得"优秀教师"等荣誉，也决定了教师的绩效考核成绩。

该校也存在"重点班"现象，它对学生成绩的推崇可以通过该校微信公众号的一条推文来体现。在该校八年级的月考中，学校前100名集中在两个班级。从对学生月考"表彰大会"的流程来看，先由月考总分第三名的学生分享学习经验；再分别由语文、数学、英语和物理学科的单科"状元"分享学习经验；接着由年级主任讲话；最后学校对月考前100名的学生颁发荣誉证书并拍照留念。在月考经验交流中学生和教师发言的内容由表4-10所示，除了学生5来自其他班级外，剩余四位进行经验分享的学生均集中于9班和10班。学生们交流的内容也主要集中在如何提高学习成绩，以及围绕学习成绩的提高而需要完善的学习兴趣、学习习惯和学习心态方面。

表4-10　　　　H-10校八年级第一次月考经验交流内容

发言者	班级	月考表现	交流内容
学生1	10班	总分年级第三名	第一，语文、英语学科多积累，不可急功近利；第二，数学、物理学科多刷题；第三，成绩薄弱的同学重基础，成绩好的同学提高学习效率；第四，保持好的心态，胜不骄、败不馁。
学生2	10班	语文单科"状元"	第一，养成熟读、背诵的习惯；第二，养成阅读优秀课外读物的习惯；第三，养成推敲语言文字的习惯；第四，养成积累语言素材的习惯；第五，养成勤思考、爱质疑的习惯。

续表

发言者	班级	月考表现	交流内容
学生3	9班	数学单科"状元"	应该做到课前预习、上课认真听讲、提高课堂效率、课下要进行针对性的练习、课后及时复习。强调要整理好错题，整理错题不能只抄答案，要把解析和错因也整理好。
学生4	10班	英语单科"状元"	兴趣是最好的老师，英语要讲究三到：心到、手到、口到，上课要认真听讲，做好课堂笔记，还要开口读英语。
学生5	7班	物理单科"状元"	物理源于生活，对于生活中的物理现象要善于思考，要有"打破砂锅问到底"的精神，学习物理要在理解的基础上加强记忆，学习要有目标。
教师1	—	年级主任	第一，努力是一种态度，与年龄无关。只要开始，什么时候都不晚，学最好的别人，做最好的自己；第二，别人越是瞧不起你，你就越要努力；别人越是打击你，你就越要做出成绩；第三，要像石灰一样，越是泼冷水你就越沸腾。

此外，城乡骨干教师引领学生学习所表现出来的观念和实践差异巨大。对于城市学校，尤其是城市中最优秀的中小学校而言，就近入学政策的实施使学生的家庭经济资本在学生入学选择上扮演了重要角色。近年来，教育质量"资本化"成为社会热点问题。[1] 在一定程度上可以说，中小学校的学生来源及其背后的家庭差异显著。因此，产生了受访骨干教师口中的"我们这几年生源质量较差""我们这几年生源质量还行"的表述。对于县城学校而言，城镇化过程中学生大量流入。县城学校，尤其是县城中的优质学校普遍出现大班额现象。在生源来源更为复杂、优质生源比例下降的前提下，县城优质学校的骨干教师反映他们平时根本没法关注所有学生，在教学中很难开展创新活动。而农村和乡镇中学校因办学质量差异而呈现出和县城学校不同的发展格局。乡村校长认为，普通教师乃至骨干教师在引领学生学习方面面临理念与实践的脱节。学校希望教师改变教育理念，关注学生学习，革新自己的课堂教学实践。为此，H-07校进行了课堂组织形式的革新，在学校开展小组合作学习，以此引导教师聚焦学生学习，提高学生学习的积极性和主动性。但是，校长认为，他们学校开展

---

[1] 哈巍、靳慧琴：《教育经费与学区房溢价——以北京市为例》，《教育与经济》2018年第1期。

的教学改革要想取得真正效果有很大的困难。虽然学校也组织教师外出培训或参与网课学习,专家、名师介绍的经验虽然有借鉴意义但并不是很大,因为每一位乡村教师面对的基本上都是中等偏下的学生。

> 我发现一些问题,就是不管我们跟网上学习或者外出培训,那些专家和名师介绍的那种模式,对于我们来说有借鉴意义但不是很大,因为每一个老师的"学情"是不一样的,我们基本上就是中等偏下的学生,整个班都是这样的。(H-07-P)

H-10校受访的骨干教师都是所在年级考试成绩最好的教师。有位骨干教师表示她这几年"运气"比较好,接手了一个很好的班级,学生考试成绩很好。同时,该教师也表示,学生成绩好一方面源于学校生源质量的提高,在学校中考成绩越来越好的背景下,更多的学生家长希望自己的孩子能到该校读书,因此学校通过入学考试对新生进行选拔。另一方面,源于他们在学生身上的付出,作为班主任基本上做到了"以校为家""以班级为家"。当然,骨干教师在引领学生学习方面的表现并不能完全归于骨干教师本人,还应从更广泛的层面寻找原因。基于班主任工作压力的调查表明,相对于县城学校和城市学校而言,乡镇班主任和村屯班主任在学生成绩方面有更大的压力。[①] 同样,基于甘肃省某县教师的调查显示,超过半数教师认为"学生学习成绩"是学校最看重的,"唯学生成绩论"是乡

---

① 对我国5065位中小学班主任的调研表明,班主任面临的工作压力中有一个题项表述为"学生学习成绩不好",通过这道题可以管窥中小学班主任面临的学生成绩压力状况。非参数检验结果表明,班主任面临的学生学习成绩压力在不同区位的学校之间存在差异(学校区位分别被表述为城市、县城、乡镇和村屯),卡方值为32.338,自由度为12,显著性为0.001<0.01。其中选择"没有"的班主任为88人(占比1.7%),选择"不大"的为156人(占比3.1%),选择"一般"的为1274人(占比25.2%),选择比较大的为2370人(占比46.8%),选择"非常大"的为1177人(占比23.2%)。在选择"比较大"的班主任中,城市班主任为329人(占比13.9%),县城班主任为352人(占比14.9%),乡镇班主任为812人(占比34.3%),村屯班主任为877人(占比37%)。在选择"非常大"的班主任中,城市班主任为179人(占比15.2%),县城班主任为188人(占比16.0%),乡镇班主任为419人(占比35.6%),村屯班主任为391人(占比33.2%)。从总体上看,班主任群体面临着较大的学生学习成绩压力。但是具体来看,乡镇班主任和村屯班主任面临的学生学习成绩压力高于县城班主任和城市班主任。中小学班主任职业压力的类型、差异和影响的探讨可见秦鑫鑫、吴晶、张猛猛《中小学班主任留岗意愿影响因素研究——基于5065位班主任的实证调查》,《教育科学研究》2021年第11期。

村学校的主流教育价值取向。① 当学生成绩成为评价学校和教师的主要标准时，学校教育的实践样态存在较大差异，影响了教师"教"与"学"的态度。

（三）区域教学研究

首先，教研员专业实践活动的影响。教研员通过教学研讨、试题命制和教学指导等多种途径影响教师的专业实践和骨干教师的专业成长，进而影响骨干教师领导力的发挥。

一方面，教研员对学校教学工作的指导及其差异性。笔者在 H-03 校调研当天，市级教研员对该校各个学科进行了教学指导工作。校长坦陈一所学校很难请到所有学科的教研员来校指导，该校得益于曾经在市教育局任职的副校长，所以能邀请到各个学科的教研员来学校指导工作。从教师访谈中得知教研员到校主要进行了三项工作：第一项对教师的"随堂课"进行评价；第二项是对中考的复习方向进行把握；第三项是针对教师专业发展提出建议，比如研判中考试题。实际上，一个区域有很多所学校，而教研员的数量决定了不同学校受教研员指导的可能性存在差异。因此，H-03 校由于办学质量较好且有副校长与各学科教研员对接，因此各个学科的教研员每年都会到该校指导工作、把握方向。

另一方面，教研员对区域学科引领与利弊分析。教研员是我国区域教学质量的保障人员，为基础教育课程实施、教学改进和教师发展做出了贡献。② J-02-T3 提到了教师在教研主题选择方面的自主权，重点讲到区级和市级教研员对整个学科教师的教学关注和课题申请方面的影响。区级和市级教研员关注和推崇的教育理念在潜移默化中影响了骨干教师的关注点，弱化了骨干教师及其所在团队探索其他研究主题的可能性。

> 2018 年市级和区级教研员都换了，他们的想法还是很影响市里所有科学教师的。市里的教研员推崇科学思维，然后你就会发现市里所有的科学教师上课的主题都是这个，大家围绕科学思维去探讨，所有

---

① 周晔、张海燕、张文斌：《教师视角下的农村学校教师管理制度——基于甘肃省 X 县的调查》，《教育与教学研究》2017 年第 5 期。

② 沈伟、孙天慈：《中国教研员研究的历史脉络与多重视角》，《华东师范大学学报》（教育科学版）2021 年第 5 期。

教师写的论文、案例和课题都和科学思维有关。我们区的教研员比较推崇项目式学习，所以发现提交到市里的课题，十个有八个都是写的项目式学习的，包括我自己也是这样。(J-02-T3)

其次，常规跨校教研。学校根据区域教研规定和制度开展学校内部的教学研究活动，一方面，学校内部教研让步于区域跨校教研，体现在学校教研时间与区域教研时间安排不能发生冲突上。另一方面，学校教研制度与区域教研制度高度重合，教师认为按照区里的规定就可以。

其实，学校教研的规定有时候是很基础的，根据区里的要求规定就行，方便管理。(J-01-T1)

骨干教师认为，在跨校教研中不同学校教师所扮演的角色存在差异，表现为优质学校和一般学校、城市学校和乡村学校的差异。H-01-T1认为，她和其他学校教师私下的交流比较多，但是其学校教师进行汇报的机会比较少。她认为，这是因为学校质量的差异导致的，优质学校的骨干教师在很年轻时就有机会在很高的平台上交流经验。对于乡村学校来说，在学校地理位置、学校质量和师资质量的综合作用下，跨校的教研活动很少有机会由乡村学校承担，乡村教师在多数情况下只能去乡镇和县城参加跨校教研活动。

我们学校在市里不算非常好的学校，平台不是特别高，一般出去报告的还是名校的教师，他们很年轻就可以对外交流经验。(H-01-T1)

我之前在偏远的学校，还是以教学为主，因为那个地方比较偏远，相比之下教师们只能出来学习。由于当时交通不方便，至少需要两个小时才能到市里，所以在那个学校举办教研活动很难，一般都是我们出来参加教研活动。(J-02-T5)

再次，自组织跨校教研。"好学校"和"好教师"往往通过两种途径关联起来：一方面，学校水平越高，学校教师发展制度愈为完善，教师成长的速度和空间就越大。因此，相对于其他学校教龄相同、学科相同的教师来讲，高发展学校的青年教师在骨干教师评选中占优势。另一方面，城市发展水平与学校发展水平的差异，导致骨干教师校际、城市间的流动，形成了骨干教师向城市学校，尤其是城市中的优质学校流动和聚集的现象。在严格的筛选下，能够流动到城市学校的骨干教师是同伴中的佼佼者。此外，优质学校由于学校环境较好，学校管理水平和福利待遇较好，因此优质学校的教师队伍较为稳定，骨干教师流动和流失的情况较少。对于优质学校和普通学校而言，学校骨干教师队伍存在"两高"和"两低"现象。也即优质学校的骨干教师占教师总数的比例高和专业水平高，而普通学校的骨干教师占教师总数的比例低和专业水平低。因此在学校内外诸多因素的综合影响下，一所学校在区域内的影响存在差异，在跨校教研活动中扮演了不同角色，有些学校作为组织者和经验传播者参加，而有的学校只能作为学习者和模仿者的身份参加。

  确实因为师资分布不均衡，有一些名声很好的学校，但是它可能在某一学科上比较弱，它这个学科就是没有骨干教师。(J-01-P)

  最后，教学评比的机会。对于教师的专业成长和职称晋升而言，教学竞赛在教师专业实践中扮演了重要角色。不少受访者表示，学校平台和所在学科实力的差距均会影响到教师能否参与教学竞赛以及是否获奖。J-02-T2 的从教经历在一定程度上能反映学校选择教师参加教学竞赛的现实情况，她在任教初期担任语文教师，虽然连续多年在校内教学竞赛中名列前茅，但是因为不受校长的青睐，因此从来没有被选中参加教学竞赛。在语文学科发展受限的情况下，她毅然选择更换学科任教。得益于教务主任的推荐，她能够有机会参与校外教学竞赛，然后在市级和省级层面的教学竞赛中崭露头角。从该教师的经历可以看出，一方面，教学竞赛是教师从学校走上更广阔的平台展示自己的重要载体，也是成为骨干教师的重要前提，有地区规定教师在某一级别的教学竞赛获奖后，可以直接获得某一层次的骨干教师荣誉称号。另一方面，校长及学科负责人是影响教师是否有机会参与教学竞赛的"重要他人"，当学校管理者无法秉持公平、公正的态度时，较高水平的教师也没有机会展露自己，因此发展的速度和发展的层次逐渐落后于和其教龄相似的教师。

（四）骨干教师评选制度

骨干教师的数量、比例和层次是学校师资力量的重要表现，是学校"口碑"的外在体现。基于秦皇岛市学校的调查表明，乡镇和农村学校的教师占教师总数的56%，但83.6%的骨干教师来自市直、区县学校，仅有16.4%的骨干教师来自乡镇和农村学校。[1] 和李长江的研究类似，本书受访学校骨干教师的数量、比例和层次存在差异，这种差异一方面源于骨干教师的跨校、跨区域流动，优秀教师逐级向上流动。另一方面，骨干教师评选制度不利于乡村学校、薄弱学校和小规模学校的教师获评骨干教师。教育公平包括机会公平、过程公平和结果公平[2]，基于校长和骨干教师访谈，可以发现骨干教师评选制度中的三类不公平现象：

首先，荣誉型骨干教师评选中的起点不公平。从骨干教师评选的流程来看，一般情况下遵循教师自荐、学校举荐和区域评选的流程。可以说，大多数骨干教师是教师队伍中的优秀代表。随着时间的推移，骨干教师评选规则越来越细化，评选流程也越来越规范。但是相对于城市学校、优质学校和大规模学校而言，与之相对应的三类学校的教师往往因为个人素质不高、内部培养机制不健全以及学校平台影响力不足，而缺少相应的评选条件。研究表明，乡村偏远小学教师很难获得省、市级"教学能手"的评选机会，即便是能获得参评机会，也因没有足够的专业支持而难以在评选中获得奖项。[3] 此外，教师评选更高一级荣誉称号必须获得低一级的荣誉称号，这意味着骨干教师具有等级制。[4] 因此，在主客观因素的影响下，骨干教师评选及后续发展存在不公平。

在调研中发现，有教师并非因专业能力较强而获评骨干教师。一个很普遍的现象是，乡村教师通过参与"顶岗实习"而获得市级骨干教师荣誉称号。"顶岗实习"是指师范生在高校修完专业课程和教师教育课程后，

---

[1] 李长江：《秦皇岛市中小学骨干教师队伍建设研究》，硕士学位论文，燕山大学，2010年。
[2] 黄忠敬：《美国政府是如何解决教育公平问题的——教育政策工具的视角》，《教育发展研究》2008年第21期。
[3] 孙刚成、汶莎莎：《乡村小学全科教师定向的现实需求与在地化培养策略》，《现代教育论丛》2020年第6期。
[4] 卢乃桂、陈峥：《赋权予教师：教师专业发展中的教师领导》，《教师教育研究》2007年第4期。

到农村学校进行"全职"教师顶岗实习，高校则对实习基地的校长和教师进行多种形式的培训。①"顶岗实习"的目的是解决农村教师数量不够、质量不高这一长期制约农村基础教育发展的根本问题，同时也有效地改变了长期以来师范生教学临床技能不强的局面。② 可以看出，"顶岗实习"被视为解决师范生教学技能不足和乡村教师专业能力不足的"良方"。H-07-T1 认为，乡村学校为了减少学生成绩下降的潜在风险而选派"副科"教师参与"顶岗实习"。同时，语、数、英学科在乡村中学受到更大的重视，安排的任课教师往往是学历高、年纪轻且教学成效好的教师。而副科教师往往由年龄大、学历低的老教师来担任。也就是说，参与"顶岗实习"且最终获得市级骨干教师荣誉称号的教师并不是相对优秀的教师。

> "顶岗实习"一般都是找课少的、年龄偏大的，一般不教主科。因为教主科的话，你招一个（实习生）来教好像也不太放心。(H-07-T1)

> 我们学校有好几个省级骨干教师，都是因为教育局里边有人，自己找的"关系"。(H-06-T4)

相对于荣誉型骨干教师的评选，备课组长和教研组长的评选主要是以德为先、能力为上，兼顾学校和学科发展的实际情况。校长将备课组长和教研组长的选拔视为学校教研活动开展的重要保障，因此多数学校在选拔时非常谨慎。为了学科发展的延续性和传承性，不少学校会提前培养未来的教研组长，以实现本学科的持续发展。从评选要求来看，在多数情况下备课组长的评选标准低于教研组长和区级以上骨干教师，职责和要求也存在差异。对于备课组长来说，很多学校让青年教师担任备课组长以促进新教师成长。

> 担任备课组组长一职，其实我是零基础的，学校对我们学科方面的

---

① 张爱华、宋萍、刘兆丰:《高师院校人才培养模式探索——河北师范大学"3.5+0.5"顶岗实习支教模式研究》,《教育研究》2009 年第 11 期。

② 易连云、卜越威:《探索与实施"顶岗实习支教"模式，促进农村中小学师资更新》,《西南大学学报》(社会科学版) 2008 年第 2 期。

要求不高，也没有做过相关培训，主要就是讲讲备课组长要干什么，到什么阶段要交什么材料之类的事情，主要是管理上的职责。学校其实没有对备课组长和教研组长进行培训，大多时候还是讲要求。(J-01-T1)

其次，骨干教师评选过程中的不公平，获评骨干教师需要"天时""地利"与"人和"的结合，三者缺一不可。第一，评选条件的满足与评选过程的准备。针对骨干教师评选规则，学校展开个性化的应对措施。对于教师个人来说，在成长为骨干教师的过程中，当个体努力不能取得相应结果时，学校的"平台效应"就十分明显。H-04-P 认为，学校的教师因为骨干教师评选条件而不愿意参加省、市级骨干教师评选，因为近三年市级以上"优质课"是关键条件。正如前文所述，教师参加教学竞赛不仅取决于专业水平，还受到诸如与学校管理者的关系等因素的影响。除了评选条件难以获得外，教师个人原因、对骨干教师荣誉称号的认知和个人职业发展追求，均是影响教师是否参与骨干教师评选的重要条件。

我们学校教师评选市级、省级骨干教师的动力不是很足，因为评选要求教师近三年在"优质课"的评选中获得市级以上奖励，有的教师可能是三年以前获得的，就不符合了。有些教师虽然满足条件，但因个人原因比如生病、怀孕也没法参加了。还有一些根本不愿意参加评选，因为觉得没有什么用还得去笔试。评职称的时候也不管用，就是个名号。有些教师觉得年龄大了就不想折腾了，所以就不再去评了。(H-04-P)

从学校管理层面来看，骨干教师评选条件的满足是学校教师队伍建设的重要方面。H-02 校和 J-01 校均提到如何从学校管理的层面引导、帮助教师达到骨干教师评选要求，此外还针对性地对参评教师进行指导和帮助。参照不同层次骨干教师评选的要求，学校在项目申请、论文写作与发表等方面给予教师支持。

教师在评骨干教师时可能在某方面比较薄弱，学校会针对性地提供支持，给你创造条件让你由市级往省级晋升。(H-02-T4)

每个层次的骨干教师均有不一样的要求，学校摸排以后发现每个教师都有"短板"。我们从学校管理层面出发，根据教师评选条件缺失的部分进行相应的倾斜，比如给教师配备更好的指导教师，邀请高校教师或期刊编辑进行科研指导。(J-01-P)

第二，评选名额的获得。一方面，骨干教师所在学校的属性影响了骨干教师评选的名额和程序。H-02校为市直属学校，在分析该校骨干教师数量多、比例高的原因时，校长认为其学校有单列的评选名额，教师参与到高层次骨干教师评选中的概率更大。另一方面，许多校长、副校长和中层干部都是"教而优则仕"，因此多数校长都是从普通教师成长而来，担任过备课组长、教研组长、科室主任和年级主任。因此，这些优秀的教师成为管理者之后，在资源分配和平台搭建的时候会对其所在的学科有所倾斜。

我们学校为市管校，省、市级骨干教师数量相对较多，这和骨干教师评选的机制有关系。比如省级层面给各个地市分配的名师、省骨干教师名额，各个地市可能由各个区进行分配。我们是直属学校有一些单列名额，这是我们学校数量比较多的一个原因。(H-02-P)

第三，学校内外的竞争压力与骨干教师对评选机会的把握。骨干教师在评选过程中还要考虑学校推荐名额的多少和学校教师队伍的结构。H-02-T2认为，当年轻教师比较多的时候，学校推荐教师参评骨干教师的概率就更大一些，那些有机会参评并获得机会的教师要比同教龄教师的发展更迅速。当然，对于有机会参加评选的教师而言，他们常常也会因为多方面的原因而错失机会，未能获评骨干教师。

骨干教师评选参加了也不一定能评上，有可能刚好今年参评的教师都特别优秀。有些人机遇好一些，比如学校年轻教师比较多，参加培训的时间早一些、推荐得早一些。但如果学校刚好中间的教师比较多，那评选就比较难。(H-02-T2)

最后，骨干教师评选结果的不公平。骨干教师评选的规则让部分优秀教师因为缺乏硬性指标而无法获评骨干教师，而有些虽然优秀但是无法起到引领示范作用的教师，因符合各项条件而获得骨干教师荣誉称号。从这个层面讲，教师能否获得骨干教师荣誉称号是教师个体努力的结果，骨干教师获评的价值主要体现在教师个体层面，对集体的意义和价值有限。有时候学校也不想推荐部分教师参评骨干教师荣誉称号。但是，在名额没有限制或者没有更符合评选资格的教师参评时，学校还是会支持不符合校内标准的教师参评。此外，有时候骨干教师的评选不需要校内评审，因此许多不符合校内标准的教师也被学校推荐参与评选，因为教师获得骨干教师荣誉称号对教师个人和学校都是有益的。

（五）骨干教师管理举措

评价是骨干教师队伍建设的重要组成部分。如表 4-11 所示，本书结合政策文本和骨干教师访谈，简要列出省级层面的骨干教师管理举措，主要为开设公开课、指导青年教师、发表论文、课题研究和送教下乡。此外，除了这五个常规的管理举措外，还有其他管理举措。

表 4-11 不同省域骨干教师管理举措列举

政策编号	课题研究	论文发表	指导青年教师	参加听评课活动	送教下乡	其他要求
B015	√	√	√	√	√	√
B016	√	√	√	√	√	√
B024	√	√	√	√	√	√
B032	√	√	√	√	√	√
B045	√	√	√	√	√	√
B052	√	√	√	√	√	√

说明：为了和前文保持一致，本部分仍使用骨干教师政策变迁分析中的编号，具体而言，B015 为海南省 2007 年印发的《海南省中小学骨干教师评选和管理办法（试行）》；B016 为河南省 2008 年印发的《河南省教育厅关于启动实施河南省中小学名师培育工程的通知》；B024 为山东省 2009 年印发的《山东省齐鲁名师建设工程人选培养管理办法（2009 年至 2013 年）》；B032 为江西省 2011 年印发的《关于开展全省第二批中小学学科带头人及骨干教师选拔培养工作的通知》；B045 为北京市 2012 年印发的《中共北京市委教育工作委员会、北京市教育委员会关于实施北京市中小学名师名校长发展工程的意见》；B052 为陕西省 2013 年印发的《关于加强中小学教师队伍骨干体系建设的意见》。

需要说明的是，一方面，虽然很多省份出台了骨干教师评选和管理办法，但并非所有政策文件均提及骨干教师的具体管理举措，多数政策涉及骨干教师的选拔和培养。从总体上而言，骨干教师层次越高，骨干教师管理举措越多，要求也会越高。另一方面，虽然本书列出了不同省份的骨干教师管理举措，但是政策文件中的规定更加具体。第一，课题研究，对课题的内容、级别和是否完成均有明确要求。第二，论文发表，对论文发表的主题、篇数和发表期刊的层次也有明确规定。第三，指导青年教师。"老带新"是大多数骨干教师的重要任务。除了指导青年教师之外，不少省份要求骨干教师在学校内外均要发挥指导教师的作用，要求骨干教师在更大的范围内促进教师队伍建设。第四，参加听评课活动，课堂是教学改革的"主阵地"，公开课堂是对骨干教师的基本要求，骨干教师还要在校内外公开课中扮演"把关者"的角色。此外，不同层次的骨干教师还需要面向校内外教师开设"示范课"和"引领课"。不少省份的骨干教师政策会明确骨干教师开课的类型及开课的次数。第五，送教下乡。随着对城乡义务教育公平重视程度的提高，不少政策要求骨干教师在培养周期内要有去农村送教、支教甚至定期交流轮岗的经历。

第四节　小结

在政策文本分析、已有文献分析和质性数据分析的基础上，本书认为我国公办义务教育学校骨干教师的领导力包括引领学生学习、促进校内同伴发展、促进校外同伴发展、引领课程实施、参与专业决策和引导家校共育六个方面，每个方面均可由多个题项来反映。立足于我国逐渐深化的课程改革实践，结合区域和学校教育改革的个性化尝试，骨干教师不仅在育人和专业成长方面有所突破，还在更大范围内发挥领导力。可以说，骨干教师领导力的外延在课程改革和学校改进深化中不断拓展。从本质上讲，骨干教师领导力是非等级制的，是通过自身的专业能力和专业权威的提高而获得教学、教改和教研等专业领域的专业话语权。[1]

从骨干教师领导力六维度之间的关系来看，引领学生学习是最基础、

---

[1] 陈永明：《教育领导学》，北京大学出版社 2010 年版，第 307—309 页。金建生：《教师领导研究——基于教师发展的视角》，中国社会科学出版社 2016 年版，第 190 页。

最根本的。和普通教师相比，引领学生学习和引导家校共育是所有教师都应该具备的领导力，但是和普通教师相比，骨干教师在这两个方面的表现更好。骨干教师在促进学校同伴发展、引领课程实施和参与专业决策三个方面的领导力显著优于普通教师，但是不同骨干教师的表现可能存在差异。正如丁钢所认为的那样，引领同伴和参谋领导是高层级教师领导力的表现，是优秀教师区别于一般教师的标志。[①] 而对于促进校外同伴发展而言，虽然这是区县级骨干教师的要求，但能够跨越学校组织边界，在学校之外发挥领导力是比较困难的。

本书基于校长和骨干教师访谈，建构了影响骨干教师领导力的本土解释框架，包括五个方面：第一，校长支持性领导。指的是骨干教师感知到校长对自己的支持程度，包括校长分布式领导、校长制度支持和校长能力建设三个方面。第二，校长—骨干教师交换关系。基于校长和骨干教师访谈，本书呈现了校长与骨干教师交换关系的表征、原因及影响。第三，同伴信任。基于校长和骨干教师访谈，本书呈现了骨干教师与其他同伴之间信任的表征、原因和影响。第四，组织效用价值。指的是骨干教师认为他们成为骨干教师价值的认知，既包括对学生成长的价值，也包括他们对学校教育质量提升价值的感知。第五，外部环境因素。政校关系与工作负担、教育评价观念、区域教学研究、骨干教师评选制度和骨干教师管理举措形塑骨干教师领导力。但外部环境因素均属于宏观情境因素，不同区域的差异较大，对骨干教师领导力的影响也是间接的。学校层面因素和个人层面因素对骨干教师领导力的影响是直接的、重要的和便于测量的。

[①] 丁钢：《教师的专业领导：专业团队计划》，《教育发展研究》2004 年第 10 期。

第五章　骨干教师领导力及影响因素的实证分析

本章基于第四章的研究发现和已有文献，形成了适用于我国公办义务教育学校骨干教师领导力及影响因素的调查问卷。本章首先检验了编制问卷的可靠程度，在此基础上对我国东、中、西部地区学校的骨干教师进行问卷调查，了解骨干教师领导力及其影响因素的现状与差异，探究骨干教师领导力与影响因素之间的作用关系。

第一节　量化研究的设计与实施

一　预调研

基于第四章形成的骨干教师领导力解释框架，结合各变量的内涵，在参照已有研究和政策文本的基础上，本书编制了公办义务教育学校骨干教师领导力及影响因素调查问卷（如附录三所示）。在问卷预调查之前，笔者邀请以下三类人员对骨干教师领导力维度划分、本土解释框架的适切性和问卷题项及表述的适合程度提出建议。第一类为三位教研室负责人；第二类为两位校长；第三类为三位骨干教师。上述三类人员的建议为预调研问卷的完善提供了参考。预调研集中于2021年5月中下旬至6月上旬，调研对象主要来自河南省、山东省、上海市、广东省和海口市，其他省份样本较少。

（一）研究对象

预调研共收集1437份骨干教师问卷，删除填答时间过短和规律性作答问卷518份，共得到919份有效问卷，问卷有效率为63.95%。预调研骨干教师及所在学校基本信息不在此呈现，和正式调研部分的研究对象一起呈现。预调查问卷有效率较低的原因主要有三个方面：第一，笔者进行了较为严格的筛选；第二，调研对象的重视程度不够，填答的随意性较高；第三，问卷题量较多，教师容易随意填答。一般而言，问卷样本量应该是题项的5倍，10倍是最优状态。[①] 预调研共收集到919份有效问卷，样本量符合问卷调查的要求。本节基于预调研数据，探索并验证了骨干教师领导力的六维度结构，同时对其他变量进行了可靠性检验，为正式问卷调查的实施奠定基础。

（二）研究工具

1. 骨干教师背景信息问卷

如表5-1所示，骨干教师背景信息问卷包括三个部分：第一，骨干教师人口学信息，包括性别、婚姻状况、最高学历、任教年级、任教学科、教龄、职称、职务、是否担任班主任。第二，骨干教师所在学校信息，包括学段（由任课年级转换而成）、学校区位、学校办学质量、学校规模和与校长学科背景是否一致。第三，其他背景信息，包括骨干教师是否参与学校之外的专业组织（如名师工作坊）、从教初期是否将教师作为第一职业选择、获得"骨干教师"荣誉称号的层次（本题由荣誉型骨干教师填写）。

表5-1　　　　　　　　骨干教师背景信息问卷

变量类别		变量测量
骨干教师人口学信息	性别	1. 男；2. 女
	婚姻状况	1. 未婚；2. 已婚无子女；3. 已婚有一个子女；4. 已婚有多个子女；5. 其他
	最高学历	1. 中专及以下；2. 大专；3. 大学本科；4. 硕士；5. 博士
	任教年级	1. 一年级；2. 二年级；3. 三年级；4. 四年级；5. 五年级；6. 六年级；7. 七年级；8. 八年级；9. 九年级
	任教学科	1. 语文；2. 数学；3. 英语；4. 政治；5. 历史；6. 地理；7. 物理；8. 生物；9. 化学；10. 科学；11. 计算机；12. 综合实践；13. 音乐；14. 体育；15. 美术；16. 其他
	教龄	1. 5年以下；2. 6—10年；3. 11—15年；4. 16—20年；5. 21—25年；6. 26—30年；7. 31年及以上
	职称	1. 二级及以下；2. 一级；3. 高级及以上
	职务	1. 普通教师；2. 备课组长；3. 教研组长；4. 年级主任；5. 科室主任；6. 其他
	是否担任班主任	1. 是；2. 否

---

① 侯杰泰、温忠麟、成子娟：《结构方程模型及其应用》，教育科学出版社2004年版，第146页。陈晓萍、沈伟：《组织与管理的实证研究方法》，北京大学出版社2018年版，第210页。

续表

变量类别		变量测量
骨干教师所在学校信息	学校区位	1. 城市；2. 县城；3. 乡镇；4. 村屯
	学校办学质量	1. 最差；2. 中下；3. 中间；4. 中上；5. 最好
	学校规模	1. 100生以下；2. 101—200生；3. 201—1000生；4. 1001生以上
	与校长学科背景是否一致	1. 是；2. 否
其他背景信息	专业组织参与	1. 没有参与；2. 参与了，是成员；3. 参与了，是负责人
	教师作为第一职业选择	1. 是；2. 否
	获得"骨干教师"荣誉称号的层次	1. 区（县）级骨干教师/学科带头人；2. 市级骨干教师/学科带头人；3. 省级骨干教师/学科带头人；4. 国家级骨干教师/学科带头人

为了得到更加详细的信息，本书在问卷调查时收集了比较具体的信息，比如"任教学科"不仅考察了骨干教师的任教学科，还考察是否存在跨学科教学情况。在后续数据分析中，将语文、数学、英语之外的教师进行合并。在任教年级方面，将一年级、二年级、三年级教师数据合并为"小学低段"，将四年级、五年级和六年级合并为"小学高段"，将七年级、八年级和九年级合并为"初中"。

2. 骨干教师领导力问卷

骨干教师领导力问卷的题项主要源于校长访谈和骨干教师访谈，结合已有文献中的教师领导力问卷的题项，编制了六维度29题项的预测问卷（如表5-2所示）：第一，引领学生学习，由六个题项构成。引领学生学习借鉴了卢乃桂课题组对轮岗交流骨干教师领导力发挥中"学生发展"维度的测量题项。虽然该课题组不同成员在部分观点上的表述不一致，但均将促进学生发展视为轮岗教师应该起到的作用之一，主要表现为关注学生学习的多元性、关注学生的个体差异和提升学生的学习成绩。[1] 贺文洁将引领学生学习视为轮岗交流骨干教师个人层面的能量发挥，均值高于学校层

---

[1] 钟亚妮、叶菊艳、卢乃桂：《轮岗交流教师的学习领导信念、行为与影响：基于北京市Z区的调查》，《教育发展研究》2018年第4期。

面和社区层面的能量发挥。① 在该课题组问卷的基础上，结合校长和骨干教师访谈形成了六个题项的问卷。第二，促进校内同伴发展，由五个题项构成。骨干教师促进校内同伴发展具体表现在课堂教学、班级管理、课题研究、论文写作和职业发展五个方面，根据访谈编制了相应的题项。第三，引领课程实施，由五个题项构成。分别为把握新课程改革的理念、把握新课程教学的目标、把握学科内部发展规律、引领校本课程开发和整合不同学段的教材。题项的发展主要源于骨干教师访谈，同时借鉴了已有研究成果。② 第四，参与专业决策，由四个题项构成。分别为制定学科组发展规划、决定学科组内部任务分配、拟定学科团队发展规划和决定学科组评优评先人选，本维度的形成也借鉴了国内已有研究成果。③ 第五，引导家校共育，由四个题项构成。分别为引导家长树立正确教育观念、引导家长形成良好家庭环境、与学生家长有效沟通和形成良好的家校关系。第六，促进校外同伴发展，由五个题项构成。分别为在课堂教学、班级管理、课题研究、论文写作和职业发展五个方面为校外同伴提供帮助。骨干教师领导力问卷采用李克特五点计分，从"1"到"5"依次为"从不""偶尔""有时""经常"和"总是"，得分越高说明骨干教师领导力发挥得越好。

表 5-2　　　　　　　　　　骨干教师领导力预测问卷

变量维度	测量题项
引领学生学习（BTL1）	Q19_ 1. 我能在课堂教学中做到以学生为中心
	Q19_ 2. 我能引导学生形成良好的学习习惯
	Q19_ 3. 我能满足不同学生个性化的学习需求
	Q19_ 4. 我能帮助学生学会自主学习
	Q19_ 5. 我能根据学生的差异做到"因材施教"
	Q19_ 6. 我能带领学生取得良好学业成绩

---

① 贺文洁、李琼、叶菊艳、卢乃桂：《"人在心也在"轮岗交流教师的能量发挥效果及其影响因素研究》，《教育学报》2019 年第 2 期。

② 王钦、郑友训：《新课程背景下的教师课程领导力探析》，《教学与管理》2013 年第 21 期。杨跃：《教师的课程领导力：源泉、要素及其培育》，《当代教师教育》2017 年第 1 期。

③ 雷贞萍：《骨干教师发展期停滞问题的原因及对策》，《现代教育管理》2015 年第 11 期。胡艳、高志雄：《当前北京市中学教研组长素质状况及其影响因素研究》，《教师教育研究》2012 年第 6 期。娄元元：《学校发展中的教师领导研究》，博士学位论文，华东师范大学，2015 年。

续表

变量维度	测量题项
促进校内同伴发展 （BTL2）	Q19_7. 我能为本校教师的课堂教学提供帮助
	Q19_8. 我能为本校教师的班级管理提供帮助
	Q19_9. 我能为本校教师的课题研究提供帮助
	Q19_10. 我能为本校教师的论文写作提供帮助
	Q19_11. 我能为本校教师的职业发展提供帮助
引领课程实施 （BTL3）	Q19_12. 我能把握新课程改革的理念
	Q19_13. 我能把握新课程的教学目标
	Q19_14. 我能把握学科内部发展规律
	Q19_15. 我能引领本校校本课程开发
	Q19_16. 我能整合不同学段的教材
参与专业决策 （BTL4）	Q19_17. 我能制定学科组发展规划
	Q19_18. 我能决定学科组内部的任务分配
	Q19_19. 我能拟定学科团队发展规划
	Q19_20. 我能决定学科组评优评先人选
引导家校共育 （BTL5）	Q19_21. 我能引导家长树立正确教育观念
	Q19_22. 我能引导家长形成良好家庭环境
	Q19_23. 我和学生家长能够进行有效沟通
	Q19_24. 我能和学生家长形成良好的家校关系
促进校外同伴发展 （BTL6）	Q19_25. 我能为其他学校教师的课堂教学提供帮助
	Q19_26. 我能为其他学校教师的班级管理提供帮助
	Q19_27. 我能为其他学校教师的课题研究提供帮助
	Q19_28. 我能为其他学校教师的论文写作提供帮助
	Q19_29. 我能为其他学校教师的职业发展提供帮助

（1）项目分析

问卷题项的适切或者可靠程度可以通过项目分析来检验，可以通过决断值检验和同质性检验来确定题项的删减与保留。[①] 第一步，将骨干教师领导力所有题项加总取平均值，相关关系分析表明，各个题项与总均分的相关系数在 0.447—0.744，因此保留所有题项。第二步，对骨干教师领导

[①] 吴明隆：《问卷统计分析实务：SPSS 操作与应用》，重庆大学出版社 2015 年版，第 181 页。

力总均分的前27%和后27%进行高低分分组,其中高分组有328位骨干教师,低分组有257位骨干教师。如表5-3所示,高分组和低分组在各个题项上的得分差异均在0.001水平上显著,独立样本t检验值的绝对值均大于10。这说明骨干教师领导力的各个题项具有较好的鉴别度,经项目分析后所有题项得以保留。

表5-3　　　　　骨干教师领导力问卷的项目分析摘要

题号	低分组（n=257）		高分组（n=328）		决断值t	项目是否保留
	均值	标准差	均值	标准差		
Q19_1	4.11	0.89	4.82	0.45	−11.64***	是
Q19_2	4.13	0.86	4.82	0.40	−11.91***	是
Q19_3	3.50	0.88	4.69	0.51	−19.19***	是
Q19_4	3.79	0.81	4.76	0.44	−17.18***	是
Q19_5	3.60	0.79	4.69	0.50	−19.12***	是
Q19_6	3.88	0.75	4.72	0.46	−15.75***	是
Q19_7	3.30	0.85	4.68	0.50	−23.05***	是
Q19_8	3.21	0.84	4.66	0.53	−24.27***	是
Q19_9	2.72	0.83	4.43	0.71	−26.91***	是
Q19_10	2.39	0.82	4.27	0.81	−27.76***	是
Q19_11	2.64	0.80	4.45	0.68	−29.18***	是
Q19_12	3.41	0.85	4.58	0.56	−19.12***	是
Q19_13	3.74	0.87	4.70	0.48	−16.00***	是
Q19_14	3.50	0.84	4.64	0.53	−18.97***	是
Q19_15	2.47	0.92	4.37	0.71	−27.35***	是
Q19_16	2.93	0.98	4.48	0.65	−21.69***	是
Q19_17	2.59	1.02	4.45	0.67	−25.30***	是
Q19_18	2.38	1.09	4.32	0.84	−23.67***	是
Q19_19	2.14	0.98	4.23	0.83	−27.46***	是
Q19_20	1.78	0.91	3.67	1.33	−20.41***	是
Q19_21	3.25	0.91	4.52	0.62	−19.18***	是

续表

题号	低分组（n=257）均值	低分组（n=257）标准差	高分组（n=328）均值	高分组（n=328）标准差	决断值 t	项目是否保留
Q19_22	3.21	0.89	4.47	0.66	-18.92***	是
Q19_23	3.65	0.85	4.60	0.58	-15.43***	是
Q19_24	3.81	0.88	4.66	0.52	-13.84***	是
Q19_25	2.45	0.93	4.31	0.79	-25.64***	是
Q19_26	2.25	0.96	4.16	0.90	-24.51***	是
Q19_27	2.04	0.89	4.13	0.92	-27.67***	是
Q19_28	1.92	0.86	3.98	0.99	-26.54***	是
Q19_29	2.00	0.85	4.05	0.94	-27.16***	是

说明：*** 表示 $p<0.001$。

(2) 探索性因素分析

探索性因素分析的目的在于找出量表潜在的结构，减少题项的数目。[1] 探索性因素分析一般包括确定变量及样本、选择适当的方法提取公因子、因子个数的取舍、因子旋转和结果报告。[2] 由于项目分析保留所有题项，因此对29个题项进行探索性因素分析。结果表明，Bartlett球形检验的卡方值为22937.859，自由度为406，$p<0.001$，KMO值为0.944>0.9，说明适合进行因素分析。

根据王孟成的建议，本书利用Mplus 7.4进行探索性因素分析，采用极大似然估计方法提取公因子，在因子旋转上选择斜交旋转。如表5-4所示，第一次探索性因素分析共有因子个数各异的11个竞争模型可供选择。从模型拟合各项指标来看，随着模型因子个数的增加，因子个数超过六个的模型拟合程度越来越高。虽然模型拟合程度越来越高，但因子结构越来越不清晰。综合模型拟合指数和因子结构，六因子模型和七因子模型被初步认为最为符合。

---

[1] 吴明隆：《问卷统计分析实务：SPSS操作与应用》，重庆大学出版社2015年版，第194页。

[2] 王孟成：《潜变量建模与Mplus应用·基础篇》，重庆大学出版社2014年版，第67—72页。

表 5-4　骨干教师领导力探索性因素分析的模型拟合指数

Model	χ^2	df	RMSEA	CFI	TLI	SRMR
单因子	8498.83***	377	0.153	0.510	0.473	0.130
双因子	4829.38***	349	0.118	0.730	0.686	0.074
三因子	3977.08***	322	0.111	0.780	0.722	0.061
四因子	2597.37***	296	0.092	0.861	0.810	0.041
五因子	1723.78***	271	0.076	0.912	0.869	0.031
六因子	1166.22***	247	0.064	0.945	0.909	0.020
七因子	860.01***	224	0.056	0.962	0.930	0.016
八因子	617.90***	202	0.047	0.975	0.950	0.013
九因子	459.65***	181	0.041	0.983	0.962	0.012
十因子	310.93***	161	0.032	0.991	0.977	0.009
十一因子	243.17***	142	0.028	0.994	0.983	0.007

说明：*** 表示 $p<0.001$。

在对表 5-4 中六因子模型和七因子模型进行对比时发现，Q7 和 Q8 两个题项的因子归属不符合预期，因此删除这两个题项后进行第二次探索性因素分析，进而得出六因子模型的拟合指数为 $\chi^2 = 884.20$，$df = 204$，$\chi^2/df = 4.433$，RMSEA = 0.060，CFI = 0.955，TLI = 0.923，SRMR = 0.018；七因子模型的拟合指数为 $\chi^2 = 578.739$，$df = 183$，$\chi^2/df = 3.16$，RMSEA = 0.049，CFI = 0.974，TLI = 0.950，SRMR = 0.014。表 5-5 和表 5-6 分别呈现了题项删减后骨干教师领导力六维度模型和七维度模型的因子载荷情况。由表 5-5 可知，在骨干教师六维度模型中，因子归属比较明晰。除 Q19_15 和 Q19_16 的因子载荷低于 0.5 之外，其余各题项的因子载荷均在 0.6 以上，六维度之间的相关系数在 0.245—0.618。根据邱皓政的观点，相关系数为 0.10 以下时，变量为微弱相关或无相关，0.1—0.39 为低度相关关系，0.40—0.69 为中度相关关系，0.70—0.99 为高度相关关系。[1] 骨干教师领导力六维度模型中的 F1 与 F4、F1 和 F5、F2 和 F6、F3

---

[1] 邱皓政：《量化研究与统计分析：SPSS（PASW）数据分析范例解析》，重庆大学出版社 2013 年版，第 224 页。

和 F4、F4 和 F6、F5 和 F6 为低度相关关系，其余为中度相关关系。

表 5-5　　骨干教师领导力六维度模型因子载荷统计

题项	F1	F2	F3	F4	F5	F6
Q19_1	0.743*	-0.043	0.042	-0.020	0.020	-0.070
Q19_2	0.786*	-0.034	-0.079	0.005	-0.036	0.087*
Q19_3	0.812*	0.003	-0.019	0.044	0.094*	-0.005
Q19_4	0.791*	0.069*	0.025	-0.030	0.022	-0.011
Q19_5	0.682*	0.133*	0.036	0.022	0.005	0.014
Q19_6	0.606*	0.052	0.100*	0.021	-0.029	0.077*
Q19_9	0.070*	0.813*	-0.012	-0.009	0.019	0.015
Q19_10	-0.014	0.893*	-0.011	-0.013	0.061*	-0.006
Q19_11	0.037	0.718*	0.088*	0.089*	-0.012	0.043
Q19_12	0.031	0.287*	0.529*	0.009	-0.066*	0.090
Q19_13	0.055	-0.001	0.802*	-0.009	-0.033	0.054
Q19_14	0.028	-0.044	0.839*	-0.005	0.085*	0.027
Q19_15	0.000	0.249*	0.340*	0.268*	0.149*	-0.045
Q19_16	-0.055	0.160*	0.492*	0.241*	0.049	0.001
Q19_17	0.014	0.064	0.194*	0.689*	-0.003	-0.035
Q19_18	0.051	-0.063*	0.000	0.962*	-0.081*	0.016
Q19_19	0.013	-0.022	0.034	0.884*	0.040	0.005
Q19_20	-0.032	0.052	-0.156*	0.664*	0.136*	0.093
Q19_21	-0.003	0.097*	0.022	0.041	0.034	0.737*
Q19_22	-0.007	0.074	-0.026	0.081*	0.050	0.746*
Q19_23	0.000	-0.008	0.024	-0.017	-0.007	0.894*
Q19_24	0.081	-0.062*	0.053	-0.028	-0.016	0.815*
Q19_25	0.031	0.008	0.028	-0.006	0.769*	0.140*
Q19_26	0.029	-0.044	-0.023	-0.020	0.906*	0.087*
Q19_27	0.002	0.014	0.012	0.009	0.931*	0.006
Q19_28	-0.014	0.033	0.013	0.034	0.910*	-0.033*
Q19_29	0.000	0.042	0.010	0.054*	0.868*	-0.034

说明：*表示 $p<0.05$。

由表 5-6 可知，骨干教师领导力七维度模型的因子载荷除 Q19_15 和 Q19_16 低于 0.5 之外，其余各题项的因子载荷均在 0.5 之上。但是七维度模型的因子结构并不明晰，一方面，Q19_23 存在跨负荷现象；另一方面，F7 仅有题项 Q19_24 归属较为明显。同时，F7 除了和 F1 相关关系显著外，和其他维度的相关关系均不显著。

表 5-6　　　　骨干教师领导力七维度模型因子载荷统计

题项	F1	F2	F3	F4	F5	F6	F7
Q19_1	0.744*	-0.05	0.04	-0.02	0.02	-0.05	-0.03
Q19_2	0.781*	-0.03	-0.084*	0.01	-0.03	0.01	0.096*
Q19_3	0.814*	-0.01	-0.02	0.04	0.090*	0.01	-0.01
Q19_4	0.792*	0.06	0.03	-0.04	0.02	0.01	-0.01
Q19_5	0.682*	0.126*	0.04	0.02	0.00	0.03	0.00
Q19_6	0.603*	0.06	0.097*	0.02	-0.03	0.02	0.07
Q19_9	0.06	0.817*	-0.02	-0.01	0.00	0.02	0.00
Q19_10	-0.02	0.893*	-0.02	-0.01	0.062*	0.01	-0.03
Q19_11	0.03	0.730*	0.078*	0.094*	-0.01	0.01	0.05
Q19_12	0.03	0.297*	0.525*	0.02	-0.063*	0.01	0.08
Q19_13	0.06	-0.01	0.809*	-0.01	-0.04	0.04	0.01
Q19_14	0.03	-0.05	0.852*	-0.01	0.080*	0.02	-0.01
Q19_15	0.01	0.232*	0.353*	0.253*	0.134*	0.06	-0.112*
Q19_16	-0.06	0.165*	0.491*	0.241*	0.05	-0.01	0.01
Q19_17	0.00	0.09	0.184*	0.696*	0.00	-0.081*	0.06
Q19_18	0.05	-0.05	0.00	0.957*	-0.088*	0.02	0.02
Q19_19	0.01	-0.01	0.03	0.879*	0.04	0.00	0.02
Q19_20	-0.02	0.02	-0.138*	0.642*	0.115*	0.213*	-0.100*
Q19_21	0.02	0.04	0.060*	0.00	0.00	0.769*	0.10
Q19_22	0.02	-0.01	0.01	0.02	-0.01	0.923*	0.00
Q19_23	-0.01	0.03	0.01	0.01	0.02	0.42	0.615*
Q19_24	0.05	-0.01	0.02	0.01	0.02	0.28	0.710*
Q19_25	0.02	0.02	0.02	0.00	0.784*	0.01	0.151*
Q19_26	0.03	-0.05	-0.02	-0.02	0.910*	0.051*	0.04

续表

题项	F1	F2	F3	F4	F5	F6	F7
Q19_27	0.00	0.02	0.01	0.01	0.936*	−0.01	0.02
Q19_28	−0.02	0.03	0.01	0.03	0.914*	−0.03	−0.01
Q19_29	0.00	0.03	0.01	0.05	0.867*	0.01	−0.052*

说明：*表示 $p<0.05$。

综合研究设想、模型拟合指数、因子结构、因子载荷系数和因子间相关关系，本书认为骨干教师领导力六维度模型是合适的，将 F1 命名为"引领学生学习"（BTL1），将 F2 命名为"促进校内同伴发展"（BTL2），将 F3 命名为"引领课程实施"（BTL3），将 F4 命名为"参与专业决策"（BTL4），将 F5 命名为"促进校外同伴发展"（BTL6），将 F6 命名为"引导家校共育"（BTL5）。

（3）验证性因素分析

在进行验证性因素分析之前，本书对数据正态分布情况进行检验。结果表明，骨干教师领导力各题项的偏度和峰度的绝对值分别小于 2 和 7，说明数据是正态分布的，此时可以使用极大似然估计。[①] 经过项目分析和探索性因素分析，在删除了原始题项的两道题之后，形成了 27 个题项的骨干教师领导力六维度模型。在此基础上，本书进行了验证性因素分析，探索骨干教师领导力六维度模型的结构效度。

首先，对骨干教师领导力六维度模型进行一阶验证性因素分析。模型拟合指数显示，$\chi^2 = 2221.273$，$df = 309$，RMSEA = 0.082，CFI = 0.909，TLI = 0.897，SRMR = 0.066。研究表明，在结构方程模型的拟合指数中，卡方值受样本量大小的影响较大[②]，因此当样本量较大时，虽然提高了观察数据的稳定性，却也造成卡方值扩大的效果。[③] 因此，可以不将卡方自由度之比作为模型拟合的参考指标。[④] 由于本部分的样本量为 919，因此在

[①] 王孟成：《潜变量建模与 Mplus 应用·基础篇》，重庆大学出版社 2014 年版，第 232 页。
[②] 温忠麟、刘红云：《中介效应和调节效应：方法及应用》，教育科学出版社 2020 年版，第 55 页。
[③] 王孟成：《潜变量建模与 Mplus 应用·基础篇》，重庆大学出版社 2014 年版，第 76 页。
[④] 吴明隆：《结构方程模型：AMOS 的操作与应用》，重庆大学出版社 2010 年版，第 491 页。Louis Tay and Fritz Drasgow, "Adjusting the Adjusted χ^2/df Ratio Statistic for Dichotomous Item Response Theory Analyses Does the Model Fit," *Educational & Psychological Measurement*, Vol. 72, No. 3, 2012, pp. 510−528.

后续的分析中不将卡方与自由度的比值作为检验模型是否拟合的指标,将不受样本量影响的指标作为检验模型拟合与否的标准。由于骨干教师领导力六维度未达到模型拟合的要求,因此进行相应的模型修正。

根据王孟成的建议,在进行验证性因素分析时,可以参考修正指数的大小进行题项删减。① 根据 MI 指数、因子载荷系数、题项数和题项实际内涵,本书首先删除了题项 Q19_13 "我能把握新课程的教学目标",在此基础上进行第二次验证性因素分析。模型拟合指数显示,$\chi^2 = 1889.304$,$df = 284$,RMSEA = 0.078,CFI = 0.920,TLI = 0.909,SRMR = 0.056,各项指标均达到模型拟合的要求。由表 5-7 所示,骨干教师领导力各个维度的相关关系在 0.001 水平上显著,相关系数在 0.336—0.752,属于中度和高度相关关系。当一阶或低阶验证性因素分析模型拟合数据较好时,出于简化或理论考虑,有时使用一个高阶因子去解释低阶因子间的相关,即用高阶模型去替代低阶模型。②

表 5-7　　　　骨干教师领导力各维度的标准化相关系数

维度	BTL1	BTL2	BTL3	BTL4	BTL5	BTL6
BTL1	1					
BTL2	0.509***	1				
BTL3	0.657***	0.748***	1			
BTL4	0.356***	0.623***	0.697***	1		
BTL5	0.612***	0.455***	0.612***	0.415***	1	
BTL6	0.327***	0.666***	0.559***	0.645***	0.378***	1

说明：*** 表示 p<0.001。

因此,结合一阶验证性因素分析、各个因子之间的标准化回归系数及六因子之间关系的理论思考,本书尝试进行二阶验证性因素分析。结果表明,骨干教师领导力六维度模型的二阶验证性因素分析模型指数 $\chi^2 = 2172.594$,$df = 293$,RMSEA = 0.084,CFI = 0.906,TLI = 0.896,SRMR = 0.080。可见,相比一阶验证性因素分析,二阶验证性因素分析的模型拟合质量有所下降。结合修正指数、题项实际含义和因子载荷系数,本书删

---

① 王孟成:《潜变量建模与 Mplus 应用·基础篇》,重庆大学出版社 2014 年版,第 118 页。
② 王孟成:《潜变量建模与 Mplus 应用·基础篇》,重庆大学出版社 2014 年版,第 67—72 页。

除了题项 Q19_24"我能和学生家长形成良好的家校关系"Q19_25 和"我能为其他学校教师的课堂教学提供帮助",在此基础上进行二阶验证性因素分析。结果表明,$\chi^2 = 1475.668$,$df = 246$,RMSEA = 0.074,CFI = 0.931,TLI = 0.922,SRMR = 0.076,可见删除 Q19_24 和 Q19_25 两个题项之后,二阶验证性因素模型各项拟合指数均得到改善,达到模型拟合的要求。

（4）信效度检验

如表 5-8 所示,引领学生学习维度各题项的标准化因子载荷系数在 0.691—0.846,组成信度为 0.899,平均方差萃取量为 0.600,信度为 0.898,效度为 0.899。促进校内同伴发展维度各题项的标准化因子载荷系数在 0.852—0.891,组成信度为 0.900,平均方差萃取量为 0.750,信度为 0.746,效度为 0.898。引领课程实施维度各题项的标准化因子载荷系数在 0.677—0.807,组成信度为 0.830,平均方差萃取量为 0.551,信度为 0.780,效度为 0.826。参与专业决策维度各题项的标准化因子载荷系数在 0.727—0.923,组成信度为 0.903,平均方差萃取量为 0.700,信度为 0.817,效度为 0.894。引导家校共育维度各题项的标准化因子载荷系数在 0.756—0.901,组成信度为 0.890,平均方差萃取量为 0.732,信度为 0.725,效度为 0.887。促进校外同伴发展维度各题项的标准化因子载荷系数在 0.878—0.950,组成信度为 0.960,平均方差萃取量为 0.857,信度为 0.853,效度为 0.960。可以看出,骨干教师领导力六维度对应测量题项的标准化因子载荷均高于 0.65,各个题项对所属维度的解释率较大,具有很好的建构效度。各维度的组成信度均超过 0.8,说明模型具有很好的结构效度。六维度的平均方差抽取量均大于 0.55,具有良好的收敛效度。

表 5-8　　　　　　骨干教师领导力六维度模型信效度统计

维度	题项	因子载荷	组成信度	平均方差萃取量	信度	效度
引领学生学习（BTL1）	Q19_1	0.691	0.899	0.600	0.898	0.899
	Q19_2	0.738				
	Q19_3	0.846				
	Q19_4	0.830				
	Q19_5	0.792				
	Q19_6	0.737				

续表

维度	题项	因子载荷	组成信度	平均方差萃取量	信度	效度
促进校内同伴发展（BTL2）	Q19_9	0.852	0.900	0.750	0.746	0.898
	Q19_10	0.891				
	Q19_11	0.854				
引领课程实施（BTL3）	Q19_12	0.677	0.830	0.551	0.780	0.826
	Q19_14	0.708				
	Q19_15	0.807				
	Q19_16	0.769				
参与专业决策（BTL4）	Q19_17	0.802	0.903	0.700	0.817	0.894
	Q19_18	0.882				
	Q19_19	0.923				
	Q19_20	0.727				
引导家校共育（BTL5）	Q19_21	0.901	0.890	0.732	0.725	0.887
	Q19_22	0.901				
	Q19_23	0.756				
促进校外同伴发展（BTL6）	Q19_26	0.878	0.960	0.857	0.853	0.960
	Q19_27	0.949				
	Q19_28	0.950				
	Q19_29	0.925				

3. 校长支持性领导问卷

"一个好校长就是一所好学校"体现了校长在学校发展中的重要作用，此观点在一定程度上夸大了校长的能量，弱化了学校教育中其他参与者的作用[1]，但不可否认校长个人魅力和校长专业实践均会影响学校和教师发展。对于教师而言，校长的支持是影响教师专业实践的重要因素。美国霍伊等学者编制的学校组织氛围问卷包括校长支持行为、校长监督行为、校长限制行为、教师同事行为、教师亲密行为和教师疏离行为六个维度。其中校长支持行为包括七个题项，囊括了校长设法与班主任教师一起解决难题、校长听取教师的建议、校长信任教师的能力、校长重视教师的福利、

---

[1] 马明、于学友：《从分布式领导看我国学校组织领导变革》，《当代教育论坛》（校长教育研究）2008年第2期。

校长称赞教师的优良表现和校长对待教师一视同仁。① 基于美国科学教师和数学教师的研究表明，校长支持正向预测教师期望。②

我国学者对学校支持及其影响进行了探讨，认为学校支持感知包括教师对学校提供发展机会、工作氛围、管理制度等方面的感受。③ 对于骨干教师来说，在从普通教师到骨干教师，从青年教师到成熟教师的蜕变过程中，校长直接或间接的支持，会影响骨干教师的专业成长和领导力发挥。具体而言，如表5-9所示，本书中的校长支持性领导包括校长分布式领导、校长制度供给和校长能力发展三个部分，接下来对预测问卷中使用的问卷来源及原因进行详细说明。

首先，校长分布式领导问卷。正如在理论基础中所述，分布式领导指的是学校领导、下属和情境的互动。分布式领导理论在受到推崇与应用的同时，也存在定义缺失而导致的差异化理解与测量。④ 因此，随着分布式领导研究的深入，基于不同的文化环境和理解，西方多位学者或组织机构提出了分布式领导的测量维度并开发了相应的问卷。Heck和Hallinger于2009年发表的研究将分布式领导划分为组织赋权、决策合作和教师参与三个维度。⑤ Hulpia将领导团队合作和决策参与视为分布式领导的具体表现。⑥ 我国学者李玲借助Heck和Hallinger编制的问卷，在结合我国情境的基础上进行修订，分布式领导问卷包括组织赋权、决策合作和教师参与三个维度。⑦ 北京师范大学的学者吴娱在Spillane和Hulpia研究的基础上，开

---

① 曹艳琼：《澳门小学学校组织气氛与教师工作满意度之研究》，硕士学位论文，华南师范大学，2020年。Wayne K. Hoy and Sharon I. Clover, "Elementary School Climate: A Revision of the OCDQ," *Educational Administration Quarterly*, Vol. 22, No. 1, 1986, pp. 93-110.

② Joo-Ho Park and Soo-yong Byun, "Principal Support, Professional Learning Community, and Group-Level Teacher Expectations," *School Effectiveness and School Improvement*, Vol. 32, No. 1, 2020, pp. 1-23.

③ 武向荣：《义务教育教师工作满意度影响因素的实证研究》，《教育研究》2019年第1期。

④ 周格、李泊尘：《分布式领导理论的困境——一个批判性反思》，《外国教育研究》2021年第4期。

⑤ Ronald H. Heck and Philip Hallinger, "Assessing the Contribution of Distributed Leadership to School Improvement and Growth in Math Achievement," *American Educational Research Journal*, Vol. 46, No. 3, 2009, pp. 659-689.

⑥ Hester Hulpia and Geert Devos, "Exploring the Link between Distributed Leadership and Job Satisfaction of School Leaders," *Educational Studies*, Vol. 35, No. 2, 2009, pp. 153-171.

⑦ 李玲、王建平、何怀金：《学校分布式领导与教师变革承诺的关系研究》，《教育学报》2016年第6期。

发了适用于高等教育领域的分布式领导问卷。该问卷有四个维度 25 个题项，包括组织结构、领导支持、监督评估和决策文化四个部分。① 土耳其学者在借鉴 Camburn、Harris 和 Heck 与 Hallinger 的相关表述的基础上，开发了单维度 10 个题项的分布式领导问卷②，用于解释土耳其教育情境下的教师专业学习、教师对校长的信任和教师主动性。③ 此外，华人学者借鉴欧洲的分布式领导框架，将分布式领导应用于解释我国乡村小学教师工作投入，包括结构与愿景、合作、决策制定、责任和价值与信念五个维度。④ 国际教师调查项目 TALIS 也通过教师问卷反映学校分布式领导水平，包括学生参与学校决策、教师参与学校决策和家长参与学校决策三个题项。

本书中的分布式领导问卷源于郑鑫的研究，他在总结 Leithwood 研究的基础上，认为分布式领导的测量包括四个题项：第一，领导在决策过程中考虑教师的意见；第二，领导为教师提供适当程度的自主权；第三，领导在一定领域内让教师自主做决定；第四，学校领导团队之间的合作机制。郑鑫与其合作者基于我国西南地区中小学教师的测量表明，分布式领导四题项的因子载荷在 0.85—0.88，验证性因素分析模型拟合指标较好，问卷具良好的结构效度。⑤ 结合校长和骨干教师访谈，综合考虑问卷的内涵、题项的多少及在我国教育情境下的应用情况，本书采用郑鑫的分布式领导问卷，通过骨干教师反映当前任教学校校长的分布式领

---

① 吴娱：《分布式领导对大学教师组织公民行为的影响——以态度因素为中介》，《教师教育研究》2020 年第 1 期。

② Niyazi Özer and Kadir Beycioglu, "The Development, Validity and Reliability Study of Distributed Leadership Scale," *Elementary Education Online*, Vol. 12, No. 1, 2013, pp. 77–86.

③ Fatih Bektaş, et al., "The Effects of Distributed Leadership on Teacher Professional Learning: Mediating Roles of Teacher Trust in Principal and Teacher Motivation," *Educational Studies*, Vol. 48, No. 185, 2020, pp. 1–23. Mahmut Polatcan, "An Exploration of the Relationship between Distributed Leadership, Teacher Agency, and Professional Learning in Turkey," *Professional Development in Education*, 2021, pp. 1–15.

④ Peng Liu, "Motivating Teachers' Commitment to Change through Distributed Leadership in Chinese Urban Primary Schools," *International Journal of Educational Management*, Vol. 34, No. 7, 2020, pp. 1171–1183.

⑤ Xin Zheng, et al., "The Relationship between Distributed Leadership and Teacher Efficacy in China: The Mediation of Satisfaction and Trust," *The Asia-Pacific Education Researcher*, Vol. 28, No. 6, 2019, pp. 509–518.

导水平。

其次,校长制度供给问卷。完善的学校制度不仅是学校正常运转的基础和保障,也反映了一所学校管理水平的高低。对于骨干教师而言,校长制度供给,尤其是教学管理和教学研究制度形塑了骨干教师的专业实践,为骨干教师领导力的发挥提供了制度条件。根据第一阶段的访谈,本书设置了五个题项反映校长制度供给的程度,包括备课制度、教研制度、传帮带制度、听评课制度和骨干教师考核制度的完备程度。

最后,校长能力发展问卷。为骨干教师提供更多、更优质的专业发展机会不仅是学校管理者的现实考虑,而且是诸多受访骨干教师的亲身感受。除了教育行政部门组织的专业学习活动之外,以校长为代表的学校管理者也期望能够通过不同层次的专业学习活动促进骨干教师个体的专业成长,进而能在专业场域内外产生示范、引领和辐射作用。因此,本书设置了五道题反映校长在骨干教师能力发展方面的努力,包括校长对骨干教师能力提升的重视、校长为骨干教师能力提升提供经费与时间等的支持、校长满足骨干教师专业能力提升的需求、校长亲自参与骨干教师能力提升活动和校长鼓励骨干教师不断提高。基于校长和骨干教师访谈,校长能力发展问卷参考了学者刘胜男"学习导向型领导"中的"提供学习支持"维度的题项表述。[①] 校长分布式领导问卷、校长制度供给问卷和校长能力发展问卷均采用李克特五点计分,1代表"非常不同意",2代表"不同意",3代表"一般",4代表"同意",5代表"非常同意"。

表5-9　　　　　　　　校长支持性领导各维度测量题项

变量维度	测量题项
校长分布式领导（SPL1）	Q20_1. 校长在做决策时会考虑教师的意见
	Q20_2. 校长能够适当地分散领导权力,让其他老师承担领导任务或责任
	Q20_3. 校长能给予教师适当的教学自主权,让教师自己做决定
	Q20_4. 学校领导层（如校长和副校长）之间有良好的制定决策的机制

---

① 刘胜男:《教师专业学习的实证研究》,上海三联书店2018年版,第380—381页。

续表

变量维度	测量题项
校长制度供给（SPL2）	Q20_5. 我们学校有完备的备课制度
	Q20_6. 我们学校有完备的教研制度
	Q20_7. 我们学校有完备的传帮带制度
	Q20_8. 我们学校有完备的听评课制度
	Q20_9. 我们学校有完备的骨干教师考核制度
校长能力建设（SPL3）	Q20_10. 校长重视骨干教师专业能力提升
	Q20_11. 校长为骨干教师专业能力提升提供支持（经费、时间等）
	Q20_12. 校长能够满足骨干教师专业能力提升的要求
	Q20_13. 校长参加骨干教师能力提升活动
	Q20_14. 校长鼓励骨干教师不断提升专业能力

（1）项目分析

首先，将校长分布式领导、校长制度供给和校长能力建设三个维度的题项加总求平均值，在此基础上探究各题项与平均值之间的相关关系。结果表明，各题项与平均值之间的相关关系均在 0.001 水平上显著，相关系数在 0.690—0.896，属于中度和高度相关关系，因此保留所有题项。其次，将平均值按照前 27% 和后 27% 进行高低分分组，高分组骨干教师的数量和低分组骨干教师的数量分别为 318 人和 248 人。如表 5-10 所示，对各题项进行差异性检验，结果表明高分组和低分组的差异均显著，t 值的绝对值均高于 20，因此保留所有题项。

表 5-10　　　　校长支持性领导问卷的项目分析摘要

题号	低分组（n=248）		高分组（n=318）		决断值 t	项目是否保留
	均值	标准差	均值	标准差		
Q20_1	2.66	1.00	4.44	0.60	−24.89***	是
Q20_2	2.74	1.02	4.44	0.61	−23.09***	是
Q20_3	2.96	1.12	4.55	0.56	−20.42***	是
Q20_4	2.68	0.97	4.58	0.60	−27.02***	是
Q20_5	3.13	0.98	4.82	0.38	−25.82***	是
Q20_6	3.16	0.96	4.82	0.39	−25.70***	是

续表

题号	低分组（n=248）均值	低分组（n=248）标准差	高分组（n=318）均值	高分组（n=318）标准差	决断值 t	项目是否保留
Q20_7	2.95	0.88	4.70	0.49	−28.01***	是
Q20_8	3.26	0.95	4.80	0.41	−23.95***	是
Q20_9	2.66	0.92	4.61	0.60	−28.93***	是
Q20_10	2.75	0.90	4.71	0.47	−31.25***	是
Q20_11	2.73	0.88	4.69	0.50	−31.50***	是
Q20_12	2.68	0.84	4.70	0.47	−33.88***	是
Q20_13	2.79	0.95	4.59	0.55	−26.52***	是
Q20_14	3.03	0.95	4.69	0.51	−24.84***	是

说明：*** 表示 $p<0.001$。

（2）探索性因素分析

经过项目分析，校长支持性领导的14个题项均得以保留。因此，对所有题项进行因子分析，结果表明，Bartlett 球形检验的卡方值为14219.125，自由度为91，$p<0.001$，KMO 值为 $0.954>0.7$，说明适合进行因素分析。本书仍使用 Mplus 进行探索性因素分析，如表5-11所示，本书共探索出七个可供选择的模型，模型的因子数为单因子到七因子不等。从不同因子模型的拟合指数来看，随着因子数的增加，模型拟合指数逐渐变好。但是当因子数量超过3时，因子归属清晰程度均不如三因子模型。因此结合模型拟合指数、因子归属清晰程度和因子载荷系数，本书认为三因子模型优于四因子模型。

表5-11　校长支持性领导探索性因素分析的模型拟合指数

Model	χ^2	df	RMSEA	CFI	TLI	SRMR
单因子	1664.76***	77	0.150	0.746	0.699	0.087
双因子	821.04***	64	0.133	0.879	0.828	0.063
三因子	129.01***	52	0.040	0.988	0.978	0.011
四因子	73.72**	41	0.029	0.995	0.988	0.008
五因子	39.35	31	0.017	0.999	0.996	0.005

续表

Model	χ^2	df	RMSEA	CFI	TLI	SRMR
六因子	19.42	22	0.000	1.000	1.002	0.003
七因子	14.42	14	0.006	1.000	1.000	0.002

说明：*** 表示 p<0.001。

具体来看，表5-11 的三因子模型中，Q20_9 存在跨负荷现象，在 F2 上的因子载荷为 0.329（大于 0.3），在 F3 上的因子载荷系数为 0.616，因此需要删除该题项进行第二次探索性因素分析。删除 Q20_9 后，三因子模型拟合指数的 $\chi^2 = 91.882$，$df = 42$，RMSEA = 0.036，CFI = 0.991，TLI = 0.984，SRMR = 0.010，模型拟合指数各项指标均得到改善。如表 5-12 所示，F1 四个题项的因子载荷在 0.813—0.905，F2 四个题项的因子载荷在 0.707—0.983，F3 五个题项的因子载荷在 0.698—0.991。F1、F2 和 F3 之间的相关关系处于 0.576—0.749，为中度和高度相关关系。因此，结合以上分析将 F1 命名为"校长分布式领导"（SPL1），将 F2 命名为"校长制度供给"（SPL2），将 F3 命名为"校长能力建设"（SPL3）。

表 5-12　　　　　　　　　校长支持性领导因子载荷

题项	F1	F2	F3
Q20_1	0.858*	0.019	0.013
Q20_2	0.905*	-0.009	-0.051
Q20_3	0.836*	-0.057	0.002
Q20_4	0.813*	0.092*	0.012
Q20_5	0.040	0.902*	-0.005
Q20_6	-0.022	0.983*	-0.009
Q20_7	0.013	0.707*	0.205*
Q20_8	-0.011	0.835*	0.097
Q20_10	-0.004	0.142*	0.798*
Q20_11	-0.026	-0.027	0.976*

续表

题项	F1	F2	F3
Q20_12	0.003	−0.043	0.991*
Q20_13	0.126*	0.009	0.726*
Q20_14	0.112*	0.082	0.698*

说明：*表示 p<0.05。

(3) 验证性因素分析

首先，检验校长支持性领导三维度各题项的偏度和峰度。结果表明，三个维度各题项偏度的绝对值均小于2，峰度的绝对值均小于7，这说明各题项是正态分布的。首先，进行一阶验证性因素分析，结构方程模型拟合指数显示，$\chi^2 = 359.95$，$df = 62$，RMSEA = 0.072，CFI = 0.977，TLI = 0.971，SRMR = 0.029。如表5-13所示，校长分布式领导、校长制度供给和校长能力建设三维度标准化相关关系在0.001水平上显著，相关系数在0.607—0.779，这说明三维度有较强的相关关系。

表5-13　　　　校长支持性领导各维度的标准化相关系数

维度	SPL1	SPL2	SPL3
SPL1	1		
SPL2	0.607***	1	
SPL3	0.746***	0.779***	1

说明：***表示 p<0.001；SPL1=校长分布式领导，SPL2=校长制度供给，SPL3=校长能力建设。

在一阶验证性因素分析的基础上，本书进行二阶验证性因素分析。$\chi^2 = 359.95$，$df = 62$，RMSEA = 0.072，CFI = 0.977，TLI = 0.971，SRMR = 0.029，模型拟合指数较好。校长分布式领导的标准化因子载荷系数为0.764，校长制度供给的标准化因子载荷系数为0.797，校长能力建设的标准化因子载荷系数为0.978。结合二阶验证性因素模型拟合指数和三维度的标准化因子载荷系数，表明由三因子可以构成新的因子，也即校长支持性领导。

(4) 信效度检验

经过项目分析、探索性因素分析和验证性因素分析，结果表明，校长支持性领导二阶因子模型拟合较好,和原有的设想较为吻合。如表5-14所示,校长分布式领导维度各题项的标准化因子载荷系数在0.799—0.885,组成信度为0.915,平均方差萃取量为0.730,信度为0.854,效度为0.915。校长制度供给维度各题项的标准化因子载荷系数在0.879—0.954,组成信度为0.954,平均方差萃取量为0.839,信度为0.866,效度为0.953。校长能力建设维度各题项的标准化因子载荷系数在0.831—0.954,组成信度为0.953,平均方差萃取量为0.803,信度为0.892,效度为0.953。可以看出,校长支持性领导对应测量题项的标准化因子载荷均高于0.8,各个题项对所属维度的解释率较大,具有很好的建构效度。各维度的组成信度均超过0.9,说明模型具有很好的结构效度。三维度的平均方差抽取量均大于0.7,具有良好的收敛效度。

表5-14　　　　　校长支持性领导各维度信效度统计

维度	题项	因子载荷	组成信度	平均方差萃取量	信度	效度
校长分布式领导 (SPL1)	Q20_1	0.878	0.915	0.730	0.854	0.915
	Q20_2	0.854				
	Q20_3	0.799				
	Q20_4	0.885				
校长制度供给 (SPL2)	Q20_5	0.922	0.954	0.839	0.866	0.953
	Q20_6	0.954				
	Q20_7	0.879				
	Q20_8	0.907				
校长能力建设 (SPL3)	Q20_10	0.906	0.953	0.803	0.892	0.953
	Q20_11	0.933				
	Q20_12	0.954				
	Q20_13	0.831				
	Q20_14	0.850				

4. 校长—骨干教师交换问卷

领导—成员交换问卷有多种,普遍使用的有俄亥俄领导行为描述问卷、领导行为量表、角色定性量表、领导者注意量表和领导者—成员交换量表。① 本书采用王雁飞和朱瑜的四维度问卷，包括情感维度、忠诚维度、贡献维度和尊敬维度，本书将经张森改良过的问卷应用到本书中。② 如表5-15所示，校长—骨干教师交换关系四个维度共15个题项，分别由四个题项、四个题项、四个题项和三个题项反映出来。本书采用李克特五点计分，从"1"到"5"分别代表"非常不符合""比较不符合""不确定""比较符合"和"非常符合"。

表5-15　　　　　　校长—骨干教师交换问卷

变量维度	测量题项
情感维度（LMX1）	Q21_ 1. 我非常喜欢校长的为人
	Q21_ 2. 和校长在一起工作非常有意思
	Q21_ 3. 我乐意与校长沟通交流
	Q21_ 4. 我喜欢与校长一起工作
忠诚维度（LMX2）	Q21_ 5. 即便校长对事情未充分了解，也会在其他人面前为我的工作辩护
	Q21_ 6. 如果我被人攻击，校长会在学校其他人面前为我辩护
	Q21_ 7. 如果我犯了无心之失，校长会在学校其他人面前为我辩护
	Q21_ 8. 当我与他人发生冲突时，校长会站在我这边
贡献维度（LMX3）	Q21_ 9. 因为校长的关系，我愿意为工作付出额外的努力
	Q21_ 10. 校长希望我完成很多额外工作，我也不介意
	Q21_ 11. 因为校长的关系，我愿意做超出我职责范围的事
	Q21_ 12. 因为校长的关系，我会尽自己最大努力做自己分内乃至分外的事
尊敬维度（LMX4）	Q21_ 13. 校长的专业技能令人羡慕
	Q21_ 14. 校长的专业素质和能力给我留下了深刻的印象
	Q21_ 15. 校长工作方面的知识以及工作能力是众所周知的

（1）项目分析

首先，将校长—骨干教师交换关系各题项加总取平均值，计算各题项

---

① 王雁飞、朱瑜：《组织领导与成员交换理论研究现状与展望》，《外国经济与管理》2006年第1期。

② 张森、毛亚庆、于洪霞：《校长道德领导对教师建言的影响：领导—成员交换的中介作用》，《教师教育研究》2018年第1期。张森、于洪霞、毛亚庆：《校长诚信领导对教师建言行为的影响——领导—成员交换的中介作用及程序公平的调节作用》，《教育研究》2018年第4期。

与总均分的相关关系，各题项与总均分的相关系数在 0.724—0.867，因此所有题项得以保留。在此基础上，对校长—骨干教师交换关系总均分进行高低分组，前 27% 为高分组，后 27% 为低分组，低分组和高分组分别有 253 个和 384 个样本。如表 5-16 所示，高分组和低分组在 p<0.001 水平上显著，t 值的绝对值均高于 20，因此经项目分析后所有题项都得以保留。

表 5-16　　　　校长—骨干教师交换问卷的项目分析摘要

题号	低分组（n=253）均值	标准差	高分组（n=384）均值	标准差	决断值 t	项目是否保留
Q21_1	2.78	0.93	4.55	0.51	−27.55***	是
Q21_2	2.50	0.90	4.52	0.50	−32.41***	是
Q21_3	2.55	1.00	4.50	0.54	−28.38***	是
Q21_4	2.37	0.92	4.45	0.54	−32.30***	是
Q21_5	2.45	0.88	4.30	0.64	−28.64***	是
Q21_6	2.62	0.88	4.35	0.57	−27.76***	是
Q21_7	2.60	0.87	4.29	0.63	−26.55***	是
Q21_8	2.62	0.79	4.00	0.80	−21.47***	是
Q21_9	2.59	0.91	4.40	0.59	−28.12***	是
Q21_10	2.74	0.95	4.30	0.68	−22.73***	是
Q21_11	2.46	0.93	4.16	0.82	−23.74***	是
Q21_12	2.70	0.97	4.39	0.64	−24.49***	是
Q21_13	2.57	0.93	4.37	0.60	−27.29***	是
Q21_14	2.64	0.96	4.48	0.55	−27.71***	是
Q21_15	2.72	0.91	4.53	0.51	−28.91***	是

说明：*** 表示 p<0.001。

（2）探索性因素分析

本书应用的校长—骨干教师问卷在我国中小学教师群体中得到一定程度的应用，已有研究表明，该问卷的信度、效度和结构效度均符合要求。为了检验该问卷在义务教育学校骨干教师群体的适用情况，本书在项目分析的基础上，对校长—骨干教师交换关系问卷进行了探索性因素分析和验证性因素分析。Bartlett 球形检验的卡方值为 15268.848，自由度为 105，

p<0.001，KMO 值为 0.952>0.7，说明适合进行因素分析。依然使用 Mplus 7.4 进行探索性因素分析，如表 5-17 所示，共探索出五个可供选择的模型，由各个因子模型的拟合指数来看，四因子模型和五因子模型拟合指数达到了模型拟合的要求，因此需要根据因子载荷系数进一步判别四因子模型和五因子模型的适切程度。

表 5-17　　校长—骨干教师交换关系探索性因素分析的模型拟合指数

Model	χ^2	df	RMSEA	CFI	TLI	SRMR
单因子	2217.29***	90	0.16	0.735	0.691	0.084
双因子	1525.09***	76	0.144	0.82	0.751	0.051
三因子	755.56***	63	0.109	0.914	0.856	0.037
四因子	102.31***	51	0.033	0.994	0.987	0.008
五因子	70.51**	40	0.029	0.996	0.99	0.007

说明：** 表示 p<0.01；*** 表示 p<0.001。

从各题项的因子归属来看，五因子模型的因子归属没有四因子模型清晰。因此，结合模型拟合指数、因子归属和原始问卷的结构，本书选择四因子模型。如表 5-18 所示，F1 四个题项的因子载荷在 0.709—0.943，F2 四个题项的因子载荷在 0.642—0.847，F3 四个题项的因子载荷在 0.672—0.934，F4 三个题项的因子载荷在 0.867—0.956。四因子之间的相关关系处于 0.618—0.789，为中度和高度相关关系。结合问卷各维度实际情况，将 F1 命名为"情感维度"（LMX1），将 F2 命名为"忠诚维度"（LMX2），将 F3 命名为"贡献维度"（LMX3），将 F4 命名为"尊敬维度"（LMX4）。

表 5-18　　　　校长—骨干教师交换关系因子载荷统计

题号	F1	F2	F3	F4
Q21_1	0.709*	0.031	−0.008	0.219*
Q21_2	0.891*	0.014	0.008	0.053
Q21_3	0.943*	−0.017	0.024	−0.022
Q21_4	0.828*	0.061	0.049	0.013

续表

题号	F1	F2	F3	F4
Q21_5	0.257*	0.655*	0.052	-0.043
Q21_6	0.136*	0.827*	-0.073*	0.074*
Q21_7	0.024	0.847*	0.04	0.029
Q21_8	-0.150*	0.642*	0.293*	0.001
Q21_9	0.052	0.126*	0.672*	0.096*
Q21_10	0.084*	-0.081*	0.817*	0.042
Q21_11	-0.03	0.058	0.934*	-0.113*
Q21_12	0.038	-0.005	0.744*	0.091
Q21_13	-0.005	0.003	0.078*	0.875*
Q21_14	0.012	-0.003	-0.002	0.956*
Q21_15	0.035	0.058*	0.012	0.867*

说明：*表示 $p<0.05$。

（3）验证性因素分析

在探索性因素分析的基础上，对校长—骨干教师交换关系四维度的结构效度进行检验。一阶验证性因素分析模型拟合指数为 $\chi^2 = 507.074$，$df = 84$，RMSEA=0.074，CFI=0.973，TLI=0.966，SRMR=0.033，模型拟合指数达到拟合要求。进而，在一阶验证性因素分析的基础上，进行二阶验证性因素分析，模型拟合指数为 $\chi^2 = 556.574$，$df = 86$，RMSEA=0.077，CFI=0.969，TLI=0.962，SRMR=0.041，模型达到拟合要求。一阶验证性因素分析和二阶验证性因素分析结果表明，校长—骨干教师交换关系具有较好的结构效度。

（4）信效度检验

如表 5-19 所示，校长—骨干教师交换关系中的情感维度（LMX1）各题项的标准化因子载荷系数在 0.909—0.950，组成信度为 0.958，平均方差萃取量为 0.851，信度为 0.867，效度为 0.957。忠诚维度（LMX2）各题项的标准化因子载荷系数在 0.716—0.930，组成信度为 0.916，平均方差萃取量为 0.733，信度为 0.823，效度为 0.914。贡献维度（LMX 3）各题项的标准化因子载荷系数在 0.836—0.878，组成信度为 0.911，平均方差萃取量为 0.719，信度为 0.845，效度为 0.911。尊敬维度（LMX 4）各题项的标准化因子载荷系数在 0.926—0.957，组成信度为 0.960，平均方差萃取量为 0.888，信度为 0.774，效度为 0.959。这说明，校长—骨干教师交换关系问卷各维度具有较好的信度、效度和结构效度。

表 5-19　　　　校长—骨干教师交换关系各维度信效度统计

维度	题项	因子载荷	组成信度	平均方差萃取量	信度	效度
情感维度 （LMX 1）	Q21_1	0.909	0.958	0.851	0.867	0.957
	Q21_2	0.950				
	Q21_3	0.920				
	Q21_4	0.911				
忠诚维度 （LMX 2）	Q21_5	0.862	0.916	0.733	0.823	0.914
	Q21_6	0.930				
	Q21_7	0.900				
	Q21_8	0.716				
贡献维度 （LMX 3）	Q21_9	0.878	0.911	0.719	0.845	0.911
	Q21_10	0.836				
	Q21_11	0.840				
	Q21_12	0.837				
尊敬维度 （LMX 4）	Q21_13	0.926	0.960	0.888	0.774	0.959
	Q21_14	0.957				
	Q21_15	0.944				

5. 组织效用价值问卷

由第四章对骨干教师的访谈可知，骨干教师感知到的组织效用价值主要体现在对任教学生成长的价值、对本学科教育质量提升的价值、对教师团队建设的价值和对学校教育质量提升的价值。在这四个方面的基础上，虽然骨干教师访谈中鲜有骨干教师提及其对区域教育质量提升的价值，但是无论是从骨干教师的政策要求还是从骨干教师的实际作用发挥中，均可看出骨干教师对区域教育质量提升具有重要价值。如表 5-20 所示，本书通过五个题项反映骨干教师的组织效用价值。问卷通过"作为您所在学校或者区域的骨干教师，成为一名骨干教师对您来讲意味着什么？请您根据相符程度选择相应的选项"反映骨干教师的组织效用价值。骨干教师组织效用价值采用李克特五点计分，从"1"到"5"为"完全不同意"至"完全同意"。

表 5-20 骨干教师组织效用价值问卷

变量维度	测量题项
组织效用价值 （OU）	Q23_ 1. 有助于任教班级学生的成长
	Q23_ 2. 有助于本学科教育质量提升
	Q23_ 3. 有助于促进教师团队建设
	Q23_ 4. 有助于学校教育质量提升
	Q23_ 5. 有助于区域教育质量提升

首先，进行项目分析。组织效用价值各题项与总均分的相关关系均在 0.001 水平上显著，相关系数在 0.895—0.939，属于高度相关关系，保留所有题项。其次，将平均值按照前 27% 和后 27% 进行高低分分组，高分组骨干教师的数量和低分组骨干教师的数量分别为 339 人和 580 人。如表 5-21 所示，对各题项进行差异性检验，结果表明高分组和低分组的差异均显著，t 值的绝对值均高于 20，因此保留所有题项。

表 5-21 组织效用价值问卷的项目分析摘要

题号	高分组（n=339）		低分组（n=580）		决断值 t	项目是否保留
	均值	标准差	均值	标准差		
Q23_ 1	4.81	0.49	3.71	0.62	-29.72***	是
Q23_ 2	4.87	0.34	3.74	0.61	-36.24***	是
Q23_ 3	4.82	0.44	3.69	0.63	-31.76***	是
Q23_ 4	4.87	0.35	3.75	0.61	-35.27***	是
Q23_ 5	4.84	0.40	3.69	0.63	-33.72***	是

其次，进行探索性因素分析。结果表明，Bartlett 球形检验的卡方值为 4932.265，自由度为 10，$p<0.001$，KMO 值为 0.876>0.7，说明适合进行因素分析。经第一次探索性因素分析共分析出两个可供选择的模型，其中

单因子模型拟合效果优于双因子模型拟合结果，因此在此仅汇报单因子模型的情况。模型拟合指数表明，$\chi^2 = 42.586$，$df = 5$，RMSEA = 0.090，CFI = 0.949，TLI = 0.897，SRMR = 0.020，可见模型拟合效果不好。结合题项的具体含义，删除 Q23_5 "有助于区域教育质量提升"后进行第二次探索性因素分析。模型拟合指数表明，$\chi^2 = 0.571$，$df = 2$，RMSEA = 0.000，CFI = 1.000，TLI = 1.009，SRMR = 0.003。[①] 最后进行验证性因素分析。对组织效用价值的四个题项进行验证性因素分析，模型拟合指数为，$\chi^2 = 2.649$，$df = 2$，RMSEA = 0.019，CFI = 1.000，TLI = 0.999，SRMR = 0.003。标准化因子载荷系数处于 0.865—0.957，组成信度为 0.943，平均方差萃取量为 0.804，信度为 0.859，效度为 0.942。

6. 同伴信任问卷

本书中的同伴信任问卷源于王雁飞和朱瑜二位学者组织信任问卷，原始问卷将组织信任划分为组织信任、领导信任和同伴信任。[②] 如表 5-22 所示，本书引用北京师范大学杨烁和余凯二位学者应用于教师群体的问卷。[③] 问卷表述为："下列关于您所在学科组同事的说法，请根据您的实际感受选择相应的条目"，同伴信任问卷采用李克特五点计分，从"1"到"5"分别为"完全不同意""不太同意""不确定""同意"和"完全同意"。由于同伴信任问卷的应用范围较广泛，问卷的质量得到很好的检验。因此，本书不再对同伴信任问卷进行项目分析和探索性因素分析，直接对同伴信任的四个题项进行验证性因素分析。模型拟合指标显示，$\chi^2 = 8.579$，$df = 2$，RMSEA = 0.060，CFI = 0.998，TLI = 0.993，SRMR = 0.007。标准化因子载荷系数在 0.773—0.910，组成信度为 0.922，平均方差萃取量为 0.747，信度为 0.851，效度为 0.921。

---

① 在进行第二次探索性因素分析时，模型拟合指数的 RMSEA 为 0.000，TLI 为 1.009>1。这说明该维度的测量模型为"零模型"或饱和模型，是合理的。详细的讨论可见 Mplus 研讨网站 (http://www.statmodel.com/discussion/messages/8/5908.html? 1367889553)。

② 王雁飞、朱瑜:《组织社会化、信任、知识分享与创新行为：机制与路径研究》,《研究与发展管理》2012 年第 2 期。

③ 杨烁、余凯:《组织信任对教师知识共享的影响研究——心理安全感的中介作用及沟通满意度的调节作用》,《教育研究与实验》2019 年第 2 期。

表 5-22　　　　　　　　　　同伴信任问卷

变量维度	测量题项
同伴信任（CB）	Q22_ 1. 我充分相信同事们的工作能力
	Q22_ 2. 当我工作忙时，我相信同事会帮助我
	Q22_ 3. 我相信同事对我的承诺与保证
	Q22_ 4. 当我工作有困难时，我相信同事们会支持我

7. 骨干教师区域考核问卷

基于骨干教师政策分析和受访骨干教师的访谈，骨干教师受到学校所在区域师资管理机构的考核。因此，如表 5-23 所示，本书设置了包含六个题项的骨干教师区域考核问卷，考察骨干教师所在区域在骨干教师队伍建设中是否重视考核。该维度的引导语被表述为："作为骨干教师，您所在区（县）教育管理部门对您是否有以下要求？"问卷题项包括"开设公开课""指导青年教师""发表论文""课题研究""送教下乡""其他"。"1"为"没有要求"，"2"为"有要求"。在此基础上，当骨干教师回答"有要求"时，本书通过另外一道题反映骨干教师对区域考核的达成度。题项被表述为"完不成""能完成一部分""能完成大部分"和"能完成全部"。

表 5-23　　　　　　　　骨干教师区域考核问卷

变量维度	测量题项
骨干教师区域考核	Q24_ 1. 开设公开课
	Q24_ 2. 指导青年教师
	Q24_ 3. 发表论文
	Q24_ 4. 课题研究
	Q24_ 5. 送教下乡
	Q24_ 6. 其他

二　正式调研

问卷调查的最终目的是通过搜集具有代表性样本的数据，在随机误差允许的范围内将基于抽取样本的结果推广到群体。[1] 本书基于 919 位义务

---

[1] 陈晓萍、沈伟：《组织与管理的实证研究方法》，北京大学出版社 2018 年版，第 207—208 页。

教育阶段骨干教师的问卷调查，经过项目分析、探索性因素分析和验证性因素分析，形成了适用本土情境的骨干教师领导力及影响因素问卷。为了进一步了解我国不同省份中小学骨干教师领导力的现状，探究骨干教师领导力影响因素的作用关系，本书在预调研的基础上进行正式调研。

（一）研究对象

正式调研的研究对象主要来自以下三个区域：其一，对上海市的闵行区和浦东新区进行问卷调查，集中于闵行区的12所小学和12所初中的所有骨干教师，浦东新区样本较少。其二，通过重庆市教育科学研究院，借助校长微信群和教师微信群进行问卷发放，收集到重庆市及下属区县的骨干教师问卷。其三，通过教师教育科对河南省郑州市某区所有公办义务教育学校的骨干教师进行问卷调查。其四，通过教育部中学校长培训中心的校长培训班，对河南省郑州市、贵州省贵阳市和遵义市，共计20余所公办义务教育学校进行问卷调查，问卷通过校长进行发放。其五，江苏省南京市某区的4所学校及该区的部分学校的骨干教师参与了问卷调查，问卷通过校长进行发放。

正式调查通过问卷进行数据收集，调查时间集中在6月15日至7月10日，前后共收集2578份骨干教师问卷，其中上海市864份（占比33.51%），郑州市901份（占比34.9%），重庆市522份（占比20.2%），贵州省251份（占比9.7%），南京市40份（占比1.6%）。问卷回收后对填答时间过短和规律性作答的样本进行清理，前后共计清理779份问卷，得到1799份有效问卷，问卷有效率为69.8%。预调研和正式调研共收集了4015份公办义务教育学校的骨干教师问卷，其中有效问卷为2718份，问卷有效率为67.70%。表5-24呈现了骨干教师的人口学信息。

表5-24　　　　　　　　骨干教师背景信息统计

项目	组别	人数（人）	百分比（%）	项目	组别	人数（人）	百分比（%）
性别	男	559	20.6	职称	一级	1603	59.0
	女	2159	79.4		高级及以上	670	24.7

续表

项目	组别	人数（人）	百分比（%）	项目	组别	人数（人）	百分比（%）
婚姻状况	已婚有一个子女	243	8.9	是否为班主任	是	1287	47.4
	已婚有多个子女	1485	54.6		否	1431	52.6
	其他	990	36.5	学校区位	城市	1307	48.0
最高学历	大专及以下	462	17.0		县城	570	21.0
	本科	2094	77.0		乡镇	608	22.4
	硕士及以上	162	6.0		村屯	233	8.6
学科	语文	982	36.0	办学质量	中等偏下	583	21.5
	数学	711	26.2		中等	833	30.6
	英语	374	13.8		中等偏上	1302	47.9
	其他	651	24.0	学校规模	200人以下	361	13.3
学段	小学	1768	65.0		201—1000人	736	27.1
	初中	950	35.0		1001—2000人	696	25.6
教龄	10年及以下	401	14.8		2001人及以上	925	34.0
	11—20年	710	26.1	骨干教师类型	Ⅰ.专业职位+无荣誉称号	672	24.7
	21—30年	1240	45.6		Ⅱ.专业职位+有荣誉称号	427	15.7
	31年及以上	367	13.5		Ⅲ.普通教师+有荣誉称号	1327	48.8
职称	二级及以下	445	16.3		Ⅳ.行政职位+有荣誉称号	292	10.8

说明：在骨干教师类型方面，根据骨干教师是否担任教研组长、备课组长、是否获得区（县）及以上"骨干教师"荣誉称号及骨干教师是否担任行政职务，可以将骨干教师划分为以下四类：Ⅰ.专业职位+无荣誉称号：本类型指的是担任备课组长和教研组长但无荣誉称号的骨干教师；Ⅱ.专业职位+有荣誉称号：本类型指的是担任备课组长和教研组长且有荣誉称号骨干教师；Ⅲ.普通教师+有荣誉称号：本类型指的是未担任任何专业职务和行政职务骨干教师，但拥有荣誉称号的骨干教师；Ⅳ.行政职位+有荣誉称号：本类型指的是在学校担任诸如年级主任、科室主任等行政职务且具有荣誉称号的骨干教师。

（二）研究工具

正式调研使用的问卷为预调研删减题项后的版本。在正式调研完成后，将预调研的919个样本和正式调研的1799个样本进行合并，共计

2718 个骨干教师样本。在数据分析前，对全样本进行各个维度的验证性因素分析。如表 5-25 所示，骨干教师领导力、校长支持性领导、校长—骨干教师交换、同伴信任四维度的模型拟合较好，这表明预调研形成问卷的结构效度较好。但是在骨干教师组织效用价值的验证性因素分析中，模型拟合指数为 χ^2 = 64.429，df = 2，RMSEA = 0.107，CFI = 0.995，TLI = 0.986，SRMR = 0.006。可见 RMSEA 值大于 0.08，因此需要对模型做进一步修正。根据学者建议[①]，结合题项内容和修正指数，本书允许题项 Q23_3 "有助于促进教师团队建设"和题项 Q23_34 "有助于学校教育质量提升"的残差相关，该维度模型拟合达到要求。

表 5-25　　各维度验证性模型拟合指数汇总

变量	项目数	χ^2	df	RMSEA	CFI	TLI	SRMR
骨干教师领导力	25	4060.096	246	0.076	0.933	0.925	0.079
支持性领导	13	1032.721	62	0.076	0.976	0.970	0.025
校长—骨干教师交换	15	1458.063	86	0.077	0.971	0.964	0.051
组织效用价值	4	7.901	1	0.050	0.999	0.997	0.002
同伴信任	4	8.054	2	0.033	0.999	0.998	0.003

在进行结构方程模型分析之前，本书对各维度的区别效度进行了检验。区别效度指的是构面所代表的潜在特质与其他构面所代表的潜在特质间有低度相关或者有显著的差异存在。当两个构念方差萃取量（AVE）大于两个变量相关系数的平方时说明变量的区别效度较好。[②] 也即当平均方差萃取量的平方根大于两个变量的相关系数时，变量间的区别效度较好。本书每一个一阶因子的平均方差萃取量的平方根均大于其他变量与该变量的相关系数，说明各个维度之间有较好的区别效度。

第二节　骨干教师领导力的现状与差异

本部分首先呈现受调研骨干教师领导力的总体情况；其次，呈现不同

[①] 王孟成：《潜变量建模与 Mplus 应用·基础篇》，重庆大学出版社 2014 年版，第 118 页。温忠麟、刘红云：《中介效应和调节效应：方法及应用》，教育科学出版社 2020 年版，第 66 页。
[②] 吴明隆：《结构方程模型：Amos 实务进阶》，重庆大学出版社 2013 年版，第 80—86 页。

人口学信息骨干教师领导力的差异；最后，呈现不同学校特征骨干教师领导力的差异。

一 骨干教师领导力的总体水平

总体来看，骨干教师六维度均值为 3.69 分，标准差为 0.69。如图 5-1 所示，骨干教师领导力六维度均值由高到低分别为引领学生学习、引导家校共育、引领课程实施、促进校内同伴发展、参与专业决策和促进校外同伴发展。由此可见，骨干教师领导力处于中等偏上水平，骨干教师在引领学生学习方面的表现最好，引导家校共育和引领课程实施方面的表现次之。促进校内同伴发展、参与专业决策和促进校外同伴发展的均值低于六维度的均值，这表明骨干教师在这三个方面的表现有待提高。

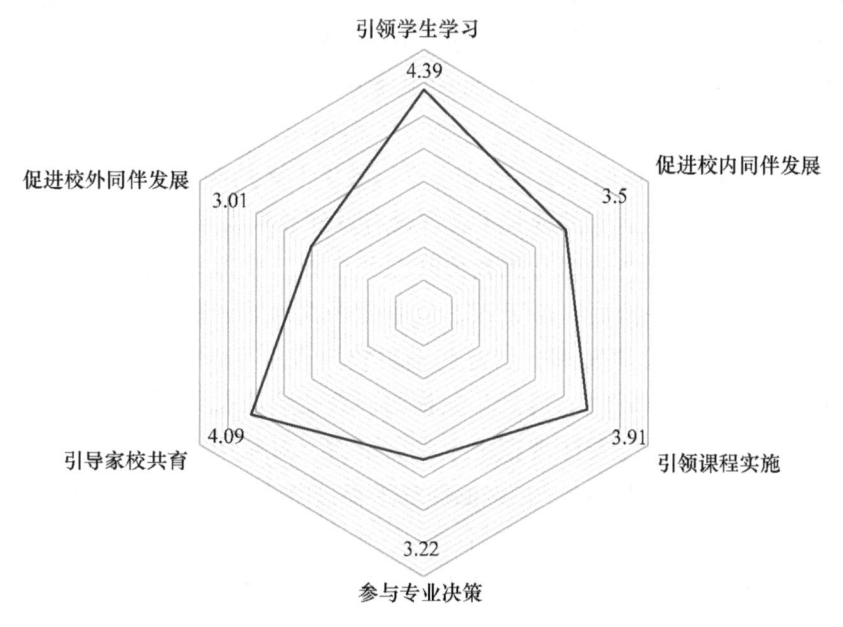

图 5-1 骨干教师领导力六维度均值雷达

此外，从骨干教师领导力六维度的标准差来看，促进校内同伴发展、参与专业决策和促进校外同伴发展三个维度的标准差均超过 1，说明受调研骨干教师在这三个维度上的差异较大。引领学生学习的标准差最小，这表明不同骨干教师的差异较小。教学优秀是从普通教师成为骨干教师的前提条件和应有之义，因此骨干教师在引领学生学习方面和引导家校共育方面的表现最好，不同骨干教师的差异较小。随着新课程改革的深入，不同层次的培训让教师有机会了解新课程改革的理念、把握新课程改革的教学目标，进而掌握本学科内部的发展规律。同时，为了应对学生学习需求，不少地区和学校进行了丰富多样的课程改革，开发和编制了适用于学生实际的校本课程和校本教材。骨干教师作为负责人或参与人，深入参与到学校课程改革中，积累了课程开发和教材编制的相关知识和经验。因此，骨干教师领导力中的引领课程实施得分处于第三位，相对较好。

　　骨干教师应该在提高整体教师素质方面起到重要作用。骨干教师的作用主要体现在教学层面和学校制度层面，决策方面的体现不明显。① 然而，从本书问卷调查的结果来看，骨干教师在这两个方面的表现有待提升，本书得出的结论和已有研究结论类似。娄元元 2015 年对 600 多位教师进行了调查，发现教师是"课堂王国"的领导者，教师领导力主要表现为在课堂上对学生的影响。教师在学校层面的领导力均值为 2.41，说明教师偶尔能在学校层面发挥作用。② 基于广东省 756 名中小学骨干教师的调查表明，骨干教师普遍认为他们在学生管理和学科教学方面具备较好的驾驭能力。③ 但是，已有研究也表明部分骨干教师没有发挥教学指导和教学示范作用。一方面，骨干教师在听课、执教公开课和指导新教师方面的频次没有达到学校要求；另一方面，基于 555 位非骨干教师的调查表明，近半数非骨干教师对骨干教师发挥的示范和辐射作用表示不满意。④ 同时，针对参与轮岗交流骨干教师"能量"发挥的研究也有类似结论，参与轮岗交流骨干教师的作用主要体现在学生发展方面，对轮岗交流学校教师、学校和社区的影响相对不足⑤，这也就意味着我国的骨干教师制度未能充分

---

　　① 陈峥：《弱化等级，扩大内涵——西方领袖教师对我国骨干教师专业发展的启示》，《外国中小学教育》2013 年第 8 期。
　　② 娄元元：《学校发展中的教师领导研究》，博士学位论文，华东师范大学，2015 年。
　　③ 胡继飞、古立新：《我国教师领导力现状及其影响因素的调查研究——以广东省为例》，《课程·教材·教法》2012 年第 5 期。
　　④ 罗绍良：《黔南民族地区中小学骨干教师示范辐射作用的调查与分析》，《民族教育研究》2011 年第 5 期。
　　⑤ 钟亚妮、叶菊艳、卢乃桂：《轮岗交流教师的学习领导信念、行为与影响：基于北京市 Z 区的调查》，《教育发展研究》2018 年第 4 期。贺文洁、李琼、叶菊艳、卢乃桂：《"人在心也在"轮岗交流教师的能量发挥效果及其影响因素研究》，《教育学报》2019 年第 2 期。

发挥作用。①

二 骨干教师领导力的内部差异

在探究骨干教师领导力总体水平的基础上，本部分探究骨干教师领导力在性别、学历、职称、教龄和类型上的差异，此外还探讨了不同职业认同和不同学校归属感的骨干教师的领导力的差异。

（一）骨干教师领导力在性别上的差异

表 5-26　　　　　　不同性别骨干教师领导力差异统计

变量	男性 M	男性 SD	女性 M	女性 SD	差异性 t	差异性 p
引领学生学习	4.33	0.60	4.41	0.57	-2.75	0.006
促进校内同伴发展	3.67	0.93	3.49	1.03	4.01	0.000
引领课程实施	3.98	0.72	3.90	0.77	2.47	0.014
参与专业决策	3.44	1.04	3.16	1.14	5.55	0.000
引导家校共育	4.06	0.76	4.09	0.77	-1.01	0.313
促进校外同伴发展	3.25	1.14	2.95	1.24	5.31	0.000
骨干教师领导力	3.79	0.67	3.67	0.70	3.69	0.000

本书中共有 559 位男教师和 2159 位女教师，总体来看骨干教师中女教师比例高于男教师。如表 5-26 所示，骨干教师领导力在性别上存在显著差异，男教师的领导力显著高于女教师。具体来看，男教师在促进校内同伴发展、引领课程实施、参与专业决策和促进校外同伴发展上的表现均显著优于女教师。女教师在引领学生学习上的表现显著优于男教师。不同性别骨干教师在引领家校共育方面的表现不存在显著差异。

本书研究表明，骨干教师的性别结构和领导力发挥存在相悖的情况。一方面，骨干教师中的女性比例高于男教师。基于青岛市的调研表明，在 139 位受调查的小学骨干教师中，女教师比例高达 90.6%，在省级骨

---

① 汪敏、朱永新：《教师领导力研究的进展与前瞻》，《中国教育科学》（中英文）2020 年第 4 期。

干教师中女教师比例为70.4%，在市级骨干教师中女性比例为67.1%。[①]在吉林省3031名省级骨干教师中，男教师为598人，所占比例为19.66%，女教师为2433人，所占比例为80.34%。[②] 基于北京市某区1197位骨干教师的调查表明，女教师占比超过八成。[③] 整体而言，骨干教师中的女性比例高于男性，本书中的男教师比例在两成左右，这与上述几项调查得出的结论一致。

另一方面，男性骨干教师的领导力显著高于女教师。有研究者认为，一方面，性别偏见与组织制度的桎梏阻碍了女性教师领导力的发挥，数量相对较少的男性教师是学校领导力发展的主体，男性教师的声音往往更有力量。另一方面，女性教师受限于社会性别及职业环境，需要在职业角色和家庭角色间寻求平衡。[④] 少有研究深入探究男、女教师领导力差异的深层次原因，学校组织结构、管理者偏好、教师专业角色与家庭角色之间的平衡能力，均有可能导致骨干教师领导力性别差异的产生。当然，女教师在引领学生学习方面的表现更好，这与教师专业特性密切相关，这也是教师职业女性化的重要缘由。[⑤]

(二) 骨干教师领导力在学历上的差异

从骨干教师学历来看，专科及以下为462人，本科为2094人，研究生为162人。由表5-27所示，不同学历水平骨干教师的领导力不存在显著性差异，但是研究生学历骨干教师领导力的均值更高。在促进校内同伴发展方面，不同学历骨干教师得分的差异显著，经事后检验表明，专科及以下学历和本科学历骨干教师分别低于研究生学历的骨干教师，但专科及以下学历和本科学历骨干教师之间的差异不显著。在引领课程实施方面，不同学历骨干教师得分存在显著性差异，经事后检验表明，专科及以下学历

---

① 李长江：《秦皇岛市中小学骨干教师队伍建设研究》，硕士学位论文，燕山大学，2010年。
② 吉林省中小学幼儿教师培训中心：《吉林省中小学幼儿园骨干教师培训需求调查分析报告》，《吉林省教育学院学报》2021年第1期。
③ 侯冬玲：《向上向善向未来：首都核心区骨干教师专业发展新风向——基于北京市某核心区1197名骨干教师专业发展现状及需求的调研》，《中小学管理》2021年第2期。
④ 万恒、宋莹莹：《女性教师领导力发展困境与突破——基于5所中学的实证调研》，《教师教育研究》2020年第5期。
⑤ 吴晶、金志峰、葛亮：《为什么教师职业对于女性更具吸引力——基于社会比较理论的视角》，《教育发展研究》2020年第2期。

骨干教师在引领科学实施方面的表现显著低于研究生学历的骨干教师。此外，不同学历骨干教师在引领学生学习、参与专业决策、引导家校共育和促进校外同伴发展上的差异均不显著。

表 5-27　　　　　　　　不同学历骨干教师领导力差异统计

变量	专科及以下 M	专科及以下 SD	本科 M	本科 SD	研究生 M	研究生 SD	ANOVA 分析 F	ANOVA 分析 p
引领学生学习	4.42	0.55	4.39	0.58	4.37	0.57	0.681	0.506
促进校内同伴发展	3.45	1.00	3.53	1.02	3.81	0.94	7.390	0.001
引领课程实施	3.86	0.80	3.92	0.76	4.03	0.76	3.059	0.047
参与专业决策	3.28	1.11	3.21	1.12	3.22	1.15	0.805	0.447
引导家校共育	4.13	0.73	4.08	0.78	4.08	0.77	0.893	0.410
促进校外同伴发展	3.00	1.22	3.00	1.23	3.18	1.22	1.583	0.206
骨干教师领导力	3.69	0.69	3.69	0.69	3.78	0.69	1.445	0.236

教师学历水平的提高是高素质、专业化教师队伍建设的重要指标，21世纪以来，我国教师的学历结构不断完善。基于我国四省市 2018 年 PISA 数据的研究表明，教师队伍中硕士教师比例每提高 10%，学生成绩平均提高约 36 分。此外，虽然乡镇学校硕士学历教师的比例低于城市学校，但增加乡镇学校硕士教师比例的效益高于城市学校。[①] 如表 5-28 所示，本书中硕士及以上学历骨干教师占比为 6%，且超过半数为教龄不足 10 年的中青年教师。骨干教师学历以本科为主，少部分教龄较长的骨干教师的学历为专科及以下。

基于不同学历骨干教师领导力的表现来看，硕士学历骨干教师虽然教龄较短，但是在促进校内同伴发展和引领课程实施方面的表现优于本科及以下学历的骨干教师。这也就意味着提高教师学历水平不仅有利于学生成绩的改善，还有利于高学历骨干教师在教师团队建设和学校课程实施方面的作用发挥。

---

① 叶方如：《教师资源供给与学生学业成绩——基于 PISA 2018 中国四省市的分析》，《教育与经济》2021 年第 3 期。

表 5-28　　　　　　　　不同教龄骨干教师的学历统计

变量		学历			总计
		专科及以下	本科	研究生及以上	
教龄	10 年及以下	6（1.5%）	303（75.6%）	92（22.9%）	401（14.8%）
	11—20 年	41（5.8%）	621（87.5%）	48（6.8%）	710（26.1%）
	21—30 年	253（20.4%）	967（78.0%）	20（1.6%）	1240（45.6%）
	31 年及以上	162（44.1%）	203（55.3%）	2（0.5%）	367（13.5%）
总计		462（17.0%）	2094（77.0%）	162（6.0%）	2718（100%）

（三）骨干教师领导力在职称上的差异

从骨干教师职称来看，二级及以下的有 445 位，一级的有 1630 位，高级及以上的有 670 位。如表 5-29 所示，骨干教师领导力及各维度在职称上的差异均显著，总体上看，骨干教师职称越高，骨干教师领导力水平就越高。从均值来看，在引领学生学习和引导家校共育两个维度上，高级及以上职称骨干教师的均值低于职称为一级的骨干教师，但是高于职称为二级及以下的骨干教师。经事后检验表明，在这两个维度上，职称二级及以下骨干教师分别与一级和高级及以上骨干教师的组间差异显著，但是一级和高级及以上职称骨干教师的组间差异并不显著。职称越高，骨干教师领导力水平越高的结论符合教师发展的客观规律。

表 5-29　　　　　　　不同职称骨干教师领导力差异统计

变量	二级及以下		一级		高级及以上		AVOVA 分析	
	M	SD	M	SD	M	SD	F	p
引领学生学习	4.28	0.63	4.43	0.55	4.39	0.58	11.945	0.000
促进校内同伴发展	3.34	1.07	3.53	1.01	3.65	0.96	12.544	0.000
引领课程实施	3.76	0.79	3.92	0.78	3.99	0.70	12.451	0.000
参与专业决策	3.14	1.12	3.20	1.13	3.33	1.10	4.837	0.008
引导家校共育	3.97	0.80	4.12	0.76	4.08	0.77	6.961	0.001
促进校外同伴发展	2.91	1.26	2.99	1.24	3.14	1.18	5.342	0.005
骨干教师领导力	3.57	0.72	3.70	0.69	3.76	0.68	11.084	0.000

(四) 骨干教师领导力在教龄上的差异

从骨干教师的教龄来看，不足10年的有401位，教龄在11—20年的有710位，教龄在21—30年的有1240位，教龄在31年及以上的有367位，教龄在21—30年的骨干教师是主力。首先，不同教龄骨干教师的领导力存在显著差异，总体来看，骨干教师教龄越长领导力表现越好。经事后检验表明，教龄不足10年的骨干教师领导力均低于其他教龄段的骨干教师，但另外三个教龄段的骨干教师领导力的组间差异不显著。其次，不同教龄骨干教师在引领学生学习、引领课程实施、引导家校共育方面存在显著差异。在引领学生学习方面，经事后检验表明，教龄不足十年的骨干教师的表现显著低于其他几个年龄组的教师，教龄11—20年和教龄21—30年的骨干教师的教师领导力显著低于教龄31年及以上的骨干教师。在引领课程实施方面，经事后检验表明，教龄不足十年的骨干教师的表现显著低于其他几个年龄组，其他年龄组之间的差异不显著。在引导家校共育方面，教龄不足十年的骨干教师的表现显著低于其他几个年龄组，教龄21—30年的骨干教师的表现显著低于教龄31年及以上的骨干教师。

表5-30   **不同教龄段骨干教师领导力差异统计**

变量	10年及以下 M	SD	11—20年 M	SD	21—30年 M	SD	31年及以上 M	SD	AVOVA分析 F	p
引领学生学习	4.25	0.64	4.40	0.56	4.40	0.59	4.51	0.48	13.256	0.000
促进校内同伴发展	3.43	1.06	3.53	1.04	3.54	0.99	3.61	0.99	2.149	0.092
引领课程实施	3.77	0.80	3.92	0.78	3.93	0.75	4.03	0.72	8.079	0.000
参与专业决策	3.16	1.10	3.16	1.15	3.26	1.11	3.29	1.15	2.111	0.097
引导家校共育	3.93	0.77	4.14	0.76	4.08	0.77	4.19	0.74	9.467	0.000
促进校外同伴发展	2.94	1.23	2.97	1.25	3.07	1.20	3.01	1.25	1.543	0.201
骨干教师领导力	3.58	0.72	3.69	0.69	3.71	0.68	3.77	0.69	5.614	0.001

教师专业发展阶段是教师研究的重要方向，通常按照教龄来划分。不同专业发展阶段的教师，有着不同的专业发展水准与发展需求。已有研究摒弃了早期的"线性思维"，认为教师专业发展不呈现线性发展。朱旭东和李琼认为，教师职业生涯可分为职业适应期（1—2年）、能力建构期

(3—5年)、热情与成长期(6—10年)、职业受挫期(11—15年)、职业稳定期(16—25年)和职业消退期(26年及以上)。可见,11—15年是关键转折期,教师在专业发展热情、投入等方面明显下降,出现教师职业倦怠的倾向。①

  骨干教师随着教龄增加面临着双重挑战。一方面,在家庭压力、工作压力和工作激情的综合影响下,骨干教师因职业瓶颈而出现职业倦怠现象。针对500名区级骨干教师十年间的追踪研究表明,超过半数教师没有出现明显发展。②另一方面,骨干教师作为教师群体中的绩优者,被教育行政部门、学校和同伴赋予了更高的要求和期待,主动和被动地承担更多的工作职责、扮演不同的专业角色。从不同教龄骨干教师领导力的分析中可以看出,从总体上讲,骨干教师领导力随着教龄增加而增强。但本书也发现随着教龄的增加,骨干教师在促进校内同伴发展、参与专业决策和促进校外同伴发展三个方面的表现并没有明显提高。

  (五) 不同类型骨干教师领导力的差异

  本书中的骨干教师一方面包括获得区(县)及以上"骨干教师"荣誉称号的教师;另一方面包括在教学组织中承担领导角色的教研组长和备课组长。"骨干教师"荣誉称号是对教师的肯定和鼓励,具有一定的时效性。也就是说教师可能在获评"骨干教师"荣誉称号前具有很强的专业性,能够发挥专业引领作用。但随着自身专业发展阶段的变化、年龄的增长和自身角色认同等因素的变化,存在不能起到应有作用的可能性。对于教研组长和备课组长来说,其岗位职责就在于组织、引领同组织内部的教师开展教学研究活动,因此应该起到相应的作用。根据骨干教师是否担任教研组长、备课组长、是否获得区(县)及以上"骨干教师"荣誉称号及骨干教师是否处于行政领导岗位,可以将骨干教师划分为以下四类:第一,在工作中担任教研组长或者备课组长但是并未获得"骨干教师"荣誉称号的教师;第二,既获得"骨干教师"荣誉称号,在工作中担任教研组长或者备课组长的教师;第三,仅获得"骨干教师"荣誉称号的教师;第四,既获得"骨干教师"荣誉称号,同时处于行政领导岗位的教师。

---

① 朱旭东、李琼:《澳门教师专业发展与规划研究》,北京师范大学出版社2011年版,第67页。

② 雷贞萍:《骨干教师发展期停滞问题的原因及对策》,《现代教育管理》2015年第11期。

本书中涉及的四类骨干教师领导力的差异，在一定程度上可以回应关于正式教师领导力和非正式教师领导力之间的争议。本书中的Ⅰ类骨干教师共计672人，Ⅱ类骨干教师为427人，Ⅲ类骨干教师为1327人，Ⅳ类骨干教师为292人。可见，在骨干教师群体中，获得区（县）"骨干教师"荣誉称号且未处于教学领导岗位和行政领导岗位的教师接近样本的半数，获得区（县）"骨干教师"荣誉称号且处于行政领导岗位的教师占比最小。如表5-31所示，经单因素方差分析显示，四类骨干教师领导力差异显著，经事后检验显示，Ⅰ类骨干教师<Ⅲ类骨干教师<Ⅱ类骨干教师，Ⅰ类骨干教师<Ⅳ类骨干教师，Ⅱ类骨干教师<Ⅳ类骨干教师，这表明在四类骨干教师内部，虽然Ⅱ类骨干教师领导力的均值低于Ⅳ类骨干教师领导力均值，但是二者之间的均值差异不显著。总体而言，Ⅱ类骨干教师和Ⅳ类骨干教师领导力表现较好，Ⅲ类骨干教师次之，Ⅰ类骨干教师表现最差。

表5-31　　　　　　　　四类骨干教师领导力差异统计

变量	类型Ⅰ M	类型Ⅰ SD	类型Ⅱ M	类型Ⅱ SD	类型Ⅲ M	类型Ⅲ SD	类型Ⅳ M	类型Ⅳ SD	AVOVA分析 F	AVOVA分析 p
引领学生学习	4.33	0.59	4.46	0.54	4.39	0.58	4.44	0.58	5.219	0.001
促进校内同伴发展	3.29	1.07	3.66	0.96	3.53	1.00	3.89	0.88	28.001	0.000
引领课程实施	3.77	0.78	4.03	0.73	3.92	0.77	4.07	0.68	15.541	0.000
参与专业决策	3.25	1.04	3.56	0.95	3.02	1.19	3.59	1.01	39.149	0.000
引导家校共育	3.96	0.80	4.13	0.77	4.11	0.75	4.23	0.72	10.403	0.000
促进校外同伴发展	2.81	1.25	3.04	1.23	3.07	1.22	3.19	1.17	9.173	0.000
骨干教师领导力	3.57	0.70	3.81	0.66	3.67	0.70	3.90	0.62	21.030	0.000

教师领导的"正式"与"非正式"之辩。对于教师领导力的研究来看，正式教师领导力和非正式教师领导力得到国内外学者的关注与讨论。国内外学者都认为，教师拥有行政职位不是教师领导力的前提条件，非职位型教师领导力才是学校应该关注的重点。但实际上，我国公办义务教育学校的多数校长、科室主任、年级主任、教研组长乃至备课组长，正是因教学优秀而处于特定的教学领导岗位和行政领导岗位的。与此同时，教师担任的专业领导岗位和行政领导岗位在学校的重要程度、能力要求和选拔

过程均存在差异，但教师承担更重要职责的前提是在承担其他职责时取得一定的成绩。

学者对我国教师队伍建设中的"教而优则仕"现象进行了批判，认为"教而优则仕"导致部分骨干教师的教学投入明显不足①，不少骨干教师经过培养和提拔后，离开教学一线，成为"不下水"的领导。② 但是本书研究表明，获得"骨干教师"荣誉称号且承担行政职位的骨干教师领导力显著高于另外三类骨干教师，此类骨干教师在领导力的各个维度也显著高于其他三类。Ⅰ类骨干教师领导力低于Ⅲ类骨干教师，但是Ⅱ类骨干教师领导力高于Ⅲ类骨干教师，这说明在同时区（县）"骨干教师"荣誉称号的前提下，担任备课组长、教研组长骨干教师的领导力表现更优。"名不正，言不顺"能够解释Ⅲ类骨干教师领导力的现实情况。在多数情况下教师因为教学优秀而获评"骨干教师"，其专业性毋庸置疑。但是在没有职位权力的情况下，并不能很好地发挥作用。

（六）不同职业认同骨干教师领导力的差异

职业认同是指教师对其职业及内化的职业角色的积极认知、体验和行为倾向的综合体。③ 本书通过一道三点量表题反映骨干教师的职业认同，也即"如果重新选择，您还会选择教师这个职业吗？"其中 294 位骨干教师表示"不会"（占比 11.3%），1059 位骨干教师表示"不确定"（占比 40.8%），1240 位骨干教师表示"肯定会"（占比 47.8%）。④ 由表 5-32 所示，不同职业认同感的骨干教师领导力存在显著差异，经事后检验表明，选择"不确定"的骨干教师领导力表现最差，选择"不会"的骨干教师领导力次之，选择"肯定会"的骨干教师领导力最优。具体到骨干教师领导力的六个维度，经单因素方差分析表明，具有不同职业认同感的骨干教师在六个维度上均存在显著差异。

---

① 罗绍良：《黔南民族地区中小学骨干教师示范辐射作用的调查与分析》，《民族教育研究》2011 年第 5 期。

② 王丽琴：《走近骨干教师的生活世界———一种社会学分析》，《教师教育研究》2005 年第 1 期。

③ 魏淑华、宋广文、张大均：《我国中小学教师职业认同的结构与量表》，《教师教育研究》2013 年第 1 期。

④ 本书在预调研初期，对骨干教师职业认同感和学校归属感的测量题项有所变更，在后续涉及职业认同感和学校归属感的分析中，本书只将问卷题项经调整后收集到的 2593 个样本纳入分析。

表 5-32　　　　　不同职业认同感骨干教师领导力差异统计

变量	不会 M	不会 SD	不确定 M	不确定 SD	肯定会 M	肯定会 SD	ANOVA F	ANOVA p
引领学生学习	4.40	0.57	4.30	0.60	4.49	0.54	30.638	0.000
促进校内同伴发展	3.52	1.06	3.45	0.99	3.61	1.02	7.286	0.001
引领课程实施	3.97	0.78	3.83	0.75	3.99	0.76	13.643	0.000
参与专业决策	3.26	1.16	3.16	1.09	3.29	1.14	3.953	0.019
引导家校共育	4.09	0.82	3.99	0.79	4.20	0.73	20.502	0.000
促进校外同伴发展	2.99	1.27	2.94	1.22	3.10	1.23	5.051	0.006
骨干教师领导力	3.71	0.71	3.61	0.69	3.78	0.68	17.072	0.000

（七）不同学校归属骨干教师领导力的差异

同样，本书通过一道三点量表题反映骨干教师对当前任教学校的归属感，即"如果重新选择，您还会选择这所学校任教吗？"273 位骨干教师表示"不会"（占比 10.5%），1193 位选择"不确定"（占比 46%），1127 位表示"肯定会"（占比 43.5%）。如表 5-33 所示，具有不同学校归属感的骨干教师在参与专业决策方面的表现不存在显著性差异。具有不同学校归属感的骨干教师领导力及五个维度均存在显著差异，经事后检验表明选择"不确定"的骨干教师的领导力显著低于选择"不会"和"肯定会"的骨干教师。

表 5-33　　　　　具有不同学校归属感骨干教师领导力差异统计

变量	不会 M	不会 SD	不确定 M	不确定 SD	肯定会 M	肯定会 SD	ANOVA F	ANOVA p
引领学生学习	4.38	0.61	4.32	0.59	4.49	0.54	24.413	0.000
促进校内同伴发展	3.55	1.07	3.44	0.99	3.64	1.02	10.421	0.000
引领课程实施	3.97	0.76	3.84	0.75	4.00	0.76	12.613	0.000
参与专业决策	3.25	1.16	3.18	1.09	3.29	1.14	2.856	0.058
引导家校共育	4.01	0.92	4.02	0.77	4.21	0.72	20.749	0.000
促进校外同伴发展	3.04	1.28	2.91	1.22	3.14	1.22	10.056	0.000
骨干教师领导力	3.70	0.73	3.62	0.68	3.79	0.67	18.673	0.000

基于对不同职业认同感和学校归属感的骨干教师领导力现状及其差异的

考察，可以发现职业认同感和学校归属感对骨干教师领导力有正向影响作用，但是这种影响不是线性的。我国公办义务教育学校存在一定比例的骨干教师，他们对教师职业和对任教学校持有模糊态度，这部分骨干教师的领导力表现最差。因此，区域教育行政部门和学校管理者，可以通过提高骨干教师的职业认同感和学校归属感提高骨干教师领导力。

三 骨干教师领导力的外部差异

本书从学段、学校区位、办学质量和骨干教师是否参与校外专业组织四个方面考察骨干教师领导力的外部差异。

（一）骨干教师领导力在学段上的差异

从学段来看，本书调研了公办小学骨干教师1768人，公办初中骨干教师950人。如表5-34所示，骨干教师领导力在学段上存在显著性差异，公办小学骨干教师的领导力总分显著高于公办初中骨干教师，这与伊朗学者的研究结论一致。[1] 具体来看，公办小学骨干教师在引领学生学习和引导家校共育方面的领导力显著高于公办初中教师。公办小学骨干教师促进同伴发展、引领课程实施、参与专业决策和促进校外同伴发展的均值高于公办初中教师，但是二者之间的差异并不显著。

表5-34　　　　　　不同学段骨干教师领导力差异统计

变量	小学 M	小学 SD	初中 M	初中 SD	差异性 t	差异性 p
引领学生学习	4.43	0.57	4.33	0.58	4.099	0.000
促进校内同伴发展	3.55	1.03	3.50	0.98	1.203	0.229
引领课程实施	3.92	0.78	3.91	0.74	0.170	0.865
参与专业决策	3.24	1.13	3.20	1.12	0.917	0.359
引导家校共育	4.17	0.73	3.93	0.82	7.653	0.000
促进校外同伴发展	3.03	1.24	2.99	1.21	0.858	0.391
骨干教师领导力	3.72	0.69	3.64	0.70	2.843	0.005

[1] Mohammad Aliakbari and Aghdas Sadeghi, "Iranian Teachers' Perceptions of Teacher Leadership Practices in Schools," *Educational Management Administration & Leadership*, Vol. 42, No. 4, 2014, pp. 576-592.

(二) 骨干教师领导力在学校区位上的差异

从受调研骨干教师任教学校的区域位置来看，位于村屯的教师有233人，位于乡镇的教师有608人，位于县城的教师有570人，位于城市的教师有1307人。如表5-35所示，不同学校区位骨干教师的领导力总分、引领家校共育和促进校外同伴发展上的得分均不存在显著差异。不同学校区位的骨干教师在引领学生学习、促进校内同伴发展、引领课程实施和参与专业决策方面存在显著差异。

表5-35　　　　　　不同区位学校骨干教师领导力差异统计

变量	城市 M	城市 SD	县城 M	县城 SD	乡镇 M	乡镇 SD	村屯 M	村屯 SD	ANOVA F	ANOVA p
引领学生学习	4.44	0.56	4.38	0.55	4.34	0.59	4.27	0.69	8.534	0.000
促进校内同伴发展	3.56	1.03	3.41	1.01	3.54	0.98	3.63	0.98	4.068	0.007
引领课程实施	3.97	0.75	3.82	0.78	3.88	0.75	3.92	0.81	5.900	0.001
参与专业决策	3.18	1.15	3.17	1.12	3.32	1.08	3.34	1.11	3.700	0.011
引导家校共育	4.10	0.78	4.05	0.77	4.09	0.76	4.07	0.73	0.769	0.511
促进校外同伴发展	2.98	1.26	2.97	1.17	3.09	1.22	3.13	1.20	2.057	0.104
骨干教师领导力	3.71	0.70	3.63	0.68	3.71	0.68	3.73	0.73	1.936	0.122

经事后检验表明，其一，在引领学生学习方面，城市学校骨干教师与乡镇学校骨干教师和村屯学校骨干教师之间的差异显著，城市学校骨干教师的表现更优。这可能是因为城市地区骨干教师接触的新理念和新实践较多，在引领学生学习各个题项上的得分略高。其二，在促进校内同伴发展方面，县城学校骨干教师的表现显著低于另外三类学校。其三，在引领课程实施方面，城市学校骨干教师与县城学校骨干教师和乡镇学校骨干教师存在显著差异，城市学校骨干教师的表现优于另外两类学校。其四，在参与专业决策方面，县镇学校骨干教师和村屯学校骨干教师显著优于城市学校骨干教师，乡镇学校骨干教师显著优于县城学校骨干教师。可以看出，村屯学校骨干教师在促进校内同伴发展、引领课程实施和参与专业决策方面的表现略优于其他区位学校的骨干教师。一方面，在城市化背景下村屯规模一般较小，村屯学校就是一个"熟人社会"，校长与教师之间、教师与教师之间的距离感较小。

加上骨干教师在村屯学校占比较低，骨干教师的专业能力较强，能够在教育教学中对同伴和学校课程实施起到引领作用。另一方面，村屯学校规模小也就意味着教师数量不足，因此骨干教师可能要承担多重角色，因此在参与专业决策方面的得分较高。

从教师职业流动的客观规律来看，存在从村屯到城市的逐级向上流动。骨干教师流动的普遍性，导致城市地区优质学校骨干教师的数量多于、比例也高于地理位置处于劣势的学校骨干教师的数量和比例。基于吉林省3041位省级骨干教师的调查结果表明，骨干教师任教学校位于城市的有1369人（占比45.02%），位于县城的为1050人（占比34.53%），位于乡镇的为467人（占比15.36%），位于农村的为155人（占比5.1%）。[①] 由于本书中骨干教师来源更广，所以村屯和乡镇地区骨干教师的占比稍高，但不可否认，在内外因素的综合作用下，乡村学校、乡镇学校乃至县城学校骨干教师数量和比例要低于城市学校。但是，从骨干教师领导力四个维度的得分及差异来看，促进村屯学校和乡镇学校骨干教师留任，对学生成长、校内同伴成长和学校教育质量的整体提升均有重要意义。

（三）骨干教师领导力在办学质量上的差异

本书通过一道五点量表题反映骨干教师对其任教学校办学质量的评价，也即"从办学情况看，您所在的学校目前在本区（县）所处的位置"，选项分别为"最差""中下""中间""中上"和"最好"。在单因素方差分析中，将"最差"和"中下"合并为"中等偏下"，将"中上"和"最好"合并为"中等偏上"。选择"中等偏下"的骨干教师有483人，选择"中等"的骨干教师有833人，选择"中等偏上"的骨干教师有1302人。由表5-36所示，骨干教师领导力及各个维度在学校办学质量上均存在显著差异，总体而言，学校办学质量越好，骨干教师领导力就越高。

表5-36　　　不同办学质量学校骨干教师领导力差异统计

变量	中等偏下 M	中等偏下 SD	中等 M	中等 SD	中等偏上 M	中等偏上 SD	ANOVA F	ANOVA p
引领学生学习	4.32	0.61	4.39	0.57	4.43	0.56	6.262	0.002

[①] 吉林省中小学幼儿教师培训中心：《吉林省中小学幼儿园骨干教师培训需求调查分析报告》，《吉林省教育学院学报》2021年第1期。

续表

变量	中等偏下 M	中等偏下 SD	中等 M	中等 SD	中等偏上 M	中等偏上 SD	ANOVA F	ANOVA p
促进校内同伴发展	3.39	1.03	3.55	0.99	3.58	1.02	7.684	0.000
引领课程实施	3.82	0.80	3.92	0.74	3.95	0.76	5.781	0.003
参与专业决策	3.10	1.15	3.28	1.08	3.24	1.14	4.704	0.009
引导家校共育	3.97	0.84	4.11	0.76	4.12	0.74	8.069	0.000
促进校外同伴发展	2.85	1.29	3.02	1.22	3.09	1.20	7.533	0.001
骨干教师领导力	3.58	0.73	3.71	0.67	3.73	0.68	10.921	0.000

办学质量偏下学校骨干教师领导力偏低可能有两方面原因：一方面，骨干教师本身就是一个相对概念，加上骨干教师评选中的比例原则，因此低办学质量学校获评骨干教师的领导力相对较低。另一方面，从薄弱学校向优质学校流动是教师流动的另一个规律，而在教学评比中获奖或者拥有一定级别的荣誉称号，是教师实现从薄弱学校向优质学校流动的前提条件。因此，优质骨干教师逐渐向优质校聚集，低办学质量学校骨干教师领导力相对降低。

（四）骨干教师领导力在是否参与校外专业组织上的差异

教学工作的专业性、实践性和情境性，使教师学习面临多种边界。[1]当前，越来越多的地区尝试通过跨校专业学习组织促进教师专业学习。其一，从组织形式来看，既有正式的诸如名师工作室、名校长工作室和名班主任等专业学习共同体，也有非正式的专业学习组织，往往由教师或者学校发起。其二，跨校专业学习组织的行动者往往包括了教研员、学校管理者、骨干教师和普通教师等，各个行动者在专业组织运行中所扮演的角色各异。其三，校外专业组织主要围绕教学质量提升开展丰富多样的专业活动，包括公开课、同课异构、跨校师徒结对、课题共研和经验分享等。其四，跨校专业组织并不能覆盖全体教师，是否有助于教师专业成长也因教师个体和专业组织运行状态而呈现出不同。其五，跨校教师专业组织参与者具有多样性，不同参与者扮演的角色各异，而起到主导作用的教师往往是名校的名师，而普通学校的普通教师只能是追随者和学习者。

一般而言，骨干教师是跨校专业学习共同体的参与主体和运营主体，

---

[1] 郑鑫、尹弘飚、王晓芳：《跨越教师学习的边界》，《教育发展研究》2015年第10期。

本书中的 1937 位骨干教师没有参加校外专业组织（占比 71.3%），781 位参与了校外专业组织（占比 28.7%），这说明参与校外专业组织的骨干教师比例不足三成。如表 5-37 所示，除引领学生学习维度之外，参与校外专业组织骨干教师的领导力显著高于没有参加校外专业组织的骨干教师。

表 5-37　　　　是否参与校外专业组织骨干领导力差异统计

变量	没有参加（n=1937）		参加了（n=781）		差异性	
	M	SD	M	SD	t	p
引领学生学习	4.38	0.58	4.42	0.58	-1.570	0.116
促进校内同伴发展	3.45	1.02	3.72	0.97	-6.284	0.000
引领课程实施	3.87	0.76	4.02	0.75	-4.512	0.000
参与专业决策	3.16	1.12	3.39	1.12	-4.838	0.000
引导家校共育	4.05	0.78	4.19	0.73	-4.428	0.000
促进校外同伴发展	2.92	1.23	3.26	1.19	-6.563	0.000
骨干教师领导力	3.64	0.68	3.83	0.69	-6.633	0.000

第三节　骨干教师领导力与影响因素之间的作用关系

本节以第四章第三节中形成的骨干教师领导力影响因素本土框架为基础，在本土情境的基础上结合已有文献，从骨干教师个体和学校组织两个层面出发，提出并验证校长支持性领导对骨干教师领导力的影响，同时探究了校长—骨干教师交换关系、骨干教师组织效用价值和同伴信任的中介效应和链式中介效应。

一　研究假设

（一）校长支持性领导与骨干教师领导力

作为一所学校的负责人，校长对教师群体施加的影响是方方面面的，校长对学校中的教师领导实践具有重要影响。[1] 已有研究对校长及其领导

---

[1] 曾艳、卢乃桂：《教师领导如何发生？近十年"教师领导"研究述评》，《教育科学》2012 年第 1 期。

力对教师领导力施加的影响有较为充分的论述。一方面，校长领导力对教师领导力具有积极影响①，校长在支持教师领导力方面扮演了重要角色。② 教师领导力离不开强有力的校长领导力和强有力的外部支持系统。③ 基于学校效能的研究表明，高效能的学校往往是那些校长鼓励合作并注重教师队伍建设的学校，这些学校的校长意识到他们不能完成所有事情。④ 学校的成功并不是直接依赖于校长领导力的提高，而是在于校长积极地与教师领导者开展合作。⑤ 一项关于学生学业成绩的研究证据更为直接，也即校长领导力和教师领导力均会对学生学业成绩产生积极影响，但是教师领导力对学生学业成绩的影响与校长领导力之间存在内在联系，教师领导力扮演了中介角色。⑥

另一方面，在肯定校长及其领导力对教师领导力影响的同时，部分研究对什么样的校长领导力能够促进教师领导力进行了描述。其一，校长赋权或校长分布式领导力的倡导与实践，被视为校长影响教师领导力的关键因素。校长赋权程度是影响骨干教师领导力的决定因素，只有校长真正地放权给骨干教师，才能让骨干教师最大限度地发挥领导力。否则，骨干教师通常只能沦为学校行政命令的执行者。⑦ 但是校长的放权并不一定意味着骨干教师领导力的发展，因为过于独裁或过于放任自流的校长领导风格

---

① 刘志华、罗丽雯：《以学习为中心的校长领导力与教师领导力关系研究》，《华南师范大学学报》（社会科学版）2015 年第 3 期。

② Kermit G. Buckner and James O. McDowelle, "Developing Teacher Leaders: Providing Encouragement, Opportunities, and Support," *NASSP Bulletin*, Vol. 84, No. 616, 2000, pp. 35–41. Mette Liljenberg, "Distributing Leadership to Establish Developing and Learning School Organisations in the Swedish Context," *Educational Management Administration & Leadership*, Vol. 43, No. 1, 2015, pp. 152–170.

③ Crowther Frank ed., *Developing Teacher Leaders: How Teacher Leadership Enhances School Success*, Thousand Oaks: Corwin Press, 2009, p. 42.

④ Chris Day and Alma Harris, "Teacher Leadership, Reflective Practice, and School Improvement," in Kenneth Leithwood and Philip Hallinger, eds., *Second International Handbook of Educational Leadership and Administration*, Dordrecht: Kluver Academinc Publishers, 2002, pp. 957–977.

⑤ Crowther Frank ed., *Developing Teacher Leaders: How Teacher Leadership Enhances School Success*, Thousand Oaks: Corwin Press, 2009, p. 21.

⑥ James Sebastian, et al., "Examining Integrated Leadership Systems in High Schools: Connecting Principal and Teacher Leadership to Organizational Processes and Student Outcomes," *School Effectiveness and School Improvement*, Vol. 28, No. 3, 2017, pp. 463–488.

⑦ 王绯烨、萨莉·扎帕达：《骨干教师领导力影响因素的实证研究》，《湖南师范大学教育科学学报》2017 年第 3 期。

都不利于教师领导的发展。① 其二，校长为骨干教师成长提供的支持和引导。与学校组织的其他方面相比，校长为教师改善学习环境提供制度支持，包括引导、支持和监督教师的工作更有可能提高学生学业成绩。② 这意味着校长及学校管理团队围绕育人目标形成的制度体系，不仅直接影响学生成长和学校效能，同时还通过教师领导力的提升起到间接影响。其三，基于百余所学校的量化研究和12所学校的质性研究，发现校长围绕学校目标支持教师领导力是促进学校强有力学习环境创设的具体途径，也即学生具有较高的、持续的和清晰的目标期望，同时还具有安全的支持性环境。③ 基于质性研究部分的发现和已有文献，本书认为校长是形塑骨干教师领导力的关键他人，校长支持性领导会对骨干教师领导力产生积极影响。因此，本书得出研究假设1、研究假设1a、研究假设1b、研究假设1c。

研究假设1：校长支持性领导正向影响骨干教师领导力。

研究假设1a：校长分布式领导正向影响骨干教师领导力。

研究假设1b：校长制度供给正向影响骨干教师领导力。

研究假设1c：校长能力建设正向影响骨干教师领导力。

（二）校长—骨干交换关系的中介作用

正如前文所述，组织中的领导者和成员的交换关系并非完全一样，领导者往往对一部分成员具有更大的信任、支持和帮助，同时领导与成员交换关系影响组织成员工作表现和组织归属感。有研究认为，骨干教师制度具有等级制和不公平的特点。④ 但是陈峥和卢乃桂的研究结论从侧面反映了在校长和教师之间的交换关系是存在差异的。因此，基于以上分析得出研究假设2、研究假设3和研究假设4。

研究假设2：校长支持性领导正向影响校长—骨干教师交换关系。

研究假设3：校长—骨干教师交换关系正向影响骨干教师领导力。

---

① Holly J. Thornton, "Excellent Teachers Leading the Way: How to Cultivate Teacher Leadership," *Middle School Journal*, Vol. 41, No. 4, 2010, pp. 36-43.

② James Sebastian, et al., "Examining Integrated Leadership Systems in High Schools: Connecting Principal and Teacher Leadership to Organizational Processes and Student Outcomes," *School Effectiveness and School Improvement*, Vol. 28, No. 3, 2017, pp. 463-488.

③ Elaine Allensworth and Holly Hart, *How Do Principals Influence Student Achievement*?, https://consortium.uchicago.edu/publications/how-do-principals-influence-student-achievement.

④ 陈峥、卢乃桂：《中国内地教师领导的障碍与条件》，《复旦教育论坛》2010年第3期。

研究假设4：校长—骨干教师交换关系在校长支持性领导对骨干教师领导力的影响中起到中介作用。

（三）骨干教师感知同伴信任的中介作用

信任是学校被视为组织成功的重要因素，被视为教师社会资本形成中的"黏合剂"①。获得同伴的信任是教师领导者最突出的个性品质②，教师彼此间的信任和协作是教师形成良好互动的基础。③ 教师之间的信任关系能够正向影响教师的能动性和教师专业学习④，王绯烨通过两所学校的质性研究表明同伴是信任影响骨干教师领导力的重要外部因素。⑤ 此外，针对参与轮岗交流骨干教师的研究表明，良好的人际关系和支持氛围被视为轮岗交流骨干教师领导力发挥的重要影响因素。⑥

理想的学校应该是一个学习型组织，是一个专业学习共同体。同伴信任被视为教师互动关系的重要方面，是教师专业学习共同体发展的重要因素之一。但是自上而下的等级结构和管理模式造成了教师之间的孤立状态，导致教师在时间和空间上与其他教师很少重叠。⑦ 吴娱基于高校教师的问卷调查结果表明，学校校长分布式领导正向作用于学校信任。⑧ 郑鑫基于中小学教师的研究也表明分布式领导对教师间的信任有正向显著影响。⑨ 这说明，当学校的组织结构呈现扁平化，学校校长乐于、善于赋权教师的时候，无论是普通教师还是骨干教师，都能够深度参与到学校日常教与学的多种场景里，教师之间的合作、分享也有助于教师之间、教师与

---

① 钟朋：《社会资本如何影响教师专业发展？——基于两所小学的田野调查》，博士学位论文，华东师范大学，2021年，摘要。
② 周晓静、郭宁生主编：《教师领导力》，北京师范大学出版社2014年版，第132页。吴颖民：《国外对中小学教师领导力问题的研究与启示》，《比较教育研究》2008年第8期。
③ 金建生：《教师领导何以可能》，《中国教育学刊》2010年第7期。
④ 刘胜男：《教师专业学习的实证研究》，上海三联书店2018年版，第225页。
⑤ 王绯烨、萨莉·扎帕达：《骨干教师领导力影响因素的实证研究》，《湖南师范大学教育科学学报》2017年第3期。
⑥ 贺文洁、李琼、叶菊艳、卢乃桂：《"人在心也在"轮岗交流教师的能量发挥效果及其影响因素研究》，《教育学报》2019年第2期。
⑦ 李肖艳、裴淼：《国外教师领导力研究主题概述》，《教师发展研究》2017年第2期。
⑧ 吴娱：《分布式领导对大学教师组织公民行为的影响——以态度因素为中介》，《教师教育研究》2020年第1期。
⑨ Xin Zheng, et al., "The Relationship between Distributed Leadership and Teacher Efficacy in China: The Mediation of Satisfaction and Trust," *The Asia-Pacific Education Researcher*, Vol. 28, No. 6, 2019, pp. 509-518.

管理者之间信任关系的增加。① 基于以上分析和骨干教师访谈中关于同伴关系的论述，本书提出研究假设5、研究假设6和研究假设7。

研究假设5：校长支持性领导正向影响同伴信任。

研究假设6：同伴信任正向作用骨干教师领导力。

研究假设7：同伴信任在校长支持性领导对骨干教师领导力的影响中起到中介作用。

（四）骨干教师组织效用价值的中介作用

基于国外教师领导力的综述研究表明，教师领导力影响因素的研究侧重于外部因素，对教师内部因素的研究不足。② 本书通过访谈，了解骨干教师对骨干教师身份的认知、作为骨干教师的价值和意义与骨干教师领导力的内在影响因素。一方面，受到传统思想的影响，部分骨干教师未将"教师领导"和"教师领导力"与自身联系起来。相反，这部分教师将"领导力"与校长挂钩，认为只有校长才有领导力。另一方面，骨干教师群体也体现出团队意识和奉献精神，同时还有很强的传承精神，乐于将他们的知识、技能、经验和"正能量"传递给学生和同伴。本书中的"组织效用价值"旨在了解骨干教师对组织作用的一种自我认知，是骨干教师对自我与组织之间关系的一种理性感知。

有研究认为，教师领导力强调教师的责任意识和协作精神，强调教师将个人任务转变为对学校组织发展的义务③，教师专业角色会影响教师领导力。④ 同时有研究表明，民主放权的校长和积极健康的校园氛围，对骨干教师领导角色的认同以及领导力发挥起着至关重要的作用。⑤ 与此同时，一些学校及骨干教师将"骨干教师"视为个人荣誉，没有相应的制度促使骨干教师发挥作用，骨干教师也不愿承担相应的责任。⑥ 本书研究也发现

---

① 康蕊：《教师领导力新探析——以香港中等学校为研究对象》，《世界教育信息》2009年第12期。

② 李肖艳、裴淼：《国外教师领导力研究主题概述》，《教师发展研究》2017年第2期。

③ 孙杰、程晋宽：《从领导行为到领导思维的转变——基于国外教师领导力理论的分析》，《高教探索》2019年第12期。

④ 王淑芬：《教师课程领导力研究框架探析》，《社会科学战线》2020年第11期。

⑤ 王绯烨、洪成文、萨莉·扎帕达：《骨干教师领导角色的认知研究》，《教师教育研究》2017年第5期。

⑥ 罗绍良：《黔南民族地区中小学骨干教师示范辐射作用的调查与分析》，《民族教育研究》2011年第5期。

此类现象的存在，这意味着校长的领导方式和对骨干教师的支持程度，会影响骨干教师的自我价值认知，进而影响骨干教师领导力的发挥。基于以上分析和骨干教师访谈，本书提出研究假设8、研究假设9和研究假设10。

研究假设8：校长支持性领导正向影响骨干教师组织效用价值。

研究假设9：骨干教师组织效用价值正向作用骨干教师领导力。

研究假设10：骨干教师组织效用价值在校长支持对骨干教师领导力影响中起到中介作用。

（五）骨干教师感知同伴信任、组织效用价值的链式中介作用

正如前文所述，同伴信任是影响骨干教师领导力的重要因素。教师领导的成功与否极大地依赖于教师领导者和同事间的关系。[①] 基于广东省756名中小学骨干教师的调查表明，46%的骨干教师认为，学校内部人际关系是影响骨干教师领导力的因素。[②] 实际上，虽然骨干教师有一定的外部激励举措，但与骨干教师荣誉称号相匹配的往往是更大的工作职责、更复杂的工作内容和更长的工作时间。访谈中许多骨干教师认为，当他们的同伴支持、认可他们及他们的工作时，骨干教师对所在学科组、教研组的认同感就越高，进而会有更多的工作投入和更好的价值认知。此时，成为骨干教师就意味着要付出更多。当然，当一个组织中的教师在职称评聘、骨干教师选拔中形成了消极竞争的教师文化时，在教师之间相互孤立、缺少合作和信任的情况下，教师领导力的发挥就会大打折扣。[③] 这也就意味着当教师之间因为绩效、评奖而存在恶性竞争时，教师之间相互信任及相互支持和成就的团队氛围，对骨干教师的身份认同会产生影响，在此种环境下成为骨干教师要有更多的组织责任及专业投入。基于骨干教师访谈和文献分析，本书得出研究假设11和研究假设12。

研究假设11：骨干教师感知同伴信任会正向影响组织效用价值。

研究假设12：骨干教师感知同伴信任和组织效用价值在校长支持性领导对骨干教师领导力的影响中起到链式中介效应。

基于以上分析，本书形成了作用关系模型图（见图5-2）。校长支持

---

① 周建平：《教师领导内涵、角色及其实施策略》，《中国教育学刊》2009年第7期。
② 胡继飞、古立新：《我国教师领导力现状及其影响因素的调查研究——以广东省为例》，《课程·教材·教法》2012年第5期。
③ 李飞：《开发教师领导力的实践探索》，《基础教育》2010年第7期。

性领导会对骨干教师领导力产生直接影响,还会通过校长—骨干教师交换关系、组织效用价值和同伴信任三个因素产生间接影响。

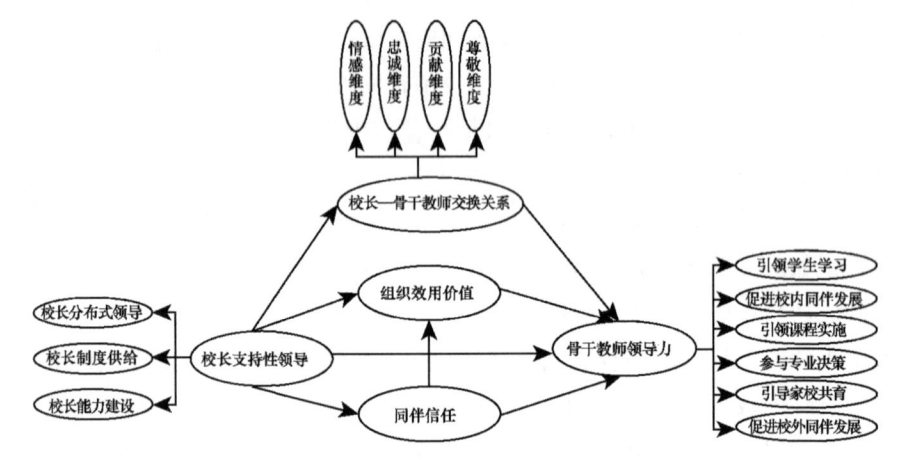

图 5-2 骨干教师领导力与影响因素作用关系模型

二 相关关系分析

这里在研究假设的基础上考察各个变量之间的相关关系。如表 5-38 所示,校长分布式领导等变量与骨干教师领导力之间的相关系数在 $p<0.001$ 水平上显著,相关系数在 0.199—0.372。同伴信任与校长分布式领导等自变量和中介变量的相关系数在 $p<0.001$ 水平上显著,相关系数在 0.355—0.570。组织效用价值与校长支持性领导和校长—骨干教师交换关系之间的相关系数在 $p<0.001$ 水平上显著,相关系数在 0.342—0.520。此外,校长—骨干教师交换关系的四维度与校长支持性领导中的三维度之间的相关系数在 $p<0.001$ 水平上显著。

根据邱皓政的建议,相关系数在 0.10 以下时,变量呈微弱相关或无相关,0.1—0.39 为低度相关关系,0.40—0.69 为中度相关关系。[①] 可以看出,骨干教师领导力与自变量、中介变量之间为低度相关关系,而自变量各维度和中介变量之间主要为中度相关关系。温忠麟和刘红云两位学者认为,中介效应的大前提是自变量与因变量相关显著,否则不存在中介变

---

① 邱皓政:《量化研究与统计分析:SPSS(PASW)数据分析范例解析》,重庆大学出版社 2013 年版,第 224 页。

表 5-38 各变量相关系数及区分效度统计

维度	SPL1	SPL2	SPL3	LME1	LME2	LME3	LME4	OU	CB	BTL1	BTL2	BTL3	BTL4	BTL5	BTL6
SPL1	**0.735**														
SPL2	0.588***	**0.865**													
SPL3	0.688***	0.788***	**0.813**												
LME1	0.821***	0.605***	0.715***	**0.854**											
LME2	0.608***	0.433***	0.553***	0.715***	**0.771**										
LME3	0.550***	0.413***	0.529***	0.654***	0.755***	**0.718**									
LME4	0.756***	0.611***	0.748***	0.835***	0.668***	0.691***	**0.904**								
OU	0.431***	0.493***	0.520***	0.416***	0.342***	0.381***	0.432***	**0.865**							
CB	0.441***	0.563***	0.540***	0.454***	0.369***	0.355***	0.463***	0.570***	**0.802**						
BTL1	0.225***	0.294***	0.235***	0.206***	0.123***	0.152***	0.182***	0.293***	0.326***	**0.638**					
BTL2	0.192***	0.205***	0.201***	0.193***	0.155***	0.207***	0.157***	0.264***	0.223***	0.477***	**0.796**				
BTL3	0.235***	0.271***	0.240***	0.213***	0.142***	0.179***	0.174***	0.341***	0.321***	0.679***	0.747***	**0.578**			
BTL4	0.145***	0.158***	0.152***	0.149***	0.152***	0.174***	0.116***	0.211***	0.175***	0.319***	0.552***	0.612***	**0.698**		
BTL5	0.270***	0.290***	0.268***	0.247***	0.174***	0.191***	0.233***	0.323***	0.310***	0.589***	0.458***	0.609***	0.413***	**0.772**	
BTL6	0.149***	0.104***	0.131***	0.148***	0.195***	0.223***	0.137***	0.219***	0.141***	0.289***	0.619***	0.501***	0.561***	0.391***	**0.872**
BTL	0.270***	0.297***	0.274***	0.255***	0.199***	0.243***	0.216***	0.372***	0.338***	—	—	—	—	—	—
AVE 的平方根	**0.857**	**0.930**	**0.902**	**0.924**	**0.878**	**0.847**	**0.951**	**0.930**	**0.896**	**0.799**	**0.892**	**0.760**	**0.835**	**0.879**	**0.934**

说明：*** 表示 p<0.001；对角线黑色加粗数字为平均方差萃取量（Average Variance Extracted, AVE），最末行黑色加粗数字为平均方差萃取量的平方根；SPL1＝校长分布式领导，SPL2＝校长制度供给，SPL3＝校长能力建设，LME1＝忠诚维度，LME2＝情感维度，LME3＝贡献维度，LME4＝尊敬维度，OU＝组织效用价值，CB＝同伴信任，BTL1＝引领学生学习，BTL2＝促进校内同伴发展，BTL3＝引领课程实施，BTL4＝参与专业决策，BTL5＝引导家校共育，BTL6＝促进校外同伴发展，BTL＝骨干教师领导力。

量。① 由于本书中的自变量、中介变量和因变量之间的相关关系均显著，因此可以进一步检验校长支持性领导对骨干教师领导力影响的直接效应、中介效应和链式中介效应。

三 直接效应检验

首先，探讨校长支持性领导对骨干教师领导力的直接影响。以骨干教师领导力为因变量，以校长支持性领导为自变量建立回归方程，模型拟合指数为 $\chi^2 = 5727.171$，$df = 619$，RMSEA = 0.055，CFI = 0.948，TLI = 0.944，SRMR = 0.064，模型达到拟合要求。校长支持性领导对骨干教师领导力有正向显著影响（$\beta = 0.312$，$p<0.001$），这意味着在控制了其他变量后，校长支持性领导每增加一个单位，骨干教师领导力就会增加0.312分，研究假设1得到验证。

其次，探究校长支持性领导的三个维度对骨干教师领导力的影响，以骨干教师领导力为因变量，以校长支持性领导中的校长分布式领导、校长制度供给和校长能力建设三个维度为自变量建立回归方程。模型拟合指数为 $\chi^2 = 5695.811$，$df = 617$，RMSEA = 0.055，CFI = 0.948，TLI = 0.944，SRMR = 0.062，模型达到拟合要求。具体而言，其一，校长分布式领导对骨干教师领导力的影响显著（$\beta = 0.137$，$p<0.001$），校长分布式领导每增加一个单位，骨干教师领导力就会增加0.137分，研究假设1a得到验证；其二，校长制度供给对骨干教师领导力的影响显著（$\beta = 0.196$，$p<0.001$），校长制度供给每增加一个单位，骨干教师领导力就会增加0.196分，研究假设1b得到验证；其三，校长能力建设对骨干教师领导力存在正向影响，但是影响不显著（$\beta = 0.025$，$p = 0.520>0.05$），研究假设1c未得到验证。

四 结构方程模型分析

结构方程模型可以同时进行潜在变量估计和复杂自变量/因变量预测模型的参数估计。② 不仅可以同时处理显变量和潜变量，还可以同时分析

---

① 温忠麟、刘红云：《中介效应和调节效应：方法及应用》，教育科学出版社2020年版，第85页。

② 邱皓政、林碧芳：《结构方程模型的原理与应用》，中国轻工业出版社2009年版，第3页。

多个自变量、多个因变量和多个中介变量的关系。① 因此，本书借助结构方程模型探究骨干教师领导力与影响因素之间的作用关系。

以校长支持性领导为自变量，骨干教师领导力为因变量，校长—骨干教师交换关系、组织效用价值和同伴信任为中介变量，探索校长支持性领导对骨干教师领导力影响的直接效应和间接效应。采用偏差校正非参数百分位 Bootstrap 分析法，重复抽样 2000 次进行中介效应检验和链式中介效应检验。结果表明，模型拟合指数为 χ^2 = 10440.214，df = 1688，RMSEA = 0.044，CFI = 0.950，TLI = 0.948，SRMR = 0.056，说明结构方程模型拟合情况较好。根据方杰等学者的建议，中介效应的 95% 置信区间是否包括 0 是判断中介效应存在与否的标准，如果置信区间不包括 0，表示中介效应显著。② 如表 5-39 所示，校长支持性领导、校长—骨干教师交换关系、同伴信任和组织效用价值对骨干教师领导力影响的总效应显著（β = 0.321，CI [0.277, 0.364]，$p<0.001$）。校长支持性领导对骨干教师领导力的影响包括五个部分：第一，校长支持性领导对骨干教师领导力的直接效应不显著（β = 0.136，CI [0.000, 0.275]，$p = 0.056 > 0.05$）；第二，校长—骨干教师交换关系的中介效应不显著（β = -0.029，CI [-0.140, 0.077]，$p = 0.600 > 0.05$）；第三，组织效用价值的中介效应显著（β = 0.079，CI [0.059, 0.104]，$p<0.001$）；第四，同伴信任的中介效应显著（β = 0.086，CI [0.050, 0.123]，$p<0.001$）；第五，同伴信任和组织效用价值的链式中介效应显著（β = 0.050，CI [0.035, 0.066]，$p<0.001$）。

表 5-39　　校长—骨干教师交换关系、同伴信任和
组织效用价值的中介效应检验

效应	点估计值	系数乘积		95%置信区间		显著性
		标准误	Z 值	下线	上限	
标准化总效应	0.321	0.023	14.211	0.277	0.364	0.000
标准化总间接效应	0.186	0.064	2.893	0.062	0.308	0.004

---

① 方杰、温忠麟、张敏强、孙配贞：《基于结构方程模型的多重中介效应分析》，《心理科学》2014 年第 3 期。

② 方杰、温忠麟、张敏强、孙配贞：《基于结构方程模型的多重中介效应分析》，《心理科学》2014 年第 3 期。

续表

效应	点估计值	系数乘积		95%置信区间		显著性
		标准误	Z值	下线	上限	
SPL→LMX→BTL	-0.029	0.056	-0.524	-0.140	0.077	0.600
SPL→OU→BTL	0.079	0.012	6.871	0.059	0.104	0.000
SPL→CB→SPL	0.086	0.018	4.704	0.050	0.123	0.000
SPL→CB→OU→BTL	0.050	0.008	6.300	0.035	0.066	0.000
标准化直接效应	0.136	0.071	1.915	0.000	0.275	0.056

说明：BTL=骨干教师领导力，SPL=校长支持性领导，LMX=校长—骨干教师交换关系，CB=同伴信任，OU=组织效用价值。

基于以上分析，发现校长—骨干教师交换关系在校长支持性领导对骨干教师领导力影响中的中介效应不存在。进一步探究三个变量之间的关系可以发现：在控制了其他变量后，校长支持性领导对校长—骨干教师交换关系存在显著影响，校长—骨干教师交换关系对骨干教师领导力存在显著影响，这说明研究假设2和研究假设3成立，研究假设4不成立。

由于校长—骨干教师交换关系的中介效应不显著，因此为了排除校长—骨干教师交换关系的影响，本书将校长—骨干教师交换关系从结构方程模型中移除，探究同伴信任和组织效用价值的中介效应及链式中介效应的大小，本环节仍采用偏差校正非参数百分位Bootstrap分析法，重复抽样2000次对同伴信任和组织效用价值的中介效应和链式中介效应进行检验。结果表明，模型拟合指数为$\chi^2=6561.0$，$df=929$，RMSEA=0.047，CFI=0.955，TLI=0.952，SRMR=0.058，模型达到拟合要求。如表5-40所示，校长支持性领导、同伴信任和组织效用价值对骨干教师领导力的影响显著（$\beta=0.321$，CI [0.276, 0.364]，$p<0.001$），总效应共包括四个部分：第一，校长支持性领导对骨干教师领导力的直接效应显著（$\beta=0.100$，CI [0.040, 0.161]，$p<0.01$）；第二，组织效用价值的中介效应显著（$\beta=0.083$，CI [0.061, 0.108]，$p<0.001$）；第三，同伴信任的中介效应显著（$\beta=0.089$，CI [0.052, 0.126]，$p<0.001$）；第四，同伴信任和组织效用价值的链式中介效应显著（$\beta=0.050$，CI [0.036, 0.066]，$p<0.001$）。

表 5-40　　　　同伴信任、组织效用价值的中介效应检验

效应	点估计值	系数乘积		95%置信区间		显著性
		标准误	Z 值	下线	上限	
标准化总效应	0.321	0.023	14.130	0.276	0.364	0.000
标准化总间接效应	0.221	0.020	11.113	0.183	0.260	0.000
SPL→OU→BTL	0.083	0.012	6.916	0.061	0.108	0.000
SPL→CB→SPL	0.089	0.019	4.783	0.052	0.126	0.000
SPL→CB→OU→SPL	0.050	0.008	6.291	0.036	0.066	0.000
标准化直接效应	0.100	0.030	3.278	0.040	0.161	0.001

说明：BTL=骨干教师领导力，SPL=校长支持性领导，CB=同伴信任，OU=组织效用价值。

从以上分析可知，同伴信任、组织效用价值在校长支持性领导对骨干教师领导力的影响中起到了部分中介效应，校长支持性领导对骨干教师领导力的影响由一条直接效应、两条中介效应和一条链式中介效应构成。具体而言，校长支持性领导的标准化直接效应占总效应的 31.15%，组织效用价值的中介效应占总效应的 25.86%，同伴信任的中介效应占总效应的 15.46%，同伴信任、组织效用价值的链式中介效应占总效应的 15.58%。这表明，从研究假设 5 到研究假设 12 均得到验证，本书中的研究假设、假设内容以及是否成立如表 5-41 所示。

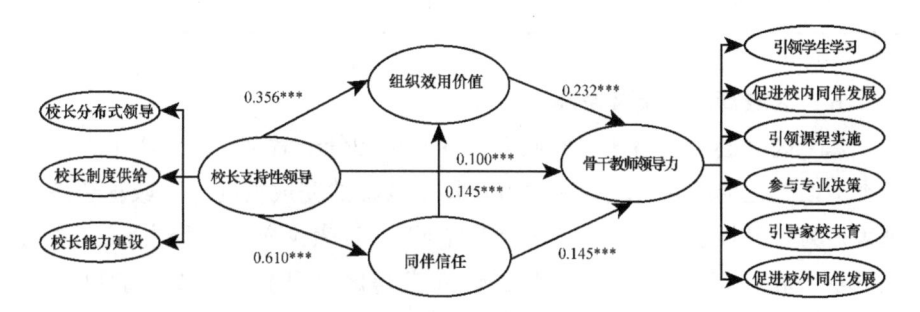

图 5-3　校长支持性领导影响骨干教师领导力的结构方程模型
说明：*** 表示 p<0.001。

表 5-41　　　　　　　研究假设是否成立统计

研究假设	研究假设内容	研究假设是否成立
研究假设 1	校长支持性领导正向预测骨干教师领导力	是

续表

研究假设	研究假设内容	研究假设是否成立
研究假设1a	校长分布式领导正向预测骨干教师领导力	是
研究假设1b	校长制度供给正向预测骨干教师领导力	是
研究假设1c	校长能力建设正向预测骨干教师领导力	否
研究假设2	校长支持性领导正向影响校长—骨干教师交换关系	是
研究假设3	校长—骨干教师交换关系正向影响骨干教师领导力	是
研究假设4	校长—骨干教师交换关系在校长支持性领导对骨干教师领导力的影响中起到中介作用	否
研究假设5	校长支持性领导正向影响同伴信任	是
研究假设6	同伴信任正向作用骨干教师领导力	是
研究假设7	同伴信任在校长支持性领导对骨干教师领导力的影响中起到中介作用	是
研究假设8	校长支持性领导正向影响骨干教师组织效用价值	是
研究假设9	骨干教师组织效用价值正向作用骨干教师领导力	是
研究假设10	骨干教师组织效用价值在校长支持对骨干教师领导力影响中起到中介作用	是
研究假设11	骨干教师感知同伴信任正向影响组织效用价值	是
研究假设12	骨干教师感知同伴信任和组织效用价值在校长支持性领导对骨干教师领导力的影响中起到链式中介效应	是

五 区域管理举措及影响

基于区（县）级骨干教师政策文本分析和骨干教师访谈，本书在问卷调查中设置题项反映区域管理举措及骨干教师的完成情况，区域管理举措被表述为"开设公开课""指导青年教师""发表论文""课题研究""送教下乡"和"其他考核"。基于2046位获得区（县）级"骨干教师"荣誉称号的教师样本（四类骨干教师中的类型Ⅱ、类型Ⅲ和类型Ⅳ），本部分在对区域管理举措及骨干教师能否达成进行描述统计分析的基础上，通过多元回归分析，探究区域骨干教师管理举措对骨干教师领导力的影响，以此反思骨干教师区域管理举措的有效性与合理性。

（一）有没有区域管理举措

如表5-42所示，在本书问卷调查中涉及的区域骨干教师管理举措中，在"开设公开课"方面，311位骨干教师表示没有要求，1736位骨干教师表示有要求；在"指导青年教师"方面，315位骨干教师表示没有要求，1731位骨干教师表示有要求；在"发表论文"方面，420位骨干教师表示没有要求，1626位骨干教师表示有要求；在"课题研究"方面，364位骨干教师表示没有要求，1682位骨干教师表示有要求；在"送教下乡"方面，763位骨干教师表示没有要求，1283位骨干教师表示有要求；在"其他考核"方面，776位骨干教师表示没有要求，1270位骨干教师表示有要求。

表5-42　　区域是否有骨干教师管理举措的频次统计表

区域管理举措	没有 频数	没有 百分比（%）	有 频数	有 百分比（%）
开设公开课	311	15.2	1736	84.8
指导青年教师	315	15.4	1731	84.6
发表论文	420	20.5	1626	79.5
课题研究	364	17.8	1682	82.2
送教下乡	763	37.3	1283	62.7
其他考核	776	37.9	1270	62.1

在本书调研涉及的六项区域管理举措中，131位骨干教师对所有选项均选择"没有"，79位骨干教师在一个选项上选择"有"，106位骨干教师在两个选项上选择"有"，139位骨干教师在三个选项上选择"有"，300位骨干教师在四个选项上选择"有"，327位骨干教师在五个选项上选择"有"，964位骨干教师在六个选项上选择"有"。基于以上分析可以看出，一方面，区（县）级以上骨干教师的管理要求主要集中在"开设公开课""指导青年教师""课题研究"和"发表论文"四个方面，在"送教下乡"以及有"其他考核"上的占比超过六成，也就是说，骨干教师所在区域会有本书未考察到的管理要求。另一方面，有一定比例的骨干教师表示他们所在区域并没有相应的管理要求，或者仅有一项或多项管理要求，这与区域骨干教师政策相悖。

（二）骨干教师能否达成区域管理举措

对于获得荣誉称号的骨干教师而言，骨干教师能否达成区域管理举措，不仅是骨干教师个体对其能力的一种感受，也是检验区域管理举措合理性的一种方式。对于在区域是否有对骨干教师管理举措的回答中选择"有"的骨干教师，本书设置了相应题项以考察骨干教师对能否达成区域管理举措的个体感受。

如表5-43所示，在"开设公开课"方面，39位骨干教师表示"完不成"，252位骨干教师表示"能完成一部分"，356位骨干教师表示"能完成大部分"，1088位骨干教师表示"能全部完成"。在"指导青年教师"方面，40位骨干教师表示"完不成"，283位骨干教师表示"能完成一部分"，390位骨干教师表示"能完成大部分"，1018位骨干教师表示"能全部完成"。

表5-43　　　骨干教师能否达成区域管理举措的频次统计

区域管理举措	完不成 频数	完不成 百分比（%）	能完成一部分 频数	能完成一部分 百分比（%）	能完成大部分 频数	能完成大部分 百分比（%）	能全部完成 频数	能全部完成 百分比（%）	总计
开设公开课	39	2.2	252	14.5	356	20.5	1088	62.7	1735
指导青年教师	40	2.3	283	16.3	390	22.5	1018	58.8	1731
发表论文	72	4.4	347	21.3	399	24.5	808	49.7	1626
课题研究	89	5.3	355	21.1	411	24.4	827	49.2	1682
送教下乡	65	5.1	272	21.2	311	24.2	635	49.5	1283
其他考核	48	3.8	210	16.5	351	27.6	661	52.0	1270

在"发表论文"方面，72位骨干教师表示"完不成"，347位骨干教师表示"能完成一部分"，399位骨干教师表示"能完成大部分"，808位骨干教师表示"能全部完成"。在"课题研究"方面，89位骨干教师表示"完不成"，355位骨干教师表示"能完成一部分"，411位骨干教师表示"能完成大部分"，827位骨干教师表示"能全部完成"。在"送教下乡"方面，65位骨干教师表示"完不成"，272位骨干教师表示"能完成一部分"，311位骨干教师表示"能完成大部分"，635位骨干教师表示"能全部完成"。在"其他考核"方面，48位骨干教师表示"完不成"，210位骨干教师表示"能完成一部分"，351位骨干教师表示"能完成大部分"，

661位骨干教师表示"能全部完成"。

(三) 区域管理举措对骨干教师领导力的影响研究

以骨干教师领导力为因变量，以是否有区域管理举措为自变量，探究管理举措对骨干教师领导力的影响。由于用于分析的样本量发生变化，在数据分析时将骨干教师领导力各题项加总取均值，利用SPSS进行多元线性回归分析。结果表明，"指导青年教师""课题研究""其他考核"均能显著预测骨干教师领导力。六个自变量解释了骨干教师领导力大小变化的6.2%。模型共线性检验显示，模型VIF值均小于2.5，说明各个变量之间不存在共线性，模型通过F检验（$F=20.455$, $p<0.001$），模型较好。

如表5-44所示，"开设公开课"对骨干教师领导力存在负向影响，但是这种影响不显著；"指导青年教师"对骨干教师领导力具有正向显著影响，相比于"没有要求"的骨干教师，"有要求"的骨干教师的领导力要高0.178分；"发表论文"对骨干教师领导力存在负向影响，但是这种影响不显著；"课题研究"对骨干教师领导力具有正向显著影响，相比于"没有要求"的骨干教师，"有要求"的骨干教师的领导力要高0.151分；"送教下乡"对骨干教师领导力存在负向影响，但是这种影响不显著；"其他考核"对骨干教师领导力具有正向显著影响，相比于"没有要求"的骨干教师，"有要求"骨干教师的领导力要高0.248分。从标准化回归系数的大小来看，"其他考核"对骨干教师领导力的影响效应依次高于"指导青年教师"和"课题研究"，而"开设公开课""发表论文"和"送教下乡"有负向的影响。

表5-44　区域考核要求对骨干教师领导力影响的回归模型摘要

变量	非标准化系数 B	非标准化系数 标准误	标准化系数 β	t	p	VIF
常数	2.922	0.090	—	32.325	0.000	—
开设公开课	-0.089	0.056	-0.046	-1.585	0.113	1.855
指导青年教师	0.178	0.054	0.094	3.325	0.001	1.722
发表论文	-0.015	0.053	-0.009	-0.287	0.774	2.129
课题研究	0.151	0.058	0.084	2.613	0.009	2.241
送教下乡	-0.002	0.038	-0.001	-0.041	0.968	1.583

续表

变量	非标准化系数 B	标准误	标准化系数 β	t	p	VIF
其他考核	0.248	0.038	0.176	6.496	0.000	1.587

$$R^2 = 0.062$$
$$\Delta R^2 = 0.059$$
$$F = 22.455\ ***$$

因变量：骨干教师领导力

说明：*** 表示 p<0.001。

"开设公开课"是骨干教师专业影响力跨越学校组织边界的一种形式，本书中有84.8%获得区（县）级以上"骨干教师"荣誉称号的骨干教师，表示他们有"开设公开课"的管理要求，同时骨干教师在这一方面的完成比例最高，超过六成的骨干教师能够完成"开设公开课"的考核要求。经回归分析表明，"开设公开课"对骨干教师领导力有负向影响，研究者认为，对于骨干教师而言，"开设公开课"不仅是展示其专业实力的活动，实际上也会受到校外同行、区县教研员等其他专业人员的监督和评价，更有甚者骨干教师及其所在学校的管理者将"开设公开课"视为展示他们学校某一学科的契机。因此，虽然骨干教师能够完成这一考核要求，但是在此过程中感受到了压力，"开设公开课"成为一部分骨干教师的梦魇。"指导青年教师"和"课题研究"既指向骨干教师个人，也指向他者，从实质上看是骨干教师与本校及校外同伴专业交往的载体或者形式。当面临这两类考核时，骨干教师在一定程度上会主动或者被动与他人进行专业合作，发挥他们在教学、班级管理和科研等方面的专长。在指导青年教师和承担课题研究的过程中，骨干教师在促进校内外同伴发展的同时，也促进自身专业能力的提升。接近四成的骨干教师表示，除本书中列出的五类考核之外，他们所在区域没有"其他考核"。回归结果表明，相比于没有"其他考核"的骨干教师，有"其他考核"的骨干教师的领导力要高0.48分，且标准化回归系数高于"指导青年教师"和"课题研究"。因此，基于区域教育发展的实际情况，区域教育行政部门可以制定更为个性化的管理举措，以此促进骨干教师领导力的发挥。

第四节 小结

　　问卷的质量高低直接影响着研究的顺利进行以及研究的最终结果。[1]以美国和英国为代表的西方国家是教师领导力研究的发起者，领导力以及教师领导力作为西方话语体系的"舶来品"，在本土学术研究中应该对其加以区别借鉴。在教师领导力问卷的应用方面，不少国内学者尤其是研究生直接将国外教师领导力的问卷翻译后应用到国内教师领导力研究中。从本质上讲，再精准的问卷翻译、再规范的使用流程乃至再"漂亮"的信效度等判别指标，也难以得出反映并指导本土教育实践的学术成果。本书基于本土教育情境，在校长访谈、骨干教师访谈和骨干教师政策文件分析的基础上，建构了适用于我国公办义务教育学校骨干教师领导力六维度模型。

　　在此基础上，基于我国多省份 2718 位骨干教师的问卷调查，经过项目分析、探索性因素分析和验证性因素分析，检验了问卷的信度、效度和结构效度，说明骨干教师领导力六维度模型的合理性。本章通过描述统计分析呈现了骨干教师领导力的现状，通过 T 检验和单因素方差分析检验了不同骨干教师领导力的差异，通过相关关系分析检验了骨干教师领导力与影响因素各维度之间的相关系数及显著性，通过结构方程模型检验了校长支持性领导对骨干教师领导力影响的直接效应和间接效应，通过多元线性回归分析检验了骨干教师区域管理举措对骨干教师领导力的影响。基于质性研究部分和量化研究部分的实证研究，本书对骨干教师领导力及其影响因素的作用关系形成了一定程度的认识，对我国公办义务教育学校骨干教师领导力的提升有一定的启示意义。

---

[1]　风笑天：《社会调查中的问卷设计》，中国人民大学出版社 2014 年版，第 38 页。

第六章　骨干教师领导力提升的策略

骨干教师政策伴随着重点学校政策而产生，历经60余年的发展形成了独具本土特色的骨干教师队伍建设体系，在骨干教师选拔、培养、使用和评价等方面积累了宝贵经验。基于骨干教师政策研究和两阶段实证研究，本书提出了旨在提高骨干教师领导力的建议。

第一节　加强宏观制度建设，完善骨干教师管理体系

本书虽未将宏观环境因素纳入骨干教师领导力的解释框架中，但这并不意味着学校组织之外的环境因素不重要。相反，诸如区域教育管理部门开展的骨干教师管理、培养和考核，是骨干教师领导力培育与发挥的前提，但这种影响是间接的、复杂的，需要通过学校组织层面因素和骨干教师个人层面因素产生间接影响。基于多阶段研究得出的骨干教师评选结论，本书从评选、发展、评价、激励和稳定五个方面提出建议。

一　骨干教师评选重视专业能力，兼顾机会公平

从我国各省骨干教师评选规则的特点来看，骨干教师评选主要可概括为两个方面：一方面为质性评选标准，如热爱教育事业、为人师表、思想政治水平较高、职业道德水平较高、专业知识扎实和坚持实施素质教育等；另一方面为量化评估标准，如是否发表论文、是否主持过课题、是否有农村学校或者薄弱学校任教经历和是否获得过低一层次的骨干教师荣誉称号。在质性研究部分，不少骨干教师均提及骨干教师评选需要天时、地

利和人和。在低层级骨干教师评选要求中，多数借鉴了省级骨干教师评选的要求，同时会设置一些更为细致的条件。比如将参评骨干教师的获奖限定在一定年限内，这样，对于很多骨干教师，尤其是女教师而言，就更难达到参评资格。

对于备课组长和教研组长而言，调查表明，超过九成的教研组长是上级任命的，在教师群体中的威信是学校管理者选择教研组长的主要条件。[①] 在质性研究部分，可以明显感觉到担任一定的专业职位和获得骨干教师荣誉称号是密不可分的。在量化研究部分，在 2718 份有效的骨干教师问卷中，Ⅲ类骨干教师（未担任备课组长和教研组长，但是有骨干教师荣誉称号）为 1327 人，是四类骨干教师中占比最高的一类，但是这一类骨干教师领导力及各维度的得分并不是最高的。Ⅰ类骨干教师的数量为 672 人，该类骨干教师领导力的总分最低，在六维度中多个维度的得分低于其他三类。Ⅱ类骨干教师（既担任备课组长或者教研组长，又有骨干教师荣誉称号）为 427 人，这一类骨干教师领导力的总均分仅次于Ⅳ类骨干教师。从这个层面来说，本书中不同类型骨干教师领导力的现状与差异印证了胡艳等的研究结论，也即我国备课组长和教研组长的选拔，其专业性和领导力并不是十分重要的因素。[②]

对于量化研究部分受调研的 2718 位骨干教师来说，一共有 233 位骨干教师在村屯学校任教（占比 8.6%），包括一定比例的备课组长和教研组长，可以看出，乡村学校骨干教师数量和比例较低。在李广团队的调查中，在城市学校教师样本中，获得过国家级、省级、市级、区（县）级、校级和尚未获得骨干教师荣誉称号的教师占比为 23.6%、17.2%、32.0%、15.7%、4.7% 和 5.7%。而在乡村教师样本中，获得过不同层次荣誉称号的占比分别为 14.7%、13.8%、34.8%、22.9%、5.2% 和 7.3%。[③] 研究者认为，乡村学校中骨干教师比例偏低主要有以下三个原因：其一，骨干教师存在从乡村学校向县城学校、城市学校流动的趋势，导致乡村学校骨干

---

① 胡艳、高志雄：《当前北京市中学教研组长素质状况及其影响因素研究》，《教师教育研究》2012 年第 6 期。

② 胡艳、高志雄：《当前北京市中学教研组长素质状况及其影响因素研究》，《教师教育研究》2012 年第 6 期。

③ 李广、柳海民等：《中国教师发展报告 2019：中小学教师队伍建设的成就、挑战与举措》，科学出版社 2020 年版，第 212 页。

教师的数量、比例和层次偏低，造成乡村学校存在"中坚"缺失现象。其二，乡村教师认为，学校平台促进或者阻碍了他们的专业成长。教师口中的"平台"有很多的内涵，既包括学校同伴的专业实力，也包括学校声望带来的优质生源、经费投入乃至外界关注。骨干教师评选中的指标分配，决定了学校平台影响骨干教师评选名额的多少。此外，校长的声望在一定程度上也会影响骨干教师名额分配和骨干教师评选。其三，对于乡村学校和薄弱学校的教师而言，达到各级骨干教师评选条件的困难程度高于城市学校和优质学校的教师。李长江将乡镇、村屯学校骨干教师比例较低现象归因为骨干教师评选中忽视了农村地区。[1] 诸如论文发表、公开课获奖和课题研究等骨干教师评选要求，与学校质量、学校管理者重视程度和学校内部教师团队的积淀密切相关，乡村教师满足骨干教师评选条件的难度高于县城学校和城市学校的教师。

因此，为了促进不同类型骨干教师领导力的发挥，有必要革新骨干教师选拔标准，完善骨干教师选拔过程，重视骨干教师选拔的结果公平。首先，弱化等级制度藩篱。获得低一层次骨干教师荣誉称号是获得更高一层次骨干教师荣誉称号的前提，骨干教师一般不跨层次评审。虽然评选规则中也规定"特别优秀者可破格申报评选"，但在学校名额、学校内部竞争和学校平台等条件的综合作用下，部分领导力水平高的教师不能达到骨干教师评选的标准，进而与骨干教师评选失之交臂。此外，能否满足评选要求并获得学校推荐，并非完全取决于个人专业能力，还涉及学校管理者的重视等外在因素。对于骨干教师评选要求中的"破格提拔"，受访骨干教师均经历了低层次骨干教师到高层次骨干教师培养的历程。这意味着评选规则在一定程度上造成荣誉和资源集中于那些更容易达到评选要求并获得学校推荐的教师身上。此外，骨干教师职业流动的客观规律造成骨干教师从乡村到县城和城市、从薄弱学校向优质学校集聚，在多重因素的综合作用下造成学校之间骨干教师数量、比例和层次的差异。

其次，增强学校在骨干教师评选中的主动性和参与权。多位受访校长认为，在骨干教师评选中，部分教师并非学校中的中坚力量，但由于学校没有符合评选要求的教师，因此不得不推荐这些教师参评。这意味着学校

---

[1] 李长江：《秦皇岛市中小学骨干教师队伍建设研究》，硕士学位论文，燕山大学，2010年。

在区（县）及以上骨干教师评选中起到的作用有限。由于骨干教师的日常管理由学校来实施，学校更希望那些能够在教育教学中发挥重要作用的教师获得骨干教师荣誉称号，实现使用与荣誉激励的结合。因此，在骨干教师评选中，可以将学校管理者和一线教师的评价作为骨干教师评选的依据。这样有利于教学技能、协调能力和日常引领示范作用较好的教师脱颖而出。[1]

最后，降低对乡村骨干教师评选的要求，或乡村骨干教师评选实施指标单列。乡村学校和乡村教师更不容易满足骨干教师评选条件，在评选中处于劣势。2014年广东省颁布的《关于推荐遴选广东省省级骨干教师、校长培养项目第三批培养对象的通知》提出，在市级以下骨干教师评选中，长期在农村学校和薄弱学校工作的教师，在同等条件下优先。该规则体现了骨干教师评选对乡村教师的倾斜，但考虑到乡村学校"哑铃型"的师资结构，很多青年教师很难在短期内满足相应的评选要求。2019年江西省教育厅颁布的《江西省中小学学科带头人和骨干教师选拔培养办法》指出，在学科带头人和骨干教师评选时，对乡村教师不做论文、课题及指导培养青年教师和学生的硬性要求。当前，乡村教师待遇得到提升，专业发展机会不断增加，但乡村教师尤其是乡村教师中的青年教师和骨干教师的稳定性仍然有待提高。青年教师和骨干教师关乎乡村教育发展的未来，是乡村学校活力之源泉。因此，区域教育行政部门和学校应致力于骨干教师梯队建设，在指标倾斜和降低评选要求的基础上，促进乡村青年教师快速成长。

二 搭建骨干教师专业发展平台，保障参与公平

当前，各地区形成了独具特色的骨干教师培训模式，如广东省建立的"四主四环"培训模式。[2] 对于荣誉型骨干教师来说，获得及享有骨干教师荣誉称号要经过评选、培养、使用和考核等多个环节。工作坊被视为骨干教师专业成长和领导力发挥的重要载体。

---

[1] 蔡其勇、刘筱、胡春芳：《新时代乡村教师学习共同体建构策略》，《中国教育学刊》2020年第2期。

[2] 胡继飞、古立新：《"四主四环"骨干教师培训模式建构》，《中国教育学刊》2011年第12期。

图 6-1 呈现了海口市骨干教师工作坊的发展历程。工作坊发展初期的目的在于通过助推站的设立和领衔专家与指导教师的入驻，促进青年骨干教师成长。2016—2018 年的工作坊建设过程中，将工作坊的发展、骨干教师专业成长与乡村教育、乡村教师专业成长挂钩。海口市先后成立 89 个送教工作坊，由 877 名骨干教师辐射 6000 余名乡村教师的专业成长。海口市通过骨干教师帮扶乡村教师，属于促进校外同伴发展的表现之一。2018—2022 年，海口市成立了 127 个骨干教师工作坊，包括 1826 位骨干教师，其中包括特级教师、省级骨干教师等高层次骨干教师队伍。工作坊将各层次骨干教师、高校理论研究者和不同发展状况的青年教师、非骨干教师连接起来，在培养骨干教师的同时促进骨干教师领导力的提升。此外，量化研究部分发现，是否参与校外专业组织对骨干教师领导力会产生影响，参与校外专业组织的骨干教师领导力表现更好，这意味着跨校专业组织的建立十分必要。

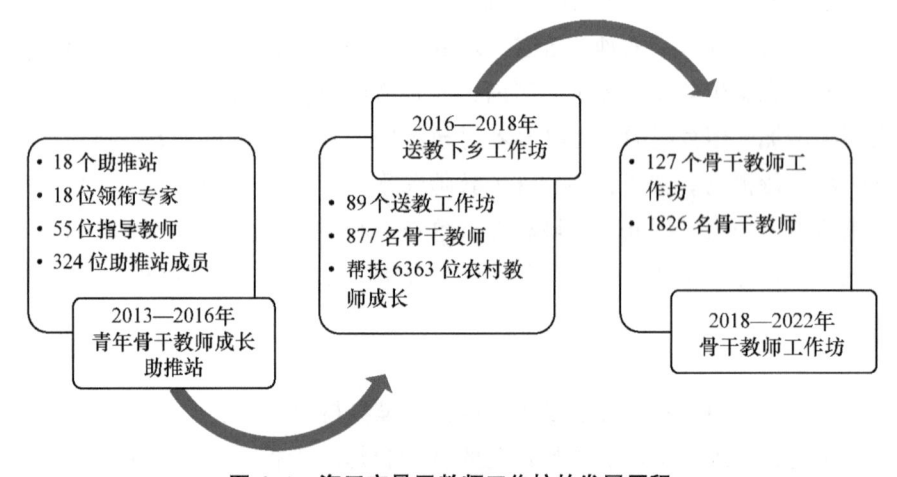

图 6-1　海口市骨干教师工作坊的发展历程

资料来源：海口市教育培训研究院陈素梅副院长于 2019 年 11 月的汇报 PPT《以勇气肩荷负载　用智慧互联成长——海口市教师队伍结构化成长模式的探索与实践》。该应用征得了她本人的同意。

在肯定校外专业平台对骨干教师领导力影响的同时，也不能忽视骨干教师参与校外专业组织存在的差异。本书以骨干教师人口学信息和所在学校信息为解释变量，通过二元 logistic 回归模型的建立，考察骨干教师在参与校外专业组织上是否存在差异。

如表6-1所示,从骨干教师个人层面因素来看,第一,相对于女教师,男教师参与校外专业组织的概率是女教师的1.388倍。第二,相对于学历为研究生的骨干教师,学历为专科及以下和学历为本科的骨干教师参与校外专业组织的概率分别为52.3%和61%,也即骨干教师的学历越高,参与校外专业组织的可能性越大。第三,教龄为10年及以下、11—20年、21—30年的骨干教师参与校外专业组织的概率分别是教龄在31年及以上的骨干教师的4.453倍、4.144倍和2.109倍,总体而言教龄越长参与校外专业组织的概率越低。第四,相对于职称为高级及以上的骨干教师,职称为二级及以下和一级的骨干教师参与校外专业组织的概率为42.6%和61.2%,也即职称越高,骨干教师参与校外专业组织的概率越高。第五,相对于职务为科室主任的骨干教师,职务为备课组长和教研组长的骨干教师参与校外专业组织的概率分别为58.2%和60.5%,没有职务的骨干教师参与校长专业组织的概率为79.8%。第六,不同婚姻状况、不同学段和不同学科骨干教师是否参与校外专业组织的概率不存在显著性差异。

表6-1　　骨干教师参与校外专业组织影响因素的回归模型摘要

变量	B	SE	Exp(B)
性别(以"女教师"为参照)	0.328**	0.116	1.388
婚姻状况(以"其他"为参照)			
已婚一子女	0.128	0.173	1.137
已婚多子女	-0.073	0.097	0.930
学历(以"研究生"为参照)			
专科及以下	-0.648**	0.229	0.523
本科	-0.494**	0.183	0.610
学段(以"初中"为参照)	0.101	0.105	1.107
任教学科(以"其他"为参照)			
语文	0.064	0.124	1.067
数学	-0.072	0.130	0.930
英语	-0.184	0.153	0.832

续表

变量	B	SE	Exp (B)
教龄（以"31年及以上"为参照）			
10年及以下	1.494***	0.232	4.453
11—20年	1.414***	0.189	4.114
21—30年	0.746***	0.165	2.109
职称（以"高级及以上"为参照）			
二级及以下	−0.853***	0.176	0.426
一级	−0.491***	0.118	0.612
职务（以"科室主任"为参照）			
普通教师	−0.225	0.173	0.798
备课组长	−0.542**	0.201	0.582
教研组长	−0.503**	0.186	0.605
年级主任	0.198	0.262	1.219
学校规模（以"2001生以上"为参照）			
200生以下	−0.288	0.156	0.750
201—1000生	−0.277*	0.124	0.758
1001—2000生	−0.231*	0.116	0.794
办学质量（以"中等偏上"为参照）			
中等偏下	−0.599***	0.131	0.549
中等	−0.474***	0.108	0.622
截距	−0.321	0.313	0.726
−2LL		3067.484	
Cox & Snell R^2		0.068	
Nagelkerke R^2		0.098	
N		2718	

说明：* 表示 $p<0.05$，** 表示 $p<0.01$，*** 表示 $p<0.001$。

从骨干教师所在学校来看，第一，从学校规模来看，相对于学校有2001名以上学生的骨干教师，有201—1000名学生和1001—2000名学生学校的骨干教师参与校外专业组织的概率分别为75.8%和79.4%，也即学校规模越大，骨干教师参与校外专业组织的概率越高。第二，相对于办学质量中等偏上学校的骨干教师，办学质量中等偏下和办学质量中等的骨干教师参与校外专业组织的概率分别为54.9%和62.2%，这说明学校办学质量越高，骨干教师参与校外专业组织的概率越高。

基于以上分析，可以看出骨干教师参与校外专业组织的概率存在差异，在一定程度上存在不公平现象，这种不公平现象制约了区域骨干教师队伍的整体发展，造成资源集中在部分学校的骨干教师群体中。随着学校间专业交流的增加，一方面，区域教育行政部门应循序渐进，聚焦学校办学质量和区域办学质量的协同增效，建立指向不同层次骨干教师发展的平台，在促进骨干教师继续发展的同时，引导、鼓励、支持骨干教师发挥领导力，促进优秀专业资本的扩散和辐射。另一方面，包括诸如"名师工作室"在内的诸多专业平台也存在问题，存在特色不突出、区域发展差距大、运作良莠不齐和管理不规范等问题。[1] 本书发现，学校规模和学校办学质量会影响骨干教师参与校外专业组织的概率，校际专业发展平台的资源向大规模学校和办学质量好的学校倾斜。因此，应该打破地理区隔和时间区隔，结合学校发展实际和骨干教师个人的意愿，让不同骨干教师有机会、有时间参与到校外专业平台中，促进不同骨干教师参与校外专业平台的机会公平。

三 骨干教师评价从"个人荣誉"转向"团队发展"

从量化研究部分的结果发现来看，骨干教师在促进校外同伴发展的表现上最差，在促进校内同伴发展上的得分也有待提升，说明骨干教师的政策目标在一定程度上未得到实现。骨干教师评价集中于对骨干教师自身专业成就的外在短期性评价，缺乏对骨干教师及其所领导团队的评价，因此骨干教师评价存在"个人卓越"有余而"团队绩效"不足的偏向。[2] 因此，为了更好地发挥骨干教师在引领校内外同伴发展中的作用，可以进行以下改革：

首先，革新骨干教师评价目标。陈峥和卢乃桂认为，骨干教师的责任、荣誉和资源属于骨干教师个人。[3] 如果不考虑骨干教师对学校及所在

---

[1] 肖林元：《区域提升名师工作室建设实效性研究——以南京地区名师工作室建设为例》，《中国教育学刊》2014年第10期。

[2] 冯大鸣：《西方教育管理21世纪新进展研究》，高等教育出版社2014年版，第317页。

[3] 陈峥、卢乃桂：《正式与非正式的教师领导对教师专业发展的影响》，《教师教育研究》2010年第1期。

区域教育发展的价值,仅仅从骨干教师个体思考,二位学者的观点是正确的。实际上,当前骨干教师评价包括两个方面:一方面,骨干教师个人评价占主要部分。比如对骨干教师是否坚持一线教学、师德、教学水平、课题申报和论文发表等方面进行评价。另一方面,各层次骨干教师评价越来越注重骨干教师的示范、引领和辐射作用。比如陕西省2013年颁布的《关于加强中小学教师队伍骨干体系建设的意见》规定了名师、学科带头人和骨干教师任期内需要发挥的示范作用、指导作用和引领作用。河南省2015年颁布的《河南省教育厅关于深入推进中原名师培育工程的通知》要求对"中原名师"指导青年教师、校内听课、组织校本研修、上示范课以及送教下乡等方面进行评价。

其次,促进学校外部评价与内部评价的结合。不同层级骨干教师的评选、管理和评价由相应的教育行政部门负责,而骨干教师的日常管理由学校负责。从这个角度来看,骨干教师日常管理和评价主体不一致,而骨干教师作为"单位人"在完成教学工作量的同时,还要完成学校日常规定和教育行政部门的评价规定。对于区(县)级的骨干教师而言,其外部评价应该以促进骨干教师领导力在学校内部的发挥为主。对于市级以上高层次骨干教师的评价,应在校内领导力发挥的基础上,重视骨干教师团队的整体式评价。

再次,善做加法与减法,改革骨干教师管理举措。在量化研究部分,本书考察了荣誉型骨干教师的区域管理举措,311位骨干教师表示没有开设公开课的要求、315位表示没有指导青年教师的要求、763位表示没有送教下乡的要求。这意味着骨干教师政策中出现最多的管理举措在实际应用中存在偏差。同时,超过八成的骨干教师表示有课题研究的要求,接近八成的骨干教师表示有发表论文的要求。在这两项管理举措方面均不到半数骨干教师表示能够全部完成,27%左右的骨干教师表示完不成或者能够完成一部分。基于北京市1000多名骨干教师的调查表明,半数以上的骨干教师能完成1—2篇论文,超过四成的骨干教师无法达到公开发表论文的要求,接近半数的骨干教师表示无法达到主持课题的要求。① 这意味着骨干教师能开展课题研究和撰写论文,但主持课题和发表论文的能力不足。

---

① 侯冬玲:《向上向善向未来:首都核心区骨干教师专业发展新风向——基于北京市某核心区1197名骨干教师专业发展现状及需求的调研》,《中小学管理》2021年第2期。

因此，在骨干教师评价及日常管理中应同时做好加法和减法：一方面，加强骨干教师在课堂教学、教师队伍建设等方面的要求，搭建跨校教师专业学习共同体，引导、支持和激励骨干教师围绕课堂教学，在学校内外发挥作用。另一方面，重视骨干教师教育教学现象的深层次思考和理论化表达，鼓励骨干教师围绕学科教学、学生学习和教师团队建设等方面撰写论文、申报课题，但是要降低乃至取消骨干教师发表论文的要求。

最后，团队成员作为骨干教师评价主体之一。促进教师集体教学能力的提高是骨干教师队伍建设的核心要义。[1] 从实践层面来看，骨干教师在不同的专业学习共同体中扮演了不同角色，无论是专业互动还是日常情感交流，校内外同伴是与骨干教师交往最多的实践主体。因此，应该将团队成员视为骨干教师评价的主体之一，骨干教师评价中增加团队成员评价的比重。

四　创新骨干教师激励方式，增强激励实效

"骨干教师"是不同于普通教师的专业称号，具有分级和激励作用。[2] 骨干教师荣誉称号的激励作用是毋庸置疑的，但获评骨干教师并不意味着工资的增加和职称评审更容易，相反，很多教师在访谈中认为成为骨干教师要承担更多的工作，担负起更重的责任。因此，在质性研究部分，有校长表明其学校的骨干教师不愿意参加骨干教师荣誉称号的评选，更愿意踏踏实实地做好日常教学工作。从功利的角度来看，成为骨干教师并未给教师带来利益，相反还会因工作增加而牺牲陪伴家人的时间。

从骨干教师领导力的实际状况来看，骨干教师荣誉称号本身激励作用的大小和激励是否对所有骨干教师有效仍然存在争议。一方面，骨干教师在教学研究、教师发展以及跨校专业学习共同体中的作用，是骨干教师领导力的外在表现。研究表明，骨干教师的主要作用体现在三个互相重叠的工作领域：研发课程和开展教学活动，帮助和支持同事，沟通校长和教师以及协调教师之间关系。[3] 同时，随着区域教育一体化的推进和学校间关系的日益密切，跨校乃至跨区域的教师专业学习活动日益增多，部分骨干

---

[1] 娄元元：《学校发展中的教师领导研究》，博士学位论文，华东师范大学，2015年。
[2] 陶洁：《区域骨干教师培养机制研究》，硕士学位论文，上海师范大学，2016年。
[3] 王绯烨、洪成文、萨莉·扎帕达：《骨干教师领导角色的认知研究》，《教师教育研究》2017年第5期。

教师通过同课异构等活动对其他学校的教师产生影响。① 也就是说，骨干教师荣誉称号对教师形成一定的激励作用。更重要的是，骨干教师在发挥其专业影响的过程中形成的专业自信和专业自主，对骨干教师群体起到更为重要的激励作用，这是骨干教师比普通教师具有更高职业幸福感的重要原因。②

另一方面，不少研究表明，骨干教师荣誉称号并未起到激励作用，骨干教师群体没有起到应有作用。首先，对于个人而言，骨干教师荣誉称号的获得成为部分教师专业发展的"终点"而非"起点"。基于500名区级骨干教师10年的跟踪研究表明，只有5%的骨干教师成为区级以上名师，有50%—60%的骨干教师没有明显进步。③ 其次，骨干教师职业倦怠严重。教师专业实践的特性和教师专业发展的阶段性，决定了教师会经历专业发展中的瓶颈阶段。部分骨干教师因年龄和教学负荷增加而产生职业倦怠感，逐渐因缺失发展目标而变得平庸④，而有的骨干教师满足于骨干教师荣誉称号的获得，发展动力和发展愿望存在不足。⑤

结合质性研究和量化研究结果发现，骨干教师激励举措主要可分为专业激励和经济激励两部分。一方面，专业激励。研究表明，当拥有合适的展示和合作平台时，教师能发挥其示范、引领、辐射作用。⑥ 因此应强化骨干教师的过程管理，注重骨干教师的潜能发挥。结合不同骨干教师的专长，让骨干教师承担一定的专业职责，通过专业平台搭建和专业合作增强骨干教师的专业自信心和专业荣誉感。另一方面，经济激励。骨干教师认为荣誉称号的获得没有增加个人工资和绩效。虽然近年来个别省份开始以骨干教师团队建设的方式予以经费支持，但大部分经费不能发放给骨干教师个人。有校长认为，骨干教师在学校不会因为是骨干教师而受到经济上的奖励。相反，骨干教师绩效考核与其他教师、班主任和中层干部一起进行，

---

① 秦鑫鑫、武民：《教师专业学习共同体运行机制研究》，《教育理论与实践》2018年第14期。
② 郝国强：《教师职业理解与认识的质性研究——以中小学骨干教师为例》，《教师教育研究》2016年第3期。
③ 雷贞萍：《骨干教师发展期停滞问题的原因及对策》，《现代教育管理》2015年第11期。
④ 陶洁：《区域骨干教师培养机制研究》，硕士学位论文，上海师范大学，2016年。
⑤ 郝国强：《教师职业理解与认识的质性研究——以中小学骨干教师为例》，《教师教育研究》2016年第3期。
⑥ 叶菊艳、朱旭东：《论教育协同变革中教师领导力的价值、内涵及其培育》，《教师教育研究》2018年第2期。

不会因教师是骨干教师而增加绩效工资。教育行政部门可以在教师队伍建设经费中,单列经费奖励优秀骨干教师,以此激励骨干教师产生更大的作用。

五 多举措提高两类学校骨干教师队伍稳定性

本书在质性研究部分和量化研究部分,均发现乡村学校和薄弱学校骨干教师队伍建设中的不足。这两类学校承载了大量学生的立德树人工作,是区域教育质量整体提升的难点和关键点,促进这两类学校骨干教师的稳定有助于区域教育质量的整体提升。就已有研究结果来看,教师的流动主要呈现出以下两个特点:

一方面,教师职业内流动是主要问题,教师流失是次要问题。近年来,乡村学校和薄弱学校的办学条件得到很大改善,教师的待遇也提高不少。在内外环境的作用下,这两类学校教师流失的比例低于流动的比例,具体表现为从乡村学校和薄弱学校向县城学校、城市学校和优质学校流动。多项大规模调研均表明,乡村教师的流动有"向城性"[1] 和"单位向上"的特征。[2] 另一方面,骨干教师占流动教师的大多数。基于9省5285名义务学校教师的实证分析发现,骨干教师的流动意向是普通教师的1.239倍。[3] 在本书受访44位骨干教师中的29位均有职业流动经历,多数教师流动前获得了区(县)及以上骨干教师荣誉称号,也有不少担任过教研组长、备课组长或其他行政领导职位。

本书的核心关注在于骨干教师领导力的现状及影响因素,关注骨干教师队伍的稳定性与关注骨干教师领导力并不冲突,二者之间有密切联系。从学校层面来看,骨干教师跨区域和跨校流动导致学校间、区域间教育质量的差异,影响了骨干教师的引领和辐射作用。[4] 骨干教师的缺失导致乡

---

[1] 雷万鹏:《中国农村教育焦点问题实证研究》,华中科技大学出版社2007年版,第30页。胡俊生、符永川、高生军:《空心村·空壳校·进城潮:陕北六县农村教育调查研判》,高等教育出版社2015年版,第134页。程良宏、陈伟:《迁徙与守望:"候鸟型"乡村教师现象审思》,《教育发展研究》2020年第Z2期。

[2] 王艳玲:《稳定乡村教师队伍的政策工具改进:以云南省为例》,《教育发展研究》2018年第2期。

[3] 赵忠平、秦玉友:《谁更想离开——机会成本与义务教育教师流动意向的实证研究》,《教育与经济》2016年第1期。

[4] 陈峥、卢乃桂:《正式与非正式的教师领导对教师专业发展的影响》,《教师教育研究》2010年第1期。

村小规模学校师资结构呈现"哑铃式"断层状态，老、中、青相结合的教师梯队难以建立。[①] 因此，对于这两类学校的教师而言，一切有利于"逃离"的资本均需要把握，教师的合作氛围难以保障，教师团队发展的弊病很多。此外，骨干教师流失对学校教师梯队建设和教学质量提升造成负面影响，长此以往形成恶性循环，打击了学校对骨干教师培养的积极性。[②] 本节呈现受调研骨干教师的稳定现状，进而分析两类骨干教师稳定的阻碍因素，进而提出稳定两类骨干教师的策略。

首先，这两类学校骨干教师稳定现状。质性研究部分对 A 县五所学校进行了调查，发现县城学校、办学质量较好学校中的骨干教师多数来自乡村学校和乡镇学校，而乡村学校校长认为其学校重点培养的青年教师，即便未获得相应的荣誉称号，也经过历练能够"站稳讲台"，在一定时间内会向县城学校、办学质量较好的学校或者办学条件好、工资待遇高的民办学校流动。问卷调查中所考察的骨干教师的学校归属感，在一定程度上可以反映骨干教师的稳定现状。如表 6-2 所示，卡方检验结果表明，学校区位不同骨干教师的学校归属感存在显著差异（$\chi^2 = 27.543$，$df = 6$，$p<0.001$），村屯学校和乡镇学校骨干教师的学校归属感低于县城学校和城市学校。

表 6-2　　不同区位学校骨干教师学校归属感统计

		如果重新选择，你还会选择这所学校任教吗？			总计
		不会	不确定	肯定会	
学校区位	城市	120（9.5%）	629（50.0%）	509（40.5%）	1258（100%）
	县城	47（8.5%）	239（43.1%）	269（48.5%）	555（100%）
	乡镇	73（13.0%）	243（43.4%）	244（43.6%）	560（100%）
	村屯	33（15.0%）	82（37.3%）	105（47.7%）	220（100%）
总计		273（10.5%）	1193（46.0%）	1127（43.5%）	2593（100%）

说明：本书调研初期对"学校归属"的测量表述和调研后期不一致，因此在该分析中有 125 个样本未纳入分析中。

[①] 张晓娟、吕立杰：《整体性缺失与个体性阻抗——农村小规模学校师资建设困境研究》，《教育理论与实践》2019 年第 28 期。

[②] 薛正斌：《教育社会学视野下的教师流动》，甘肃人民出版社 2012 年版，第 114 页。

如表 6-3 所示，经卡方检验结果表明，不同办学质量学校骨干教师的学校归属感存在显著差异（$X^2=158.682$，$df=4$，$p<0.001$），教师感知的学校办学质量越差，骨干教师的学校归属感就越差。在认为学校质量为中等偏下的骨干教师中，124 位骨干教师表示不会选择当前任教的学校（相对占比为 22.5%）。

表 6-3　　　　不同办学质量学校骨干教师学校归属感统计

		如果重新选择，你还会选择这所学校任教吗?			总计
		不会	不确定	肯定会	
学校办学质量	中等偏下	124（22.5%）	275（49.9%）	152（27.6%）	551（100%）
	中等	78（9.8%）	381（48.1%）	333（42.0%）	792（100%）
	中等偏上	71（5.7%）	537（43.0%）	642（51.4%）	1250（100%）
总计		273（10.5%）	1193（46.0%）	1127（43.5%）	2593（100%）

说明：本书调研初期对"学校归属"的测量表述和调研后期不一致，因此在该分析中有 125 个样本未纳入分析中。

其次，骨干教师稳定的影响因素分析。骨干教师的职业流动既有一般教师职业流动的普遍特点，也可能具有其群体特殊性。因此，在梳理教师职业流动文献的同时，重点关注骨干教师职业流动的特点、动因及应对策略。骨干教师荣誉称号的获得成为教师寻求更好工作岗位的"资本"，骨干教师尤其是乡村地区的骨干教师流失现象严重。[1] 在职称和荣誉向乡村教师倾斜后，很多学校出现了"评一个，走一个"的怪象[2]，骨干教师荣誉称号的获得成为教师向上流动的"筹码"。为了达到骨干教师评选条件，增加自身流动的可能性，教师的竞争细化到骨干教师评选的各个环节，加剧了教师间的不良竞争。乡村骨干教师的跨区域流动和跨校流动，造成了区域教育发展的不均衡和不平等[3]，加剧了学校之间、地区之间的差异，影响了骨干教师在专业上的示范、引领和辐射作用。[4]

---

[1] 娄立志、刘文文:《农村薄弱学校骨干教师的流失与应对》，《教师教育研究》2016 年第 2 期。
[2] 申卫革:《乡村教师文化自觉的缺失与建构》，《教育发展研究》2016 年第 22 期。
[3] 李长江:《秦皇岛市中小学骨干教师队伍建设研究》，硕士学位论文，燕山大学，2010 年。
[4] 陈峥、卢乃桂:《正式与非正式的教师领导对教师专业发展的影响》，《教师教育研究》2010 年第 1 期。

最后，促进这两类学校骨干教师稳定的策略。第一，统筹区域教育发展，维护教育公平底线。不同学校在地理位置、硬件设施、专业发展待遇和工资福利待遇等方面存在差异，是造成骨干教师流动的主要因素。有研究认为，县级政府在推进城乡教师流动方面负有重要的责任①，地方政府应该合理配置教育资源，统筹城乡教育规划，在公平的基础上做到教育资源向乡村学校和薄弱学校倾斜。

第二，革新师资配置政策，严禁从乡村学校和薄弱学校抽调骨干教师。就县域教师资源的配置来看，县城学校在初次分配中吸引了优秀青年教师，此外，县城学校通过招考从乡村学校选聘优秀教师。② 实际上，禁止从乡村学校和薄弱学校抽调骨干教师频繁出现在骨干教师政策中，但笔者在 A 县实地调研时发现，乡村骨干教师的持续流动，一方面源于城乡教育不均衡，另一方面在于县城学校盲目扩容和民办学校无序扩张。因此，在县城教育和乡村教育师资短缺的前提下，通过抽调、政策引导乃至违规操作，让乡村骨干教师甚至未满服务年限的"特岗教师"流动到县城学校和民办学校。王艳玲基于云南省的调研也表明，教师调动存在不透明和不公平的现象。③ 因此，骨干教师所在学校在以情感留人和以事业留人的前提下，区域教育主管部门不能从乡村学校抽调骨干教师。同时，还应该遵守教育发展规律和国家教育政策，做好城乡教育均衡工作。

第三，骨干教师荣誉称号的认定与再认定。随着骨干教师队伍建设逐渐制度化，教育行政主管部门在重视乡村骨干教师选拔、培养和激励的同时，应注重乡村骨干教师培养后的去留问题。广东省 2020 年出台的《广东省中小学"百千万人才培养工程"培养项目实施办法》对名师、骨干教师取消培养资格的情况进行了规定，其中第五条具体规定了取消培养资格的骨干教师具体为"从粤东粤西粤北地区调往珠三角地区的培养学员，或

---

① 贺静霞、张庆晓：《新中国成立以来义务教育教师资源配置有关政策变迁历程、特征与展望》，《现代教育管理》2020 年第 3 期。

② 秦玉友：《教育城镇化的异化样态反思及积极建设思路》，《教育发展研究》2017 年第 6 期。魏宝宝、孟凡丽：《农村小规模学校内生力缺失的表现、原因与激活——"W"县农村小规模学校的实地研究》，《当代教育论坛》2020 年第 3 期。周晔：《农村小规模学校教师队伍专业水平结构的问题与对策——基于甘肃省 X 县的调研》，《教育研究》2017 年第 3 期。

③ 王艳玲：《稳定乡村教师队伍的政策工具改进：以云南省为例》，《教育发展研究》2018 年第 2 期。

从农村学校、薄弱学校调往城镇学校的培养学员"。为了应对乡村骨干教师"培养一个，流失一个"的窘境，一方面，教育行政主管部门要从制度上寻求突破，将骨干教师选拔、培养和稳定相结合，通过骨干教师的认定与再认定促进乡村骨干教师安心从教。另一方面，规范发达地区的学校、城市学校和优质学校的教师招聘过程和招聘宣传，严禁从乡村学校和薄弱学校无序挖人，减少乡村骨干教师的无序流动，促进乡村学校和薄弱学校骨干教师队伍的稳定。

第二节 完善内部治理体系，校长赋权骨干教师增能

教育治理现代化是国家治理现代化理念在教育领域的贯彻落实。[①] 2019 年 2 月颁发的《中国教育现代化 2035》第十条强调要推进教育治理体系和治理能力现代化。在提高教育立法、健全督导、提升政府服务水平的同时，提出要提高学校自主管理能力，完善学校治理结构。本书研究表明，校长支持性领导不仅对骨干教师领导力产生直接影响，还通过同伴信任和组织效用价值产生间接影响。因此，学校应该加强制度建设、通过校长分权、革新管理方式和减轻教师负担，促进骨干教师领导力发挥。

一 完善教学研究制度，促进教师合作

首先是教学研究制度建设的重要性。本书研究表明，校长制度供给对骨干教师领导力各维度会产生正向显著影响。同时，不同办学质量学校的校长制度供给得分存在显著差异（$M_{办学质量中等偏下}=3.91$，$M_{办学质量中等}=4.18$，$M_{办学质量中等偏上}=4.37$，$F=76.37$，$p<0.001$），学校教学研究制度的完备程度与学校教育质量存在关联。加强学校教学研究制度的建设是校长教学领导力的重要组成部分，是校长领导力的核心。[②] 对于校长而言，一方面应该注重教学研究制度体系的构建，促进备课组和教研组常规工作的开展，增

[①] 郭渼华：《国家治理视域下的教育治理现代化》，《理论视野》2018 年第 7 期。

[②] 李华、程晋宽：《校长领导力是如何影响学生成绩的？——基于国外校长领导力实证研究五大理论模型的分析》，《外国教育研究》2020 年第 4 期。

强骨干教师与同伴交流的机会，增进同伴间的专业互信。另一方面，应重视备课组长和教研组长的选拔，激发荣誉型骨干教师主动担任备课组长和教研组长。引导荣誉型骨干教师发挥个人专长，在教学研究中产生更大影响，共同致力于学科组织发展。

其次是教学研究制度建设的实效性。备课组和教研组被视为我国教师专业发展的重要组织，但不少学者认为教研组是集教学研究与行政管理于一体的组织，与西方学者研究中的教师专业学习共同体相差甚远。[①] 教研组具备了专业学习组织的诸多特质，可视为其中国模式。然而，行政权力的过度干预以及对精细化管理的推崇，制约教研组成为教师专业学习共同体。[②] 教研组长和教师均表示教研组长的专业引领存在表面化的问题，不能和教师的需求相匹配。[③] 本书研究发现，不同学校备课组和教研组的同质化程度较高，教研内容、教研组织形式和教研具体过程具有较高的相似性。此外，笔者观察到中小学存在比较严重的"留痕文化"，教师备课与教研活动的开展、教师教学笔记的撰写、教师听课记录的撰写乃至教师参加校外教学研究活动，很多均需要教师记录、汇报乃至制作美篇并存档留存。这些工作占据了教师大量时间，不少备课组长和教研组长反映，由于其他教师不愿意承担额外工作，因此只能由备课组长和教研组长承担，进而消解了他们承担职责的积极性。有些学校甚至出现了备课组长、教研组长由教师轮流担当的现象。因此，对于学校而言，应该在尊重不同学科内部差异的同时，制定符合本校的教学研究制度。同时，应该发扬教研民主，反对教研专制。[④]

最后，促进乡村学校、小规模学校和薄弱学校的教学研究制度建设。笔者在对 A 县的调研中，关注到乡村学校备课组和教研组建设的滞后。单因素方差分析结果表明，不同区位学校的校长制度供给存在显著差异，城市学校的均值最高，县城学校和乡镇学校的均值差异不大，村屯学校的均

[①] 胡艳：《新中国 17 年中小学教研组的职能与性质初探》，《教师教育研究》2011 年第 6 期。胡艳、高志雄：《当前北京市中学教研组长素质状况及其影响因素研究》，《教师教育研究》2012 年第 6 期。

[②] 操太圣、乔雪峰：《理想与现实：教研组作为专业学习社群的批判反思》，《全球教育展望》2013 年第 12 期。

[③] 高智雄、胡艳：《中学教研组长素质现状研究——基于对北京三城区教师的调查》，《上海教育科研》2016 年第 1 期。

[④] 褚宏启：《教师领导力：让每位普通教师都有影响力》，《中小学管理》2020 年第 9 期。

值最小（$M_{城市}=4.30$，$M_{县城}=4.18$，$M_{乡镇}=4.15$，$M_{村屯}=3.98$，$F=14.72$，$p<0.001$）。经事后检验结果表明，城市学校的校长制度供给显著高于县城学校、乡镇学校和村屯学校，而县城学校和乡镇学校的校长制度供给又显著高于村屯学校。量化研究的结果与质性研究的结果比较一致。此外，不同规模学校的校长制度供给存在显著性差异（$M_{200生以下}=4.06$，$M_{201-1000生}=4.11$，$M_{1001-2000生}=4.30$，$M_{2001生及以上}=4.29$，$F=16.07$，$p<0.001$）。学校规模越小意味着教师数量越少，在学科差异、空闲时间和同伴专业水平等综合因素的作用下，小规模学校的教学研究制度存在不足。基于上述分析，本书认为在重视学校教学研究制度的同时，应该侧重于加强乡村学校、小规模学校和薄弱学校的教学研究制度建设。

二 实施分布式领导，构建扁平化组织

首先，校长分布式领导的现实价值。本书研究表明，校长分布式领导正向显著预测骨干教师领导力。此外，单因素方差分析结果表明，不同办学质量学校的校长分布式领导存在显著性差异（$M_{办学质量中等偏下}=3.56$，$M_{办学质量中等}=3.84$，$M_{办学质量中等偏上}=4.03$，$F=60.97$，$p<0.001$），也即骨干教师认为办学质量越差，学校分布式领导水平越低。这说明校长分布式领导力与学校办学质量存在关联，这与已有实证结果吻合。[1]

其次，分布式领导实施需要校长理念更新。已有研究表明校长分布式领导是影响教师领导力的一个重要因素，其中校长分布式领导的意愿影响了学校分布式领导的现状，进而对教师领导力产生积极影响或者消极影响。本书研究表明，校长不愿放权是教师领导力的重要阻碍因素。[2] 有的校长忽略对教师授权的重要性，也有校长存在虚假授权现象。[3] 基于本书的实证研究结果，校长应该做到以下两个方面：一方面，校长应该改变定位，从单打独斗的"英雄"向"领导者的领导者"转变。[4] 另一方面，校

---

[1] Mehmet Şükrü Bellibaş, et al., "Does School Leadership Matter for Teachers' Classroom Practice? The Influence of Instructional Leadership and Distributed Leadership on Instructional Quality," *School Effectiveness and School Improvement*, No. 32, 2020, pp. 387-412.

[2] 李飞:《开发教师领导力的实践探索》,《基础教育》2010年第7期。

[3] 邹耀龙:《中小学实施教师领导的研究》,硕士学位论文,华东师范大学,2010年。

[4] 冯大鸣:《美、英、澳教育领导理论十年（1993—2002）进展述要》,《教育研究》2004年第3期。

长应意识到教师领导力对学校教育质量提升的重要价值,营造支持和鼓励教师领导力的组织氛围[1],促进"每位教师均有领导力"成为学校内部所有教师的共识。

再次,分布式领导实施需要讲究策略。第一,分布式领导具有情境适用性,应根据学校内外情境决定分布式领导的实施方式。不同学校规模、生源和师资队伍参差不齐,这是影响领导力分布方式的重要情境因素。[2]以本书在 A 县五所学校调查的实际情况为例,受访校长和骨干教师表示担任备课组长、教研组长、中层干部乃至校长,往往要面临更大的工作压力和外部问责,同时缺乏相应的激励举措。三所乡村学校在学生数量越来越少的同时教学质量不断下降,社会信任程度也越来越低。在这样的办学情境下,教师的大部分工作时间均聚焦于教学工作。校长无奈地表示,除了教学之外的其他专业活动很难开展,让教师承担更大的专业责任是不现实的。第二,分布式领导的实施应考虑分布的对象。分布式领导中的"分布"并不仅仅是把责任和权力分摊给更多的人,更在于把领导的职能分布到具有不同专长的人群中,以达到专长互补、协同增效的效果。[3]量化研究结果表明,相比于未把教师作为第一职业选择的骨干教师,把教师作为第一职业选择的骨干教师感知到的校长分布式领导更高。这可能是因为把教师作为第一职业选择的骨干教师具有更强的内部驱动力,在教育教学中的积极性更高,校长更愿意让他们承担责任。因此,校长及学校教师发展机构应该了解教师的职业动机和职业发展状态,进而对这些教师赋予权力。第三,分布式领导的实施应该聚焦教学领域,校长应该为教师发挥领导力提供机会,包括课程与教学活动的实施、学校改进和专业发展活动的设置。[4]

最后,校长在实施分布式领导的同时应该给予支持。问卷调查表明,骨干教师与校长学科背景是否一致会影响骨干教师感知到的校长分布式领

---

[1] Ruth C. Ash and J. Maurice Persall, "The Principal as Chief Learning Officer: Developing Teacher Leaders," *NASSP Bulletin*, Vol. 84, No. 616, 2000, pp. 15-22.

[2] 郑鑫、尹弘飚:《分布式领导:概念、实践与展望》,《全球教育展望》2015 年第 2 期。

[3] [英]阿尔玛·哈里斯:《分布式领导——不同的视角》,冯大鸣译,上海教育出版社 2012 年版,第 12 页。

[4] Deborah Childs-Bowen, et al., "Principals: Leaders of Leaders," *NASSP Bulletin*, Vol. 84, No. 616, 2000, pp. 27-34.

导水平（$M_{一致}=3.98$，$M_{不一致}=3.78$，$t=6.32$，$p<0.001$）。小学和初中骨干教师感知到的校长分布式领导存在差异（$M_{小学}=3.93$，$M_{初中}=3.75$，$t=5.19$，$p<0.001$）。这也就意味着，一方面，从学段来看，初中校长应该在更大程度上进行领导力分布；另一方面，从校长与骨干教师之间的关系来看，校长应该更加重视其他学科的建设。

三 革新领导方式，注重民主与公平

校长被视为影响学校发展的关键，当教师认为校长可靠、仁慈和值得信赖时，教师有更好的工作表现。[①] 在校长重要性凸显的同时，也有研究发现校长领导方式缺乏民主。基于河南省281位教师的调查表明，49.47%的教师认为校长是"独断式领导"，而认为校长是"民主式领导"的比例刚刚超过三成。[②] 当然，校长领导方式和领导风格也因教育情境不同而存在差异，研究表明，东部上海地区的教师感知到更多的校长民主领导和好合作领导。[③] 为了培育教师领导力，促进骨干教师领导力发挥，校长应该做到的德行领导、民主管理和注重公平。

首先，德行领导。校长的道德领导力通过对组织文化、教师工作投入的影响改变学生成绩。[④] 校长道德领导力对教师专业学习共同体有正向显著影响，当教师感受到更大的校长道德领导力时，学校的教师专业学习共同体就得到发展。[⑤] 这说明校长道德领导力对教师团队文化的塑造、教师学校归属感的提升和教师工作投入的增加产生影响，进而促进学校教育质量的提升。

[①] Xin Zheng, et al., "The Relationship between Distributed Leadership and Teacher Efficacy in China: The Mediation of Satisfaction and Trust," *The Asia-Pacific Education Researcher*, Vol. 28, No. 6, 2019, pp. 509-518.

[②] 陈丹：《中学教师领导力的调查研究》，硕士学位论文，陕西师范大学，2018年。

[③] 金建生：《教师领导研究——基于教师发展的视角》，中国社会科学出版社2016年版，第182页。

[④] 李华、程晋宽：《校长领导力是如何影响学生成绩的？——基于国外校长领导力实证研究五大理论模型的分析》，《外国教育研究》2020年第4期。

[⑤] Shengnan Liu and Hongbiao Yin, "How Ethical Leadership Influences Professional Learning Communities via Teacher Obligation and Participation in Decision Making: A Moderated-Mediation Analysis," *Educational Management Administration & Leadership*, Vol. 51, No. 2, 2020, pp. 345-364.

其次，民主管理。民主是教育治理体系现代化的衡量标准[1]，校内共治要求学校教育中的利益相关者对学校事务进行民主管理。[2] 学校内部治理要经历"自下而上"的过程，信息公开、透明和对称是十分必要的。[3] 学校应该畅通教师表达渠道。教师参与学校发展的程度是学校健康和谐的标志[4]，学校应赋予骨干教师就学校发展表达意见的渠道。[5]

最后，注重公平。学校内部公平是影响教师价值观念、教师团队风气、教师学校归属感和教师职业认同感的重要因素。骨干教师在访谈中提及学校领导在评优评先中的不公平现象，在与之前任教学校的对比中，教师对当前任教的学校失去归属感。基于甘肃省某县的调查也表明，乡村中小学考核中存在"潜规则"，存在"优秀教师"轮流坐庄等问题。[6] 更为严重的是，受访乡村校长表示在乡村学校评优评先指标较少、竞争较激烈的情况下，有教师通过学校之外的"关系"获评骨干教师或者"优秀教师"。

四 营造良好育人环境，减轻教师负担

学校和教师的专业实践受到外部教育环境的影响。地方政府、地方教育行政部门和学校之间的不对等关系，导致学校面临众多非教学任务，骨干教师不得不花费大量时间应对外部考核压力。此外，从对学校教育质量的关注来看，当学生考试成绩和升学率成为衡量学校教育质量的重要乃至唯一标准时，学校和教师关注的重点就在学生成绩和升学率上，教师对待日常教学、学生学习和同伴互助的态度也受到了影响。

首先，营造良好的外部环境。调查表明，教师的教学活动时间占教师工作时间的三分之一，学生管理、家校沟通和行政事务占教师工作时间的60%。[7] 在非教学任务的干扰下，教师很难将时间和精力聚焦于教学工作

---

[1] 张建:《教育治理体系的现代化：标准、困境及路径》,《教育发展研究》2014 年第 9 期。
[2] 褚宏启:《教育治理：以共治求善治》,《教育研究》2014 年第 10 期。
[3] 彭钢:《学校整体变革：从管理走向领导》,《教育发展研究》2010 年第 10 期。
[4] 洪明:《领导力与学校改进：一个导论》,《中国教师》2008 年第 5 期。
[5] 姜勇、涂阳慧:《巴基斯坦"骨干教师"项目改革述评》,《外国中小学教育》2008 年第 1 期。
[6] 周晔、张海燕、张文斌:《教师视角下的农村学校教师管理制度——基于甘肃省 X 县的调查》,《教育与教学研究》2017 年第 5 期。
[7] 张小菊、管明悦:《如何实现小学教师工作量的减负增效——基于某小学教师 40 天工作时间的实地调查》,《全球教育展望》2019 年第 6 期。

和研究工作，"教学作为副业"成为很多教师专业实践的现实写照。一方面，应该减少"面子工程"和"政绩工程"，减少教育中的盲目跟风和低层次模仿给教师带来的负担。笔者发现，随着区域、学校之间交流的增加，学校管理者外出培训的机会增多，部分管理者乐于将其他学校的办学经验应用到其学校中。然而，一项教育革新既需要理念作为引导，更需要教师在实践中不断打磨、更新和反思，未能充分考虑学校实际和教师实际情况的教育革新往往被教师视为"瞎折腾"。另一方面，审视学校外部要求。随着教师减负清单的出台，学校管理者有依据地对上级教育行政部门及其他部门安排的任务进行审视，对合理的、符合要求的外部要求给予回应，拒绝不合理的外部要求。

其次，营造良好的内部环境。一方面，从育人理念来看，坚持立德树人根本任务，培养德、智、体、美、劳全面发展的学生。学校教育对学生的影响既体现在当下，也面对未来。学校管理者应引导教师树立正确的育人理念，践行新时期党和国家对学生发展的新要求。另一方面，从教师考核来说，杜绝以学生成绩和升学率作为优秀教师评选、骨干教师评选、教师职称和教师职务晋升的唯一标准。

第三节　优化专业发展体系，搭建领导力发挥平台

骨干教师成长的关键在于学校[①]，校长是影响骨干教师专业成长和领导力发挥的关键他人。校长要根据学校的实际情况优化教师发展体系，为骨干教师搭建领导力发挥平台。

一　重视学校教师梯队建设

对于学校管理者而言，应结合学校和教师发展实际，促进青年教师、骨干教师和其他教师的协同发展。

首先，培养青年教师。青年教师是教育发展的未来力量，学校应该多途径地促进新教师专业成长和领导意识觉醒。第一，明确职业规划。成为教师的前三年是青年教师专业成长的重要阶段，不少受访骨干教师提及在

---

① 陶洁：《区域骨干教师培养机制研究》，硕士学位论文，上海师范大学，2016年。

刚入职时学校的种种举措对其职业发展的影响。学校应该帮助青年教师形成职业规划，审视自身专业长处与不足。第二，多举措地促进发展。大多数受访学校通过师徒结对、青蓝工程、青年教师先锋队和青年教师读书社等载体促进青年教师专业成长。同时，不少学校要求教龄不足三年（有的学校为五年）的青年教师每学期都要上"汇报课"，向本学科组乃至全校教师展示其课堂，以此督促青年教师打磨教学，实现"站稳讲台"的目的。此外，很多学校模仿区域骨干教师荣誉称号的设置，进行学校层面的骨干教师评选工作，以此帮助青年教师在教学、班主任工作和课题研究等方面积累经验，进而满足更高层次骨干教师评选的条件。第三，青年教师要具有较高的自我成就动机。骨干教师将校长的认可、专业支持和情感鼓励视为其成长为骨干教师的重要原因，骨干教师也坦陈校长因其具有较高的成就动机，而提供更多的机遇和支持。

其次，用好骨干教师。学校应根据骨干教师专长，通过多种途径促进骨干教师领导力发挥。第一，让骨干教师承担专业职务。随着学校扁平化进程的推进，不少学校成立了诸如课程发展中心、教师发展中心，学校可以优先考虑让具有高层次骨干教师荣誉称号的教师成为负责人，促进骨干教师在专业领导岗位上锻炼自己。第二，让骨干教师承担专业角色。实际上，很多骨干教师都指导过年轻教师，成为"师傅"不仅能帮助年轻教师成长，还有助于骨干教师反思教学理念和教学实践。同时，随着教师职业吸引力的增加，硕士研究生乃至博士研究生成为新教师的重要组成部分。他们很容易在学校脱颖而出，不少高学历教师因受到规范的学术训练而成为课题研究的引领者。因此，学校可以结合骨干教师专长，引导骨干教师在学生学习、班级管理、课题研究、论文写作、课程规划和跨学科融合等方面扮演重要角色。第三，支持骨干教师组建专业团队。随着校际专业交流的增多，跨校教师专业学习共同体不断产生，多数由教育行政部门或学校主导产生，骨干教师在其中扮演了重要角色。实际上，多位受访骨干教师也试着带领志同道合的教师开展教学改进活动，但校长的态度影响了骨干教师的专业行动与实际收获。当校长肯定并支持时，骨干教师的创新活动就能取得成功。学校管理者应鼓励、发现和支持学校中"草根"团队的发展，引导骨干教师利用个人专业影响力，组建校内、校际专业团队，激发骨干教师专业活力。

最后，激励其他教师。不同专业发展阶段的教师在教育教学改革中的作用不同。[①] 上文对青年教师和骨干教师队伍建设提出了建议，实际上除了这两类教师之外，学校还有很多教龄超过五年但未获评骨干教师荣誉称号的教师。对于这两类教师而言，他们更容易出现职业倦怠感，学校管理者应结合学校和教师实际，充分挖掘这部分教师的专业潜能，通过其他类型荣誉称号的评选和专业责任的承担，激励这部分教师持续获得专业成长。

二 搭建骨干教师展示平台

"平台"是普通教师成为骨干教师的重要影响因素，还会影响骨干教师领导力的培育和发挥。[②] 有研究发现，"平台"在教师专业成长中起到了决定作用，好的"平台"不仅意味着更好的学习伙伴和更专业的指导者，还意味着更优秀的"竞争对手"和更高层次的"展示场景"[③]。同时，"平台"意味着学习机会、专业视野，也意味着荣誉和合法性参与。[④] 积极参与校内外展示平台，是骨干教师专业能力提升和领导力发挥的重要机会。

一方面，搭建校内展示平台。依托学校教学研究制度、教师发展制度和教师梯队建设，促使骨干教师多途径发挥领导力。基于北京市骨干教师的调查表明，32.1%的骨干教师希望在时间上得到支持，以促进个人发展和同伴交流。[⑤] 这说明校长应该为教师的专业成长提供时间保障，以完善的制度促进骨干教师在教育教学中发挥示范、引领和辐射作用。

另一方面，参与校外展示平台。鼓励教师加入其他教师组织有助于提

---

① 姜勇、涂阳慧：《巴基斯坦"骨干教师"项目改革述评》，《外国中小学教育》2008年第1期。
② 高旺蓉：《骨干教师成长的支持性因素：生态学分析》，《教育发展研究》2007年第Z2期。郝国强：《教师职业理解与认识的质性研究——以中小学骨干教师为例》，《教师教育研究》2016年第3期。
③ 林李楠：《"平台模式"还是"经验模式"？——一项对城乡骨干教师职业生涯的比较研究》，《教师教育研究》2015年第4期。
④ 钟朋：《社会资本如何影响教师专业发展？——基于两所小学的田野调查》，博士学位论文，华东师范大学，2021年。
⑤ 侯冬玲：《向上向善向未来：首都核心区骨干教师专业发展新风向——基于北京市某核心区1197名骨干教师专业发展现状及需求的调研》，《中小学管理》2021年第2期。

高教师领导力。① 校外专业学习共同体对骨干教师具有双重影响。一方面，相比于未参加校外专业学习共同体的骨干教师而言，参加校外专业学习共同体的骨干教师领导力表现更好。另一方面，不同学校的骨干教师参与校外专业学习共同体的概率存在差异，大规模学校和办学质量较好学校的骨干教师参与的概率更高。在政策支持方面，52.6%的北京骨干教师十分希望获得的是发展平台和机会支持。② 此外，对于乡村学校而言，教师队伍的结构表现为青年教师和老年教师较多，中年教师的占比较低。虽然乡村学校有听课、评课和赛课等各类教研活动，但是多数情况下这些活动只停留在组织形式层面，很难对教学产生积极而深远的影响。③ 因此，对于乡村学校、薄弱学校和小规模学校的校长而言，应该积极为本校骨干教师争取参与校外专业学习平台的机会，尽可能为教师提供专业时间和外出经费。当骨干教师有机会在学校外更高的专业平台上展示专业实力时，学校管理者应该聚集校内外专业力量，为骨干教师提供更多的专业支持。

三 革新骨干教师学习体系

一方面，丰富骨干教师学习内容体系。针对吉林省3041位省级骨干教师的调查表明，骨干教师与同行开展的教学研讨主题根据频繁程度，依次为课程教材分析、教学方法改革、学习指导策略、校本课程开发、教学技术应用和学生学业评价。④ 这表明骨干教师日常教学研究主要聚焦于教师教什么和教师如何教，学生学习排在第三位。陈振国认为，骨干教师培训课程聚焦于教育教学专业知识和技能的提升，对骨干教师专业影响力方面的培养不足。⑤ 当然，随着教师领导力关注程度的提高，骨干教师培训中

---

① Deborah Childs-Bowen, et al., "Principals: Leaders of Leaders," *NASSP Bulletin*, Vol. 84, No. 616, 2000, pp. 27-34.
② 侯冬玲:《向上向善向未来：首都核心区骨干教师专业发展新风向——基于北京市某核心区1197名骨干教师专业发展现状及需求的调研》,《中小学管理》2021年第2期。
③ 蔡其勇、刘筱、胡春芳:《新时代乡村教师学习共同体建构策略》,《中国教育学刊》2020年第2期。
④ 吉林省中小学幼儿教师培训中心:《吉林省中小学幼儿园骨干教师培训需求调查分析报告》,《吉林省教育学院学报》2021年第1期。
⑤ 陈振国:《区域中小学骨干教师遴选与培养的思考》,《大连教育学院学报》2021年第1期。

也增加了领导力培养方面的内容。如上海市闵行区开展的骨干教师领导力培训，注重通过管理学、国际前沿理论、专题研讨、异地访学和扎根研究培养骨干教师领导力。① 朱旭东在对"名师领航工程"的经验总结中，提到骨干教师培养以教育信念、教学模式与理论、教师领导力为主体的课程内容。② 教育行政部门和学校应该结合区域教育实践发展的现实需求，不断完善骨干教师培养的内容体系，重视骨干教师领导技能、人际关系维系、团队协作和沟通技巧等方面能力的培养。

另一方面，革新骨干教师学习方式。不少研究认为，很多培训的内容设置存在理论与实践相脱节，培训过程的主体参与不足的问题，教师培训往往成为培训者的"报告会"，教师在培训中扮演了"被动接受者"的角色。③ 实际上，相比于普通教师，骨干教师在专业态度、专业能力和学习能力方面的表现更优异。这意味着骨干教师的学习不能是被动接受式学习。从已有理论来看，情景学习理论能用于解释骨干教师的学习，莱夫和温格认为，学习与特定的情境相关，是一个"合法的边缘性参与"过程。④ 因此，随着骨干教师荣誉称号层次的提高，伴随而来的是新角色、新身份和新体验。因此，应该基于教育改革、学校改革和骨干教师专业实践中的现实需要，通过项目式学习和基于问题的学习促进骨干教师个人专业成长和领导力提升。

四 鼓励骨干教师创新实践

创新型教师队伍建设是新时期我国教师队伍建设的重要定位，骨干教师作为教师队伍中的中坚力量，应该成为教育创新的主体。教育发展要求骨干教师不但自身要具有创新精神与创新能力，而且要有效地带动广大教师培养创新精神与创新能力。⑤ 然而，从现实情况来看，骨干教师创新能

---

① 上海紫竹国际教育学院：《闵行区第四届"教师领导力"骨干教师培训顺利召开》，http://sh.yuloo.com/guojixuexiao/news/1910/210276.shtml。

② 朱旭东、廖伟、靳伟、刘淼：《论卓越教师培训课程的构建》，《课程·教材·教法》2021年第8期。

③ 杜尚荣、王笑地：《中小学教师培训模式的改革与创新》，中国社会科学出版社2020年版，第203—204页。

④ [美] J. 莱夫、E. 温格：《情景学习：合法的边缘性参与》，王文静译，华东师范大学出版社2004年版，第5页。

⑤ 倪传荣、周家荣：《骨干教师队伍建设研究》，沈阳出版社2000年版，第131页。

力和创新实践常常被忽视。① 学校应该尊重创新理念、支持创新实践和形成容错机制，以此促进骨干教师创新实践的开展。

首先，尊重创新理念。金建生认为，我国的教师领导包括显性领导和隐性领导，前者指教师领导为校长权力的延伸，没有主动和独立开展工作的空间，后者指教师领导在教育教学中发挥影响。② 对于大多数教师而言，他们在课程设置、教材选择和学校发展规划等方面的自主权较低。骨干教师访谈和问卷调查的结果均表明，不同骨干教师的专业自主权存在差异。一方面，不少备课组长和教研组长表示他们主要扮演了"上传下达"的角色，工作中的自主权有限；另一方面，也有不少骨干教师表示学校管理者很尊重他们的专业自主性。学校给予骨干教师的专业自主权影响了他们的创新空间。因此学校管理者应该尊重教师的创新理念，给予骨干教师创新的空间。

其次，支持创新实践。调查表明，学校创新支持正向作用于教师教学创新。③ 对于多数受调查学校，除了常规的教学研究活动之外，近年来，骨干教师主动或被动地参与到更多的专业实践中。不少有创新意识并敢于探索的教师脱颖而出，成为引领创新实践的带头人。学校管理者既要支持个体教师的创新实践，也要支持教师团队的创新实践。一方面，为教师个体提供创新空间，允许教师在其领域深耕钻研，依据个人兴趣、学科发展实际和学生发展需求开展相应的创新实践。学校管理者要破除阻碍教师创新实践的制度障碍④，实行柔性管理制度，让骨干教师尽情施展才华，促使骨干教师成为推进教育创新的源头活水。⑤ 另一方面，依托学科组、年级组和项目组，支持教师团队创新。如前文所述，优质学校在上述专业组织建设方面较为规范，能够开展丰富多样的专业实践活动。骨干教师作为

---

① 胡继飞、古立新：《我国教师领导力现状及其影响因素的调查研究——以广东省为例》，《课程·教材·教法》2012 年第 5 期。

② 金建生：《教师领导研究——基于教师发展的视角》，中国社会科学出版社 2016 年版，第 193—194 页。

③ 蔡永红、龚婧：《学校创新支持与教师教学创新的关系——基本心理需要满足的中介作用》，《教育学报》2019 年第 2 期。

④ Crowther Frank ed., *Developing Teacher Leaders: How Teacher Leadership Enhances School Success*, Thousand Oaks: Corwin Press, 2009, p.93.

⑤ 申军红：《中小学骨干教师研修指南》，教育科学出版社 2021 年版，第 45 页。

教师团队中的中坚力量，应该在时间、经费、专业指导等方面获得更多支持，以此促进骨干教师在团队创新中起到更大的作用。

最后，形成容错机制。在骨干教师和校长访谈中，不少受访者谈到中青年骨干教师更愿意参与到指向学校改进的教育创新实践中，这些教师更愿意在新的教育理念指引下进行教育革新。相反，那些年纪较大或临近退休的教师参与教育改革的动力较低，往往很难动员。因此，从这个层面来讲，青年教师和职业发展期的骨干教师才是教育创新的主要动力。当然，对部分青年教师和骨干教师来说，害怕教育创新活动得不到预期效果也是常态，这部分教师无论是在态度上还是在行动上，都无法积极参与到教育创新中。从对教师是否参与教育创新实践的分析来看，一方面，学校管理者应明确骨干教师是创新的主体，支持积极性较高的骨干教师群体深度参与教育创新实践。另一方面，学校管理者应对教育创新中的不足乃至失败给予包容，通过校内外同行、教研员和科研院所专业人员的参与，帮助骨干教师克服困难、补足短板，促进骨干教师在教育创新中积累过程性经验，最终推动学科发展和学校发展目标的实现。

第四节　增强个人成就动机，骨干教师应做到内外兼修

成为骨干教师不仅是对教师道德品质、专业能力和人格魅力等方面的肯定，也是骨干教师专业成长中的重要激励。对于骨干教师个体来说，骨干教师内部因素与外部因素之间共同作用于其领导力的发挥，二者存在密切联系。在区域教育行政部门和学校努力的同时，骨干教师也应该增强个人成就动机，做到内外兼修，具体而言，应该树立正确价值观念、积极参与专业活动、形成良好同伴关系和不断提升专业水平。

一　树立正确价值观念

一方面，提高职业认同和学校归属感。单因素方差分析结果表明，在学校复选和教师职业复选中持"不确定"态度的骨干教师的领导力水平最低，选择"不会"的骨干教师领导力水平次之。荷兰学者科瑟根认为，在

诸多对教师产生影响的因素中，使命、身份和信念是深层次原因。[1] 实际上，个人成就动机与职业归属感是骨干教师专业成长的重要影响力量。从学校教师队伍梯队建设的现状和不同层次骨干教师的评选规则来看，成就动机和职业归属感强的教师更容易脱颖而出，得到学校管理者、"师傅"、教研员和年长教师的关注，进而得到更多的专业成长机会。此外，高职业认同感、高学校归属感骨干教师的领导力水平更高，是因为职业内驱力促使他们在学校内外扮演更多角色，发挥更大的作用。这与已有研究结果一致，也即当骨干教师责任心越强、对职业越热爱、对工作越执着时，骨干教师的领导力水平越高。[2] 这说明提高骨干教师的职业认同感和学校归属感有助于骨干教师领导力的提升。诚然，诸如教师工资、工作负担、学校氛围等外在因素是影响教师职业认同感和学校归属感的重要因素，但是教师个体层面的因素也不容忽视。骨干教师应该找寻其作为教师、作为骨干教师的价值，通过新的职业目标的树立与追寻提高获得感和成就感。

另一方面，明确骨干教师的价值定位。不同骨干教师、不同学校对"骨干教师"的价值定位存在差异，前文指出，在乡村学校或薄弱学校，成为骨干教师是教师流动的重要资本和前提条件，教师团队因骨干教师评选而产生不良竞争关系，不利于教师梯队的建设。而对于城市学校，尤其是城市学校中优质学校的教师而言，荣誉称号的获得、教学领导职责的承担是外在肯定和荣誉激励。罗绍良基于黔南民族地区中小学骨干教师的研究[3]和陈峥、卢乃桂的研究均有类似发现。[4] 可以说，教师领导者的动机是影响领导力发挥的重要因素[5]，当骨干教师更多地考虑他们对于组织的价值时，骨干教师的领导力水平会更高。因此，区域教育行政部门、学校管

---

[1] Fred A. J. Korthagen, "In Search of the Essence of a Good Teacher: Toward a More Holistic Approach in Teacher Education," *Teaching & Teacher Education*, Vol. 20, No. 1, 2004, pp. 77-97.

[2] 倪传荣、周家荣主编：《骨干教师队伍建设研究》，沈阳出版社2000年版，第9页。高旺蓉：《骨干教师成长的支持性因素：生态学分析》，《教育发展研究》2007年第Z2期。

[3] 罗绍良：《黔南民族地区中小学骨干教师示范辐射作用的调查与分析》，《民族教育研究》2011年第5期。

[4] 陈峥、卢乃桂：《正式与非正式的教师领导对教师专业发展的影响》，《教师教育研究》2010年第1期。

[5] 李飞：《引领与自主：学校变革中的教师领导与管理》，博士学位论文，华东师范大学，2011年。Dong Nguyen, et al., "A Review of the Empirical Research on Teacher Leadership (2003-2017)," *Journal of Educational Administration*, Vol. 58, No. 1, 2019, pp. 60-80.

理者应该强化骨干教师的荣誉性、激励性和专业性，骨干教师应自觉做到个人发展与学生成长、团队建设和学校发展之间的协同，凸显其组织效用价值。

二 积极参与专业活动

首先，促进主体意识觉醒。随着全球教育改革的逐渐推进，国内外学者均意识到教师在变革中的主体地位，再好的政策设计和变革计划没有教师的支持和实践也无法得到预期的效果。教师绝非变革的经历者，而是变革中的领导者。[1] 但是，有研究表明，骨干教师在开展工作时"畏首畏尾"[2]，不愿意承担教师领导者角色。[3] 一项针对参加轮岗交流骨干教师的调查表明，69.3%的骨干教师仅仅希望在交流学校担任普通教师，仅有3.98%的骨干教师愿意承担教学领导角色。[4] 这说明骨干教师应该认识到他们在学生成长、教师团队建设、学校课程建设和学校整体性发展中的价值，在提高自身要求的同时，主动彰显个人的价值。

其次，平衡多重专业角色。对于骨干教师而言，教育行政部门对他们的基本要求就是在一线从事教学工作，因此他们最核心的工作就是日常的教学工作。对于多数骨干教师而言，包括定期开展的教学研究活动、参加校内外教师专业学习活动、培养青年教师、为校内同伴开设公开课提供智力支持、进行课题研究。同时，对于担任专业领导岗位和行政领导岗位的骨干教师而言，他们往往因多重角色身份的叠加而要参与更多的专业活动。此外，不少高层次骨干教师依托学校开设"名师工作室"。骨干教师在承担角色、发挥领导力的同时也面临巨大压力，不少骨干教师坦陈他们面临"能力危机"。因此，骨干教师应该将其核心角色围绕教学工作逐渐向外扩散，平衡不同角色之间的关系。

最后，增加活动前后反思。普通教师成为骨干教师之后承担的角色具有延续性，骨干教师日常的专业实践具有重复性。对于同一个专业实践活

---

[1] 周晓静、郭宁生主编：《教师领导力》，北京师范大学出版社2014年版，第11页。
[2] 陆甜乐：《小学骨干教师发挥专业引领作用的问题及对策研究》，硕士学位论文，广西师范大学，2018年。
[3] 邹耀龙：《中小学实施教师领导的研究》，硕士学位论文，华东师范大学，2010年。
[4] 李毅、宋乃庆、江楠：《义务教育阶段教师交流的问题及对策分析——以国家统筹城乡改革试验区为例》，《湖南师范大学教育科学学报》2016年第5期。

动，骨干教师因扮演的角色和自身专业发展阶段的不同而存在差异。比如，同样作为年轻教师的"师傅"，不同的骨干教师可能有不同的理念，很多骨干教师会借用其"师傅"的方法和策略来培养"徒弟"。有的骨干教师更愿意扮演支持者和引导者的角色，而有的骨干教师可能会直接告诉青年教师应该做什么、不应该做什么。总体而言，不少受访骨干教师坦诚他们在与青年教师的互动中收获颇多，他们在指导青年教师的过程中反思教学实践。长此以往，随着指导青年次数的增加，不少骨干教师被学校评为优秀"师傅"。实际上，对于骨干教师而言，重复性意味着激情的消磨和挑战的降低。因此，想要有不同的体验和收获，就应该竭力避免低水平重复，应该在专业实践中积累经验、积极反思。

三　形成良好同伴关系

从学校管理者的角度来看，有良好的"群众基础"并且专业水平较高的教师是大多数骨干教师的核心特性。本书研究和已有研究均表明，当骨干教师与同伴形成良好的同伴关系时，骨干教师领导力发挥得更好。[①] 因此，骨干教师应与同事形成良好的关系，需要骨干教师做到以德为先和率先垂范。

一方面，以德为先。品德是骨干教师选拔的重要衡量标准之一，良好的道德品质和人格魅力是骨干教师在同伴中树立威信的重要因素。[②] 其一，骨干教师要坚守为师之德。2018年11月，教育部颁布了《新时代中小学教师职业行为十项标准》，对规范教师职业行为、明确师德底线提出了要求。和其他教师一样，骨干教师在遵守教师职业标准的同时，应该以更高的标准要求自己。骨干教师无论是在与学生的日常交往活动中，还是在专业实践活动中，都应该坚守作为教师的底线标准，成为受学生爱戴和家长尊敬的教师。其二，骨干教师要坚守为人之德。教师作为组织中的个人，常常代表学校与校内外同行进行交往。具有较高道德水平的骨干教师，不仅受到学校管

[①] 王绯烨、萨莉·扎帕达：《骨干教师领导力影响因素的实证研究》，《湖南师范大学教育科学学报》2017年第3期。李款、蒋莹莹：《浅析提升教师领导力》，《现代教育论丛》2009年第3期。

[②] 胡艳、高志雄：《当前北京市中学教研组长素质状况及其影响因素研究》，《教师教育研究》2012年第6期。胡继飞、古立新：《我国教师领导力现状及其影响因素的调查研究——以广东省为例》，《课程·教材·教法》2012年第5期。

理者的信任和重视，而且会受到校内外同伴的支持。模仿学习是教师与他者之间的多重交往活动，是教师专业成长的重要途径。[①] 骨干教师作为教师中的中坚力量，是其他教师尤其是青年教师模仿学习的对象，因此骨干教师坚持为师之德和为人之德，对青年教师的专业成长具有重要影响。

另一方面，率先垂范。骨干教师是学校内外日常教学研究活动的主要参与者，随着学校内部治理体系的完善，骨干教师的主体性通过学校教学研究制度和骨干教师管理举措得以确定和落实。不少骨干教师在访谈时提到，在遇到困难或者遇到教师不愿承担的任务时，骨干教师只有"冲在最前面"，才能够赢得普通教师的信任，团队中的其他教师才愿意承担相应的工作任务，进而推进专业实践活动的正常开展。因此，在不同层次和指向不同发展目标的专业实践活动中，骨干教师应当积极主动地承接任务、落实责任，在此基础上带领其他教师开展相应的专业实践活动。

四 不断提升专业水平

骨干教师的誉后发展是教育行政部门和学校共同关注的问题。随着教龄增加与年龄增加，不少骨干教师获评高级职称，实现专业发展中的重要突破。随着家庭责任的增加与身体机能变差，部分骨干教师认为在工作岗位上很难再有所突破和发展，因此在日常工作和专业成长方面的积极性不高。但是对于大多数的骨干教师而言，在内外环境的综合影响下，骨干教师应该不断提升专业水平，在此基础上起到应有的作用。本书研究表明，终身学习与发展是普通教师成长为全国名师的重要特质。[②] 骨干教师为了实现个人发展与组织发展的统一，应该在现有专业水平的基础上做到理念更新与实践探索相统一。

一方面，骨干教师要以开放的态度汲取不同教育理念。从校长能力建设的角度来看，多数校长都十分重视骨干教师队伍建设，会为骨干教师提供不同层次的专业学习机会，会鼓励骨干教师持续发展。因此对于骨干教师来说，每一次的专业学习都应该成为汲取新的教育理念的宝贵机会。另

[①] 李森、崔友兴：《论教师模仿学习的阶段、逻辑与实践意蕴》，《教育研究》2017年第3期。

[②] 秦鑫鑫、胡双双：《"好教师"的基本特质研究——以101位"全国教书育人楷模"为例》，《海南师范大学学报》（社会科学版）2021年第4期。

一方面，在信息化时代，教师也无时无刻不在接收新的信息，教育领域的新理念层出不穷。对于骨干教师来说，在更新专业理念的同时，需要将接触到的专业理念应用到课堂中，在专业实践中提高专业理念与专业实践之间的契合程度。

第七章 结语与展望

教师领导力是学校领导力的重要组成部分，随着教育改革的常态化，教师领导力成为世界各国政策话语、理论话语与实践话语中的"热词"。从学校领导力与教师领导力的关联来看，越来越多的研究证明学校领导力对学生学习的影响是间接的。[①] 教师领导力对学生学习、同伴发展、教学质量提升等方面的作用，和校长领导力一起被视为促进学校改进的力量源泉。骨干教师是我国教师队伍建设中的重要一环，领导力是骨干教师队伍建设的重要组成部分。本书基于我国公办义务教育学校骨干教师领导力研究的不足，遵循先质性研究后量化研究的混合研究设计，形成了骨干教师领导力及其影响因素解释框架，在检验骨干教师领导力六维结构和解释框架合理性的基础上，对我国义务教育学校骨干教师领导力的现状、差异和作用关系进行了探索。

第一节 主要结论

一 骨干教师领导力的构成与表现

首先，从骨干教师领导力的内涵与外延来看。本书中的骨干教师领导力指的是我国公办义务教育学校教师中的相对优秀者，利用其道德情操、专业知识和专业技能，在学校内外产生专业影响力的过程和结果上的能力，包括引领学生学习、促进校内同伴发展、引领课程实施、参与专业决策、引导家校共育和促进校外同伴发展六个方面。基于骨干教师政策、

---

① Kenneth Leithwood, et al., "How School Districts Influence Student Achievement," *Journal of Educational Administration*, Vol. 57, No. 5, 2019, pp. 519-539.

位骨干教师访谈和已有文献，本书形成了六维度29题项的骨干教师领导力问卷。在量化研究部分，预调研和正式调研分别收集了919份、1799份有效问卷，共计2718份有效问卷。经过项目分析、探索性因素分析和验证性因素分析，在删除5个题项后，形成了信度、效度、结构效度均符合要求的二阶六维度24题项的骨干教师领导力问卷。本书中的骨干教师样本量较大，有效样本源于全国多地的公办义务教育学校，包括上海市、南京市、重庆市、广州市、郑州市、贵阳市等一线城市或省会城市，也包括山东省以及河南省A县县城、乡镇和村屯学校的骨干教师。

  其次，从骨干教师领导力的总体表现来看。骨干教师领导力六维度总均分为3.69，标准差为0.69。各维度均值从小到大依次为引领学生学习、引导家校共育、引领课程实施、促进校内同伴发展、参与专业决策和促进校外同伴发展。一方面，这说明骨干教师领导力整体水平尚可，在一定程度上能够在日常的专业实践中起到应有的作用。另一方面，引领学生学习和引导家校共育的表现较好，均值均超过了4.0，这说明骨干教师在学生学习及引导家长参与学生发展中的作用较大。同时，随着课程改革的深入，骨干教师在一定程度上能够推动新课程改革的校本化实施。而对于促进同伴发展和参与专业决策来讲，骨干教师的表现较差，应该成为未来骨干教师队伍建设和领导力提升的核心关注点。

  最后，从骨干教师领导力的内外差异来看。从骨干教师领导力总均分来看，男教师领导力显著高于女教师；不同学历骨干教师领导力不存在显著差异；不同职称骨干教师领导力存在显著性差异，骨干教师职称越高，领导力水平也越高；不同教龄骨干教师领导力存在显著性差异，骨干教师教龄越高，领导力水平也越高；根据是否有荣誉称号和是否担任备课组长与教研组长，骨干教师领导力具体可以划分为四类，结果表明四类骨干教师领导力存在显著性差异，四类骨干教师领导力均值从高到低依次为类型Ⅳ、类型Ⅱ、类型Ⅲ和类型Ⅰ；不同职业认同感和学校归属感骨干教师领导力存在显著性差异，选择"不确定"的骨干教师领导力水平最低；不同学段骨干教师领导力水平存在显著性差异，小学骨干教师领导力表现优于初中骨干教师领导力；城市、县城、乡镇和村屯骨干教师领导力不存在显著性差异；不同办学水平学校的骨干教师领导力存在显著性差异，学校办学水平越高，骨干教师领导力表现越好；参加校外专业组织和未参加校外专业组织骨干教师的领导力存在显著性差异，参加校外专业组织骨干教师的领导力水平较高。

二 骨干教师领导力与影响因素的构成

本书基于已有理论，形成了骨干教师领导力影响因素的本土解释框架，包括个体—学校—区域三个层面的影响因素。第一，本书以分布式领导理论为基础，在校长和骨干教师访谈的基础上形成了校长支持性领导问卷，经过项目分析、探索性因素分析和验证性因素分析，检验了校长支持性领导问卷的信度、效度和结构效度，结果表明，校长支持性领导由校长分布式领导、校长制度供给和校长能力建设三个维度构成是合理的。第二，本书根据领导—成员交换理论，将成熟的问卷用来反映校长—骨干教师交换的现状，经过项目分析、探索性因素分析和验证性因素分析，表明问卷应用情况较好。第三，本书基于校长访谈、骨干教师访谈形成了骨干教师组织效用价值问卷。经过项目分析、探索性因素分析和验证性因素分析，得到信度、效度和结构效度较高的骨干教师组织效用价值问卷。第四，在骨干教师访谈和已有文献的基础上，本书认为同伴信任是骨干教师领导力的影响因素之一。本书将成熟问卷应用到骨干教师同伴关系的测量中，问卷质量较高。第五，结合骨干教师政策文件，本书探究了区域骨干教师管理举措的现状及对骨干教师领导力的影响。

三 骨干教师领导力与影响因素的作用关系

一方面，从直接影响来看，校长支持性领导正向显著作用于骨干教师领导力，校长支持性领导每增加一个单位，骨干教师领导力就增加0.312分。从校长支持性领导的三个维度对骨干教师领导力的直接影响来看，校长能力建设对骨干教师领导力各维度的影响均不显著；校长分布式领导力对骨干教师领导力各维度均有正向显著影响；除校长制度供给对骨干教师领导力促进校外同伴发展的影响不显著外，校长制度供给对骨干教师领导力其他各维度均有正向显著影响。从间接影响来看，其一，校长—骨干教师交换关系的中介效应不显著，但校长支持性领导正向显著作用于校长—骨干教师交换关系，校长—骨干教师交换关系正向显著作用于骨干教师领导力。其二，骨干教师组织效用价值和同伴信任在校长支持性领导对骨干教师领导力影响中起到了中介效应，包括校长支持性领导→组织效用价值→骨干教师领导力和校长支持性领导→同伴信任→骨干教师领导力的中介效应和校长支持性领导→同伴信任→组织效用价值→骨干教师领导力的链式中介效应。

另一方面，从区域管理举措及对骨干教师领导力的影响来看。本书从开设公开课、指导青年教师、发表论文、课题研究、送教下乡和其他考核六个方面对其进行了考察。其一，从是否有管理举措来看，超过80%的骨干教师表示他们需要开设公开课、指导青年教师和进行课题研究，接近80%的骨干教师表示他们需要发表论文，超过六成的骨干教师表示他们需要送教下乡和完成其他考核。其二，在骨干教师能否完成区域管理举措方面，不同骨干教师具有不同的完成比例，在"课题研究"和"发表论文"项上完不成的比例较高。其三，在区域管理举措对骨干教师领导力的影响方面，六项管理举措中"指导青年教师""课题研究"和"其他考核"对骨干教师领导力存在正向显著影响。

第二节　研究贡献

一　理论贡献

骨干教师领导力并非十分新颖的议题，国内有多位学者就骨干教师领导力展开了研究。但是不少研究存在研究对象范围窄化、研究工具未加考虑本土情境和研究结论缺乏推广性等不足。本书认识到骨干教师领导力不仅受到个体层面因素的影响，而且受到学校场域内部诸多因素的综合影响。因此，本书的质性研究部分始终将骨干教师领导力纳入教师个体—学校组织和区域环境三层结构中，兼顾国家以及区域教育行政部门政策与制度的影响。此外，情境是质性数据收集和数据处理过程中需要注意的重要因素。从调研学校的选择和研究对象的选择到质性数据的处理，本书始终坚持将不同层次的编码与情境进行互动，考虑不同类属之间的关系。因此，和已有研究相比，本书在研究取向、研究对象选择、研究工具应用和研究结论的推广等方面均有所突破。

具体而言，本书中的理论贡献体现在以下三个方面：第一，形成了六维度 24 题项的骨干教师领导力调查问卷，为我国教师领导力研究的深入提供了工具支持。第二，在校长分布式领导的基础上，本书通过 12 所学校的管理者访谈和骨干教师访谈，形成了校长制度供给和校长能力建设两个维度的探究框架，经过项目分析、探索性因素分析和验证性因素分析，发现校长分布式领导、校长制度供给和校长能力建设之间具有较强的相关关系。在一阶验证性因素分析和二阶验证性因素分析的基础上，形成了二阶三维度的校长支持性领导问卷，可以用来反映我国公办义务教育学校校长的领导力水平，也可以用来解释教师队伍建设中的其他问题。第三，在质性研究和文献研究的基础上，本书探究了骨干教师领导力与影响之间的作用关系，对教师领导力理论研究进展提供了实证支持。

二　实践贡献

一方面，从骨干教师政策完善来看。第一，当前的骨干教师评选政策，在一定程度上导致评选中的起点不公平、过程不公平和结果的不公平。骨干教师评选应该弱化等级制度藩篱，重视学校在骨干教师评选中的比重，骨干教师评选应该向乡村学校倾斜。第二，骨干教师评价是骨干教师队伍建设的重要组成部分，当前区域骨干教师评价中十分注重是否发表论文和是否承担课题等指标。从骨干教师评价内容来看，对骨干教师领导力的核心关注不够。第三，本书探究了不同骨干教师参与专业平台的差异性，也考察了乡村学校和薄弱学校骨干教师的流动情况和稳定情况，对我国县域乡村学校、薄弱学校和小规模学校的教师梯队建设、骨干教师专业成长和骨干教师稳定均有一定的政策启示。

另一方面，从骨干教师领导力提升来看。本书探究了校长支持性领导、校长—骨干教师交换关系、组织效用价值、同伴信任和骨干教师领导力之间的作用关系。以校长为代表的学校管理者应该完善学校内部治理，激发骨干教师能量。学校和教育行政部门应该优化不同层次的骨干教师专业发展平台，促进骨干教师领导力发挥。对于骨干教师而言，应该增强个人成就动机，在教育教学实践中发挥示范、引领和辐射作用。

第三节 研究局限

一 样本取样的局限

从质性研究部分来看，受访骨干教师主要源于三个方面：第一，由研究者认识的中小学教师引荐其所在学校的骨干教师和校长；第二，根据研究者的需要，由校长确定受访骨干教师；第三，由教育行政部门或教育学院负责人引荐校长，在此基础上由校长确定受访骨干教师。对于第一种方式，"引路人"在多数情况下会觉得"不好意思麻烦校长"转而对副校长或者其他学校管理者进行访谈邀约，因此在受访校长的选择上存在不足。对于第二种方式和第三种方式，当根据笔者对受访教师的需求而选择受访骨干教师时，校长更倾向于选择表现优异的骨干教师。

从量化研究部分来看，问卷调查主要集中在上海市闵行区、江苏省南京市、重庆市、广东省广州市、海南省海口市、河南省郑州市、贵州省贵阳市和遵义市、山东省某县和河南省A县。虽然从省域层面考虑到区域经济、社会与文化发展和学校发展水平的差距与不均衡现状，但是在每个省份的内部，问卷调查的样本选择存在遗憾。县域教育发展的不均衡与不平等是影响骨干教师成长、职业流动与领导力发挥的重要环境因素。本书共收集2718份有效问卷，但是仍存在代表性不足的局限，主要原因有二：第一，调研资源的局限。由于笔者能力有限，在预调查和正式调查中遇到巨大困难。一方面，笔者深知一线教师工作负担较重，缺乏填答问卷的时间和动机；另一方面，从问卷收集的效率来看，通过教育行政部门下发问卷的回收率最好。因此，由于调研资源的局限，预调查阶段未收集到预期样本量，正式调查主要通过教育行政部门和校长进行问卷收集。第二，在骨干教师评选规则和职业流动的多重因素影响下，农村学校和薄弱学校中的骨干缺失现象较为凸显，两类学校的研究对象占比较少且以备课组长与教研组长为主，获得区（县）及以上骨干教师荣誉称号的占比较低。

二 数据收集的局限

从质性数据的收集情况来看。受客观条件制约，笔者未能进入骨干教师课堂听课，也未参与到骨干教师日常的教研活动、听评课活动和师徒交往活动中。为了弥补这一不足，笔者关注了受调研学校的微信公众号，结合受访校长、骨干教师的微信朋友圈，了解骨干教师日常教学和研修的具体情况，在一定程度上丰富了质性研究部分数据的来源。

未能应用多层线性模型是本书数据分析的不足。一方面，笔者动员能力有限，无法要求地方教育行政部门和校长根据研究设计进行问卷调查，不能强制性要求骨干教师填写问卷，因此无法以学校为单位开展问卷调查。另一方面，本书不想也不应该损失诸如乡村学校、薄弱学校和小规模学校的骨干教师样本，但这些学校中的骨干教师样本过少。此外，本书涉及的主要变量在学校层面和教师个体层面，宏观层面的因素过于复杂，因此仅通过第四章的质性研究部分加以说明。

附　　录

一　骨干教师访谈提纲

1. 请您先简要介绍一下您当前的工作？
2. 在您从普通教师成长为骨干教师过程中，有哪些人或者事情让您觉得难忘？您为什么会觉得难忘？
3. 贵校在骨干教师管理方面有哪些具体措施？
4. 对您个人而言，您是如何看待骨干教师/教研组长/备课组长这个角色的？
5. 作为骨干教师/教研组长/备课组长，您在日常有哪些专业职责？一般会开展哪些工作？［追问：根据骨干教师对自身专业职责的描述进行追问，以此了解更加具体的细节］
6. 作为骨干教师/教研组长/备课组长，和之前相比您觉得在引领学生学习方面有哪些变化和不一样的地方？
7. 作为骨干教师/教研组长/备课组长，您是如何引领同伴发展的？
8. 校长或者学校管理层有哪些举措帮助您更好地发挥自己的专业影响力？您能举例说明吗？
9. 您所在教研组和备课组的团队氛围怎么样？教师团队是如何影响您日常工作职责的行使？
10. 学校层面还有没有其他因素有利于或者阻碍您专业影响力的发挥？
11. 如果以100分为满分，作为骨干教师，您会给您自己专业影响力打多少分？［追问：根据骨干教师打分情况，重点追问骨干教师专业影响力不足的表现、原因与应对方式］
12. 为了更好地发挥骨干教师这个群体的专业影响力，您能不能提供一些建议？

二 学校管理者访谈提纲

1. 请您先介绍下贵校办学的基本情况？
2. 请您介绍下贵校专任教师和骨干教师的基本情况？
3. 作为校长/学校管理者，您如何看待骨干教师这个群体？
4. 您认为骨干教师这个群体应该发挥哪些专业影响力？〔追问：不同层次的骨干教师是否存在异同？〕
5. 贵校是如何选拔教研组长/备课组长的？学校和校长扮演了什么角色？
6. 区（县）级以上骨干教师的评选要结合学校推荐和个人自荐，贵校是如何确定推荐人选的？学校和校长在评选过程中扮演了什么角色？
7. 贵校在教研组长/备课组长的日常管理上采取了哪些措施？
8. 贵校在区（县）级以上骨干教师的日常管理方面采取了哪些措施？〔追问：根据回答追问细节〕
9. 贵校在教研组长/备课组长的评价上采取了哪些举措？
10. 贵校在区（县）级以上骨干教师的评价上采取了哪些举措？
12. 为了发挥骨干教师的专业影响力，您和学校做了哪些尝试？
13. 如果以 100 分为满分，请您为贵校骨干教师是否起到应有专业影响力打分。〔追问：根据打分重点追问骨干教师没有起到应有专业影响力的表现、原因与未来应对〕

三 公办义务教育学校骨干教师领导力现状调查问卷[①]

尊敬的老师：

您好！

骨干教师是学校发展、教师队伍建设和学生成长的重要支持力量，为

---

① 本书的问卷调查部分经过预调研和正式调研两个部分，预调研问卷和正式调研问卷有一定区别。字体加粗题项为预调研后删除题项，正式调研时未包括在内。

了更好地了解您在学校内外领导力发挥的现状及影响因素，请您填写本问卷。本研究仅作为学术研究和学校管理改进之用，不会涉及您的个人隐私，请您放心填写。

非常感谢您对本次调查工作的大力支持！

华东师范大学课题组

2021 年 5 月

第一部分　基本信息与从教情况（请在适当的选项上画"√"）

1. 性别：□男　□女
2. 您的婚姻状况：□未婚　□已婚无子女　□已婚有一个子女　□已婚有多个子女　□其他
3. 最高学历或学位：□中专及以下　□大专　□大学本科　□硕士　□博士
4. 授课年级：□一年级　□二年级　□三年级　□四年级　□五年级　□六年级　□七年级　□八年级　□九年级（可多选，按照课时多少进行排序）
5. 任教学科：□语文　□数学　□英语　□政治　□历史　□地理　□物理　□生物　□化学　□科学　□计算机　□综合实践　□音乐　□体育　□美术　□其他_____（可多选，按照课时多少进行排序）
6. 截止到现在，您的教龄为：□5 年以下　□6—10 年　□11—15 年　□16—20 年　□21—25 年　□26—30 年　□31 年及以上
7. 职称：□未评职称　□三级　□二级　□一级　□高级
8. 是否担任班主任：□是　□否
9. 所在学校位于：□城市市区　□城市郊区　□县城　□乡镇　□村屯
10. 从办学情况看，您所在的学校目前在本区（县）所处的位置：□最差　□中下　□中间　□中上　□最好
11. 所在学校学生人数：□100 人及以下　□101—200 人　□201—1000 人　□1001—2000 人　□2001 人及以上
12. 您所在学校校长的学科背景是否和您一样？□是　□否
13. 您是否参与了学校之外的专业学习组织（如：名师工作室、名校长工作室）？□没有参加　□参加了，是成员　□参加了，是负责人
14. 成为一名教师之前，您是否将教师作为您的第一职业选择？□是　□否
15. 如果重新选择，您还会选择教师这个职业吗？□不会　□不确定　□会
16. 如果重新选择，您还会选择这所学校任教吗？□不会　□不确定　□会

17. 在当前学校，您的职务是：□普通教师 □备课组长 □教研组长 □年级主任 □科室主任 □校长 □副校长 □其他 **(多选题)**

18. 您所获最高级别荣誉称号：□未获得 □校级骨干教师/学科带头人 □区（县）级骨干教师/学科带头人 □市级骨干教师/学科带头人 □省级骨干教师/学科带头人 □国家级骨干教师/学科带头人

第二部分　中小学骨干教师领导力问卷

19. 下列关于您工作中的说法，请您根据相符程度在相应数字上画"√"。

①从不；②偶尔；③有时；④经常；⑤总是

19_1. 我能在课堂教学中做到以学生为中心	①	②	③	④	⑤
19_2. 我能引导学生形成良好的学习习惯	①	②	③	④	⑤
19_3. 我能满足不同学生个性化的学习需求	①	②	③	④	⑤
19_4. 我能帮助学生学会自主学习	①	②	③	④	⑤
19_5. 我能根据学生的差异做到"因材施教"	①	②	③	④	⑤
19_6. 我能带领学生取得良好学业成绩	①	②	③	④	⑤
19_7. **我能为本校教师的课堂教学提供帮助**	①	②	③	④	⑤
19_8. **我能为本校教师的班级管理提供帮助**	①	②	③	④	⑤
19_9. 我能为本校教师的课题研究提供帮助	①	②	③	④	⑤
19_10. 我能为本校教师的论文写作提供帮助	①	②	③	④	⑤
19_11. 我能为本校教师的职业发展提供帮助	①	②	③	④	⑤
19_12. 我能把握新课程改革的理念	①	②	③	④	⑤
19_13. **我能把握新课程的教学目标**	①	②	③	④	⑤
19_14. 我能把握学科内部发展规律	①	②	③	④	⑤
19_15. 我能引领本校校本课程开发	①	②	③	④	⑤
19_16. 我能整合不同学段的教材	①	②	③	④	⑤
19_17. 我能制定学科组发展规划	①	②	③	④	⑤
19_18. 我能决定学科组内部的任务分配	①	②	③	④	⑤
19_19. 我能拟定学科团队发展规划	①	②	③	④	⑤
19_20. 我能决定学科组评优评先人选	①	②	③	④	⑤
19_21. 我能引导家长树立正确教育观念	①	②	③	④	⑤
19_22. 我能引导家长形成良好家庭环境	①	②	③	④	⑤
19_23. 我和学生家长能够进行有效沟通	①	②	③	④	⑤

19_24. 我能和学生家长形成良好的家校关系	①	②	③	④	⑤
19_25. 我能为其他学校教师的课堂教学提供帮助	①	②	③	④	⑤
19_26. 我能为其他学校教师的班级管理提供帮助	①	②	③	④	⑤
19_27. 我能为其他学校教师的课题研究提供帮助	①	②	③	④	⑤
19_28. 我能为其他学校教师的论文写作提供帮助	①	②	③	④	⑤
19_29. 我能为其他学校教师的职业发展提供帮助	①	②	③	④	⑤

第三部分　骨干教师感知校长支持问卷

20. 下列说法，请您根据相符程度在相应数字上画"√"。除非您认为其他四个选项确实不符合您的真实想法，否则请尽量不要选择"不确定"。

①非常不符合；②比较不符合；③不确定；④比较符合；⑤非常符合					
20_1. 校长在做决策时会考虑教师的意见	①	②	③	④	⑤
20_2. 校长能够适当地分散领导权力，让其他教师承担领导任务或责任	①	②	③	④	⑤
20_3. 校长能给予教师适当的教学自主权，让教师自己做决定	①	②	③	④	⑤
20_4. 学校领导层（如校长和副校长）之间有良好的制定决策的机制	①	②	③	④	⑤
20_5. 我们学校有完备的备课制度	①	②	③	④	⑤
20_6. 我们学校有完备的教研制度	①	②	③	④	⑤
20_7. 我们学校有完备的传帮带制度	①	②	③	④	⑤
20_8. 我们学校有完备的听评课制度	①	②	③	④	⑤
20_9. 我们学校有完备的骨干教师考核制度	①	②	③	④	⑤
20_10. 校长重视骨干教师专业能力提升	①	②	③	④	⑤
20_11. 校长为骨干教师专业能力提升提供支持（经费、时间等）	①	②	③	④	⑤
20_12. 校长能够满足骨干教师专业能力提升的要求	①	②	③	④	⑤
20_13. 校长参加骨干教师能力提升活动	①	②	③	④	⑤
20_14. 校长鼓励骨干教师不断提升专业能力	①	②	③	④	⑤

第四部分　校长与骨干教师交换关系问卷

21. 下列说法，请您根据相符程度在相应数字上画"√"。除非您认为其他四个选项确实不符合您的真实想法，否则请尽量不要选择"不确定"。

①非常不符合；②比较不符合；③不确定；④比较符合；⑤非常符合					
21_ 1. 我非常喜欢校长的为人	①	②	③	④	⑤
21_ 2. 和校长在一起工作非常有意思	①	②	③	④	⑤
21_ 3. 我乐意与校长沟通交流	①	②	③	④	⑤
21_ 4. 我喜欢与校长一起工作	①	②	③	④	⑤
21_ 5. 即便校长对事情未充分了解，他也会在其他人面前为我的工作辩护	①	②	③	④	⑤
21_ 6. 如果我被人攻击，校长会在学校其他人面前为我辩护	①	②	③	④	⑤
21_ 7. 如果我犯了无心之失，校长会在学校其他人面前为我辩护	①	②	③	④	⑤
21_ 8. 当我与他人发生冲突时，校长会站在我这边	①	②	③	④	⑤
21_ 9. 因为校长的关系，我愿意为工作付出额外的努力	①	②	③	④	⑤
21_ 10. 校长希望我完成很多额外工作，我也不介意	①	②	③	④	⑤
21_ 11. 因为校长的关系，我愿意做超出我职责范围的事	①	②	③	④	⑤
21_ 12. 因为校长的关系，我会尽自己最大努力做自己分内乃至分外的事	①	②	③	④	⑤
21_ 13. 校长的专业技能令人羡慕	①	②	③	④	⑤
21_ 14. 校长的专业素质和能力给我留下了深刻的印象	①	②	③	④	⑤
21_ 15. 校长工作方面的知识以及工作能力是众所周知的	①	②	③	④	⑤

第五部分　中小学教师同事关系问卷

22. 下列说法，请您根据相符程度在相应数字上画"√"。除非您认为其他四个选项确实不符合您的真实想法，否则请尽量不要选择"不确定"。

①完全不同意；②不太同意；③不确定；④比较同意；⑤完全同意					
22_ 1. 我充分相信同事们的工作能力	①	②	③	④	⑤
22_ 2. 当我工作忙时，我相信同事会帮助我	①	②	③	④	⑤
22_ 3. 我相信同事对我的承诺与保证	①	②	③	④	⑤
22_ 4. 当我工作有困难时，我相信同事们会支持我	①	②	③	④	⑤

第六部分　骨干教师组织效用价值问卷

23. 作为您所在学校或者区域的骨干教师，成为一名骨干教师对您来讲意味着什么？请您根据相符程度在相应数字上画"√"。除非您认为其他四个选项确实不符合您的真实想法，否则请尽量不要选择"不确定"。

①完全不同意；②不太同意；③不确定；④较同意；⑤完全同意					
23_ 1. 有助于任教班级学生的成长	①	②	③	④	⑤
23_ 2. 有助于本学科教育质量提升	①	②	③	④	⑤
23_ 3. 有助于促进教师团队建设	①	②	③	④	⑤
23_ 4. 有助于学校教育质量提升	①	②	③	④	⑤
23_ 5. 有助于区域教育质量提升	①	②	③	④	⑤

第七部分　骨干教师区域管理举措问卷

24. 作为骨干教师，您所在区（县）教育管理部门对您是否有以下要求？

①没有要求；②有要求，完不成；③有要求，能完成一部分； ④有要求，能完成大部分；⑤有要求，能全部完成					
24_ 1. 开设公开课	①	②	③	④	⑤
24_ 2. 指导青年教师	①	②	③	④	⑤
24_ 3. 发表论文	①	②	③	④	⑤
24_ 4. 课题研究	①	②	③	④	⑤
24_ 5. 送教下乡	①	②	③	④	⑤
24_ 6. 其他	①	②	③	④	⑤

25. 如果您有兴趣参与本研究的后续研究，请您留下您的联系方式：
_____（手机号或微信号）

** 问卷到此结束，感谢您的参与 **

参考文献

一 译著

[德] 伍多·库卡茨:《质性文本分析:方法、实践与软件使用指南》,朱志勇、范晓慧译,重庆大学出版社2017年版。

[加] 迈克尔·富兰、[美] 玛利亚·兰沃希:《极富空间:新教育学如何实现深度学习》,于佳琪、黄雪锋译,西南师范大学出版社2016年版。

[美] J. 莱夫、E. 温格:《情景学习:合法的边缘性参与》,王文静译,华东师范大学出版社2004年版。

[美] 安迪·哈格里夫斯、[加] 迈克·富兰:《专业资本:变革每所学校的教学》,高振宇译,华东师范大学出版社2015年版。

[美] 芭芭拉·凯勒曼编:《领导学:多学科的视角》,林颖、周颖等译,格致出版社2008年版。

[美] 彼得·M. 布劳:《社会生活中的交换与权力》,李国武译,商务印书馆2012年版。

[美] 哈里斯·库珀:《如何做综述性研究》,刘洋译,重庆大学出版社2010年版。

[美] 哈利·F. 沃尔科特:《质性研究写起来》,李政贤译,重庆大学出版社2016年版。

[美] 理查德·杜福尔、小罗伯特·马尔扎诺:《学习引领者:学区、学校和教师如何提升学生成绩》,王牧华、傅芳、万子君译,西南师范大学出版社2016年版。

[美] 马克·汉森:《教育管理与组织行为》,冯大鸣译,上海教育出版社2004年版。

[美] 迈克尔·豪利特、M. 拉米什:《公共政策研究:政策循环与政策子

系统》，庞诗等译，生活·读书·新知三联书店2006年版。

［美］约翰·W.克雷斯维尔、薇姬·L.查克：《混合方法研究：设计与实施》，游宇、陈福平译，重庆大学出版社2017年版。

［美］朱丽叶·M.科宾、安塞尔姆·L.施特劳斯：《质性研究的基础：形成扎根理论的程序和方法》，朱光明译，重庆大学出版社2015年版。

［日］佐藤学：《学校的挑战：创建学习共同体》，钟启泉译，华东师范大学出版社2010年版。

［英］阿尔玛·哈里斯：《分布式领导——不同的视角》，冯大鸣译，上海教育出版社2012年版。

［英］阿尔玛·哈里斯、丹尼尔·缪伊斯：《教师领导力与学校发展》，许联、吴合文译，北京师范大学出版社2007年版。

二 中文著作

陈向明：《质的研究方法与社会科学研究》，教育科学出版社2000年版。

陈向明主编：《质性研究：反思与评论》（第壹卷），重庆大学出版社2008年版。

陈永明：《教育领导学》，北京大学出版社2010年版。

杜尚荣、王笑地：《中小学教师培训模式的改革与创新——基于教师专业成长实践性的分析》，中国社会科学出版社2020年版。

风笑天：《社会调查中的问卷设计》，中国人民大学出版社2014年版。

冯大鸣：《西方教育管理21世纪进展研究》，高等教育出版社2014年版。

冯大鸣：《学校环境的认识与适应》，载庄辉明、戴立益主编《新教师入职教程：为了明天的教师》，华东师范大学出版社2020年版。

顾明远：《中国教育路在何方》，人民教育出版社2016年版。

郭玉霞：《质性研究资料分析：NVivo活用宝典》，高等教育出版社2010年版。

教育部师范教育司编：《教师专业化的理论与实践》，人民教育出版社2001年版。

金建生：《教师领导研究——基于教师发展的视角》，中国社会科学出版社2016年版。

李超平主编：《管理研究量表手册》，中国人民大学出版社2020年版。

李广、柳海民等：《中国教师发展报告 2019：中小学教师队伍建设的成就、挑战与举措》，科学出版社 2020 年版。

李华主编：《当代教师领导力研究——理论基础与教师实践》，中国出版集团、世界图书出版公司 2013 年版。

李琳琳等编：《从生活到理论：质性研究写作成文》，华东师范大学出版社 2020 年版。

联合国教科文组织国际教育发展委员会编著：《学会生存——教育世界的今天和明天》，教育科学出版社 1996 年版。

刘世闵、李志伟：《质化研究必备工具：NVivo 10 之图解与应用》，经济日报出版社 2017 年版。

鲁洁：《教育社会学》，人民教育出版社 2001 年版。

陆伯鸿：《上海教研素描：转型中的基础教育教研工作探讨》，上海教育出版社 2017 年版。

罗胜强、姜嬿：《管理学问卷调查研究方法》，重庆大学出版社 2014 年版。

倪传荣、周家荣主编：《骨干教师队伍建设研究》，沈阳出版社 2000 年版。

邱皓政：《量化研究与统计分析：SPSS（PASW）数据分析范例解析》，重庆大学出版社 2013 年版。

申军红等：《中小学骨干教师研修指南》，教育科学出版社 2021 年版。

萧枫、姜忠喆主编：《卓越教师》，吉林出版社 2012 年版。

张典兵、马衍：《教师专业成长研究引论》，光明日报出版社 2013 年版。

钟启泉：《革新中国教育》，教育科学出版社 2004 年版。

周晓静、郭宁生主编：《教师领导力》，北京师范大学出版社 2014 年版。

朱小蔓主编：《中国教师新百科·小学教育卷》，中国大百科全书出版社 2002 年版。

三　中文论文

白冰：《名师工作室建设面临的问题及解决办法》，《教育教学论坛》2018 年第 7 期。

邴惠琳：《中学教师领导力研究》，硕士学位论文，闽南师范大学，2017 年。

蔡滨冰：《中学英语教师领导力调查研究》，硕士学位论文，云南师范大学，2020 年。

蔡永红、龚婧:《学校创新支持与教师教学创新的关系——基本心理需要满足的中介作用》,《教育学报》2019 年第 2 期。

操太圣、卢乃桂:《教师赋权增能:内涵、意义与策略》,《课程·教材·教法》2006 年第 10 期。

操太圣、卢乃桂:《抗拒与合作课程改革情境下的教师改变》,《课程·教材·教法》2003 年第 1 期。

曹珺玮:《骨干教师的领导角色研究——基于对我国 JN 市两所初中的案例研究》,《教育科学研究》2017 年第 8 期。

陈大超、迟爽:《改革开放以来我国高校师德政策变迁的文本分析——基于政策工具视角》,《现代教育管理》2020 年第 7 期。

陈丹:《中学教师领导力的调查研究》,硕士学位论文,陕西师范大学,2018 年。

陈盼、龙君伟:《国外教师领导力研究述评》,《上海教育科研》2009 年第 12 期。

陈守芳:《小学教师领导力现状与对策的研究》,硕士学位论文,深圳大学,2017 年。

陈向明:《优秀教师在教学中的思维和行动特征探究》,《教育研究》2014 年第 5 期。

陈向明:《扎根理论在中国教育研究中的运用探索》,《北京大学教育评论》2015 年第 1 期。

陈秀琼:《高等师范院校小学教育专业顶岗实习的实践与探索》,《湖南师范大学教育科学学报》2011 年第 2 期。

陈振国:《区域中小学骨干教师遴选与培养的思考》,《大连教育学院学报》2021 年第 1 期。

程天君:《从"纯粹主义"到"实用主义"——教育社会学研究方法论的新动向》,《教育研究与实验》2014 年第 1 期。

褚宏启:《教师领导力:让每位普通教师都有影响力》,《中小学管理》2020 年第 9 期。

褚宏启、褚昭伟:《我国县城义务教育公共服务的拥挤效应与有效供给》,《教育发展研究》2018 年第 10 期。

崔丽静:《初中教师领导力的现状、影响因素及对策研究》,硕士学位论文,新疆师范大学,2018年。

邓丕来:《以优带弱提高课堂领导力的实践探索——以人大附中帮扶薄弱学校教师发展为例》,《中国教育学刊》2015年第8期。

杜芳芳:《教师领导力:迈向研究日程》,《外国教育研究》2010年第10期。

范士红:《小学教师领导的个案研究》,博士学位论文,东北师范大学,2021年。

方文林:《试论中学骨干教师的成长规律》,《中小学教师培训》1998年第C3期。

冯大鸣:《分布式领导之中国意义》,《教育发展研究》2012年第12期。

冯大鸣:《我国义务教育学校办学自主权的实证分析》,《中国教育学刊》2018年第10期。

冯大鸣、徐菊芳:《我国骨干教师队伍建设的若干偏向及改进对策》,《教学与管理》2005年第28期。

高旺蓉:《骨干教师成长的支持性因素生态学分析》,《教育发展研究》2007年第Z2期。

高一升、朱宗顺:《浙江省幼儿园学科带头人领导力现状与思考——基于教师领导力模型标准(TLMS)的抽样调查》,《教师教育研究》2016年第4期。

郭方涛、孙宽宁:《影响学前教育师范生教师职业选择的因素——基于FIT-Choice模型的实证分析》,《学前教育研究》2018年第7期。

郭凯:《教师领导力:理解与启示》,《课程·教材·教法》2011年第6期。

哈巍、靳慧琴:《教育经费与学区房溢价——以北京市为例》,《教育与经济》2018年第1期。

贺文洁、李琼、叶菊艳、卢乃桂:《"人在心也在"轮岗交流教师的能量发挥效果及其影响因素研究》,《教育学报》2019年第2期。

侯冬玲:《向上向善向未来:首都核心区骨干教师专业发展新风向——基于北京市某核心区1197名骨干教师专业发展现状及需求的调研》,《中小学管理》2021年第2期。

胡继飞、古立新:《我国教师领导力现状及其影响因素的调查研究——以广东省为例》,《课程·教材·教法》2012年第5期。

胡艳：《新中国 17 年中小学教研组的职能与性质初探》，《教师教育研究》2011 年第 6 期。

胡咏梅：《中学教师工作满意度及其影响因素的实证研究》，《教育学报》2007 年第 5 期。

胡中锋、黎雪琼：《论教育研究中质的研究与量的研究的整合》，《华南师范大学学报》（社会科学版）2006 年第 6 期。

黄萃、赵培强、苏竣：《基于政策工具视角的我国少数民族双语教育政策文本量化研究》，《清华大学教育研究》2015 年第 5 期。

黄湘礼：《教师工作满意度与领导成员交换质量的关系研究》，《湘潭大学学报》（哲学社会科学版）2013 年第 2 期。

黄欣、吴遵民、黄家乐：《家庭教育认识困境、使命担当与变革策略》，《现代远距离教育》2020 年第 2 期。

黄忠敬：《美国政府是如何解决教育公平问题的——教育政策工具的视角》，《教育发展研究》2008 年第 21 期。

吉林省中小学幼儿教师培训中心：《吉林省中小学幼儿园骨干教师培训需求调查分析报告》，《吉林省教育学院学报》2021 年第 1 期。

蒋园园：《学校改进中的校长领导力提升：一种分布式领导的研究视角》，《现代教育管理》2013 年第 4 期。

蒋园园：《中小学教师领导者角色的有效性实践改善与资源分析》，《首都师范大学学报》（社会科学版）2011 年第 4 期。

康蕊：《美国教师领导研究》，硕士学位论文，华东师范大学，2011 年。

赖秀龙：《义务教育师资均衡配置的政策工具分析》，《教育发展研究》2010 年第 23 期。

黎婉勤：《中小学教师专业自主权缺失分析》，《教育评论》2010 年第 5 期。

李春玲：《关于政府主导学校变革的教师问卷调查与分析》，《教师教育研究》2007 年第 2 期。

李方安、陈向明：《大学教师对"好老师"之理解的实践推理——一项扎根理论研究的过程及其反思》，《教育学报》2016 年第 2 期。

李飞：《开发教师领导力的实践探索》，《基础教育》2010 年第 7 期。

李刚、王红蕾：《混合方法研究的方法论与实践尝试共识、争议与反思》，《华东师范大学学报》（教育科学版）2016 年第 4 期。

李继秀：《教师领导力提升的学校努力——基于教师岗位建设的实践分析》，《合肥师范学院学报》2013年第1期。

李佳源、余利川：《选择"悖论"：地方高校免费师范生职业心理再审视——基于30位免费师范生的深度访谈》，《国家教育行政学院学报》2015年第4期。

李科利、梁丽芝：《我国高等教育政策文本定量分析——以政策工具为视角》，《中国高教研究》2015年第8期。

李玲、王建平、何怀金：《学校分布式领导与教师变革承诺的关系研究》，《教育学报》2016年第6期。

李勉、张平平、葛兴蕾、罗良：《班额对教师教学行为与学生成绩、学习兴趣关系的调节——来自大样本研究的证据》，《教育学报》2020年第6期。

李淼云、宋乃庆、盛雅琦：《"因班施教"：课堂人际知觉对学生学习兴趣影响的多水平分析》，《华东师范大学学报》（教育科学版）2019年第4期。

李森、崔友兴：《论教师模仿学习的阶段、逻辑与实践意蕴》，《教育研究》2017年第3期。

李肖艳、裴淼：《国外教师领导力研究主题概述》，《教师发展研究》2017年第2期。

李新翠：《中小学教师工作负荷：结构、水平与类型》，《湖南师范大学教育科学学报》2021年第2期。

李学良：《中小学校长教学领导机制——复杂性理论的视角》，博士学位论文，华东师范大学，2018年。

李洋、陈齐：《教育研究混合方法的发展、哲学基础与设计应用》，《高教探索》2020年第9期。

李昱辉：《基于政策工具视角的日本教师研修政策分析》，《外国教育研究》2020年第1期。

利红霖：《中小学教师领导力影响因素研究》，硕士学位论文，四川师范大学，2019年。

林一钢、平晓敏：《我国中小学师德建设政策内容与政策工具：基于8份重要政策文本的分析》，《全球教育展望》2020年第5期。

刘希娅:《安全感·成就感·意义感:基于情感获得的教师领导力提升》,《中小学管理》2020年第9期。

刘颖:《以赛事的契机促教师专业发展》,《中国教育学刊》2020年第1期。

刘哲:《基于课堂教学的教师领导力研究》,硕士学位论文,淮北师范大学,2019年。

刘志华、罗丽雯:《以学习为中心的校长领导力与教师领导力关系研究》,《华南师范大学学报》(社会科学版)2015年第3期。

龙君伟、陈盼:《当前教师领导力研究的困境与出路》,《华南师范大学学报》(社会科学版)2010年第2期。

娄元元:《学校发展中的教师领导研究》,博士学位论文,华东师范大学,2015年。

卢乃桂、陈峥:《赋权予教师:教师专业发展中的教师领导》,《教师教育研究》2007年第4期。

卢乃桂、陈峥:《作为教师领导的教改策略——从组织层面探讨欧美的做法与启示》,《教育发展研究》2006年第17期。

芦君妍:《中学教师的团队社会资本对教师领导力的影响研究》,硕士学位论文,福建师范大学,2020年。

陆甜乐:《小学骨干教师发挥专业引领作用的问题及对策研究》,硕士学位论文,广西师范大学,2018年。

吕武:《我国当前学前教育政策工具选择偏向及其影响——基于〈国家长中期教育改革和发展规划纲要(2010—2020)〉以来的主要政策文本的分析》,《教育科学》2016年第1期。

吕振云:《小学教师领导力研究》,硕士学位论文,黑龙江大学,2021年。

罗绍良:《黔南民族地区中小学骨干教师示范辐射作用的调查与分析》,《民族教育研究》2011年第5期。

庞立君:《变革型领导对员工失败学习行为的影响机制》,博士学位论文,吉林大学,2018年。

蒲蕊:《教师在学校改进中的领导作用》,《教育科学研究》2012年第5期。

乔雪峰、卢乃桂:《跨边界能量再生与扩散:跨校专业学习共同体中的教育能动者》,《教育发展研究》2017年第24期。

秦鑫鑫:《基于问题的教师专业学习研究》,硕士学位论文,华东师范大学，2018年。

秦鑫鑫、胡双双:《"好教师"的基本特质研究——以101位"全国教书育人楷模"为例》,《海南师范大学学报》(社会科学版)2021年第4期。

秦鑫鑫、吴晶、张猛猛:《中小学班主任留岗意愿影响因素研究——基于5065位班主任的实证调查》,《教育科学研究》2021年第11期。

沈伟、黄小瑞:《课程改革背景下教师的教学投入与课程理解：基于初中教师的实证调查》,《教育发展研究》2016年第4期。

沈玉顺:《校长教育家成长机制解析》,《教育发展研究》2010年第12期。

苏静:《用服务型领导的理念发展教师领导力》,《当代教育科学》2012年第4期。

孙冬梅、陈霞:《高校教师工作绩效影响因素的混合研究》,《当代教师教育》2014年第2期。

孙红:《来华留学生教育政策的关键特征、成就与前瞻》,《清华大学教育研究》2021年第3期。

孙杰、程晋宽:《共享、协作与重构：国外教师领导力研究新动向》,《外国教育研究》2020年第1期。

唐晓杰:《中小学骨干教师国家级培训追踪评估研究报告》,《教育发展研究》2005年第14期。

陶洁:《区域骨干教师培养机制研究》,硕士学位论文,上海师范大学,2016年。

万恒、宋莹莹:《女性教师领导力发展困境与突破——基于5所中学的实证调研》,《教师教育研究》2020年第5期。

汪丞:《教师定期交流的政策困境与对策——基于政策工具的视角》,《教师教育研究》2020年第1期。

汪敏、朱永新:《教师领导力研究的进展与前瞻》,《中国教育科学》(中英文)2020年第4期。

王绯烨、洪成文、萨莉·扎帕达:《骨干教师领导角色的认知研究》,《教师教育研究》2017年第5期。

王绯烨、洪成文、萨莉·扎帕达:《美国教师领导力的发展：内涵、价值及其应用前景》,《外国教育研究》2014年第1期。

王绯烨、萨莉·扎帕达:《骨干教师领导力影响因素的实证研究》,《湖南师范大学教育科学学报》2017年第3期。

王辉、牛雄鹰、Kenneth S. Law：《领导—部属交换的多维结构及对工作绩效和情境绩效的影响》，《心理学报》2004年第2期。

王辉、张翠莲：《中国企业环境下领导行为的研究述评：高管领导行为，领导授权赋能及领导—部属交换》，《心理科学进展》2012年第10期。

王丽佳、黎万红、沈伟：《从优秀师资转移到优秀师资创生：教师发展视域下的轮岗交流研究》，《教育发展研究》2018年第4期。

王丽琴：《走近骨干教师的生活世界——一种社会学分析》，《教师教育研究》2005年第1期。

王森：《小学班主任领导力的现状和提升策略研究》，硕士学位论文，深圳大学，2019年。

王钦、郑友训：《新课程背景下的教师课程领导力探析》，《教学与管理》2013年第21期。

王艳玲：《稳定乡村教师队伍的政策工具改进：以云南省为例》，《教育发展研究》2018年第2期。

王雁飞、朱瑜：《组织领导与成员交换理论研究现状与展望》，《外国经济与管理》2006年第1期。

王颖、潘茜：《教师组织沉默的产生机制：组织信任与心理授权的中介作用》，《教育研究》2014年第4期。

王照萱、张雅晴、何柯薇、袁丽：《乡村教师感知的学校氛围对其工作满意度的影响：教师领导力和自我效能感的中介作用》，《教师教育研究》2020年第6期。

温虹、贾利帅：《我国高校科研诚信政策研究——基于政策工具的视角》，《中国高教研究》2021年第4期。

吴金瑜、戴绚：《教师领导力及其形成途径》，《新课程》（综合版）2008年第6期。

吴军其、王薇：《中小学教师专业发展标准的比较分析——基于6份典型教师专业发展标准的质性研究》，《现代教育管理》2021年第5期。

吴晓英、朱德全：《教师教学领导力生成的困境与突破》，《中国教育学刊》2015年第5期。

吴颖民：《国外对中小学教师领导力问题的研究与启示》，《比较教育研究》2008年第8期。

吴娱：《分布式领导对大学教师组织公民行为的影响——以态度因素为中介》，《教师教育研究》2020 年第 1 期。

肖建彬：《中小学教师领导力与有效教学研究》，《广东第二师范学院学报》2016 年第 4 期。

熊川武、周险峰：《解放教师的课程创生之路——评〈教师与课程：创生的视角〉》，《教育研究》2010 年第 4 期。

徐瑾劼、杨洁：《学习导向型领导：影响校长角色转变的关键因素——基于上海 TALIS 2013 调查结果的实证研究》，《全球教育展望》2016 年第 7 期。

许苏明：《论社会交换行为的类型及其制约因素》，《南京大学学报》（哲学·人文科学·社会科学版）2000 年第 3 期。

许天佑：《H 地区中学教师领导力对学生学习的影响研究》，硕士学位论文，华中师范大学，2012 年。

杨帆、陈向明：《论我国教育质性研究的本土发展及理论自觉》，《南京社会科学》2019 年第 5 期。

杨帆、陈向明：《中国教育质性研究合法性初建的回顾与反思》，《教育研究》2019 年第 4 期。

杨怀中：《教学过程的实质是教师教会学生学习》，《高教发展与评估》2009 年第 2 期。

杨立华、李凯林：《公共管理混合研究方法的基本路径》，《甘肃行政学院学报》2019 年第 6 期。

杨润东：《变而求道：国内基础教育学校变革研究述评》，《全球教育展望》2019 年第 4 期。

杨跃：《教师的课程领导力：源泉、要素及其培育》，《当代教师教育》2017 年第 1 期。

姚佳胜、方媛：《政策工具视角下我国流动儿童教育政策的量化分析》，《教育科学》2020 年第 6 期。

姚松、曹远航：《新时期中央政府教育精准扶贫政策的逻辑特征及未来走向——基于政策工具的视角》，《湖南师范大学教育科学学报》2019 年第 4 期。

姚伟、焦岩岩：《"权利本位"理念下的教师专业自主权特征解析》，《东北师大学报》（哲学社会科学版）2011年第1期。

叶菊艳、朱旭东：《论教育协同变革中教师领导力的价值、内涵及其培育》，《教师教育研究》2018年第2期。

尹弘飚、李子建：《论课程改革中的教师改变》，《教育研究》2007年第3期。

尹俊、王辉、刘斌：《员工情感状态与工作满意度对工作绩效的影响：领导—部属交换的调节作用》，《商业研究》2013年第6期。

应君：《初中教师领导力问题研究》，硕士学位论文，吉林外国语大学，2019年。

于慧萍、杨付、张丽华：《团队层面领导—成员交换如何影响员工创造力——一个跨层模型》，《经济问题》2016年第11期。

于晓敏、赵瑾茹、武欣：《高校研究生师生关系现状与影响的调查研究——基于3所高校的实证分析》，《天津大学学报》（社会科学版）2017年第2期。

袁丽、陈林：《"顶岗实习"教师培养的政策分析及其争议》，《教师教育研究》2014年第6期。

袁振国：《校长的第一使命》，《基础教育论坛》2016年第3期。

曾艳：《基于区域性名师工作室的教师专业资本流动与扩散》，《教育发展研究》2017年第24期。

曾艳：《教师领导实践困境之溯源：西方教师领导的实践格局与理论脉络》，《外国中小学教育》2015年第6期。

张绘：《混合研究方法的形成、研究设计与应用价值——对"第三种教育研究范式"的探析》，《复旦教育论坛》2012年第5期。

张佳：《我国教师专业学习共同体发展现状的实证研究——以上海市中小学为例》，《基础教育》2017年第5期。

张森、毛亚庆、于洪霞：《校长道德领导对教师建言的影响：领导—成员交换的中介作用》，《教师教育研究》2018年第1期。

张森、于洪霞、毛亚庆：《校长诚信领导对教师建言行为的影响——领导—成员交换的中介作用及程序公平的调节作用》，《教育研究》2018年第4期。

张思：《社会交换理论视角下网络学习空间知识共享行为研究》，《中国远程教育》2017 年第 7 期。

张文杰：《乡村小学骨干教师领导力研究》，硕士学位论文，广西师范大学，2019 年。

张熙：《分布式领导视域下高校教师教学发展的组织建设》，《高校教育管理》2017 年第 5 期。

张小永、姜侗彤：《领导信任对幼儿园教师工作满意度的影响：角色超载的中介作用》，《学前教育研究》2018 年第 12 期。

张晓峰：《分布式领导：缘起、概念与实施》，《比较教育研究》2011 年第 9 期。

张晓峰：《教师组织公民行为：一种建构性分析及未来研究建议》，《教育理论与实践》2016 年第 25 期。

赵晗：《校长教师交换关系差异化研究》，硕士学位论文，南京师范大学，2018 年。

赵康：《专业、专业属性及判断成熟专业的六条标准——一个社会学角度的分析》，《社会学研究》2000 年第 5 期。

赵迎：《"领导者共同体"——情境化视角下分布式领导的一种理想实践》，《理论学刊》2018 年第 3 期。

赵迎：《高校青年教师领导力模型构建研究》，《教育发展研究》2021 年第 1 期。

赵垣可：《教师教学领导力的意蕴、困境与生成路径》，《现代中小学教育》2017 年第 3 期。

郑鑫、尹弘飚：《分布式领导：概念、实践与展望》，《全球教育展望》2015 年第 2 期。

中国科学院"科技领导力研究"课题组：《领导力五力模型研究》，《领导科学》2006 年第 9 期。

钟建安、谢萍、陈子光：《领导—成员交换理论的研究及发展趋势》，《应用心理学》2003 年第 2 期。

钟启泉：《中国课程改革：挑战与反思》，《比较教育研究》2005 年第 12 期。

周建平：《教师领导内涵、角色及其实施策略》，《中国教育学刊》2009 年第 7 期。

周晶晶、欧文姬：《教师领导力影响因素分析——基于广东省高职院校的实证研究》，《广东职业技术教育与研究》2018年第4期。

周晔：《农村小规模学校教师队伍专业水平结构的问题与对策——基于甘肃省X县的调研》，《教育研究》2017年第3期。

周晔、张海燕、张文斌：《教师视角下的农村学校教师管理制度——基于甘肃省X县的调查》，《教育与教学研究》2017年第5期。

周逸先：《普通中学青年教师专业发展绩效研究——基于对北京市部分青年教师的问卷调查》，《教师教育研究》2018年第1期。

朱爱玲：《美国发展教师领导力的路径与方法探析》，《教师教育学报》2019年第1期。

朱迪：《混合研究方法的方法论、研究策略及应用——以消费模式研究为例》，《社会学研究》2012年第4期。

朱旭东、廖伟、靳伟、刘淼：《论卓越教师培训课程的构建》，《课程·教材·教法》2021年第8期。

朱艳：《幼儿园教师领导力与职业幸福感的关系研究》，硕士学位论文，天津师范大学，2018年。

邹耀龙：《中小学实施教师领导的研究》，硕士学位论文，华东师范大学，2010年。

四　英文文献

Adrianne Wilson, "From Professional Practice to Practical Leader: Teacher Leadership in Professional Learning Communities," *International Journal of Teacher Leadership*, Vol. 7, No. 2, 2016.

Ali Agatay, "Examining the Relationship between Teacher Leadership and School Climate," *Educational Sciences: Theory and Practice*, Vol. 14. No. 5, 2014.

Allan Wigfield, "Expectancy-Value Theory of Achievement Motivation: A Developmental Perspective," *Educational Psychology Review*, Vol. 6, No. 1, 1994.

Allison Swan Dagen A, et al., "Teacher Leader Model Standards and the Functions Assumed by National Board Certified Teachers," *The Educational Forum*, Vol. 81, No. 3, 2017.

Alma Harris ed, *Distributed Leadership: Different Perspectives*, Dordrecht: Springer Netherlands, 2009.

Alma Harris, "Distributed Leadership: Conceptual Confusion and Empirical Reticence," *International Journal of Leadership in Education*, Vol. 10, No. 3, 2007.

Alma Harris, "Teacher Leadership as Distributed Leadership Heresy, Fantasy or Possibility," *School Leadership & Management*, Vol. 23, No. 3, 2003.

Ann Lieberman, "Teachers and Principals Turf, Tension, and New Tasks," *Phi Delta Kappan*, Vol. 69, No. 9, 1988.

Ann Weaver Hart, "Reconceiving School Leadership: Emergent Views," *The Elementary School Journal*, Vol. 96, No. 1, 1995.

Anne Schneider and Helen Ingram. "Behavioral Assumptions of Policy Tools," *The Journal of Politics*, Vol. 52, No. 2, 1990.

Anthony J. Onwuegbuzie and Nancy L. Leech, "On Becoming a Pragmatic Researcher: The Importance of Combining Quantitative and Qualitative Research Methodologies," *International Journal of Social Research Methodology*, Vol. 8, No. 5, 2005.

Barbara Miller, et al., eds., *Teacher Leadership in Mathematics and Science: Casebook and Facilitator's Guide*. Portsmouth, NH: Heinemann, 2000.

Brookhart Donald J. Freeman, "Characteristics of Entering Teacher Candidates," *Review of Educational Research*, Vol. 62, No. 1, 1992.

Carina Schott, et al., "Teacher Leadership: A Systematic Review, Methodological Quality Assessment and Conceptual Framework," *Educational Research Review*, Vol. 31, 2020.

Carolyn Grant, "Emerging Voices on Teacher Leadership: Some South African Views," *Educational Management Administration & Leadership*, Vol. 34, No. 4, 2006.

Charlotte R. Gerstner and David V. Day, "Meta-Analytic Review of Leader-

Member Exchange Theory," *Journal of Applied Psychology*, Vol. 82, No. 6, 1997.

Chen Xie, et al., "Measuring Teacher Leadership in Different Domains of Practice: Development and Validation of the Teacher Leadership Scale," *The Asia-Pacific Education Researcher*, Vol. 30, No. 5, 2021.

Cheng Chi Keung, "Revitalizing Teacher Leadership via Bureaucratic-Professional Practices: A StructuralEquation Model," *The Asia-Pacific Education Researcher*, Vol. 18, No. 2, 2009.

Christopher Day, et al., "The Impact of Leadership on Student Outcomes," *Educational Administration Quarterly*, Vol. 52, No. 2, 2016.

Claire Dickerson, et al., "Teacher Leaders as Teacher Educators: Recognising the 'Educator' Dimension of Some Teacher Leaders' Practice," *Journal of Education for Teaching*, Vol. 47, No. 3, 2021.

Clelia Pineda-Báez, et al., "Empowering Teacher Leadership: A Cross-Country Study," *International Journal of Leadership in Education*, Vol. 23, No. 4, 2019.

Crowther Frank ed., *Developing Teacher Leaders: How Teacher Leadership Enhances School Success*, Thousand Oaks: Corwin Press, 2009.

Cynthia S. Robins, et al., "Dialogues on Mixed-Methods and Mental Health Services Research: Anticipating Challenges, Building Solutions," *Psychiatric Services*, Vol. 59, No. 7, 2008.

Daming Feng, ed., *Understanding China's School Leadership: Interpreting the Terminology*. Singapore: Springer Singapore, 2020.

Daniel Muijs and Alma Harris., "Teacher Leadership in (in) Action," *Educational Management Administration & Leadership*, Vol. 35, No. 1, 2007.

Daniel Muijs and Alma Harris, "Teacher Leadership—Improvement through Empowerment?" *Educational Management & Administration*, Vol. 31, No. 4, 2003.

Daniel Muijs and Alma Harris, "Teacher Led School Improvement: Teacher Leadership in the UK," *Teaching and Teacher Education*, Vol. 22, No. 8, 2006.

David Frost and Judy Durrant, "Teacher Leadership: Rationale, Strategy and Impact," *School Leadership & Management*, Vol. 23, No. 2, 2003.

David Frost D and Alma Harris, "Teacher Leadership toward a Research Agenda," *Cambridge Journal of Education*, Vol. 33, 2003, No. 3.

Deborah Childs-Bowen, et al., "Principals: Leaders of Leaders," *NASSP Bulletin*, Vol. 84, No. 616, 2000.

Dimitri Van Maele, et al., eds., *Trust and School Life: The Role of Trust for Learning*. Teaching, Leading, and Bridging, Dordrecht: Springer, 2014.

Dong Nguyen, et al. "A Review of the Empirical Research on Teacher Leadership (2003 – 2017)," *Journal of Educational Administration*, Vol. 58, No. 1, 2019.

Donghai Xie and Jianping Shen, "Teacher Leadership at Different School Levels: Findings and Implications from the 2003–04 Schools and Staffing Survey in US Public Schools," *International Journal of Leadership in Education*, Vol. 16, No. 3, 2013.

Edmond Law, et al., "Distributed Curriculum Leadership in Action: A Hong Kong Case Study," *Educational Management Administration & Leadership*, Vol. 38, No. 3, 2010.

Elaine Allensworth and Holly Hart, *How do principals influence student achievement?*, https://consortium.uchicago.edu/publications/how-do-principals-influence-student-achievement.

Eloise M Forster, "Teacher Leadership: Professional Right and Responsibility," *Action in Teacher Education*, Vol. 19, No. 3, 1997.

Fanny Kho Chee Yuet, et al., "Development and Validation of the Teacher Leadership Competency Scale," *Malaysian Journal of Learning and Instruction*, Vol. 13, No. 2, 2016, 2016.

Fatih Bektaş, et al., "The Effects of Distributed Leadership on Teacher Professional Learning: Mediating Roles of Teacher Trust in Principal and Teacher Motivation," *Educational Studies*, Vol. 48, No. 185, 2020.

Felipe González Castro, et al, "A Methodology for Conducting Integrative Mixed Methods Research and Data Analyses," *Journal of Mixed Methods Research*,

No. 4, 2010.

Fred A. J. Korthagen, "In Search of the Essence of a Good Teacher: Toward a More Holistic Approach in Teacher Education," *Teaching & Teacher Education*, Vol. 20, No. 1, 2004.

Gabriela Flores, et al., "Educational Leadership, Leader-member Exchange and Teacher Self-efficacy," *Journal of Global Education and Research*, Vol. 4, No. 2, 2020.

Geert Devos, et al., "Teachers' Organizational Commitment: Examining the Mediating Effects of Distributed Leadership," *American Journal of Education*, Vol. 120, No. 2, 2014.

George Graen, et al., "Dysfunctional Leadership Styles," *Organizational Behavior and Human Performance*, Vol. 7, No. 2, 1972.

Helen M. G. Watt, et al., "Motivations for Choosing Teaching as a Career: An International Comparison Using the Fit-Choice Scale," *Teaching and Teacher Education*, Vol. 28, No. 6, 2012.

Helen M. Watt and Paul W. Richardson, "Motivational Factors Influencing Teaching as a Career Choice: Development and Validation of the Fit-Choice Scale," *The Journal of Experimental Education*, Vol. 75, No. 3, 2007.

Hester Hulpia and Geert Devos, "Exploring the Link between Distributed Leadership and Job Satisfaction of School Leaders," *Educational Studies*, Vol. 35, No. 2, 2009.

Hester Hulpia, et al., "The Relationship between the Perception of Distributed Leadership in Secondary Schools and Teachers' and Teacher Leaders' Job Satisfaction and Organizational Commitment," *School Effectiveness and School Improvement*, Vol. 20, No. 3, 2009.

Holly J. Thornton, "Excellent Teachers Leading the Way: How to Cultivate Teacher Leadership," *Middle School Journal*, Vol. 41, No. 4, 2010.

Hui-Ling Wendy Pan and Wen-Yan Chen, "How Principal Leadership Facilitates Teacher Learning through Teacher Leadership: Determining the Critical Path," *Educational Management Administration & Leadership*, Vol. 49, No. 3, 2020.

I-Hua Chang, "A Study of the Relationships between Distributed Leadership, Teacher Academic Optimism and Student Achievement in Taiwanese Elementary Schools," *School Leadership & Management*, Vol. 31, No. 5, 2011.

Jahirul Mullick, et al., "School Teachers' Perception about Distributed Leadership Practices for Inclusive Education in Primary Schools in Bangladesh," *School Leadership & Management*, Vol. 33, No. 2, 2013.

James H. Dulebohn, et al., "A Meta-Analysis of Antecedents and Consequences of Leader-Member Exchange: Integrating the Past with an Eye toward the Future," *Journal of Management*, Vol. 38, No. 6, 2011.

James P. Spillane and Megan Hopkins, "Organizing for Instruction in Education Systems and School Organizations: How the Subject Matters," *Journal of Curriculum Studies*, Vol. 45, No. 6, 2013.

James P. Spillane ed., *Distributed Leadership*, San Francisco: Jossey-Bass, 2006.

James P. Spillane, et al., "Investigating School Leadership Practice: A Distributed Perspective," *Educational Researcher*, Vol. 30, No. 3, 2001.

James Sebastian, et al., "Examining Integrated Leadership Systems in High Schools: Connecting Principal and Teacher Leadership to Organizational Processes and Student Outcomes," *School Effectiveness and School Improvement*, Vol. 28, No. 3, 2017.

James Sebastian, et al., "The Role of Teacher Leadership in How Principals Influence Classroom Instruction and Student Learning," *American Journal of Education*, Vol. 123, No. 1, 2016.

Janet C. Fairman and Sarah V. Mackenzie, "How Teacher Leaders Influence Others and Understand Their Leadership," *International Journal of Leadership in Education*, Vol. 18, No. 1, 2014.

Janet C. Fairman and Sarah V. Mackenzie, "Spheres of Teacher Leadership Action for Learning," *Professional Development in Education*, Vol. 38, No. 2, 2012.

Jason Margolis and Angie Deuel, "Teacher Leaders in Action: Motivation, Morality, and Money," *Leadership and Policy in Schools*, Vol. 8, No. 3, 2009.

Jason Margolis, "When Teachers Face Teachers: Listening to the Resource 'Right down the Hall'," *Teaching Education*, Vol. 19, No. 4, 2008.

Jennifer York-Barr and Karen Duke, "What Do We Know about Teacher Leadership? Findings from Two Decades of Scholarship," *Review of Educational Research*, Vol. 74, No. 3, 2004.

Jianping Shen, et al., "The Association between Teacher Leadership and Student Achievement: A Meta-analysis," *Educational Research Review*, Vol. 31, 2020.

Jill Harrison Berg, et al., "Teacher Leader Model Standards," *Journal of Research on Leadership Education*, Vol. 9, No. 2, 2013.

John A. DeFlaminis, et al. eds., *Distributed Leadership in Schools: A Practical Guide for Learning and Improvement*, New York: Routlege, 2016.

Jonathan Supovitz, et al., "How Principals and Peers Influence Teaching and Learning," *Educational Administration Quarterly*, Vol. 46, No. 1, 2010.

Joo-Ho Park and Soo-yong Byun, "Principal Support, Professional Learning Community, and Group-Level Teacher Expectations," *School Effectiveness and School Improvement*, Vol. 32, No. 1, 2020.

Joseph Murphy, ed., *Connecting Teacher Leadership and School Improvement*, Thousand Oaks: Corwin Press, 2005.

Judith Amels, et al., "The Effects of Distributed Leadership and Inquiry-Based Work on Primary Teachers' Capacity to Change: Testing a Model," *School Effectiveness and School Improvement*, Vol. 31, No. 3, 2020.

Julianne Wenner and Todd Campbell, "The Theoretical and Empirical Basis of Teacher Leadership," *Review of Educational Research*, Vol. 87, No. 1, 2016.

Kamile Demir, "The Effect of Organizational Trust on the Culture of Teacher Leadership in Primary Schools," *Educational Sciences Theory & Practice*, Vol. 15, No. 3, 2015.

Kelzang Tashi, "A Quantitative Analysis of Distributed Leadership in Practice: Teachers' Perception of Their Engagement in Four Dimensions of Distributed

Leadership in Bhutanese Schools," *Asia Pacific Education Review*, Vol. 16, No. 3, 2015.

Kenneth Leithwood and Philip Hallinger, eds., *Second International Handbook of Educational Leadership and Administration*. Dordrecht: Kluver Academinc Publishers, 2002.

Kenneth Leithwood, et al., "How School Districts Influence Student Achievement," *Journal of Educational Administration*, Vol. 57, No. 5, 2019.

Kermit G. Buckner and James O. McDowelle, "Developing Teacher Leaders: Providing Encouragement, Opportunities, and Support," *NASSP Bulletin*, Vol. 84, No. 616, 2000.

Kermit G. Buckner and James O. McDowelle, "Developing Teacher Leaders: Providing Encouragement, Opportunities, and Support," *NASSP Bulletin*, Vol. 84, No. 616, 2000.

Lawrence A. Palinkas, et al., "Purposeful Sampling for Qualitative Data Collection and Analysis in Mixed Method Implementation Research," *Administration and Policy in Mental Health and Mental Health Services Research*, Vol. 42, 2013.

Lawrence A Palinkas, et al., "Mixed Method Designs in Implementation Research," *Administration and Policy in Mental Health and Mental Health Services Research*, Vol. 38, No. 1, 2011.

Lei Mee Thien and Donnie Adams. "Distributed Leadership and Teachers' Affective Commitment to Change in Malaysian Primary Schools: The Contextual Influence of Gender and Teaching Experience," *Educational Studies*, Vol. 47, No. 2, 2019.

Leonard O. Pellicer and Lorin W. Anderson, eds., *A Handbook for Teacher Leaders*, Thousand Oaks: Corwin Press, 1995.

Ling Li and Yan Liu, "An Integrated Model of Principal Transformational Leadership and Teacher Leadership That Is Related to Teacher Self-Efficacy and Student Academic Performance," *Asia Pacific Journal of Education*, Vol. 42, No. 4, 2020.

Lorraine M. McDonnell and Richard F. Elmore, "Getting the Job Done: Alternative Policy Instruments," *Educational Evaluation and Policy Analysis*, Vol. 9, No. 2, 1987.

Louis Tay and Fritz Drasgow, "Adjusting the Adjusted X^2/df Ratio Statistic for Dichotomous Item Response Theory Analyses Does the Model Fit," *Educational & Psychological Measurement*, Vol. 72, No. 3, 2012.

Mahmut Polatcan, "An Exploration of the Relationship between Distributed Leadership, Teacher Agency, and Professional Learning in Turkey," *Professional Development in Education*, 2021.

Marilyn Cochran-Smith, "Stayers, Leavers, Lovers, and Dreamers," *Journal of Teacher Education*, Vol. 55, No. 5, 2004.

Marilyn Katzenmeyer and Gayle Moller eds., *Awakening the Sleeping Giant: Helping Teachers Develop as Leaders*, Thousand Oaks: Corwin Press, 2001.

Marilyn Katzenmeyer and Gayle Moller eds., *Awakening the Sleeping Giant: Helping Teachers Develop as Leaders*, Thousand Oaks: Corwin Press, 2009.

Mark A. Alise and Charles Teddlie, "A Continuation of the Paradigm Wars? Prevalence Rates of Methodological Approaches across the Social/Behavioral Sciences," *Journal of Mixed Methods Research*, Vol. 4, No. 2, 2010.

Mark A. Smylie and Jack W. Denny, "Teacher Leadership: Tensions and Ambiguities in Organizational Perspective," *Educational Administration Quarterly*, Vol. 26, No. 3, 1990.

Matthew Ronfeldt, et al., "Teacher Collaboration in Instructional Teams and Student Achievement," *American Educational Research Journal*, Vol. 52, No. 3, 2015.

Meena Wilson, "The Search for Teacher Leaders," *Educational Leadership*, Vol. 50, No. 6, 1993.

Mehmet Şükrü Bellibaş, et al., "Does School Leadership Matter for Teachers' Classroom Practice? The Influence of Instructional Leadership and Distributed Leadership on Instructional Quality," *School Effectiveness and School Improvement*, No. 32, 2020.

MelindaM Mangin, "Facilitating Elementary Principals' Support for Instructional Teacher Leadership," *Educational Administration Quarterly*, Vol. 43,

No. 3, 2007.

Meng Tian, et al., "A Meta-Analysis of Distributed Leadership from 2002 to 2013," *Educational Management Administration & Leadership*, Vol. 44, No. 1, 2015.

Mette Liljenberg, "Distributing Leadership to Establish Developing and Learning School Organisations in the Swedish Context," *Educational Management Administration & Leadership*, Vol. 43, No. 1, 2015.

Michael D. Fetters, et al., "Achieving Integration in Mixed Methods Designs—Principles and Practices," *Health Services Research*, Vol. 48, No. 6, pt2, 2013.

Mohammad Aliakbari and Aghdas Sadeghi, "Iranian Teachers' Perceptions of Teacher Leadership Practices in Schools," *Educational Management Administration & Leadership*, Vol. 42, No. 4, 2014.

Mohammad Zohrabi, "Mixed Method Research Instruments, Validity, Reliability and Reporting Findings," *Theory and Practice in Language Studies*, No. 3, 2013.

Nancy A. Gigante and William A. Firestone, "Administrative Support and Teacher Leadership in Schools Implementing Reform," *Journal of Educational Administration*, Vol. 46, No. 3, 2008.

National Center for Education Satistics, *Public School Teacher Questionnaire*. https://nces.ed.gov/surveys/sass/pdf/0304/sass4a.pdf.

Niyazi Özer and Kadir Beycioglu, "The Development, Validity and Reliability Study of Distributed Leadership Scale," *Elementary Education Online*, Vol. 12, No. 1, 2013.

OECD. *Talis 2013 Results: An International Perspective on Teaching and Learning*. https://www.oecd-ilibrary.org/education/talis-2013-results_9789264196261-en.

OECD, *Teaching and Learning International Survey (TALIS): Teacher Questionnaire*. https://www.oecd.org/education/school/TALIS-2018-MS-Teacher-Questionnaire-ENG.pdf.

Pamela Angelle and Ginger M. Teague, "Teacher Leadership and Collective Efficacy: Teacher Perceptions in Three US School Districts," *Journal of Educational Administration*, Vol. 52, No. 6, 2014.

Peng Liu, "Motivating Teachers' Commitment to Change through Distributed Leadership in Chinese Urban Primary Schools," *International Journal of Educational Management*, Vol. 34, No. 7, 2020.

Peter Gronn, "Distributed Leadership as a Unit of Analysis," *The Leadership Quarterly*, Vol. 13, No. 4, 2002.

R. Burke Johnson and Anthony J. Onwuegbuzie. "Mixed Methods Research: A Research Paradigm Whose Time Has Come," *Educational Researcher*, Vol. 33, No. 7, 2004.

R. Burke Johnson, et al., "Toward a Definition of Mixed Methods Research," *Journal of Mixed Methods Research*, Vol. 1, No. 2, 2007.

Remus Ilies, et al., "Leader-member Exchange and Citizenship Behaviors: A Meta-analysis," *Journal Applied Psychology*, Vol. 92, No. 1, 2007.

Richard M. Dienesch and Robert C. Liden, "Leader-Member Exchange Model of Leadership: A Critique and Further Development," *Academy of Management Review*, Vol. 11, No. 3, 1986.

Robert E. White, et al., "Canadian Contexts in Educational Leadership: A Hermeneutic Approach to Distributed Leadership for Teachers' Professional Learning," *International Journal of Leadership in Education*, Vol. 20, No. 6, 2016.

Rochelle Clemson-Ingram and Ralph Fessler, "Innovative Programs for Teacher Leadership," *Action in Teacher Education*, Vol. 19, No. 3, 1997.

Ronald H. Heck and Philip Hallinger, "Assessing the Contribution of Distributed Leadership to School Improvement and Growth in Math Achievement," *American Educational Research Journal*, Vol. 46, No. 3, 2009.

Ruth C. Ash and J. Maurice Persall, "The Principal as Chief Learning Officer: Developing Teacher Leaders," *NASSP Bulletin*, Vol. 84, No. 616, 2000.

S. Yuen, et al., "School-Based Curriculum Development as Reflective Practice: A Case Study in Hong Kong," *Curriculum Perspectives*, Vol. 38, No. 1, 2018.

Salleh Hairon and Jonathan W. P. Goh, eds., *Perspectives on School Leadership in Asia Pacific Contexts*. Singapore: Springer Singapore, 2019.

Sally Wai-Yan Wan, et al., "'Who Can Support Me?': Studying Teacher Leadership in a Hong Kong Primary School," *Educational Management Administration & Leadership*, Vol. 48, No. 1, 2018.

Sally Wai-Yan Wan, et al., "Teachers' Perception of Distributed Leadership in Hong Kong Primary Schools," *School Leadership & Management*, Vol. 38, No. 1, 2017.

Shengnan Liu and Hongbiao Yin, "How Ethical Leadership Influences Professional Learning Communities via Teacher Obligation and Participation in Decision Making: A Moderated-Mediation Analysis," *Educational Management Administration & Leadership*, Vol. 51, No. 2, 2020.

Sultan Ghaleb Aldaihani, "Distributed Leadership Applications in High Schools in the State of Kuwait from Teachers' Viewpoints," *International Journal of Leadership in Education*, Vol. 23, No. 3, 2019.

Teacher Leadership Exploratory Consortium, *Teacher Leader Model Standards*. https://www.nnstoy.org/download/standards/Teacher%20Leader%20Standards.pdf.

Tony Bush and Megan Crawford, "Mapping the Field over 40 Years: A Historical Review," *Educational Management Administration & Leadership*, Vol. 40, No. 5, 2012.

Tony Bush, "Distributed Leadership: The Model of Choice in the 21st Century," *Educational Management Administration & Leadership*, Vol. 41, No. 5, 2013.

Tony Bush, "Teacher leadership Construct and Practice," *Educational Management Administration & Leadership*, Vol. 43, No. 5, 2015.

Tony Townsend, ed., *International Handbook of School Effectiveness and Improvement*, Dordrecht: Springer Netherlands, 2007.

Ulrika Östlund, et al., "Combining Qualitative and Quantitative Research within Mixed Method Research Designs A Methodological Review," *International Journal of Nursing Studies*, Vol. 48, No. 3, 2011.

Virginia Davidhizar Birky, et al., "An Administrator's Challenge: Encouraging

Teachers to Be Leaders," *NASSP Bulletin*, Vol. 90, No. 2, 2006.

Wayne K. Hoy and Sharon I. Clover, "Elementary School Climate: A Revision of the OCDQ," *Educational Administration Quarterly*, Vol. 22, No. 1, 1986.

William G. Axinn and Lisa D. Pearce, eds., *Mixed Method Data Collection Strategies*, Cambridge: Cambridge University Press, 2006.

Xin Zheng, et al., "The Relationship between Distributed Leadership and Teacher Efficacy in China: The Mediation of Satisfaction and Trust," *The Asia-Pacific Education Researcher*, Vol. 28, No. 6, 2019.

Yaar Kondakci, et al., "The Mediating Roles of Internal Context Variables in the Relationship between Distributed Leadership Perceptions and Continuous Change Behaviours of Public School Teachers," *Educational Studies*, Vol. 42, No. 4, 2016.

Yan Liu and Sheldon Watson, "Whose Leadership Role Is more Substantial for Teacher Professional Collaboration, Job Satisfaction and Organizational Commitment: A Lens of Distributed Leadership," *International Journal of Leadership in Education*, 2020.

Yuen Ling Li, "The Culture of Teacher Leadership: A Survey of Teachers' Views in Hong Kong Early Childhood Settings," *Early Childhood Education Journal*, Vol. 43, No. 5, 2014.

Yuhua Bu and Xiao Han, "Promoting the Development of Backbone Teachers through University-School Collaborative Research: The Case of New Basic Education (NBE) Reform in China," *Teachers and Teaching*, Vol. 25, No. 2, 2019.

后　　记

　　本书是在我的博士学位论文《公办义务教育学校骨干教师领导力研究》的基础上修改而成。我在华东师范大学度过了难忘的七年学习时间，在众多的学术会议、专题报告、课题研究和实践考察中汲取学术养料，在开题、年度汇报、预答辩和答辩中不断完善博士学位论文，这些经历促使我成为一名高校教师，并激励着我继续从事教师相关研究。

　　在正式工作一年里，经常怀念读书时的点点滴滴。感谢博导冯大鸣教授，老师品德高尚、学识渊博、尊重学生、关爱学生，他对生活的态度、对学术的理解与追求无时无刻不影响着我。硕导沈玉顺教授是我学术道路的引路人，在读书的七年里沈老师时常关注我的学业，和他的每一次长谈都让我受益良多。

　　教育管理学系与校长培训中心的老师们见证了我的成长过程，胡耀宗教授、朱军文教授、代蕊华教授、郅庭瑾教授、田爱丽教授、刘莉莉研究员和张万朋教授的鞭策、鼓励和支持，是我能够顺利完成学业的重要力量源泉。刘胜男老师、董辉老师、张文国老师、李廷洲老师、刘竑波老师、刘海波老师、白芸老师、金津老师、王绯烨老师、张会杰老师、王红霞老师、熊万曦老师和邓睿老师在硕士和博士期间也给予了不少关心和帮助。凌怡老师一直鼓励并督促我早日完成博士学位论文，她对我博士毕业后的职业选择和未来学术研究的建议也很有帮助。

　　感谢读博期间遇到的同学和兄弟。与张晨、丁亚东、皇甫林晓、包丹妮、姜蓓佳、陆超和张顾文一起度过了难忘的四年，我们一起上课、一起参会、一起做课题给我留下了美好回忆。在读博期间与吴晶、张猛猛和于天贞三位师兄经常相聚，他们不遗余力地提供了各种帮助。与蔡群青、宗国庆、赵冬冬和王德胜四位博士的交往十分密切，他们让我的博士生活增色不少。感谢室友王耀，虽然相处不到短短的一年时间，但无论是"商业互吹"还是日常吐槽均带来诸多欢乐。感谢范勇博士和王磊博士，他们为我的博士生活增添不少乐趣。

特别要感谢家人一如既往的支持与陪伴，是他们让我有了从事学术研究的最原始动力！

秦鑫鑫
2023 年 9 月于江苏大学三江楼